व्यावहारिक हिंदी व्याकरण

श्यामचंद्र कपूर

प्रभात प्रकाशन

प्रकाशक • **प्रभात प्रकाशन प्रा. लि**
4/19 आसफ अली रोड,
नई दिल्ली–110002

संस्करण • 2025
मूल्य • पाँच सौ रुपए
मुद्रक • नरुला प्रिंटर्स, दिल्ली

VYAVAHARIK HINDI VYAKARAN

by Shri Shyam Chandra Kapoor

Published by Prabhat Prakashan, 4/19 Asaf Ali Road, Ne
e-mail: prabhatbooks@gmail.com ISBN 978-93-51

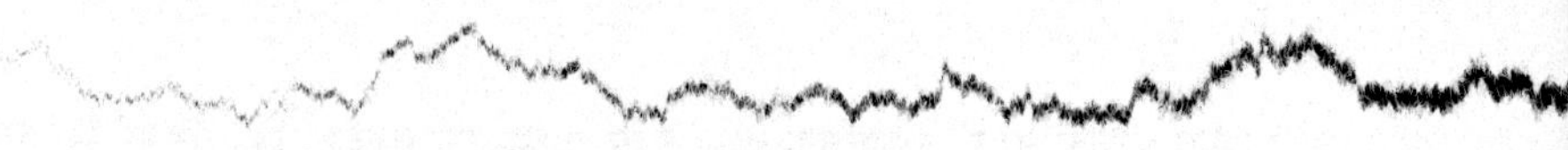

भूमिका

प्रत्येक भाषा के निरन्तर प्रवाह में समय-समय पर कुछ नये शब्द आते रहते हैं, कुछ प्रचलित शब्दों का प्रयोग छूटता जाता है। भाषा-विज्ञान के मुख-सुख और प्रयत्न-लाघव के सिद्धान्तानुसार कुछ शब्दों का रूप परिवर्तित होता रहता है। हिन्दी भाषा में भी यह क्रम जारी है। भाषा में होते रहने वाले इन परिवर्तनों के बाद उसका जो रूप बनता है, उसका सही लिखना, पढ़ना और बोलना सीखने के लिए उसके व्याकरण की आवश्यकता होती है।

प्रस्तुत पुस्तक हिन्दी भाषा के अध्येताओं की इसी आवश्यकता की पूर्ति के लिए लिखी गयी है। इसमें हिन्दी के आजकल प्रचलित और व्यावहारिक रूप का व्याकरण प्रस्तुत करने का प्रयास किया गया है।

इस व्याकरण की रचना में इस बात का विशेष ध्यान रखा गया है कि छात्र-छात्राओं को व्याकरण के अन्तर्गत विभिन्न परिभाषाओं के जटिल घटाटोप में न फंसाकर भाषा-प्रयोग के सभी नियमों को व्यावहारिक उदाहरणों से समझाया जाए। परिभाषाओं की अपेक्षा उदाहरण पर तथा सिद्धान्तों की अपेक्षा व्यावहारिक प्रयोगों पर अधिक बल दिया गया है।

कुछ शब्दों के जो परिवर्तित रूप प्रचलित और व्यवहृत हैं, उन्हें मान्यता दी गयी है। उदाहरणार्थ 'लिए' जो केवल अंग्रेजी के for के अर्थ में ही प्रयोग होता था, जैसे—यह घड़ी रमेश के लिए—अब took (लिये) के अर्थ में भी प्रयोग होता है। जैसे—मोहन ने मुझसे पांच रुपये लिये/लिए। बल्कि यह कहना अधिक ठीक होगा कि अब 'लिये' का प्रयोग घटता जा रहा है और for तथा took दोनों के ही अर्थ में 'लिए' ही अधिक लिखा और बोला जाता है 'रुपया' आदि संज्ञा और 'नया' आदि विशेषणों के बहुवचन रूप में भी 'रुपये' और 'नये' के स्थान पर 'रुपए' और 'नए' का प्रयोग चल पड़ा है। इस पुस्तक के उदाहरणों में से ऐसे शब्दों के नये रूपों को भी लिया गया है।

व्याकरण के पूर्ववर्ती नियमों के प्रति आग्रह रखने वाले लोगों को शब्दों का यह रूप परिबर्तन सहज ग्राह्य नहीं होता किन्तु उन्हें यह नहीं भूलना चाहिए कि भाषा के विकास के बाद ही उसका व्याकरण बनता है। जो नये शब्द अथवा परिवर्तित रूप वाले शब्द भाषा में प्रचलित हो जाते हैं, और लिखने-पढ़ने के व्यवहार में आने लगते हैं, भाषा-विज्ञान के अनुसार कालान्तर में वे ही व्याकरणसम्मत हो जाते हैं। संस्कृत के तत्सम शब्दों के स्थान पर तद्भव शब्द इसी प्रकार के हैं। इसके अतिरिक्त देशज और आंचलिक शब्द भी इसी कोटि में आते हैं।

यह पुस्तक मात्र माध्यमिक तथा उच्च माध्यमिक स्तर के विद्यार्थियों के लिए ही नहीं बल्कि हिन्दी भाषा का व्यावहारिक रूप जानने के लिए व्याकरण के स्वतन्त्र अध्येताओं के लिए भी उपादेय होगी। इसमें हिन्दी भाषा की प्रायोगिक विविधताओं, प्रामाणिक रूप-रचनाओं तथा वाक्य-विन्यास आदि के नियमों को यथासम्भव सरल एवं रोचक रूप में प्रस्तुत करने का प्रयास किया गया है। इसमें व्याकरण सम्बन्धी कोई विषय अछूता नहीं छोड़ा गया है।

व्याकरण के साथ ही रचना सम्बन्धी अन्य ज्ञातव्य विषयों का भी इसमें समावेश किया गया है। प्रत्येक अध्याय में वर्णित विषय को अच्छी तरह हृदयंगम कराने के लिए एवं उस विषय पर कितना अधिकार कर पाये हैं, इसका जायजा लेने के लिए प्रत्येक अध्याय के अन्त में अभ्यास के अन्तर्गत उस विषय से सम्बन्धित प्रश्न दिये गये हैं। एक प्रकार से उन प्रश्नों के माध्यम से उस अध्याय के पूर्ण विषय को प्रश्नोत्तर रूप में पुनः दोहरा दिया गया है। इससे विद्यार्थीगण अवश्य लाभान्वित होंगे।

हिन्दी भाषा की लिपि देवनागरी है। यही देवनागरी इसकी पूर्व-पीढ़ियों—शौरसेनी, अपभ्रंश, प्राकृत और संस्कृत की भी लिपि रही है। संस्कृत व्याकरण में वर्णों के प्रयत्न, उच्चारण-स्थान, ध्वनि तथा सन्धि, कारक, वाच्य, उपसर्ग, प्रत्यय और पर्यायवाची एवं विलोम शब्दों का विस्तार एवं सूक्ष्मता से वर्णन किया गया है। संस्कृत की वंशजा होने से हिन्दी का संस्कृत से अटूट सम्बन्ध है। अतः इन विषयों को अपेक्षित रूप में हिन्दी व्याकरण में एवं अन्यत्र भी लिया गया है। काल (Tense) के कुछ उपभेद भी अंग्रेजी व्याकरण के अनुसार दिये गये हैं। संस्कृत व्याकरण के आधार पर जुटाई गयी सामग्री को हृदयंगम करने से विद्यार्थियों के न केवल शब्द-ज्ञान में वृद्धि होगी बल्कि उनके सही अर्थ में प्रयोगाभ्यास के साथ-साथ उच्चारण शुद्धता भी आयेगी।

भारतीय विद्यालयों की माध्यमिक, उच्चतर माध्यमिक कक्षाओं, सरकारी कर्मचारियों के लिए भारत सरकार की विभिन्न हिन्दी-परीक्षाओं तथा अन्य विविध प्रतियोगितात्मक परीक्षाओं (Competitive Examinations) के लिए यह पुस्तक लाभप्रद सिद्ध होगी। इसी आशा और विश्वास के साथ यह हिन्दी जगत की सेवा में अर्पित है।

—लेखक

अनुक्रम

भाग : दो (रचना-खण्ड)

खण्ड : एक

व्याकरण भाग

1
भाषा

मनुष्य सबसे विकसित प्राणी है। कारण यह है कि उसमें मनन एवं चिन्तन की शक्ति है। इसके सिवा उसे एक ऐसा वरदान भी मिला है, जिससे वह अपने विचारों तथा भावों को स्पष्टता तथा विस्तार से दूसरों पर प्रकट कर सकता है। यह वरदान है—भाषा।

सम्भव है पशु-पक्षियों और कीट-पतंगों की भी अपनी बोलियाँ हों; परन्तु मनुष्य की भाषा जितनी विकसित है, उतनी अन्य किसी भी प्राणी की नहीं है।

भाषा वही श्रेष्ठ है, जिसके पास विचारों तथा भावों को स्पष्टतया प्रकट करने के लिए पर्याप्त शब्दों का भण्डार हो, क्योंकि शब्दों में ही भावों-विचारों को मूर्त रूप में व्यक्त करने की शक्ति होती है।

'भाषा' शब्द 'भाष्' धातु से बना है, जिसका अर्थ है 'बोलना'। भाषा का मुख्य प्रयोग बोलकर ही होता है; परन्तु दूरस्थ मनुष्य पर अपने विचार लिखकर प्रकट किये जाते हैं। उन लिखे वाक्यों को पढ़ा और बोला जाता है, अतः 'भाषा' शब्द में बोलने और लिखने—दोनों को ग्रहण किया जाता है।

भाषा के कार्य

भाषा के कार्य निम्नलिखित हैं—

1. सोचना
2. कल्पना करना
3. बोलना (वार्तालाप करना)
4. व्यक्तियों और वस्तुओं को पहचानना
5. व्यक्तियों और वस्तुओं को स्मरण रखना

हम मनुष्य, गाय, घोड़ा, पर्वत, नदी, लोहा—इन शब्दों के बिना इन प्राणियों, स्थानों या वस्तुओं की कल्पना भी नहीं कर सकते। प्रत्येक व्यक्ति या वस्तु का बोध कराने के लिए शब्द की आवश्यकता पड़ती है।

किसी भाषा पर अधिकार प्राप्त करने के निम्नलिखित लाभ होते हैं—

1. उस भाषा में विद्यमान ज्ञान-भण्डार के अध्ययन की क्षमता प्राप्त होती है।

2. मन में उपयोगी, श्रेष्ठ, उच्च विचार तथा भाव जाग्रत होते हैं।

3. मन शिक्षित, चुस्त तथा सतर्क (चौकन्ना) बनता है। मन की दक्षता में वृद्धि का सर्वोत्तम साधन भाषा ही है।

4. भाषा-प्रयोग की कुशलता से मनुष्य के शब्द-भण्डार में वृद्धि होती है। जिसके पास जितना बड़ा शब्द-भण्डार होता है, प्रायः उसका भाषा पर उतना ही अधिक अधिकार होता है।

किसी मनुष्य का शब्द-भण्डार उसकी मेधा का वास्तविक प्रतीक है। जीवन में सफलता वही पाता है, जिसका शब्द-भण्डार विस्तृत हो—विशाल हो।

भाषा की योग्यता में निम्नलिखित बातों की गणना की जाती है—

1. भली भाँति विचार—चिन्तन कर सकना,
2. सुनकर भली भाँति समझ सकना,
3. भली भाँति पढ़ सकना और समझ सकना,
4. भली भाँति लिख सकना।

भाषा वह शब्दमय माध्यम है, जिसके द्वारा मनुष्य बोलकर या लिखकर अपने विचार दूसरों पर सरलता, स्पष्टता, विस्तार तथा पूर्णता से व्यक्त कर सकता है।

पाठ्यक्रम और भाषा

छात्रों और छात्राओं को जो कुछ भी ज्ञान देना हो, उनसे जो भी कार्य करवाना हो, सबमें भाषा का प्रयोग अवश्य होता है। पाठ्यक्रम में भाषा एक अलग विषय है। इसके साथ ही इसका प्रयोग अन्य सभी विषयों तथा कार्यों में होता है; अर्थात् भाषा सब प्रकार के सामान्य व्यवहार तथा अन्य सभी विषयों का माध्यम है। गणित, विज्ञान, इतिहास आदि ज्ञानात्मक विषयों, कार्यानुभवों तथा समाज, संस्कृति, साहित्य, मनोरंजन आदि से सम्बन्ध रखने वाले सब कार्यों में भाषा माध्यम का काम करती है। इसीसे हम समझ सकते हैं कि शिक्षा में भाषा का कितना अधिक महत्त्व है।

यों तो सभी प्राणी किसी न किसी रूप में आवाज करके या अंगों का संचालन करके अपने विचार प्रकट करते ही हैं। किन्तु उससे भाव इतने स्पष्ट, सरल तथा सुग्राह्य रूप में व्यक्त नहीं होते, जितने भाषा से। केवल मनुष्य में ही यह विशेषता है कि वह अपने विचारों को आकार, इंगित (संकेत), चेष्टा, मुख तथा नेत्र विकार से प्रकट करने के अतिरिक्त मुख तथा स्वर-यन्त्र आदि उच्चारण-अवयवों से उच्चारित ध्वनि-संकेतों के माध्यम से भी प्रकट करता है। समाज द्वारा स्वीकृत ये ध्वनि-संकेत ही भाषा कहलाते हैं।

भाषा मुखोच्चारित यादृच्छिक ध्वनि के प्रतीकों की वह व्यवस्था है, जिसके सहारे एक निश्चित समुदाय के व्यक्ति अपने विचारों तथा भावों

का परस्पर आदान-प्रदान (विनिमय) करते हैं।

भाषा को प्रकट करने के दो प्रकार हैं—

मुखोच्चारित प्रकार—यह अस्थायी होता है तथा इसका प्रयोग समीप के व्यक्ति या व्यक्तियों के लिए हो सकता है।

लिखित प्रकार—यह स्थायी होता है तथा दूरस्थ व्यक्ति पर पत्र लिखकर तथा विचारों को स्थायी बनाने के लिए ग्रन्थ लिखकर इसका प्रयोग किया जाता है। आजकल ग्रामोफोन रिकार्ड तथा टेपरिकार्डर द्वारा भी व्यक्त विचारों को लिखित रूप की भाँति स्थायी बनाया जाता है।

भाषा के विभिन्न प्रकार

देश तथा काल के अनुसार भाषा का स्वरूप बदलता रहता है। इसके अतिरिक्त, एक ही काल में स्थान तथा सन्दर्भ के अनुसार भी भाषा के कई प्रकार प्रचलित रहते हैं।

वाणी के कई रूप होते हैं। जैसे—बोली, क्षेत्रीय भाषा, प्रादेशिक भाषा, राष्ट्रभाषा, अन्तर्राष्ट्रीय भाषा, विदेशी भाषा, राजभाषा, मातृभाषा, विभाषा आदि। इन सभी के लिए सामान्यतः भाषा शब्द का प्रयोग कर दिया जाता है। परन्तु वास्तव में वही परिनिष्ठित रूप भाषा कहलाने का अधिकार रखता है, जो कई विभाषाओं में प्रयुक्त रूप में से चुन-चुनकर शिष्टजनों द्वारा मानक (Standard) रूप प्राप्त कर लेता है।

भाषा-कुल में हिन्दी का स्थान

भाषा-विज्ञान के आचार्यों का मत है कि इस समय विश्व में लगभग 2,000 भाषाएँ विद्यमान हैं। साम्य (मिलते-जुलते रूपों तथा लक्षणों) के आधार पर इन सभी भाषाओं को निम्नलिखित बारह भाषा-कुलों में बाँटा गया है—

1. भारोपीय कुल, 2. सेमेटिक कुल, 3. हेमेटिक कुल, 4. तिब्बती-चीनी कुल, 5. यूरल अलटाइक कुल, 6. द्राविड़ कुल, 7. मैलेपोलोनेशियन कुल, 8. बंटु कुल, 9. मध्य अफ्रीका कुल, 10. अमरीका की भाषाओं का कुल, 11. आस्ट्रेलिया तथा प्रशान्त महासागर की भाषाओं का कुल तथा 12. शेष भाषाओं का कुल।

इन सबमें भारोपीय कुल को सबसे प्रधान माना जाता है। इस कुल की भाषाएँ हैं—संस्कृत, ईरानी, ग्रीक, लेटिन आदि।

हिन्दी भाषा का सम्बन्ध भारोपीय कुल की संस्कृत भाषा से है। वस्तुतः इसे संस्कृत भाषा की वंशजा या पुत्री भी कहा जाता है।

अभ्यास

1. मनुष्य को सबसे विकसित प्राणी क्यों माना जाता है ?
2. 'भाषा वरदान है' कैसे ?
3. भाषा के कितने कार्य हैं ? उनके नाम लिखिए ।
4. किसी भाषा पर अधिकार प्राप्त करने से कौन-कौन से लाभ होते हैं ?
5. भाषा की परिभाषा लिखिए ।
6. भाषा को प्रकट करने के कितने मुख्य प्रकार हैं ? उनके नाम लिखिए।
7. हिन्दी भाषा का सम्बन्ध किस भाषा-कुल की कौनसी भाषा से है ?

2

हिन्दी भाषा का उद्‌गम

संस्कृत

संस्कृत का प्रचलन 5,000 ई० पू० से 500 ई० पू० तक माना जाता है। उस काल की संस्कृत के दो रूप प्राप्त होते हैं—(1) वैदिक संस्कृत, (2) लौकिक संस्कृत।

वैदिक संस्कृत चारों वेदों (ऋक्, यजुः, साम, अथर्व) तथा वैदिक वाङ्मय की भाषा थी। लौकिक संस्कृत बोलचाल की तथा लौकिक साहित्य की भाषा थी।

लौकिक भाषा को मानक रूप पाणिनि ने दिया। उन्होंने **'अष्टाध्यायी'** नामक व्याकरण-ग्रन्थ में सारी लौकिक संस्कृत भाषा को नियमबद्ध किया। शूद्रक, भास, कालिदास, भवभूति, माघ, भारवि, दण्डी आदि की रचनाएँ लौकिक संस्कृत के अन्तर्गत आती हैं।

प्राकृत

जब संस्कृत भाषा साहित्यिक भाषा के रूप में प्रतिष्ठित हो गयी, तो जन-भाषा उससे भिन्न हो गयी। वह **प्राकृत** कहलायी। स्वाभाविक रूप से व्यवहार में आती रहने के कारण इसका यह नाम प्रसिद्ध हुआ। पालि भी प्राकृत में ही गिनी जाती है। देश-काल के प्रभाव से प्राकृत के भी कई भेद हो गये। जैसे—महाराष्ट्री, शौरसेनी, मागधी, पैशाची आदि। शौरसेनी (ब्रज क्षेत्र में), महाराष्ट्री (महाराष्ट्र में), मागधी (बिहार में), पैशाची (पंजाब य पश्चिमोत्तर प्रदेश में) बोली जाने लगी।

अपभ्रंश

समय बीतता गया। प्राकृत भी विद्वानों द्वारा अपनायी तथा नियमों में जकड़ी जाने लगी। वह साहित्य-भाषा का रूप ग्रहण करती गयी और जन-भाषा पुनः उससे पृथक हो गयी, जो **अपभ्रंश** कहलायी। वास्तव में विभिन्न प्रचलित प्राकृतों से अपभ्रंश

के विभिन्न रूपों का उद्गम हुआ। इन्हीं अपभ्रंश भाषाओं से कई आधुनिक भारतीय भाषाओं (Modern Indian Languages) का उद्गम हुआ। जैसे—

अपभ्रंश भाषाएँ	आधुनिक भारतीय भाषाएँ
शौरसेनी	पश्चिमी हिन्दी, राजस्थानी, गुजराती
पैशाची	लहंदा, पंजाबी
ब्राचड़	सिन्धी
महाराष्ट्री	मराठी
अर्धमागधी	पूर्वी हिन्दी
मागधी	बिहारी, बंगला, उड़िया, असमिया

उपरिलिखित विवरण से स्पष्ट है कि हिन्दी का उद्भव शौरसेनी, अर्धमागधी तथा मागधी अपभ्रंशों से हुआ। यह हिन्दी जिन प्रदेशों की भाषा मानी जाती है, वे हैं—हिमाचल प्रदेश, हरियाणा, राजस्थान, दिल्ली, उत्तर प्रदेश, मध्य प्रदेश तथा बिहार।

हिन्दी भाषा के प्रयोग का दूसरा क्षेत्र भारत के अन्य भाषा-भाषी प्रदेशों में है, जिनमें मुख्य आंध्र तथा कर्नाटक के दक्षिणी हिन्दी क्षेत्र, महाराष्ट्र तथा गुजरात के क्रमशः बंबई तथा अहमदाबाद आदि में बिखरे हुए क्षेत्र, जहाँ मोटे रूप से बंबाइया हिन्दी बोली जाती है, पश्चिमी बंगाल के कलकत्ता शहर के बिखरे हुए क्षेत्र, जहाँ कलकतिया हिन्दी बोली जाती है। इनके अतिरिक्त शिलांग आदि कई नगरों में भी एक प्रकार की बाजारू हिन्दी बोली जाती है।

भारत का 52 प्रतिशत भाग हिन्दी भाषा-भाषी है। 14 सितम्बर, 1949 को भारतीय संविधान में हिन्दी को राष्ट्रभाषा के रूप में स्वीकार किया गया। भारतीय संविधान की धारा 343 (1) के अनुसार 26 जनवरी, 1950 से हिन्दी को भारत की राष्ट्रभाषा घोषित किया गया।

स्वतन्त्रता प्राप्त होने से पहले ही हिन्दी को राष्ट्रभाषा बनाने के अथक प्रयत्न आरम्भ हो गये थे। हिन्दी को राष्ट्रभाषा का स्थान दिलाने के लिए प्रयत्न करने वालों में निम्नलिखित महापुरुषों के नाम प्रमुख हैं—

राजा राममोहनराय, स्वामी दयानन्द, बाल गंगाधर तिलक, लाला लाजपतराय, महात्मा गांधी, राजगोपालाचार्य, सुभाषचन्द्र बोस, पुरुषोत्तमदास टण्डन, डॉ॰ राजेन्द्र प्रसाद आदि।

यद्यपि 26 जनवरी, 1950 को हिन्दी राष्ट्रभाषा के पद पर प्रतिष्ठित की गयी, तथापि संविधान में 1965 तक के लिए अंग्रेजी का भी प्रचलन मान्य किया गया, ताकि पन्द्रह वर्ष में हिन्दी भाषा को सम्पूर्ण कार्य-व्यवहार के लिए समर्थ बना लिया जाये। यह भी सोचा था कि तब तक सभी व्यक्तियों को राष्ट्रभाषा के रूप में इसका ज्ञान कराना सम्भव हो सकेगा।

सन् 1962-63 मे अहिन्दी-भाषी प्रदेशों द्वारा एकाएक हिन्दी भाषा को

राजभाषा के रूप में लागू किये जाने का विरोध किया गया। परिणामतः 25 अप्रैल, 1963 को लोकसभा द्वारा एक विधेयक पारित किया गया, जिसके अनुसार अंग्रेजी को 1965 के बाद भी सह-राजभाषा का दर्जा दे दिया गया।

श्री लालबहादुर शास्त्री ने संविधान के निर्देश के अनुसार 26 जनवरी, 1965 को केन्द्रीय सरकार के राजकाज में हिन्दी के प्रयोग की घोषणा कर दी।

इस घोषणा का अहिन्दी प्रदेशों में घोर विरोध हुआ। परिणाम यह हुआ कि 11 फरवरी, 1965 को श्री लालबहादुर शास्त्री को यह घोषणा करनी पड़ी कि अहिन्दी राज्यों के साथ केन्द्रीय सरकार के पत्र-व्यवहार में अंग्रेजी का प्रयोग तब तक होता रहेगा, जब तक उन राज्यों (प्रदेशों) की सरकार चाहेंगी।

अंग्रेजी के पक्ष में बात करते हुए प्रायः यह तर्क दिया जाता है : "हिन्दी भाषा इतनी समर्थ नहीं कि उसमें शासन का काम चल सके और ऊँची वैज्ञानिक तथा तकनीकी शिक्षा दी जा सके।"

इस तर्क का उत्तर देते समय हैदराबाद के 'भारतीय भाषा प्रचार-मण्डल' ने हिन्दी-प्रचार की आवश्यकता का समर्थन करते हुए प्रबल तर्क प्रस्तुत किया है—

"लोग यह भूल जाते हैं कि भाषा तो प्रयोग से ही निखरती है। किसी भी भाषा को महज अनुवाद से और दफ्तरों में बैठकर समृद्ध नहीं बनाया जा सकता। हिन्दी तभी समृद्ध बनेगी, जब उसका प्रचलन हर क्षेत्र में बढ़ेगा।"

यह प्रचलन और प्रचार कैसे बढ़े ?—इसका विश्लेषण करते हुए चेकोस्लोवाकिया देश के प्रसिद्ध हिन्दी विद्वान् डॉ० ओडोनल स्मेकल ने कहा है : "आज जबकि सारी दुनिया से अंग्रेजी का प्रभुत्व समाप्त हो रहा है, भारतवासी आज भी उससे चिपके हुए हैं और अपनी दैनिक बोलचाल में अंग्रेजी शब्दों का काफी व्यवहार करते हैं। स्वतन्त्र भारत में हिन्दी में ही सारा कार्य करना उचित है। मैं हिन्दी को विश्व की एक महान् भाषा मानता हूँ। इस भाषा में जीवन, साहस और ओज सभी कुछ है।"

हिन्दी के प्रचार का काम केवल सरकार के बूते का नहीं। यदि जनता अपने दैनिक जीवन में हिन्दी को अधिकाधिक स्थान दे तो हिन्दी फूले-फलेगी।

क्यों न आज से हम अपने हस्ताक्षर हिन्दी में करना आरम्भ करें ? विवाह तथा अन्य संस्कार सम्बन्धी निमन्त्रण-पत्र अंग्रेजी में क्यों छपवायें ?—हिन्दी में क्यों नहीं ? क्यों न सार्वजनिक संस्थाओं की लिखा-पढ़ी और भाषाओं का माध्यम हिन्दी हो ? हम प्रण करें कि आज से हम दैनिक समाचार-पत्र मुख्यतः हिन्दी में पढ़ेंगे—चाहे अन्य भाषाओं के कितने ही समाचार-पत्र-पत्रिका पढ़ेंगे, परन्तु हिन्दी समाचार-पत्र-पत्रिकाओं का अध्ययन मुख्य होगा। भारत की सीमा में हम अपने मित्रों को तथा सम्बन्धियों को हिन्दी में ही पत्र लिखेंगे। पोस्टकार्डों, अन्तर्देशीय पत्रों, लिफाफों, धनादेशपत्रों (मनीआर्डर फार्मों) पर हिन्दी में पता लिखेंगे। तार हिन्दी में देंगे। दूरभाष (टेलीफोन) पर हिन्दी में बात करेंगे। दुकानों, कार्यालयों के नामपट्ट हिन्ही में लिखेंगे।

बीजक, बिल, रसीद आदि हिन्दी में बनायेंगे।

यदि हिन्दी भाषी प्रदेशों के लोगों ने उक्त सब कुछ किया होता, तो अहिन्दी भाषी प्रदेश हिन्दी का कभी विरोध न करते।

भारत के प्रथम राष्ट्रपति डॉ० राजेन्द्रप्रसाद ने लिखा था : "राजकीय कारोबार के लिए एक ऐसी भाषा होनी चाहिए जो सार्वदेशिक काम के लिए उपयोग में लायी जा सके। और वह अपने अधिक प्रचार के कारण हिन्दी ही हो सकती है। इसके लिए हिन्दीभाषियों को अपना दायित्व और कर्तव्य समझना चाहिए। सबसे पहली चीज यह है कि हिन्दी का शब्द-भण्डार जितना बढ़ सके, बढ़ाना चाहिए। अन्य भाषाओं के शब्दों को लेकर उन्हें हिन्दी का जामा पहनाकर ऐसा बना देना चाहिए कि वे हिन्दी में घुल-मिल जायें। दूसरी बात है अहिन्दी प्रदेशों में हिन्दी का प्रचार। यह काम हिन्दीभाषी तभी कर सकते हैं, जबकि वे दूसरे प्रान्तों की भाषाओं का कम-से-कम इतना ज्ञान प्राप्त कर लें कि वे उस भाषा में लिख, पढ़ और बोल सकें।"

हिन्दी के प्रचार के लिए यह आवश्यक है कि शनैः-शनैः अंग्रेजी को हटाकर अखिल भारतीय व्यवहार में हिन्दी का प्रयोग बढ़ाया जाये। शिक्षा का माध्यम भी हिन्दी हो। उसमें अन्य भारतीय भाषाओं तथा विदेशी भाषाओं की श्रेष्ठ रचनाओं के अनुवाद प्रकाशित किये जायें। हिन्दी में मौलिक रूप से वे सब प्रकार के ग्रन्थ लिखे जायें, जो अंग्रेजी या विश्व की किसी भी भाषा में उपलब्ध हैं।

इस प्रकार हिन्दी भाषा समृद्ध होगी। ज्यों-ज्यों वह समृद्ध होगी, त्यों-त्यों उसका प्रचार तथा सम्मान बढ़ता जायेगा।

व्यावहारिक रूप में यह आवश्यक है कि हिन्दी सिखाने के प्रयत्न अधिक तीव्रता से चालू किये जायें। इसके दो रूप हो सकते हैं। एक तो अंग्रेजी से काम लेने वाली वर्तमान पीढ़ी को हिन्दी सिखायी जाये, दूसरे नयी पीढ़ी हिन्दी का बहुत अच्छा ज्ञान प्राप्त करे। अन्तर्राष्ट्रीय या अन्तःप्रादेशिक पत्र-व्यवहार के लिए भले ही कहीं अभी अंग्रेजी रहे, किन्तु जो प्रदेश हिन्दी भाषा भाषी हैं उनकी सरकारों को तो परस्पर हिन्दी में ही पत्र-व्यवहार करना चाहिए। हिन्दीभाषी प्रदेशों के लोग भी परस्पर हिन्दी में ही पत्र-व्यवहार किया करें।

जब शासन, विश्वविद्यालय, अध्यापक और जनता सब मिलकर सहयोग करेंगे, तभी हिन्दी का समुचित प्रचार होगा। प्रत्येक हिन्दीभाषी एक अहिन्दीभाषी को निःशुल्क हिन्दी पढ़ाने का बीड़ा उठा ले, तो अहिन्दीभाषी हिन्दी का विरोध सर्वथा छोड़ देंगे; क्योंकि तब हिन्दी उनके लिए 'कठिन भाषा' नहीं रहेगी।

राष्ट्रीय एकता का माध्यम हिन्दी

यदि हम अपने राष्ट्र को स्वतन्त्र रखना चाहते हैं, यदि इसे हम उन्नत बनाना चाहते हैं, यदि हम करोड़ों लोगों का जीवन-स्तर ऊँचा उठाना चाहते हैं, तो हमें राष्ट्रीय एकता की भावना जन-जन के हृदय में जगानी चाहिए।

राष्ट्रीय एकता का सबसे बड़ा माध्यम हिन्दी है। इसे बोलने वालों तथा समझने वालों की संख्या पचास करोड़ है। तमिलनाडु, केरल, कर्नाटक तथा आंध्र प्रदेश के कुछ भागों को छोड़कर हिन्दी प्रायः सम्पूर्ण भारत में जन-जन को, प्रदेश-प्रदेश को परस्पर जोड़ने वाली भाषा है। उक्त चारों प्रदेशों की राजधानियों, क्रमशः मद्रास, त्रिवेन्द्रम, बंगलौर तथा हैदाराबाद में भी काफी संख्या में हिन्दी समझने वाले लोग हैं तथा टूटी-फूटी हिन्दी द्वारा हिन्दी भाषियों के साथ व्यापार-व्यवहार चलाते हैं।

भारतीय संविधान में हिन्दी को इसीलिए राष्ट्रभाषा स्वीकार किया गया कि यह भारत के विभिन्न भागों को परस्पर जोड़ने बाली कड़ी है। कश्मीर से कलकत्ता तक या कन्याकुमारी तक, कच्छ से असम तक इसी भाषा के द्वारा आपस में बोलकर लोग गुजारा करते हैं। टूटी-फूटी हिन्दी से लोग एक-दूसरे की बात समझते-समझाते हैं।

सैकड़ों वर्ष पूर्व भारत के आळवार सन्तों, उत्तर भारत के सिद्धों, नाथपंथियों, जोगियों आदि ने हिन्दी के द्वारा ही जनता तक अपने विचार फैलाये थे—हिन्दी उनके विचारों के प्रसार का माध्यम बनी थी। रामानुज, रामानन्द, वल्लभाचार्य, विट्ठलनाथ आदि महात्माओं ने हिन्दी को राष्ट्र की एक आम भाषा (जनभाषा) बना दिया था।

अमीर खुसरो, कबीर, रैदास, दादू, नानक, मलूकदास, मीरा, तुलसी, सूर और गोविन्दसिंह की वाणियां हिन्दी में ही प्रकट हुई थीं।

राजा राममोहनराय, केशवचन्द्र सेन, स्वामी दयानन्द, तिलक, लाजपतराय, महात्मा गांधी, रवीन्द्रनाथ टैगोर, राजगोपालाचार्य, सुभाषचन्द्र बोस, अबुलकलाम आजाद—इन सभी ने अहिन्दीभाषी होते हुए भी समझ लिया था कि इस देश के करोड़ों लोगों के निर्वाह की भाषा हिन्दी ही है। बाकी करोड़ों लोग भी आपस में वार्तालाप का माध्यम हिन्दी को ही बना सकते हैं। इसीलिए गांधीजी, राजगोपालाचार्य तथा उनके सहयोगियों ने स्वतन्त्रता से पूर्व ही 'दक्षिण भारत हिन्दी प्रचार-सभा' की स्थापना करके हिन्दी-प्रचार का कार्य आरम्भ कर दिया था।

सरकार को, समस्त जनता को विशेषतः विद्यार्थी वर्ग को हिन्दी के प्रचार-प्रसार का सोत्साह तथा सहर्ष प्रयत्न करना चाहिए, क्योंकि करोड़ों-करोड़ लोगों के राष्ट्र की एक साझी भाषा है—हिन्दी।

गांधीजी ने यही बात कही थी : "समूचे हिन्दुस्तान के साथ व्यवहार करने के लिए हमको भारतीय भाषाओं में से एक ऐसी भाषा की जरूरत है जिसे ज्यादा तादाद में लोग जानते और समझते हों और बाकी के लोग जिसे झट सीख सकें। इसमें शक नहीं कि हिन्दी ही वह भाषा है।"

सुभाषचन्द्र बोस ने भी अपना निर्णय दिया था : "भारत में एक राष्ट्रभाषा का होना आवश्यक है और वह हिन्दी ही हो सकती है।"

हिन्दीभाषियों की संख्या

विश्व में केवल 149 भाषाएँ ऐसी हैं, जिन्हें दस लाख से अधिक लोग बोलते हैं। इनमें सबसे मुख्य भाषाओं का विवरण इस प्रकार है—

भाषा	बोलने वालों की संख्या
चीनी	60 करोड़
अंग्रेजी	33 करोड़
हिन्दी	27 करोड़
रूसी	20 करोड़, 60 लाख
स्पेनिश	15 करोड़, 20 लाख
जर्मन	12 करोड़
जापानी	10 करोड़, 10 लाख
बंगला	9 करोड़, 10 लाख
अरबी	9 करोड़, 10 लाख
पुर्तगाली	9 करोड़
फ्रेंच	7 करोड़, 90 लाख
मलयी	7 करोड़
इटालियन	7 करोड़, 90 लाख
उर्दू	5 करोड़, 60 लाख

हिन्दी भारत की मुख्य भाषा तो है ही, इसके अतिरिक्त मारीशस, फिजी, सूरीनाम, गुआना, वेस्टइंडीज (त्रिनिदाद) तथा दक्षिणी अफ्रीका आदि में बसे भारतीय वंश के लोगों की भी यही मुख्य भाषा है।

इनके अतिरिक्त गौण रूप में नेपाल जमाइका, बर्मा, मलेशिया, सिंगापुर, कीनिया, इंडोनेशिया, थाईलैंड, श्रीलंका, ब्रिटेन, अमेरिका में भारतीय मूल के लोग हिन्दी बोलते हैं।

संयुक्त राष्ट्रसंघ में हिन्दी

संयुक्त राष्ट्रसंघ के सचिवालय तथा अन्यान्य कार्यालयों में मान्यता प्राप्त भाषायें ये हैं—

1. अंग्रेजी
2. फ्रेंच
3. रूसी
4. स्पेनिश
5. चीनी

विश्व-हिन्दी-सम्मेलन का प्रथम अधिवेशन 1975 में, नागपुर (भारत) में हुआ था। द्वितीय अधिवेशन 1976 में मारीशस में हुआ था। इसमें यह माँग की गयी थी कि हिन्दी को संयुक्त राष्ट्रसंघ द्वारा अपने कार्य-व्यहार की भाषा के रूप में मान्यता दी जाये। इस दिशा में प्रयत्न जारी है। वह दिन दूर नहीं, जब हिन्दी संयुक्त राष्ट्र-

संघ की भाषा बनेगी। 60-70 करोड़ लोगों की आवाज को कोई दबा नहीं सकता।

अक्तूबर 1977 में भारत के विदेश मन्त्री श्री अटल बिहारी वाजपेयी ने संयुक्त-राष्ट्रसंघ में, हिन्दी में अपना भाषण देकर हिन्दी को उसका उचित स्थान दिलाने का का सूत्रपात कर दिया है।

हिन्दी भाषा और लिपि

हिन्दी भाषा की लिपि देवनागरी या संक्षेप में नागरी कहलाती है।

प्रसिद्ध अर्थशास्त्री डॉ० वी० के० आर० वी० राव ने (जो कि अहिन्दीभाषी हैं) कहा है : "देश में इस समय जितनी लिपियाँ प्रचलित हैं, उन्हें कम करने का प्रयत्न करना चाहिए। इसका सबसे आदर्श तरीका तो यह है कि सभी भाषाओं के लिए एक लिपि स्वीकार कर ली जाये। इसके लिए व्यक्तिगत रूप से मैं देवनागरी लिपि का समर्थन करूँगा।"

अभ्यास

1. संस्कृत के कौनसे दो रूप प्राप्त होते हैं ?
2. वेदों के नाम लिखिए।
3. प्राकृत का जन्म कैसे हुआ ?
4. अपभ्रंश भाषा से आप क्या समझते हैं ?
5. हिन्दी का जन्म किस अपभ्रंश से माना जाता है ?
6. हिन्दी को कब राष्ट्रभाषा घोषित किया गया ?
7. हिन्दी भाषा कैसे समृद्ध हो सकती है ?
8. 'हिन्दी राष्ट्रीय एकता का माध्यम है'—कैसे ?
9. संयुक्त राष्ट्रसंघ में इस समय कौन-कौन-सी भाषाएँ मान्यता-प्राप्त हैं ?
10. हिन्दी भाषा कौनसी लिपि में लिखी जाती है ?

3
व्याकरण

व्याकरण शब्द वि (उपसर्ग) + आ (उपसर्ग) + कृ (धातु) से बना है। इस शब्द का अर्थ है—पृथक्-पृथक् करना—विश्लेषण करना। व्याकरण वह शास्त्र है, जो भाषा का विश्लेषण करके उसके स्वरूप को प्रकट करता है और भाषा को शुद्ध रूप में पढ़ने, समझने, बोलने और लिखने की विधि सिखलाता है।

व्याकरण के अध्ययन से लाभ

पहले कहा जा चुका है कि सभी विषयों में तथा लोक-व्यवहार-व्यापार में कुशलता प्राप्त करने का अमोघ साधन भाषा-ज्ञान है।

निश्चित रूप में, तीव्र वेग से तथा आवश्यकता के सर्वथा अनुरूप भाषा-ज्ञान प्राप्त करने का साधन **व्याकरण** है।

आचार्य रामचन्द्र वर्मा ने अपनी पुस्तक **'अच्छी हिन्दी'** में लिखा है : "अच्छी भाषा लोगों पर हमारी योग्यता प्रकट करती है, समाज में हमारा सम्मान बढ़ाती है, और हमारे बहुत से काम सहज में पूरे करती है। दूसरों की अशुद्ध, भद्दी या बेमुहावरा भाषा सुनकर हम मन-ही-मन हँसते और उन्हें मूर्ख समझते हैं। चाहे उस समय हम किसी कारण से चुप ही क्यों न रहें, पर अशुद्ध या भद्दी भाषा बोलने या लिखने वाले के प्रति हमारी श्रद्धा अवश्य कम हो जाती है। हम समझ लेते हैं कि इन्हें शुद्ध बोलना या लिखना तक नहीं आता। यदि इनमें से कोई बात न हो, तो भी कभी-कभी अच्छे योग्य और सम्मानित व्यक्तियों को भी अपनी भाषा सम्बन्धी सामान्य चूक के लिए सुविज्ञ समाज के सामने लज्जित तो होना ही पड़ता है।"

व्याकरण वह शास्त्र है, जिसके अध्ययन द्वारा हम किसी भाषा का उत्कृष्ट ज्ञान प्राप्त कर सकते हैं तथा उस भाषा के प्रयोग में कुशलता प्राप्त कर सकते हैं।

व्याकरण का काम है किसी भाषा की ध्वनियों, वर्णों, शब्दों, शब्दांशों आदि का ज्ञान कराकर वाक्य-रचना की समीचीन विधि बतलाना, जिससे हम बोलने तथा लिखने में त्रुटिहीन भाषा का प्रयोग कर सकें। व्याकरण हमारे सम्मुख भाषा की रचना करने वाले अंगों-उपांगों तथा भाषा के निरन्तर प्रवाह का लेखा-जोखा प्रस्तुत करता है।

व्याकरण का उद्देश्य है—शब्दों का विश्लेषण करना, शुद्ध शब्दों को अशुद्ध शब्दों से पृथक् करना। इस प्रकार व्याकरण भाषा को विकृत होने से बचाता है। व्याकरण का अध्ययन करने के उपरान्त व्यक्ति में आत्मविश्वास जागता है, जिससे वह भाषा का प्रयोग धड़ल्ले से करने लगता है। उसका यह संकोच तथा भय दूर हो जाता है कि कहीं गलती न हो जाये। व्याकरण का मनोयोगपूर्वक अध्ययन करनेवाला विद्यार्थी भाषा-ज्ञान में तीव्र वेग से दक्षता प्राप्त करता है। व्याकरण द्वारा भाषा के शुद्ध स्वरूप का ज्ञान प्राप्त करने का कार्य अल्प समय में ही हो जाता है। जिस समय विद्यार्थी व्याकरण के अध्ययन में विचारपूर्ण संकल्प द्वारा प्रवृत्त होता है, तब शीघ्र ही भाषा के शुद्ध स्वरूप के ज्ञान को हृदयंगम कर लेता है। किसी भाषा के मानक रूप का परिज्ञान व्याकरण की सहायता से ही हो सकता है।

अभ्यास

1. व्याकरण के अध्ययन से क्या लाभ है ? 100 शब्दों में लिखिए ।
2. व्याकरण की परिभाषा लिखिए ।
3. व्याकरण का क्या काम है ?
4. व्याकरण का क्या उद्देश्य है ?

4
वर्ण-विचार

वर्ण

भाषा की व्यवहार में आ सकने वाली लघुतम इकाई वाक्य है। वाक्य शब्दों के उस समूह को कहते हैं, जिससे कोई एक पूर्ण अर्थ व्यक्त हो।

(क)	(ख)
लता आती	लता आती है ।
अशोक दौड़ता	अशोक दौड़ता है ।
तुम क्या	तुम क्या करते हो ?
मैं नवम कक्षा	मैं नवम कक्षा में पढ़ता हूँ ।

ऊपर दिये (क) के नीचे के वाक्यों से कोई पूरा अर्थ प्रकट नहीं होता, अतः उन्हें वाक्य नहीं कहा जा सकता है ।

ऊपर के (ख) के प्रत्येक वाक्य से पूरा-पूरा अर्थ व्यक्त होता है, अतः वे सब वाक्य हैं ।

प्रत्येक वाक्य के स्वाभाविक खण्ड शब्द होते हैं । जैसे—

लता	पुस्तक	पढ़ती	है ।
(1)	(2)	(3)	(4)

—इस प्रकार ऊपर लिखे वाक्य में चार शब्द हैं ।

प्रत्येक शब्द के खण्ड करने पर प्रत्येक पृथक्-पृथक् इकाई जो हमारे हाथ लगती है, वही वर्ण हैं । पुस्तक—प् + उ + स् + त् + अ + क् + अ

—इस प्रकार 'पुस्तक' शब्द में सात वर्णों का प्रयोग हुआ है ।

वे मूल ध्वनियां वर्ण कहलाती हैं, जिसके खण्ड न हो सकें। जैसे—पुस्तक में—प् + उ + स् + त् + अ + क् + अ– इन सात ध्वनियों में किसी का भी खण्ड नहीं हो सकता, अतः ये वर्ण हैं ।

वर्णमाला

किसी भाषा के समस्त वर्ण-समूह को वर्णमाला कहा जाता है।

हिन्दी भाषा की वर्णमाला में जो वर्ण हैं उन्हें स्वर और व्यंजन दो वर्ण-समूहों में विभाजित किया गया है।

स्वर—वे वर्ण जो अन्य वर्णों की सहायता के बिना बोले जाते हैं। स्वर वर्ण निम्नलिखित हैं—

अ आ इ ई उ ऊ ऋ ए ऐ ओ औ —(11)

इनमें से आ (अ+अ), ई (इ+इ) तथा ऊ (उ+उ) ये दीर्घ स्वर कहलाते हैं और ए (अ+इ), ऐ (अ+ए), ओ (अ+उ), तथा औ (अ+ओ) ये संयुक्त स्वर कहलाते हैं।

व्यंजन—वे वर्ण जिनका उच्चारण स्वरों की सहायता के बिना भलीभाँति नहीं होता वे व्यंजन कहलाते हैं। निम्नलिखित वर्ण व्यंजन हैं—

स्पर्श	क् ख् ग् घ् ङ्	(क वर्ग)
	च् छ् ज् झ् ञ्	(च वर्ग)
	ट् ठ् ड् ढ् ण्	(ट वर्ग)
	त् थ् द् ध् न्	(त वर्ग)
	प् फ् ब् भ् म्	(प वर्ग)
	य् र् ल् व्	(अन्तःस्थ)
	श् ष् स् ह्	(ऊष्म) (33)

इसके अतिरिक्त हिन्दी में छः चिह्नों का प्रयोग होता है—

अयोगवाह—अनुस्वार (ं) और विसर्ग (:) ये दो चिह्न अयोगवाह कहलाते हैं।

अनुस्वार और विसर्ग का भी स्वरों के बिना प्रयोग नहीं होता, अर्थात् स्वरों की सहायता से ही इनका उच्चारण हो सकता है।

अनुस्वार

स्वर के ऊपर जो बिन्दी लगायी जाती है, उसे अनुस्वार कहा जाता है। जैसे—अंग, कंघी, चंद्रमा, टंकार, तंदूर, पंखा।

अनुनासिक

अनुस्वार का कोमल रूप अनुनासिक कहलाता है। जैसे—आँखें, अँगूठी, हँसना।

विसर्ग

स्वर से परे जो दो बिन्दियाँ लगायी जाती हैं, वे विसर्ग कहलाती हैं। जैसे—अतः, प्रातः, छः।

विसर्ग का उच्चारण आधे ह् जैसा होता है।

निम्न बिन्दु

फारसी तथा अंग्रेजी से हिंदी में आये कुछ शब्दों तथा हिन्दी के भी कुछ शब्दों के कुछ बर्णों की मूल ध्वनियों का उच्चारण कोमल बनाने के लिए उनके नीचे एक बिन्दी लगायी जाती है। इसे निम्न बिन्दु कहते हैं। जैसे—

क़	ख़	ग़	ज़	फ़	ड़	ढ़
(कलम)	(ख़ाकी)	(ग़म)	(कागज़)	(फ़ासला)	(पड़ा)	(पढ़ी)

अर्धचन्द्र

हिन्दी में अंग्रेजी के कुछ शब्दों को लिखते हुए उनके कुछ स्वरों पर (ॅ) ऐसा चिह्न लगाया जाता है। इसे अर्धचन्द्र (अर्धवृत्त) कहते हैं। जैसे—डॉक्टर, कॉलिज।

इस चिह्न से आ तथा ओ के बीच की ध्वनि सूचित होती है।

हल् का चिह्न

स्वर से रहित व्यंजनों का ठीक रूप जिस चिह्न से सूचित होता है, उसे हल् का चिह्न कहते हैं। जैसे—महान्, विद्वान्, राजन्, ओ३म्, चित् आदि।

व्यंजनों का मूल रूप दर्शाते हुए भी उन्हें हल् करके लिखा जाता है। जैसे—क् च् ट् त् प् य् र् ह्—इत्यादि।

वर्णमाला और लिपि

किसी भाषा के सारे वर्णों के समूह को वर्णमाला कहते हैं। वर्णमाला का लिखित रूप लिपि कहलाता है।

लिपियाँ अनेक हैं। जैसे—देवनागरी लिपि, रोमन लिपि, अरबी लिपि इत्यादि।

हिन्दी भाषा देवनागरी लिपि में लिखी जाती है। इस समय देवनागरी लिपि का प्रयोग संस्कृत, हिन्दी तथा मराठी लिखने में होता है। नेपाली, गढ़वाली के लिए भी देवनागरी लिपि ही काम आती है। देवनागरी में पंजाबी भाषा के भी कुछ ग्रन्थ लिखे मिलते हैं। कहा जाता है कि देवनागरी लिपि संसार की सब लिपियों से श्रेष्ठ है; क्योंकि इसमें हर प्रकार की ध्वनि को प्रकट करने की शक्ति है तथा जैसा लिखा हो वैसा बोला जाता है और जैसा बोला जाता है, वैसा लिखा जाता है। अंग्रेजी (रोमन लिपि) में But बट है और Put पुट। देवनागरी लिपि में यह बात नहीं है।

लिपि पर विचार करते समय लिपि में आवद्ध करके व्यक्त की जाने वाली वाणी का प्रसंग भी आवश्यक है।

मुख द्वारा शब्द बोलकर अपने भाव या विचार प्रकट करने को वाणी कहते हैं और वाणी वर्णों का समूह है। वर्ण वह मौखिक ध्वनि है, जिसके खण्ड न हो सकें। वर्ण केवल मुख और कान का विषय है। इन वर्णों के रेखा आदि से बनाए हुए चिह्नों को अक्षर कहते हैं। इन अक्षरों का समूह ही लिपि है, जो आँख और हाथ का विषय होते हैं (हाथ से लिखे जाते हैं और आँखों से पढ़े जाते हैं)।

प्राचीन काल में भारत की प्रधान भाषा संस्कृत थी और प्रधान लिपि ब्राह्मी थी। विद्वानों के उद्योग से धीरे-धीरे यह लिपि संस्कृत को शुद्धतापूर्वक लिखने के लिए सब प्रकार से समर्थ हो गयी, अर्थात् उसमें प्रत्येक वर्ण के लिए केवल एक अक्षर निश्चित हो गया और प्रत्येक अक्षर केवल एक वर्ण का द्योतक हो गया। न कोई ऐसा अक्षर रहा, जिसका द्योतक वर्ण भाषा में न मिले और न कोई ऐसा वर्ण रहा जिसका सूचक अक्षर लिपि में न मिले।

जिस तरह देश और काल के प्रभाव से संस्कृत भाषा शनैः-शनैः हिन्दी, बंगला उड़िया, मराठी, गुजराती, पंजाबी आदि के रूप में आ गयी, इसी प्रकार ब्राह्मी लिपि ने बदलते-बदलते देवनागरी, बंगला, उड़िया, द्राविड़ी, गुजराती, मौड़ी, कैथी, शारदा टाँकरी, गुरुमुखी, मुंडी (महाजनी) आदि का रूप धारण कर लिया।

भाषा के रूप-परिवर्तन के साथ उसकी वर्ण-संख्या में पर्याप्त न्यूनाधिकता हो जाती है। कई वर्णों का लोप हो जाता है; कुछ वर्ण नये आ जाते हैं, शेष वर्ण वैसे ही रहते हैं। इसके विपरीत लिपि-परिवर्तन से अक्षरों के आकार में तो भेद (अन्तर) पड़ जाता है, परन्तु उनकी संख्या प्रायः वही रहती है, जो पहले थी।

हिन्दी (खड़ी बोली) में बहुत से ऐसे वर्ण हैं, जिनको देवनागरी लिपि द्वारा हम प्रकट नहीं कर सकते। जैसे—'चैन' के 'ऐ' का उचारण 'चैत्र' के उच्चारण से भिन्न है। इसी प्रकार 'गौना' के 'औ' का उच्चारण 'गौण' के 'औ' के उज्चारण से भिन्न है। इस सूक्ष्म भेद को प्रकट करने के लिए नागरी लिपि में कोई साधन नहीं। श और ष का उच्चारण समान है। ऋ का उच्चारण रि के समान ही है। ज्ञ का उच्चारण ग्य किया जाता है, जबकि वास्तव में ज्ञ—ज्+ञ का द्योतक है।

इसी तरह के और बहुत से स्थल हैं, जहां नागरी लिपि हिन्दी के उच्चारण को पूर्णतया प्रकट नहीं करती।

इनके अतिरिक्त हिन्दी (खड़ी बोली) में बहुत से अंग्रेजी और अरबी-फारसी शब्द प्रयुक्त होते हैं। उनमें कुछ वर्णों के उच्चारण को प्रकट करने के लिए, उनके नीचे बिन्दु लगा दिया जाता है या ऊपर अर्धचन्द्र लगाकर उन्हें प्रकट किया जाता है। लेकिन कई एक के लिए अभी तक कोई संकेत नहीं बना। उदाहरणतः मराठी ळ के उच्चारण के लिए नागरी लिपि में कोई साधन नहीं है।

इसी प्रकार भारत की अन्य भाषाओं—पंजाबी, बंगाली, गुजराती, मराठी आदि को नागरी लिपि में लिखने के लिए कुछ अन्य संकेतों के सृजन की आवश्यता है।

देवनागरी की उत्तमता इसके अक्षरों के क्रम के कारण है। यह क्रम वास्तव में संस्कृत की वर्णमाला के वर्णों का है। संस्कृत-वर्णमाला के वर्णों का क्रम संसार-भर की उपलब्ध पुरानी और नयी सभी वर्णमालाओं से श्रेष्ठ है। इस बात की प्रशंसा यूरोप के समग्र विद्वानों ने की है। इस बात को ध्यान में रखकर हम देवनागरी को सर्वोत्तम लिपि कह सकते हैं।

अब जबकि देवनागरी लिपि राष्ट्रीय लिपि के आसन पर आरूढ़ होना चाहती है, तो यह उचित है कि इसकी अन्य प्रतियोगी लिपियों से तुलना की जाये। नागरी की प्रतियोगी लिपि है, रोमन लिपि (अंग्रेजी भाषा इसीमें लिखी जाती है)। बंगला, गुजराती तथा द्राविड़ी आदि के राष्ट्रीय लिपि बनने की संभावना बहुत थोड़ी है।

नागरी तथा रोमन की तुतना निम्नलिखित दृष्टिकोणों से होनी चाहिए— (1) लिपि में अक्षरों का क्रम (2) अक्षरों के नाम, (3) अक्षरों की संख्या, (4) अक्षरों के वैकल्पिक रूप, (5) अक्षरों की आकृति में आन्तरिक समानता, (6) अक्षरों की लेखनगति, (7) अक्षर कितनी जगह घेरते हैं, (8) लिपि के प्रचार का क्षेत्र (9) लिपि में विद्यमान साहित्य, (10) टाईप और प्रिंटिंग की सुविधा, (11) मिलित रूप (12) इटालिक, (13) द्रुत लिपि (शार्ट हैण्ड)।

(1) **अक्षर-क्रम**—नागरी अक्षर-क्रम सर्वोत्तम है; क्योंकि यह वर्णों की उच्चारण विधि के अनुसार है। जैसे—पहले स्वर आते हैं (उनमें भी पहले ह्रस्व और फिर दीर्घ)—उनके पश्चात् व्यंजन आते हैं। वे भी कण्ठ, तालु आदि स्थानों के क्रम से रखे गये हैं। फिर (क वर्ग से प वर्ग तक) प्रत्येक वर्ग में अघोष, अल्पप्राण, महाप्राण, घोष, अल्पप्राण तदनन्तर नासिक्य।

रोमन लिपि का अक्षर-क्रम न वर्णोच्चारण के अनुसार है और न ही अक्षरों की आकृति के अनुसार। रोमन का यह क्रम सर्वथा अनियमित है।

(2) **अक्षर-नाम**—देवनागरी अक्षरों के नाम वही हैं, जो उनका उच्चारण है। रोमन लिपि के अक्षरों का नाम कुछ है और उच्चारण कुछ। रोमन लिपि में ए (उच्चारण 'अ'), डब्ल्यू (उच्चारण 'व') इत्यादि। इस दोष से छात्रों और छात्राओं का बहुत समय नष्ट होता है।

(3) लिपि का एक गुण यह बताया गया है कि उसमें उतने ही अक्षर होने चाहिए, जितने उस भाषा में वर्ण हैं जिसके लिए वह लिपि काम में आती है। क्योंकि सब भाषाओं की वर्ण-संख्या एक समान नहीं होतीं, इसलिए स्पष्ट है कि एक भाषा की लिपि दूसरी भाषा के काम नहीं आ सकती। लेकिन व्यवहार में एक ही लिपि कई-कई भाषाओं में काम आती है। ऐसा करने में दूसरी भाषा के जो वर्ण किसी लिपि में प्रकटित नहीं होते उनके लिए अक्षरों में ऊपर नीचे बिंदु आदि लगाकर नये रूप बना लिये जाते हैं।

(4) वैकल्पिक रूपों की दृष्टि से रोमन लिपि उत्तम है; क्योंकि इसके अक्षरों के रूप सब अवस्थाओं में एक-से रहते हैं। इसके विपरीत नागरी लिपि में आगे-पीछे आनेवाले अक्षरों के अनुसार अक्षरों का आकार बदल जाता है। जैसे—नागरी में शब्द के आदि में अथवा किसी दूसरे स्वर के परे स्वरों की आकृति पूर्ण होती है, लेकिन व्यंजन के परे आने पर स्वर अपनी मात्रा की आकृति धारण कर लेते हैं। यथा—गयी, तीन, लीन। इसी प्रकार व्यंजनों के रूप भिन्न हो जाते हैं। जैसे—क्+ष=क्ष। जिसमें क् और ष् के रूप का कोई आभास नहीं रहा। यही हाल र् का है—रजत,

अगर, अग्र, मार्ग आदि ।

(5) प्रायः सभी लिपियों में कई अक्षरों की आकृति आपस में इतनी मिलती-जुलती है कि जरा-सी असावधानी से लिखा हुआ लेख संदिग्ध हो जाता है। जैसे—नागरी में ख-रव, ए-रा, ध-घ, ध्य-ध्य, थ-ध, ब-व आदि ।

(6) अक्षरों की लेखन-गति (स्पीड) लेखक के अभ्यास और उसके भाषा-ज्ञान पर निर्भर होती है ।

(7) लिखने में कौनसी लिपि कितनी जगह घेरती है, इस दृष्टि से तुलना करने पर नागरी लिपि रोमन की अपेक्षा कम जगह घेरती है। रोमन सबसे अधिक जगह घेरती है । इसका कारण यह है कि रोमन वर्णात्मक लिपि है ।

(8) प्रचार-क्षेत्र की दृष्टि से देवनागरी ही भारत की राष्ट्रीय लिपि बनने के योग्य है, क्योंकि इस समय समस्त भारत में नागरी या तत्सम्बन्धी बंगला, उड़िया, गुजराती, पंजाब गुरुमुखी, शारदा आदि लिपियाँ काम में आती हैं। दक्षिण की लिपियाँ भी देवनागरी से घनिष्ठ सम्बन्ध और समानता रखती हैं। किन्तु नागरी को छोड़कर अन्य लिपियाँ अपने-अपने प्रदेश तक ही सीमित हैं। नागरी चिरकाल से भारत की मुख्य लिपि रही है। रोमन का प्रचार भी बहुत कम है (भारत में केवल दो प्रतिशत लोग ही उसे पढ़-लिख सकते हैं)। अतएव देवनागरी ही राष्ट्रलिपि होने की योग्यता रखती है ।

(9) नागरी लिपि में लिखा हुआ प्राचीन साहित्य प्रचुर मात्रा में मिलता है। यह बात भी नागरी की उत्तमता, उपयोगिता और श्रेष्ठता की द्योतक है। लिखित ग्रन्थों के अतिरिक्त नागरी में शिलालेख, ताम्रपत्र, ताम्रशासन भित्तिलेख आदि बहुत सामग्री मिलती है। नागरी के एक प्राचीन रूप के आधार पर तिब्बत की लिपि में बहुत साहित्य विद्यमान है। मंचूरिया, मंगोलिया आदि सुदूर देशों में अभी तक बालक नागरी अक्षर सीखते हैं। वहाँ दो या दो से अधिक अक्षरों के बने हुए बड़े सुन्दर-सुन्दर मोनोग्राम मिलते हैं। इस दृष्टि से भी नागरी का स्थान बहुत ऊँचा है ।

(10) टाईप और प्रिंटिंग की सुविधा नागरी और रोमन दोनों लिपियों को प्राप्त है। इनमें भी रोमन को बहुत अधिक, क्योंकि एक तो रोमन के अक्षरों की संख्या कम है और दूसरे उनका कोई वैकल्पिक रूप नहीं। यद्यपि प्रिंटर के टाईप-केस में नागरी टाईप की संख्या रोमन की अपेक्षा दुगनी-तिगुनी होती है, तथापि भारतीयों की दृष्टि में नागरी के मुकाबले में रोमन का आदर कम है। इसलिए नागरी ही उत्तम समझनी चाहिए ।

(11) रोमन के दो रूप हैं—1. मिलित, 2. पृथक। मिलित रूप लिखने में काम आता है, पृथक् रूप टाईप करने और प्रिंटिंग (मुद्रण) में। ध्यान से देखा जाये तो इनमें काफी अन्तर है। इसके अतिरिक्त प्रत्येक अक्षर के छोटा और बड़ा (कैपिटल) दो आकार होते हैं। जिसने केवल एक ही रूप सीखा हो, उसके लिए दूसरे रूप को पढ़ना-लिखना सहज काम नहीं है। रोमन के मिलित रूप में यह गुण है कि इसका

प्रत्येक अक्षर साथ वाले अक्षर के साथ मिलाकर लिखा जाता है। बार-बार कलम नहीं उठानी पड़ती। केवल आई (i) का डाट और (t) का डैश देने के लिए कलम उठाई जाती है। इस कारण रोमन को बहुत शीघ्रता से लिखा जा सकता है। परन्तु रोमन की एक लिपि नहीं, बल्कि चार लिपियाँ छात्रों-छात्राओं को खीखनी पड़ती हैं, जबकि नागरी की केवल एक ही लिपि सीखनी पड़ती है।

कई व्यक्ति शीघ्रता के निमित्त नागरी अक्षरों को भी मिलाकर लिखते हैं। यहाँ शिरोरेखा द्वारा मिलाने का तात्पर्य नहीं, बल्कि बिना कलम उठाए एक अक्षर के साथ अगले अक्षर को मिलाने का है। लेकिन ऐसा करने में किसी समान नियम का पालन नहीं किया जाता, इस प्रकार यह मिलित लिपि व्यक्तिगत आकृति-भेद लिये रहती है। जिसे जैसी सुविधा हुई अक्षर का आकार बदल दिया। उर्दू के शिकस्ता और रोमन के मिलित रूप की भाँति नागरी का कोई स्थिर—परिनिष्ठित—निश्चित मिलित रूप नहीं है, जिसमें व्यक्तिगत सूक्ष्म भेदों को छोड़कर स्थूलतया आकार की समानता पायी जाये।

(12) **इटालिक**—जब लेखक अपने लेख में किसी शब्द या वाक्य पर विशेष बल देना चाहता है तो उसे मोटा लिख देता है या उसके नीचे लकीर डाल देता है ताकि पढ़ने वाले की दृष्टि अनायास ही उस शब्द या वाक्य पर पड़ जाये। छापे में बहुधा यह प्रथा है कि उस शब्द या वाक्य को मोटा न करके टेढ़े टाइप में कम्पोज करते हैं। इस टेढ़े टाईप को इटालिक कहते हैं। यह प्रथा अंग्रेजी से आयी है। लेकिन नागरी में भी रोमन की देखादेखी इटालिक (टेढ़े टाईप) बना लिये गये हैं।

(13) आजकल शीघ्रता के युग में सामान्य लिपि के अतिरिक्त एक विशेष लिपि की आवश्यकता है, जिसके द्वारा सभा-समाज में वक्ता के भाषण को, संसद या विधान सभा की कार्यवाही को, अथवा कार्यालय में अधिकारी के कथन को उसके बोलते-बोलते लिखा जा सके। सामान्य लिपि से यह काम सिद्ध नहीं हो सकता; क्योंकि उसकी लेखन की गति (स्पीड) भाषण और वार्तालाप की गति से काफी मन्द होती है। इस आवश्यकता को पूरा करने के लिए द्रुतलिपि (शार्टहैण्ड) का आविष्कार हुआ है। अंग्रेजी में शार्टहैण्ड की कई शैलियाँ प्रचलित हैं, जिनमें से पिटमैन की प्रणाली सबसे अधिक प्रसिद्ध है। हिन्दी के लिए भी तीन-चार द्रुतलिपियाँ अब तक बनी हैं, परन्तु उनका प्रचार पर्याप्त परिमाण में नहीं हुआ है।

नागरी लिपि के अक्षर बहुत सुन्दर हैं। भारत की प्रादेशिक लिपियाँ इससे मिलती-जुलती हैं। देवनागरी में सैकड़ों वर्षों से संस्कृत, हिन्दी, मराठी आदि साहित्य लिखे मिलते हैं। हमारी लाइब्रेरियाँ इनसे भरी पड़ी हैं। पुराने सिक्कों, ताम्रपत्रों, ताम्रशासनों, शिलालेखों आदि पर नागरी लिपि बहुतायत से मिलती है। अमरीका, रूस और यूरोप में भी जितना नागरी का प्रचार है, उतना अन्य किसी भारतीय लिपि का नहीं। स्वयं भारत में इसके बराबर दूसरी कोई लिपि इतनी व्यापक नहीं।

अभ्यास

1. भाषा की व्यवहार में आ सकने वाली लघुतम इकाई क्या है ?
2. इनमें से पूर्ण वाक्य पर √ का चिह्न लगाइए—
   (i) लता है। (ii) लता पढ़ती। (iii) लता पढ़ती है। (iv) लता पुस्तक पढ़ती है।
3. प्रत्येक शब्द के खण्ड करने पर जो पृथक् इकाई हाथ लगती है, उसे क्या कहते हैं ?
4. इन शब्दों के वर्ण पृथक्-पृथक् करके लिखिए—पुस्तक, ब्राह्मण, मित्र, तपस्या, तरक्की, परीक्षा।
5. वर्ण की परिभाषा लिखिए।
6. स्वर की परिभाषा लिखकर व्यंजन से उसका अन्तर स्पष्ट कीजिए।
7. हिन्दी में कितने व्यंजन हैं ?—कौन-कौनसे ?
8. अयोगवाह कौनसे हैं ?
9. अनुस्वार और अनुनासिक का अन्तर उदाहरण देकर स्पष्ट कीजिए।
10. नागरी लिपि की विशेषता (100 शब्दों में) लिखिए।

5

वर्णों के प्रयत्न तथा उच्चारण-स्थान

भाषा का अर्थ है—**बोली**। जब हम मन में सोचते हैं, तब भी भाषा का प्रयोग करते हैं, जैसे—हिमालय के बारे में सोचते हुए हिमालय, उसकी चोटियों, सड़कों, नदियों, झरनों, जंगल, पेड़ आदि के बारे में सोचते हैं। शब्दों के बिना अर्थात् भाषा के अभाव में हम किसी वस्तु या व्यक्ति के विषय में सोच नहीं सकते। परन्तु वास्तव में भाषा व्यक्त वाणी को कहते हैं। बोलने वाला इस तरह बोले कि उसे सुनने वाला सुन सके। बोलने वाले के मुँह और स्वर-यन्त्र द्वारा उत्पन्न की गयी कुछ आवाजें (ध्वनियाँ) ही भाषा है। **किसी भी वस्तु से किसी भी तरह की कुछ ऐसी क्रिया हो, जिसे कानों से सुना जा सके, उसे ध्वनि कहते हैं।**

प्रकृति में कई तरह की ध्वनियाँ होती हैं। पशु-पक्षी अपने मुँह से कई प्रकार की ध्वनियाँ करते हैं, जैसे—कौए की काँव-काँव, चिड़िया की चींची, कबूतर की गुटरगूँ, मुर्गे की कुकूकू३ इत्यादि। हवा की सन्-सन् ध्वनि, मेघों का गर्जन, झरने की झरझर ध्वनि भी ध्वनि है। मनुष्य भी अपने मुँह से सी-सी, ऊँह-ऊँह, चीं-चीं आदि कर सकता है। परन्तु यहाँ हमारा तात्पर्य उन ध्वनियों से नहीं है। हमारा प्रयोजन उन ध्वनियों से है, जो मिलकर भाषा का रूप धारण करती हैं। इन्हें हम **भाषायी**

ध्वनियाँ कहते हैं। प्रत्येक भाषा की अपनी-अपनी तथा भिन्न-भिन्न ध्वनियाँ होती हैं।

भौतिक विज्ञान (फिजिक्स) में ध्वनि को एक प्रकम्पन की प्रक्रिया माना गया है। कोई भी पदार्थ जब गति में होता है, तब ध्वनि करता है। विद्यालय में जब घंटे (घड़ियाल) पर लोहे या लकड़ी की हथौड़ी की चोट पड़ती है, तब टन-टन की ध्वनि उत्पन्न होती है। उस समय यदि उस घड़ियाल को छूकर देखा जाए, तो स्पष्ट पता चलता है कि उसमें कम्पन, हलचल या गति हो रही है। इसी गति या प्रकम्पन की लहर से ध्वनि उत्पन्न होती है। ऐसा ही प्रकम्पन जब मानव शरीर की क्रिया से श्वास-प्रश्वास द्वारा सार्थक रूप में किया जाता है, तब उसे **भाषायी ध्वनि** कहते हैं। विश्व की समस्त भाषायें मानव-फुफ्फुस से चलकर, स्वर-यंत्र से होती हुई मुख-नासिका से प्रकट हुई सार्थक ध्वनियाँ ही हैं।

भाषायी ध्वनि वाणी का वह उच्चारण-अंश है, जो कम से कम एक तथा अधिक-से-अधिक दो खण्डों से मिलकर बनता है।

भाषा की ध्वनियाँ वे सार्थक ध्वनियाँ होती हैं; जिन्हें उच्चारण करने के लिए—मुख, कण्ठ, स्वर-यन्त्र आदि अवयवों को कोई निश्चित, ऐच्छिक तथा विशिष्ट रूप धारण करना पड़ता है।

भाषायी ध्वनि की उत्पत्ति

भाषायी ध्वनियों का उच्चारण प्रायः उस वायु से किया जाता है, जिसे हम फेफड़ों से बाहर निकालते हैं, यह प्रश्वास वायु कहलाती है।

अमरीकी, अफ्रीकी तथा सिन्धी भाषाओं में कुछ ऐसी ध्वनियाँ भी मिलती हैं, जिनका उच्चारण मनुष्य के द्वारा अन्दर ली जाने वाली वायु से उत्पन्न होता है। परन्तु भारत में प्रायः सभी भाषाओं का उच्चारण उस वायु की सहायता से किया जाता है, जिसे हम फेफड़ों से बाहर निकालते हैं।

शारीरिक रचना की दृष्टि से श्वास नलिका के ऊपरी भाग में तथा कण्ठ के नीचे स्वर-यन्त्र के दो पर्दे (झिल्लियाँ) हैं। प्रश्वास की वायु उन पर्दों में से होकर कण्ठ में आती है। स्वर-यन्त्र के दोनों पर्दे एक-दूसरे से बहुत दूर होने के कारण उस प्रश्वास वायु के आने में कोई रुकावट नहीं डालते। यह स्थिति तब होती है, जब हम कोई ध्वनि नहीं करते। परन्तु जब हम किसी ध्वनि का उच्चारण करना चाहते हैं, तब ध्वनि के स्वरूप के अनुसार स्वर-यन्त्र के पर्दे थोड़े पास, कभी अधिक पास, या एक-से हो जाते हैं तथा इससे प्रश्वास उन पर्दों के साथ रगड़ खाकर या वहाँ कुछ रुकने के बाद कण्ठ में आता है। इस स्थिति में ध्वनि उत्पन्न होती है।

दूसरे शब्दों में, किसी ध्वनि को व्यक्त करने की इच्छा होने पर हम फुफ्फुसों से स्वर बाहर को फेंकते हैं। स्वर-यन्त्र के पर्दों की सहायता से मनचाहा रूप रूप दे देते हैं। मनचाहा रूप देने के लिए स्वर-यन्त्र के पर्दों से पार हुए उस प्रश्वास को कभी हम मुख के मार्ग से, कभी नासिका के मार्ग से या कभी थोड़ा-थोड़ा करके दोनों

मार्गों से बाहर निकालते हैं। इन भिन्न-भिन्न स्थितियों के कारण भिन्न-भिन्न ध्वनियाँ व्यक्त होती हैं।

जब हम प्रश्वास को मुख के मार्ग से बाहर निकालते हैं, तब हम कण्ठ, जिह्वा, तालु; दन्त, ओष्ठ आदि की भिन्न-भिन्न स्थितियाँ बनाकर उस प्रश्वास पर मनचाहा प्रभाव डालते हैं, जिससे कई प्रकार की ध्वनियाँ उत्पन्न होती हैं।

ध्वनि उत्पन्न करने की इच्छा से फेफड़ों द्वारा बाहर निकाला हुआ प्रश्वास कण्ठ के अन्दर स्थित ध्वनि-यन्त्र से प्रकम्पित होने के कारण बाहर वायु में भिन्न-भिन्न प्रकार की लहरें उत्पन्न कर देता है। ये लहरें एक निश्चित सीमा तक उपस्थित दूसरे मनुष्य के श्रवण (कान) में पहुँचकर, कान के पर्दे पर प्रकम्पन उत्पन्न करती हैं। उस कम्पन का असर कान की मध्यवर्ती हड्डियों के माध्यम से भीतरी कान के द्रव पर पड़ता है। इससे उस द्रव में लहरें उत्पन्न होती हैं। वे लहरें सुनने वाले के मस्तिष्क तक पहुँचती हैं। परिणाम यह होता है कि वह ध्वनियों को सुनता है।

जब कोई मनुष्य अपने विचारों या भावों को, दूसरों को सुनाने की इच्छा करता है, तब वह अपने ध्वनि-यन्त्र से सार्थक ध्वनियों को उत्पन्न करता है। ध्वनियों का यही मौखिक उच्चरित रूप भाषा का मुख्य रूप है। भाषा (व्यक्त वाणी) को उत्पन्न करने वाला यन्त्र मनुष्य का ध्वनि-यन्त्र (वाक्-यन्त्र) है तथा भाषा को ग्रहण करने (सुनने) वाला यन्त्र श्रवण यन्त्र कान है। चिट्ठी में, पुस्तक में, समाचारपत्र आदि में भाषा के जिस (लिपि-चिह्न द्वारा प्रकटित) रूप को देखकर हम आँखों द्वारा पढ़ते हैं वह मौखिक, उच्चरित भाषा का गौण रूप है।

वाक्-यन्त्र या ध्वनि-यन्त्र

शरीर के जिन अंगों से भाषायी ध्वनियों का उच्चारण किया जाता है, उसे वाक्-यन्त्र, ध्वनि-यन्त्र अथवा उच्चारण-अवयव कहा जाता है।

कण्ठ से लेकर ओष्ठ तथा नासिका तक जिस-जिस स्थान पर प्रश्वास वायु रोकी जाती है, वह स्थान उच्चरित ध्वनि का स्थान (उच्चारण-स्थान) कहलाता है। जो अवयव उस प्रश्वास को रोकता है, वह करण कहलाता है। उदाहरणत: जब जिह्वा की नोक ऊपर वाले दाँतों से मिलकर उनके पीछे प्रश्वास वायु को रोक देती है, तब 'त' का उच्चारण होता है। अतः 'त' का उच्चारण-स्थान दन्त हुआ तथा 'त' का उच्चारण-करण जिह्वा की नोक (जिह्वाग्र) हुआ।

उच्चारण-स्थान

ये निम्नलिखित हैं—

स्वर-यन्त्र, मुख, कण्ठ, जिह्वामूल, कोमल तालु, मूर्द्धा, कठोर तालु, वर्त्स, ऊपर के दाँत, ऊपर का ओष्ठ, नासिका।

उच्चारण-करण

ये निम्नलिखित हैं—

स्वर-यन्त्र के पर्दे, कौआ (काकल), जिह्वा, निचला ओष्ठ।

हिन्दी की ध्वनियों का वर्गीकरण

फेफड़ों से श्वास-नली में होकर मुख तथा नासिका के मार्ग से बाहर निकलने वाली प्रश्वास वायु ही ध्वनियों को उत्पन्न करती है। हिन्दी भाषा में प्रत्येक ध्वनि के लिए एक भिन्न वर्ण का प्रयोग होता है। प्रश्वास को मुख में जिह्वा द्वारा नहीं रोकने तथा रोकने के आधार पर ध्वनियाँ दो प्रकार की मानी गयी हैं—

1. स्वर 2. व्यंजन

हिन्दी भाषा की वर्तमान स्वीकृत ध्वनियों में बारह स्वर तथा चवालीस व्यंजन हैं।

स्वर—जिन ध्वनियों के उच्चारण में जिह्वा प्रश्वास को मुख में किसी भी तरह नहीं रोकती—प्रश्वास बिना किसी रुकावट के बाहर निकलता है—वे स्वर-ध्वनियाँ कहलाती हैं। इनका उच्चारण बिना किसी वर्ण की सहायता के—स्वतन्त्र रूप से किया जा सकता है।

स्वर ये हैं—

अ आ इ ई उ ऊ ऋ ए ऐ ओ औ ऑ।

इनमें भी मुख्य स्वर तीन हैं—

अ इ उ

इन्हीं का दीर्घ रूप आ ई ऊ है। चार संयुक्त (संधि) स्वर है—अ + इ = ए, अ + ए = ऐ, अ + उ = ओ, अ + ओ = औ

संस्कृत के ऋ का उच्चारण अब लुप्त हो चुका है—उसका उच्चारण अब हिन्दी वाले 'रि' र् + इ की तरह करते हैं। फिर भी हमने इसे स्वरों में दिखा दिया है, क्योंकि संस्कृत से आये शब्दों में इसका लिखित रूप अब भी प्रयोग में आता है। जैसे—ऋषि, ऋण, कृपा, कृषक, कृष्ण इत्यादि। ऐ और औ की ध्वनियाँ भी हिन्दी में नयी विकसित ध्वनियाँ हैं, जो इनके संस्कृत उच्चारण से भिन्न हैं। देखिए—

और (हिन्दी उच्चारण) है, कौमुदी (संस्कृत उच्चारण)। इनके उच्चारण स्थान भिन्न होने के कारण ये पृथक्-पृस्क् ध्वनियाँ ही हैं।

व्यंजन—जिन ध्वनियों के उच्चारण में प्रश्वास मुख में जिह्वा द्वारा रोका जाता है और इधर-उधर रगड़ खाता हुआ बाहर निकलता है, वे ध्वनियाँ व्यंजन कहलाती हैं।

हिन्दी में वर्तमान में प्रयुक्त व्यंजन ध्वनियाँ ये हैं—

(क वर्ग) क् ख् ग् घ् ङ् क़् ख़् ग़्

(च वर्ग) च् छ् ज् झ् ञ् ज़्

(ट वर्ग) ट् ठ् ड् ढ् ण् ड़् ढ़्
(त वर्ग) त् थ् द् ध् न् न्ह्
(प वर्ग) प् फ् ब् भ् म् म्ह् फ़् } स्पर्श
(अन्तःस्थ) य् र् ल् व व्
(ऊष्म) श् ष् स् ह् : विसर्ग

—इनमें से य् व् व्यंजन ध्वनियों में अन्य व्यंजन ध्वनियों के मुकाबले प्रश्वास मुख में कम रुकता है, अतएव इन्हें **अर्ध स्वर** अथवा **अर्ध व्यंजन** कहते हैं।

संस्कृत की ञ् ष् ध्वनियाँ प्रायः समाप्त हो गयी हैं (केवल लिखने में इनका पृथक रूप देखने को मिलता है)। क़् ख़् ग़् ध्वनियाँ अरबी से तथा ज़् फ़् ध्वनियाँ फारसी से हिन्दी में आयी हैं। ड़् ढ़् व् न्ह म्ह ध्वनियाँ हिन्दी में विभिन्न क्षेत्रीय बोलियों से आयी हैं।

स्वरों तथा व्यंजनों के उच्चारण में उच्चारण-स्थान, करण तथा प्रयत्न आवश्यक होते हैं। उच्चारण-स्थानों तथा करणों के नाम पहले बताये जा चुके हैं।

जिस समय ध्वनियों का उच्चारण करना होता है, उस समय प्रश्वास को रोककर उसे कई प्रकार से विकृत करना पड़ता है। इस प्रक्रिया को **प्रयत्न** कहा जाता है। प्रयत्न दो प्रकार के होते हैं—

1. **बाह्य प्रयत्न** 2. **आभ्यन्तर प्रयत्न**

1. **बाह्य प्रयत्न**– मुख-विवर तथा नासिका से बाहर अर्थात् कण्ठ के नीचे श्वास-नलिका में किये गये स्वर-यन्त्र के प्रयत्न बाह्य प्रयत्न कहलाते हैं।

इनका नाम ही बाह्य प्रयत्न है, वास्तव में आभ्यन्तर प्रयत्नों की अपेक्षा ये ये और भी अन्दर होते हैं।

2. **आभ्यन्तर प्रयत्न**—मुख-विवर तथा नासिका के ही अन्दर जिह्वा, तालु, दन्त आदि द्वारा उच्चारण के लिए किये गये प्रयत्न आभ्यन्तर कहे जाते हैं।

स्वरों का वर्गीकरण

स्वरों का वर्गीकरण छः आधारों पर किया गया है—

बाह्य प्रयत्न की दृष्टि से

1. **स्वर-यन्त्र** जिन ध्वनियों के उच्चारण के समय स्वर-यन्त्र के पर्दे एक-दूसरे के इतने समीप आ जाते हैं कि इनके ऊपरी तथा निचले सिरे परस्पर मिल जाते हैं अतः बीच में से प्रश्वास इन्हें प्रकम्पित करता हुआ निकलता है—वे ध्वनियाँ **घोष** कहलाती हैं। हिन्दी भाषा के सभी स्वरों का इसी स्थिति में उच्चारण किया जाता है तथा वे घोष कहलाते हैं।

(2) **मात्रा काल** किसी एक सार्थक ध्वनि के उच्चारण में जितना समय लगता है, वह मात्रा-काल कहलाता है। इसके आधार पर भी स्वरों का वर्गीकरण

किया जाता है, जो इस प्रकार है—

(क) **ह्रस्व-स्वर**—जिन स्वरों के उच्चारण में एक मात्रा-काल लगता है। ह्रस्व-स्वर हैं—अ, इ, उ।

(ख) **दीर्घ** जिन स्वरों के उच्चारण में दो मात्रा-काल लगता है। दीर्घ स्वर हैं—आ, ई, ऊ, ए, ऐ, ओ, औ, ऑ।

(ग) **प्लुत-स्वर**—जिन स्वरों के उच्चारण में तीन मात्राओं का काल लगता है। जेसे आऽ, ओऽ, एऽ। इनका प्रयोग पुकारने (बुलाने) में होता है। लिखते समय प्लुत का संकेत करने के लिए स्वर के अन्त में ३ का अंक लिख दिया जाता था। जैसे –ओ३म्, आइए३, आओ३, अरे३। परन्तु अब यह ३ का अंक लगाने की प्रथा नहीं रही।

आभ्यन्तर प्रयत्न की दृष्टि से

(3) **जिह्वा** : (क) जिह्वा का अग्र, मध्य तथा पश्च—तीनों भाग पृथक्-पृथक् ध्वनियाँ उत्पन्न करने में सहायता करते हैं। जिस भाग की सहायता से जो ध्वनि उच्चरित होती है, वह उसी नाम से जानी जाती है। इसके आधार पर स्वरों का वर्गीकरण इस प्रकार है—

अग्र स्वर—इ, ई, ए, ऐ।

मध्य स्वर—अ।

पश्च स्वर—आ, उ, ऊ, औ, ऑ।

(ख) उच्चारण के समय जिह्वा कितनी ऊपर उठती है, इस आधार पर भी स्वरों का वर्गीकरण किया गया है—

संवृत—जब जिह्वा इतनी ऊपर उठती है कि मुख से प्रश्वास बाहर निकलने में रुकता तो नहीं, किन्तु उसके निकलने का कम-से-कम स्थान रह जाता है, तब संवृत स्वर का उच्चारण किया जाता है। संवृत स्वर ये हैं—इ, ई, उ, ऊ।

अर्द्ध संवृत—जब जिह्वा संवृत की स्थिति से कुछ कम उठती है, तब अर्द्ध संवृत स्वर उच्चरित किये जाते हैं। अर्द्ध संवृत ये हैं—ए, ओ।

अर्द्ध विवृत—जब जीभ अर्द्ध-संवृत की स्थिति से भी कुछ कम उठती है, तब अर्द्ध विवृत स्वरों का उच्चारण किया जाता है। ये हैं—ऐ, औ, अ, ऑ।

विवृत—विवृत स्वर के उच्चारण में जिह्वा बहुत कम उठती है। मुख-मार्ग खुला रहता है। विवृत स्वर 'आ' है।

(4) **ओष्ठ**—उच्चारण के समय ओष्ठों (होंठों) की कैसी आकृति बनती है, इस विचार से भी स्वरों का वर्गीकरण किया गया है, जैसे—

(क) **वृत्ताकार स्वर**—जिन स्वरों के उच्चारण-समय में ओष्ठ गोलाकार हो जाते हैं। वे हैं—उ, ऊ, ओ, औ, ऑ।

(ख) **अवृत्ताकार स्वर**—जिन स्वरों के उच्चारण-समय में ओष्ठ दोनों ओर

फैल जाते हैं। वे हैं—अ, आ, इ, ई, ए, ऐ।

(5) **नासिका**—जिन स्वरों के उच्चारण-समय में जब प्रश्वास मुख के साथ-साथ नासिका से भी बाहर निकलती है, वे स्वर अनुनासिक कहलाते हैं। जैसे— अँ, आँ, इँ, ईं, उँ, ऊँ, एँ, ऐं, ओं, औं (लखते में ईं, ओं, औं मे प्राय: ँ की जगह ं का ही प्रयोग होता है)।

(6) **स्थान**—ध्वनियों का उच्चारण विशेष प्रयत्न से होता है। परन्तु यह विशेष स्थान पर प्रश्वास के रुकने से होता है।

स्वरों के उच्चारण स्थान तथा प्रयत्न इस प्रकार हैं—

स्वर	**स्थान**	**बाह्य प्रयत्न**	**आभ्यन्तर प्रयत्न**
आ	कोमल तालु (कण्ठ)	घोष	विवृत
अ, ऑ	कोमल तालु (कण्ठ)	घोष	अर्द्ध विवृत
इ, ई	कठोर तालु	घोष	संवृत
उ, ऊ	ओष्ठ	घोष	संवृत
ए	कोमल तालु, कठोर तालु	घोष	अर्द्ध संवृत
ओ	कोमल तालु, ओष्ठ	घोष	अर्द्ध संवृत
ऐ	कोमल तालु, कठोर तालु	घोष	अर्द्ध विवृत
औ	कोमल तालु, ओष्ठ	घोष	अर्द्ध विवृत

व्यंजनों का वर्गीकरण

प्रयत्न, घोषत्व, मात्रा तथा स्थान के आधार पर व्यंजनों का वर्गीकरण किया जाता है।

आभ्यन्तर प्रयत्न के आधार पर

(1) **स्पर्श**—जब जिह्वा अथवा निचला ओष्ठ उच्चारण-स्थान को स्पर्श करके ध्वनि का उच्चारण करते हैं, तो वह स्पर्श नामक आभ्यन्तर प्रयत्न कहलाता है। उदाहरण—

स्पर्श व्यंजन	**प्रयत्न**
क् ख् ग् घ्	जिह्वा का पिछला भाग कठोर तालु को छूता है।
च् छ् ज् झ्	जिह्वा का अग्र भाग तालु को स्पर्श करता है।
ट् ठ् ड् ढ्	जिह्वा का अग्र भाग मूर्द्धा को छूता है।
त् थ् द् ध्	जिह्वा का अग्र भाग ऊपरी दाँतों को छूता है।
प् फ् ब् भ्	निचला ओष्ठ ऊपर के ओष्ठ को छूता है।

(2) **स्पर्श संघर्षी**—जिनके उच्चारण में जिह्वाग्र तथा कोमल तालु इतने निकट हो जाते हैं कि मुखमार्ग कुछ सँकरा हो जाने से प्रश्वास कुछ रगड़ खाता हुआ बाहर निकलता है। स्पर्श-संघर्षी ये हैं—च् छ् ज् झ्।

(3) **संघर्षी**—जिनके उच्चारण-समय में मुख मार्ग बहुत सँकरा हो जाने से प्रश्वास अधिक रगड़ खाता हुआ शीत्कार की ध्वनि के साथ बाहर निकलता है। **संघर्षी** ये हैं—फ् ब्, ज्, ख्, ग्, स्, ह्।

(4) **अनुनासिक**—जिनके उच्चारण के समय प्रश्वास मुख के साथ नासिका से भी बाहर निकलता है। वे हैं—ङ्, ञ्, ण्, न्, म्, न्ह्, म्ह्।

(5) **पार्श्विक**—जिसमें जिह्वा का अग्र भाग वर्त्स को इस प्रकार दबाता है कि प्रश्वास जिह्वा की अगल-बगल से होकर निकलता है। पार्श्विक व्यंजन (ल्) है।

(6) **लुण्ठित प्रकम्पी**—जिसके उच्चारण में जिह्वा की नोक वर्त्स के समीप इस तरह प्रश्वास को रोकती है कि उससे जिह्वा में प्रकम्पन होता है। लुण्ठित व्यंजन 'र्' है।

(7) **उत्क्षिप्त**—जिनमें जिह्वा की नोक उलटकर मूर्द्धा से इस प्रकार टकराती है कि प्रश्वास द्वारा मुख-द्वार झटके के साथ खोल दिया जाता है। उत्क्षिप्त ध्वनियाँ 'ड़' तथा 'ढ़' हैं।

अर्द्ध-स्वर—जिनमें जिह्वा या निचला ओष्ठ ऊपरी ओष्ठ से इस प्रकार मिलते हैं कि प्रश्वास रुकता तो नहीं, किन्तु सँकरे मार्ग से निकल जाता है। वे हैं—य् और व्। (य्) में जिह्वा का अग्र भाग कोमल तालु के पास आता है और (व्) में दोनों ओष्ठ गोल होकर पास-पास आते हैं।

बाह्य प्रयत्न के आधार पर

(1) **अघोष**—जिन व्यंजनों के उच्चारण के समय स्वर-यन्त्र में कम्पन नहीं होता है। वे हैं—क्, ख्, च्, छ्, ट्, ठ्, त्, थ्, प्, फ्, श्, ष्, स्।

(2) **घोष (सघोष)**—जिन व्यंजनों के उच्चारण-समय में स्वर-तन्त्र में कम्पन होता। वे हैं—ग्, घ्, ङ्, ज्, झ्, ञ्, ट्, ठ्, ड्, ढ्, ण्, द्, ध्, न्, ब्, भ्, म्, य्, र्, ल्, व्, ह्।

(3) **अल्पप्राण**—जिन व्यंजनों के उच्चारण में प्रश्वास की कम मात्रा लगती हैं। वे हैं—वर्गों के प्रथम, तृतीय तथा पञ्चम व्यंजन।

(4) **महाप्राण**—जिनके उच्चारण में प्रश्वास की मात्रा अधिक लगती है। वे हैं—वर्गों के द्वितीय तथा चतुर्थ व्यंजन।

(घ) उच्चारण-स्थान की दृष्टि से व्यंजनों का वर्गीकरण निम्न प्रकार से है—

व्यंजन	**उच्चारण स्थान**
क् ख् ग् घ् ङ् ह् विसर्ग	कण्ठ
च्, छ्, ज्, झ्, ञ्, य्, श्	कोमल तालु
ट् ठ् ड् ढ् ण् र् श्	मूर्द्धा
त् थ् द् ध्	दन्त
प् फ् ब् भ्	निम्न ओष्ठ

व्यंजन	उच्चारण स्थान
ल् स्	वर्त्स
व्	दन्तोष्ठ
क़् ख़् ग़्	कण्ठ व जिह्वामूल
ङ्	कण्ठ-नासिका
ञ्	कोमल तालु व नासिका
ण्	मूर्द्धा व नासिका
न्	वर्त्स व नासिका
म्	ओष्ठ व नासिका

विशेष—

1. ङ् ञ् का उच्चारण अब स्वतन्त्र रूप से नहीं होता। इनसे कोई शब्द आरम्भ नहीं होता।

2. ष का उच्चारण अब श की तरह होता है।

3. यद्यपि क़् ख़् ग़् ज़् फ़ का प्रयोग हिन्दी में होने लगा है, तथापि लिखने तथा बोलने में लोग बिन्दी लगाने या उच्चारण भिन्नता की परवाह नहीं करते।

4. क्ष (क्+ष), त्र (त्+र), ज्ञ (ज+ञ) का विशिष्ट रूप ही लिखने में प्रचलित है। ज् + ञ = ज्ञ का उच्चारण अब 'ग्य' की तरह अधिक प्रचलित है।

ध्वनि के मूल तत्त्व हैं—शुद्धता, स्पष्टता, सुश्राव्यता और तरंगता—उच्चारण के समय इनका ध्यान अवश्य रखना चाहिए।

अभ्यास

1. क्या सोचने के लिए भी भाषा की आवश्यकता होती है? पचास शब्दों में स्पष्ट कीजिए।
2. व्यक्त ध्वनि तथा अव्यक्त ध्वनि में क्या अन्तर है?
3. स्वर और व्यंजन ध्वनियों में क्या अन्तर है?
4. घोष और अघोष ध्वनियों में क्या अन्तर है? वर्णमाला में घोष वर्ण कौनसे हैं और अघोष कौनसे?
5. उच्चारण स्थान कौन-कौनसे हैं?
6. स्वर की परिभाषा लिखिए।
7. व्यंजन की परिभाषा लिखिए।
8. स्पर्श वर्ण कौनसे हैं?
9. अन्तःस्थ वर्ण कौनसे हैं?
10. ऊष्म वर्ण कौनसे हैं?
11. प्रयत्न के मुख्य प्रकार कौन-कौनसे हैं?

12. बाह्य प्रयत्न तथा आभ्यन्तर प्रयत्न में क्या अन्तर है ?
13. दीर्घ स्वर कौनसे हैं ?
14. संयुक्त स्वर कौनसे हैं ?
15. प्लुत स्वर का क्या अर्थ है ?
16. उ ऊ का स्थान, बाह्य प्रयत्न तथा आभ्यन्तर प्रयत्न बताइए ।
17. ज्ञ का उच्चारण अब कैसा होता है ?
18. क्ष, त्र, ज्ञ—ये किन-किन वर्णों से मिलकर बने हैं ?
19. संयुक्त व्यंजन किसे कहते हैं ? पाँच ऐसे शब्द लिखिए जिनमें दो व्यंजनों का तथा पाँच ऐसे शब्द लिखिए जिनमें तीन व्यंजनों का संयोग हुआ हो ।

6

वर्णों का उच्चारण और वर्तनी

1. आ, ई, ऊ, ए, ऐ, ओ, औ—ये सन्धि-स्वर हैं । परन्तु इनका उच्चारण एक स्वर के रूप में किया जाता है । जैसे—गैया, कौआ ।

किन्तु यदि एक शब्द में एक से अधिक स्वर साथ-साथ आ जायें, तो उनका उच्चारण अलग-अलग ही करना चाहिए—एक स्वर के रूप में नहीं । जैसे—

(क) अ इ-ई कइयों ने, कई, नई ।
अ ए गए, हुए ।
आ ओ आओ, जाओ, गाओ, खाओ ।
आ ई आई, भाई, माई, नाई, खाई ।
आ ऊ कमाऊ, उड़ाऊ, जड़ाऊ, खाऊ ।
आ ए आए, खाए, पढ़ाए, दिखाए ।
आ इ ए आइए, खाइए, दीजिए, लीजिए ।
उ आ जुआ, नाड़ुआ, पुआल ।
उ ई सुई, रुई, उई, छुई, मुई ।
उ ए जुए, जुएँ ।
ए ई लेई, धनदेई ।
ओ ई कोई, खोई, रोई ।

(ख) शब्द या शब्दांश के अन्तिम अ का प्रायः उच्चारण नहीं होता । जैसे—
आप (आप्), कल (कल्), पढ़ (पढ़्) अनबन (अनबन्) ।

(ग) **अनुस्वार का उच्चारण**
प, फ, ब, भ, म, व से पहले आये अनुस्वार का उच्चारण म् के समान होता है । जैसे—

लिखित रूप	उच्चारण
संमान (सम्मान)	सम्मान्

(घ) त थ द ध न र श स से पहले आये अनुस्वार का उच्चारण 'न्' की तरह होता है। जैसे—

'अंत अन्त'	अन्त

(ङ) ट ठ ड ढ से पूर्व आये अनुस्वार का उच्चारण 'ण्' की तरह होता है। जैसे—

टंटा	टण्टा
अंडा	अण्डा

(च) क ख ग घ ह से पहले आये अनुस्वार का उच्चारण 'ङ्' की तरह होता है जैसे—

पंक	पङ्क
अंग	अङ्ग

(छ) च छ ज झ य से पूर्व आये अनुस्वार का उच्चारण 'ञ्' की तरह होता है। जैसे—

पंच (पञ्च)	पञ् च
संयम	सञ्यम

(ज) फारसी शब्दों के अन्त में आये 'ह्' का उच्चारण विसर्ग (:) की भाँति होता है। जैसे—

बादशाह	बादशाः

(झ) ठेठ हिन्दी तथा क्षेत्रीय शब्दों के अन्त वाले ह् का उच्चारण भी विसर्ग की तरह होता है। जैसे—

बारह	बारः

(ञ) शब्दों के अन्त में यदि संयुक्त व्यंजन हो तो अन्तिम अ का पूर्ण उच्चारण होता है। जैसे—

रक्त, भक्त, सत्य, यत्न।

(ट) जिन शब्दों के अन्त में व हो, उनमें 'व' का 'उ' में परिवर्तन होकर पिछले स्वर में मिल जाता है और 'औ' जैसा उच्चारण होता है। जैसे—

दानव	दानौ
मानव	मानौ

(ठ) जिन शब्दों के अन्त में य हो, परन्तु वह संयुक्त न हो तो वह 'य' बदलकर 'इ' हो जाता है तथा अन्त से पहले स्वर में मिलकर अइ 'ऐ' जैसा उच्चारण होता है। जैसे—

समय	समै

(ड) नासिक्य व्यंजन के बाद आये 'ह्' का उच्चारण 'घ' की तरह होता है।

जैसे

सिंह सिघ

(ण) नासिक्य स्वर के बाद 'ह' का उच्चारण स्पष्ट 'ह' होता है। जैसे—

सौंह सौंह

(त) शब्दों के आरम्भ में ड़, ढ़ का कभी प्रयोग नहीं होता। जैसे—

डर, डाकू, डोल, ढकना, ढाल।

(थ) ड्, ड्ढ, ढ्य—इनमें सदा ड्, ढ् का ही प्रयोग होता है। बिन्दी वाले ड़्, ढ़् कभी प्रयोग नहीं होता। जैसे—

गड्ड, अड्डा, गड्डी, गड्ढा, धनाढ्य।

(द) अंग्रेजी के 'D' वर्ण के लिए सदा 'ड' का प्रयोग होता है—ड़ का नहीं जैसे—

गॉड, गार्ड, डायरी, डेट।

(ध) ठेठ हिन्दी शब्दों के अन्त में ड़, ढ़ का उच्चारण होता है। कभी-कभी ड़ ढ़ शब्द के बीच में भी आते हैं। जैसे—

जड़, बड़ा, लड़ैत, बढ़िया, बुढ़ापा, ढूँढ़ना।

स्वराघात या बल

उच्चारण करते समय शब्द के किसी स्वर पर अधिक बल देना **स्वराघात** कहलाता है।

1. अनुच्चरित 'अ' से पहले वर्ण को जोर से बोला जाता है। इसे **स्वराघात** कहते हैं। जैसे—

कल्, खट्पट्।

2. संयुक्त व्यंजन से पहला स्वर जोर से बोला जाता है। जैसे—भक्ति, बद्ध।
3. अनुस्वार युक्त स्वर पर जोर दिया जाता है। जैसे—कंठ, कंस, मंद।
4. विसर्ग युक्त वर्ण पर बल दिया जाता है। जैसे—दुःख।

संगम

वाक्य के अन्त में विराम, वाक्यांशों के मध्य में अल्पविराम, शब्दों के मध्य में अल्पतर विराम और शब्दों में भी अक्षरों के बीच अल्पतम विराम रहता है। विराम की विभिन्न स्थितियों का विवेक ही संगम है। जब दो पद समीप आते हैं तो पहले पद का अन्त वाला भाग तथा दूसरे पद का आदि भाग जुड़ जाता है। यह मिलन ही संगम की स्थिति है। शब्दों के मध्य में विराम होने या न होने से वाक्य अर्थ में अन्तर हो जाता है। जैसे—

रोको, मत जाने दो। (=रोक लो)

रोको मत, जाने दो। (=जाने दो)

अनुतान

बोलते समय मनोभावों के अनुसार सुर में जो उतार-चढ़ाव रहता है उसे अनुतान या सुर-लहर कहते हैं। जैसे—

(1) अच्छा। (सामान्य कथन)।

(2) अच्छा ? (प्रश्नवाचक)।

(3) अच्छा ! (आश्चर्यसूचक)।

अभ्यास

1. सन्धिस्वर कौनसे हैं ? दीर्घ स्वर से इनमें क्या अन्तर है ?
2. 'अ' का उच्चारण कहाँ नहीं होता ? उदाहरण दीजिए।
3. किन वर्णों से पूर्व अनुस्वार का उच्चारण 'म्' के समान होता है ? उदाहरण दीजिए।
4. च् छ् ज् झ्, य् से पूर्व आये अनुस्वार का उच्चारण किस वर्ण के समान होता है ?
5. नासिक्य और अनुनासिक्य वर्ण में क्या अन्तर है ?
6. स्वराघात किसे कहते हैं ? एक उदाहरण दीजिए।
7. संगम किसे कहते हैं ? एक उदाहरण दीजिए।
8. अनुतान किसे कहते हैं ? एक उदाहरण दीजिए।

7
संयुक्त अक्षर

जब दो या अधिक व्यंजनों के बीच में कोई स्वर नहीं होता, तो वे परस्पर मिल जाते हैं और तब वे संयुक्ताक्षर कहलाते हैं।

संयुक्त अक्षरों के उदाहरण

कवर्ग

क्+क=क्क—चक्की

ख्+त=ख्त—तख्त

ख्+य=ख्य—मुख्य

ग्+ग=ग्ग—सुग्गा (तोता)

ग्+घ=ग्घ—घग्घर

घ्+र=घ्र—शीघ्र

ङ्+क=ङ्क—पङ्क

चवर्ग

च् + च = च्च—सच्चा
च् + छ = च्छ—स्वच्छ
ज् + ज = ज्ज—छज्जा
ज् + य = ज्य—ज्योति
ज् + ञ = ज्ञ—ज्ञान
ञ् + च = ञ्च—पञ्चम

टवर्ग

ट् + ट = ट्ट—मिट्टी
ट् + ठ—ट्ठ—इकट्ठा
ट् + य = ट्य—अकाट्य
ट् + र = ट्र—राष्ट्र, ट्रैफिक
ट् + व = ट्व—खट्वा (खाट)
ड् + ढ = ड्ढ—बुड्ढा
ड् + र = ड्र—ड्रम
ण् + ट = ण्ट—घण्टी
ण् + ठ = ण्ठ—कण्ठ

तवर्ग

त् + क = त्क—उत्कण्ठ
त् + त = त्त—पत्ता
त् + थ = त्थ—कत्था
त् + प = त्प—उत्पन्न, उत्पल
त् + फ = त्फ—उत्फुल्ल
त् + न = त्न—यत्न
त् + य = त्य—सत्य
द् + द = द्द—गद्दी, गद्दारी
द् + ध = द्ध—वृद्ध, शुद्ध
द् + य = द्य—विद्यालय
द् + र = द्र—द्रव्य, विद्रोह
द + व = द्व—द्वेष, द्वार
ध् + य = ध्य—ध्यान, अध्यापक
ध् + र = ध्र—आंध्रप्रदेश
न् + त = न्त—अन्त, सन्त
न् + द = न्द—सुन्दर, मन्दिर
न् + ध = अन्धा, कन्धा

न्+न=न्न—अन्न, गन्ना
न्+म=न्म—जन्म
न्+य=न्य—अन्य, कन्या
न्+ह=न्ह—कन्हैया, उन्होंने

पवर्ग

प्+त=प्त—गुप्त, सुप्त
प्+प=प्प—कुप्पा
प्+फ=प्फ—गप्फा
प्+य=प्य—प्यार, प्याला
प्+र=प्र—प्रणाम, प्रथम
फ्+त=फ्त—मुफ्त
ब्+त=ब्त—जब्त, रब्त
ब्+ज=ब्ज—सब्जी
ब्+ब=ब्ब—डिब्बा
ब्+य=ब्या—ब्यालू (प्रातराश)
ब्+र=ब्र—ब्रिटेन, ब्रह्म
ब्+ल=ब्ल—ब्लडी
भ्+य=भ्य—सभ्यता, अभ्यास
भ्+र=भ्र—शुभ्र (सफेद), भ्रमर
म्+प=म्प—चम्पक
म्+ब=म्ब—अम्बा
म्+भ=म्भा—रम्भा
म्+म=म्म—अम्मा
म्+य=म्य—ग्राम्य, म्यान
म्+ल=म्ल—अम्ल (खट्टा)

अन्त:स्थ

य्+य=य्य—शय्या, सय्याद (शिकारी)
र्+क=र्क—तर्क
र्+च=र्च—चर्च
र्+थ=र्थ—समर्थ, अर्थ, व्यर्थ
र्+प=र्प—समर्पण, दर्प (अभिमान)
र्+म=र्म—कर्म, धर्म, शर्म
र्+य=र्य—धैर्य, आर्य
ल्+प=ल्प—अल्प (थोड़ा)
ल्+ब=ल्ब—गल्बा (अधिकार)

ल्+य=ल्य—मूल्य, शल्य

ल्+ल=ल्ल—दिल्ली, चिल्ला

ल्+ह=ल्ह—चूल्हा

व्+य=व्य—काव्य, श्रव्य, दिव्य

व्+र=व्र—व्रत, व्रण (घाव)

व्+व=व्व—फव्वारा

ऊष्म

श्+य=श्य—श्याम, अवश्याय (पसीना)

श्+र=श्र—श्रम, विश्राम, आश्रय

श्+ल=श्ल—श्लोक, श्लाघा (प्रशंसा)

श्+व=श्व—अश्व (घोड़ा), श्वेत (सफेद)

ष्+ण=ष्ण—कृष्ण, उष्ण (गर्म)

ष्+प=ष्प—पुष्प, चतुष्पाद (चौपाया)

स्+क=स्क—स्कंध, वयस्क (बालिग)

स्+त=स्त—पुस्तक, मस्तक

स्+थ=स्थ—स्वस्थ, स्थान

स्+न=स्न—स्नान, स्नेह

स्+फ=स्फ—विस्फार (फैलाव), स्फुट

स्+म=स्म—विस्मय (आश्चर्य), स्मारक

स्+र=स्र—सहस्र

स्+व=स्व—स्व (अपना), स्वार्थी

ह्+न=ह्न—चिह्न, वह्नि (आग)

ह्+म=ह्म—ब्रह्म

ह्+र=ह्र—ह्रास, ह्रस्व

ह्+ल=ह्ल—प्रह्लाद, आह्लाद

र् का संयोग

1. स्वर हीन 'र्' से परे व्यंजन आने पर र् परले वर्ण के ऊपर लिखा जाता है। जैसे—

अर्थ, धर्म, चर्चा, खर्च, कर्ज, मर्म, स्पर्श, चर्चा।

2. र् में यदि कोई स्वर हो और उससे पूर्व कोई व्यंजन (स्वर-रहित) हो तो इस प्रकार लिखा जाता है—

क्रम, चक्र, व्याघ्र, उग्र, विक्रम, उज्र।

3. स्वर सहित र यदि ट् ठ् ड् ढ् द् से परे आये तो इस प्रकार लिखा जाता है—ड्रम, त्रिपुंड, मुद्रा, चन्द्र, द्रव्य।

4. र से पहले यदि स्वर रहित 'त्' आये तो इस प्रकार लिखा जाता है—
मित्र, त्राण शत्रुता, त्राता, त्रिक, त्रिशंकु ।

संयोग के बाद रूप में परिवर्तन

संयोग के बाद कुछ वर्णों का आकार बदल जाता है। जैसे—

क्+ष्+अ=क्ष—क्षमा
त्+र्+अ=त्र—मित्र
श्+च्+अ=श्च—निश्चय
श्+र्+अ=श्र—श्रम
द्+य्=आ=द्या—विद्या

अभ्यास

1. संयुक्ताक्षर किसे कहते हैं ?
2. इन शब्दों के सभी वर्णों को पृथक्-पृथक् दर्शाइए यथा—चक्की—च्+अ+क्+क्ई । ज्ञान······। राष्ट्र······। क्षमा ·····। मित्र···।
3. संयोग के बाद किस-किस वर्ण के रूप में परिवर्तन आ जाता है ?
4. स्वरहीन र से परे व्यंजन आने पर क्या होता है ? उदाहरण दीजिए ।
5. र् में स्वर हो और इससे पूर्व व्यंजन हो तो कैसे लिखा जाता है ? एक उदाहरण दीजिए ।
6. ट् के बाद यदि स्वर सहित र आए तो कैसे लिखा जाएगा ? एक उदाहरण दीजिए ।
7. र से पूर्व यदि स्वर रहित त् आए तो कैसे लिखा जाएगा ?
8. इन शब्दों को शुद्ध करके लिखिए—
शीर्घ, इकठ्ठा, चिन्ह, परह्लाद, कृष्ण, मनुश्य ।

8

शब्द-विचार

शब्द

कान से सुने जाने योग्य, बुद्धि से अर्थ-ग्रहण योग्य, प्रयोग से स्फुरित, आकाश-व्यापी ध्वनि शब्द है । अर्थात् उच्चरित, श्रव्य, बुद्धिग्राह्य तथा अर्थ-बोधक वर्ण समूह शब्द है ।

अथवा

एक या अधिक ध्वनियों की उस लघु इकाई को शब्द कहा जाता है जिसका

कोई अर्थ हो तथा प्रयोग की दृष्टि से जिसका कोई अस्तित्व हो।

शब्द और पद में अन्तर

शब्द के साथ जब विभक्ति लग जाये, तब उसे पद कहते हैं। जैसे—'राम' शब्द से जब 'को' लग गया, तब 'राम को' यह पद है। 'जा' के साथ जब 'ता है' लग गया तो 'जाता है' यह पद है।

शब्दों का विभाजन या वर्गीकरण

उत्पत्ति की दृष्टि से

उत्पत्ति की दृष्टि से शब्दों का चार प्रकार से वर्गीकरण किया गया है—

1. तत्सम, 2, तद्भव, 3. देशी, 4. विदेशी।

1. तत्सम—संस्कृत से आये जो शब्द हिन्दी में ज्यों के त्यों प्रयुक्त होते हैं, वे तत्सम कहलाते हैं। जैसे—भूमि, पुस्तक, अध्यापक, विद्यालय, प्रधान मन्त्री।

2. तद्भव—संस्कृत के जो शब्द कुछ बदलकर हिन्दी में प्रयुक्त होते हैं। जैसे—जीभ (जिह्वा से) रात (रात्रि से) दाँत (दन्त से)।

3. देशी (या देशज)—जो शब्द देश की विभिन्न बोलियों या क्षेत्रीय (जनपदीय) बोलियों से हिन्दी में लिये गये हैं। जैसे—खिड़की, गाड़ी, ढाँचा, खुरपा, बेटा, पैसा, ढोर, रोटी।

4. विदेशी—जो शब्द अरबी, फारसी, अंग्रेजी, तुर्की, पुर्तगाली, जापानी आदि भाषाओं से हिन्दी में आये हैं। जैसे—

अरबी—किताब, अदालत, मालिक, किस्सा, दुनिया।

फारसी—साकी, रूमाल, जिंदगी, जमीन, चश्मा, सुराही।

अंग्रेजी—मास्टर, रेल, कॉलेज, फीस, रेडियो, टेलीविजन, डॉक्टर।

तुर्की—बुलबुल, तोप, दारोगा, तमगा, गलीचा।

पुर्तगाली—गिर्जा, पादरी, बाल्टी, तंबाकू, नीलाम।

जापानी—सायोनारा (विदा,) हाराकिरी (आत्महत्या)।

व्युत्पत्ति की दृष्टि से

व्युत्पत्ति की दृष्टि से शब्दों के तीन भेद हैं—

1. रूढ़, 2. यौगिक, 3. योगरूढ़।

रूढ़—जिन शब्दों के खण्ड सार्थक न हों। जैसे—

नाक, रोटी, दाल, घर।

यौगिक—जो दो खण्डों के योग (जोड़) से बने हों और दोनों खण्डों का अलग-अलग अर्थ भी हो। जैसे—

कार्यालय (कार्य+आलय)

सचिवालय (सचिव+आलय)

पाकशाला (पाक + शाला)

प्रधानमंत्री (प्रधान + मंत्री)

3. योगरूढ़—जो शब्द सार्थक खण्डों के योग से बने हों, किन्तु किसी विशेष अर्थ में प्रसिद्ध हो गये हों । जैसे—

पंकज (पंक + ज—यह केवल कमल के लिए है)

चारपाई (चार + पाई—यह केवल खाट के लिए है)

पंक से जोंक आदि भी पैदा होते हैं, उन्हें पंकज नहीं कहा जाता ।

चार पैर मेज के भी होते हैं, परन्तु उसे चारपाई नहीं कहते ।

प्रयोग की दृष्टि से

प्रयोग की दृष्टि से शब्द दो प्रकार के हैं—

1. विकारी (परिवर्तनशील)
2. अविकारी (अव्यय)

विकारी शब्द चार प्रकार के हैं—1. संज्ञा 2. सर्वनाम 3. विशेषण 4. क्रिया ।

अविकारी शब्द भी चार प्रकार के हैं—

1. क्रिया-विशेषण 2. सम्बन्धबोधक 3. समुच्चयबोधक 4. विस्मयादिबोधक ।

(1) विकारी शब्द

1. संज्ञा—किसी व्यक्ति, जीव, स्थान, वस्तु, विचार, भाव आदि के नाम को संज्ञा कहते हैं । जैसे महात्मा गांधी, मानव, घोड़ा, गाय, कुत्ता, वस्त्र, कमीज, दिल्ली, हिमालय, नदी, सत्य, पढ़ाई आदि ।

2. सर्वनाम—जो शब्द संज्ञा के स्थान पर आकर उसकी पुनरावृत्ति को रोकते हैं, वे सर्वनाम कहलाते हैं । जैसे—यह-ये, वह-वे, आप, तू-तुम, मैं-हम, कौन, कोई आदि ।

3. विशेषण—जो शब्द संज्ञा अथवा सर्वनाम की विशेषता को प्रकट करते हैं, वे विशेषण कहलाते हैं । जैसे—अच्छा, बुरा, खोटा, खरा, सादा, भड़कीला, चमत्कारी, अनोखा, बेढंगा, सुन्दर, कुरूप, मैला, साफ, घना, पतला आदि ।

4. क्रिया—जिन शब्दों से किसी काम का होना या करना प्रकट हो, उसे क्रिया कहते हैं । जैसे—जाता है, गया, जायेगा, पढ़ रही है, पढ़ती थी, पढ़ेगी इत्यादि ।

(2) अविकारी शब्द

क्रिया-विशेषण—जिन शब्दों से क्रिया की विशेषता प्रकट होती है । जैसे—तेज, धीरे-धीरे, जल्दी, ठीक-ठीक, आज, तुरन्त, नित्य, कब, वहाँ, कहाँ, आगे, बाहर,

सर्वत्र, जिधर, उधर इत्यादि ।

2. **सम्बन्धबोधक**—जो शब्द संज्ञा या सर्वनाम का सम्बन्ध वाक्य के अन्य शब्दों में स्थापित करें। जैसे—बिना, सिवा, समान, नाई, तुल्य, समेत, सरीखा, जैसा, योग्य, विरुद्ध, परे, रहित, अपेक्षा, बदौलत, अनंतर, तले, ओर, द्वारा, लिए, बाबत, सिवा, बदले, तरह, विरुद्ध, साथ, तक, अपेक्षा, कारण इत्यादि ।

3. **समुच्चयबोधक**—जो शब्द शब्दों, शब्दांशों या वाक्यों को परस्पर जोड़ने का काम करते हैं। जैसे—और, पर, कि, यदि, किन्तु, परन्तु, लेकिन, अर्थात्, तथा, एवं क्या-क्या, या-अथवा, यद्यपि-तथापि इत्यादि ।

4. **विस्मयादिबोधक**—जो शब्द विस्मय, भय, घृणा, क्रोध आदि मनोभावों को व्यक्त करें। जैसे—हैं ! अरे ! ओ ! छिः ! धत् ! इत्यादि ।

अभ्यास

1. शब्द की परिभाषा लिखिए ।
2. उत्पत्ति की दृष्टि से शब्दों के कितने और कौन-कौनसे भेद हैं ? उनका एक-एक उदाहरण दीजिए ।
3. मोर, आँख, शक्कर, ऊँट, पाँव, बहन, बहू, सिर, नौ, कान, उल्लू, कोयल, सूत, घर, घी, सूरज, पंछी, आसरा, कुम्हार, दुबला, थन, जमुना, खीर, मनुख, आग, नींद, मुंह, ब्याह, पूत, आँसू, काज, रात, मैया, दूध, पत्ता, दही, शक्कर, जीभ, रात, दांत, खेत, हाथ—ये शब्द संस्कृत के किस-किस शब्द से बने हैं ?
4. तत्सम, योगरूढ़, यौगिक तथा विकारी—इनकी परिभाषाएँ लिखकर एक-एक उदाहरण दीजिए ।
5. नीचे लिखे शब्दों के तद्भव रूप लिखिए—
   भृकुटि (भौंह), मृत्यु, शोक, पीत, प्रस्तर, चतुष्पद, गर्दभ, सपत्नी, संध्या हस्ती, अस्थि, अग्नि, कुम्भकार, चन्द्रिका, गृह, हस्त, सप्त, कर्ण, मस्तक, पर्यङ्क, ज्येष्ठ, दन्त, भ्राता, शिक्षा, स्वप्न, सत्य, कार्य, दुग्ध, पत्र, क्षेत्र, दण्ड, काष्ठ, रात्रि, दश ।
6. देशी तथा विदेशी शब्दों का एक-एक उदाहरण दीजिए ।
7. यौगिक तथा योगरूढ़ में परस्पर क्या अन्तर है ? उदाहरण देकर समझाइए ।
8. प्रयोग की दृष्टि से शब्दों के कौन-कौनसे भेद हैं ?
9. व्युत्पत्ति के अनुसार निम्नलिखित शब्द किस-किस भेद के अन्तर्गत हैं—
   राष्ट्रपति, सूरज, नीरज, पीताम्बर, नमक, गिरिधारी, मुरलीधर, पंकज, हिमालय, दशानन, लागर ।
10. विकारी शब्द और अविकारी शब्द कौन-कौनसे हैं ?

9
संज्ञा के प्रकार

संज्ञा पांच प्रकार कीं होती है—1. व्यक्तिवाचक, 2. जातिवाचक, 3. भाव वाचक, 4. समुदायवाचक, 5. द्रव्यवाचक।

1. व्यक्तिवाचक संज्ञा—जो संज्ञा किसी विशेष मनुष्य, प्राणी, स्थान या वस्तु का बोध कराये। जैसे—कालिदास, तुलसीदास, मोरारजी देसाई, जटायु, हिमालय, भारत, दिल्ली, ताजमहल, 'रामचरितमानस' इत्यादि।

—इन शब्दों से एक ही व्यक्ति आदि का बोध होता है, अन्य किसीका नहीं, अतः इन्हें व्यक्तिवाचक संज्ञा कहते हैं।

2. जातिवाचक संज्ञा जो शब्द सामान्य जाति का बोध करायें। जैसे—मनुष्य, हिन्दू, जैन, पशु, पक्षी, घोड़ा, गाय, बकरी, मक्खी, पर्वत, ग्राम, पुस्तक इत्यादि।

—इन शब्दों से उस जाति के सब व्यक्तियों, प्राणियों तथा वस्तुओं आदि का बोध होता है।

3. भाववाचक संज्ञा—जो शब्द किसी विचार, भाव, गुण, दोष, स्वभाव, दशा, व्यापार (चेष्टा, क्रिया) आदि को प्रकट करे। जैसे—समाजवाद, प्रेम, मित्रता, चोरी, कोमलता, चिकनाहट, चढ़ाई इत्यादि।

—ऊपर लिखी संज्ञाओं का ज्ञान इन्द्रियों से नहीं, केवल मन से होता है। वे ठोस व्यक्ति या पदार्थ आदि की वाचक नहीं, बल्कि गुण आदि की वाचक होती हैं।

4. समुदायवाचक संज्ञा—जो शब्द एक को न बताकर समूह या समुदाय को प्रकट करें। जैसे—भीड़, सभा, संघ, कुटुंब, परिवार, सेना, फौज, पुलिस, कक्षा, टोली, मण्डली, समूह, झुंड, जत्था, गुट, दल, पार्टी, सम्मेलन, समिति, इत्यादि।

—उपर्युक्त संज्ञा शब्द अलग-अलग प्राणियों आदि के नाम न होकर समूह या पुंज के नाम हैं, अतः इन्हें समुदायवाचक कहा जाता है।

5. द्रव्यवाचक संज्ञा—राशि या ढेर के रूप में पायी जाने वाली वस्तुओं को सूचित करने वाले संज्ञा शब्द द्रव्यवाचक कहलाते हैं। जैसे—सोना, पानी, वायु, धान, धन, चाँदी, ताँबा, मिट्टी, तेल, घी, पेट्रोल इत्यादि।

—द्रव्यवाचक संज्ञा भी एक तरह जातिवाचक संज्ञा है, क्योंकि द्रव्यों की भी जातियाँ होती हैं। इस भेद (प्रकार) को अलग मानने का कारण यह है कि द्रव्य के अलग-अलग खण्ड या नाम नहीं होते।

व्यक्तिवाचक संज्ञा जातिवाचक की भाँति प्रयुक्त

जब व्यक्तिवाचक संज्ञा का उपयोग विशेष नाम से अनेक व्यक्तियों के लिए

अथवा किसी व्यक्ति का असाधारण धर्म सूचित करने के लिए किया जाता है, तब व्यक्तिवाचक संज्ञा जातिवाचक हो जाती है। जैसे—

भारत में कई **चन्द्रगुप्त** -- हो गए हैं।

राममूर्ति कलियुग के **भीम** थे।

आज भी भारत के घर-घर में **सीता** और **सावित्री** विद्यमान हैं।

अंग्रेजी राज्य में हमारे देश के कई **विभीषण** देशभक्तों को गिरफ्तार कराया करते थे।

शेक्सपीयर इंग्लैंड का **कालिदास** है।

जातिवाचक संज्ञा का व्यक्तिवाचक के समान प्रयोग

कुछ जातिवाचक संज्ञाओं का प्रयोग व्यक्तिवाचक संज्ञाओं के समान होता है। जैसे---पुरी (जगन्नाथ पुरी), गांधी (महात्मा गांधी), टैगोर (रवीन्द्रनाथ टैगोर), मालवीय (मदनमोहन मालवीय), पन्त (सुमित्रानन्दन पन्त), गुप्तजी (मैथिलीशरण गुप्त) इत्यादि।

ध्यान रहे—सामान्यतया जातिवाचक संज्ञाएँ एकवचन तथा बहुवचन—दोनों में प्रयुक्त होती हैं। जैसे—नदी-नदियाँ, गौ-गौएँ, माला-मालाएँ, कथा-कथाएँ, लड़का-लड़के, कुत्ता-कुत्ते इत्यादि।

परन्तु व्यक्तिवाचक संज्ञाएँ तथा भाववाचक संज्ञाएँ प्रायः एकवचन में प्रयुक्त होती हैं। जैसे - भारत, हिमालय, दिल्ली, बंगलौर, गंगा, कावेरी, ताजमहल इत्यादि (व्यक्तिवाचक) तथा—वीरता, सत्य, अहिंसा, कालिख, चतुराई, हठीलापन, ज़िद, पढ़ाई, ऊँचाई, गहराई, बचाव, संरक्षण इत्यादि भाववाचक संज्ञाएँ –

विशेष--व्यक्तिवाचक संज्ञाओं का सम्मानार्थ (आदरार्थ) अवश्य ही बहुवचन में प्रयोग होता है। जैसे महात्मा गांधी राष्ट्र के लिए प्रतिपल सोचते रहते थे।

श्रीराम मर्यादापुरुषोत्तम थे।

श्री जवाहरलाल नेहरू पूर्व तथा पश्चिम का समन्वय थे।

तुलसीदास भक्तिकाल के सर्वश्रेष्ठ कवि थे।

प्रयोगवादी कवियों में भवानीप्रसाद मिश्र भी प्रसिद्ध हुए।

अन्य शब्दों का जातिवाचक की भाँति प्रयोग

विशेषणों का जैसे—**गरीबों** पर दया करो। **बड़ों** का आदर करो। **छोटों** को मत सताओ। **धनियों** के बच्चे प्रायः घमंडी होते हैं।

कभी-कभी भाववाचक का प्रयोग जातिवाचक के समान होता है। जैसे—भारत में प्रदेश-प्रदेश में कई **पहनावे** प्रचलित हैं। नगर में कई **चोरियाँ** हुई हैं।

क्रिया-विशेषण तथा विस्मयादिबोधक का संज्ञा के रूप में प्रयोग

क्रिया-विशेषण—गुरु नानक का हृदय **बाहर-भीतर** एक-सा था।

वहाँ की जलवायु **अच्छी** नहीं।

इधर **वैप** सेब नहीं होते।

विस्मयादिबोधक—कवि-सम्मेलन में हास्य-कवियों की बड़ी **वाह-वाह** हुई। गरीबों की **आह** कोई नहीं सुनता।

भाववाचक संज्ञाओं की रचना

कुछ शब्द स्वतन्त्र रूप से भाववाचक संज्ञा होते हैं। जैसे—सत्य, हिंसा, बुद्धि, सूझ, परोपकार, दया आदि। इनके अतिरिक्त अन्य शब्दों से भी भाववाचक संज्ञायें बना ली जाती हैं। जैसे —

जातिवाचक संज्ञा से—लड़का—लड़कपन, बाला—बालापन, मित्र—मित्रता, शत्रु—शत्रुता, पशु—पशुता (पशुत्व)।

क्रिया से—चढ़ना—चढ़ाई, चलना—चाल, दौड़ना—दौड़, सजाना—सजावट, आना—आहट।

विशेषण से—चतुर—चतुराई (चतुरता), मीठा—मिठास, निज-निजता, पर—परता।

सर्वनाम से—अपना—अपनापन (अपनत्व), अपने आप—अपना आपा।

अभ्यास

1. संज्ञा की परिभाषा लिखिए तथा पाँच उदाहरण दीजिए।
2. संज्ञा के कितने और कौन-कौनसे प्रकार हैं? एक-एक उदारण सहित लिखिए।
3. भाववाचक संज्ञा किसे कहते हैं? वह किन शब्दों से बनती है? एक-एक उदाहरण दीजिए।
4. निम्नलिखित शब्दों से भाववाचक संज्ञाएँ बनाइए –
   मनुष्य, हरा, मोटा, विद्वान्, पुरुष, पण्डित, मूर्ख, लघु, कुशल, बुरा, नारी, कुशाग्र, पतला, अच्छा, लम्बी, ऊँचा, मीठा, मित्र, मधुर, निपुण, पढ़ना, सज्जन, बूढ़ा, दूर, गिरना, लड़का, बुनना, युवक, धिक्, महान्, बच्चा, अपना, वीर, घबराना, चिकित्सक।
5. एक उदाहरण देकर बताइए कि व्यक्तिवाचक संज्ञा कब जातिवाचक की भाँति प्रयुक्त होती है?
6. जातिवाचक संज्ञा कब व्यक्तिवाचक के समान प्रयुक्त होती है? एक उदाहरण दीजिए।
7. भाववाचक का प्रयोग जातिवाचक के समान करते हुए एक वाक्य बनाइए।
8. विशेषण का जातिवाचक के समान प्रयोग करते हुए एक वाक्य बनाइए।

9. क्रिया-विशेषण तथा सम्बन्धबोधक का प्रयोग संज्ञा के रूप में करते हुए एक वाक्य बनाइए।

10
संज्ञा-विकार

लिंग—जिस चिह्न से यह पता चले कि संज्ञा पुरुष जाति की है या स्त्री जाति की, उसे लिंग कहते हैं। जैसे—पुरुष-नारी, बैल-गाय, शेर-शेरनी, नर-मादा, बालक-बालिका, कुल्हाड़ा-कुल्हाड़ी।

हिन्दी में दो लिंग हैं—1. पुँल्लिग. 2. स्त्रीलिंग।

(संस्कृत में नपुंसकलिंग है, परन्तु हिन्दी में नहीं है।)

लिंग की पहचान के कुछ नियम—

1. (क) प्राणियों के समुदाय को बताने वाली ये संज्ञायें पुँल्लिग हैं। जैसे—समुदाय, समूह, परिवार, मण्डल, समाज, झुण्ड, ठट्ठ, कुटुम्ब, दल, संघ, निगम इत्यादि।

(ख) प्राणियों के समूह को बताने वाली ये संज्ञायें स्त्रीलिंग हैं। जैसे—समिति, मण्डली, कमेटी, सेना, फौज, पुलिस, सभा, जनता, भीड़, सरकार, टोली इत्यादि।

संस्कृत के कुछ शब्दों का हिन्दी में लिंग भिन्न हो गया है। जैसे—

शब्द	**संस्कृत में**	**हिन्दी में**
देवता	स्त्री	पुँ०
देह	पुँ०	स्त्री०
आत्मा	पुँ०	स्त्री०
महिमा	पुँ०	स्त्री०
समाधि	पुँ०	स्त्री०
किरण	पुँ०	स्त्री०
मृत्यु	पुँ०	स्त्री०
विजय	पुँ०	स्त्री०
राशि	पुँ०	स्त्री०
आयु	नपुं०	स्त्री०
वस्तु	नपुं०	स्त्री०
ऋतु	पुँ०	स्त्री०

3. हिन्दी में कुछ शब्द उभयलिंगी हैं—

तार टेलीग्राम आया/आई। मेरी/मेरा आत्मा

मेरी/मेरा कलम । मेरी/मेरा साँस ।
दही खट्टा/खट्टी । ठण्डा/ठण्डी पवन ।

4. हिन्दी में कुछ प्राणिवाचक शब्द केवल स्त्रीलिंग में प्रयुक्त होते हैं । जैसे—सेना, सती, सौत (सौतिन), पुलिस, सन्तति (सन्तान), सुहागिन, राबारी, धाय, इत्यादि ।

5. शरीर के ये अंग पुँल्लिग हैं—बाल (केश), नाखून, कान, हाथ, पैर, मुँह, होंठ, अँगूठा, मस्तक, सिर, घुटना ।

6. शरीर के ये अंग स्त्रीलिंग हैं—जीभ, एड़ी, आँख, कलाई, जाँघ, उँगली-ठोड़ी (ठुड्डी), टाँग, चोटी, वेणी, भौंह इत्यादि ।

7. कुछ प्राणिवाचक शब्द सदा पुँल्लिग होते हैं । जैसे—गरुड़, मच्छर, खरगोश, चीता, खटमल, बिच्छू, पक्षी, गैंडा, कछुआ, बाज इत्यादि । इनमें स्त्रीलिंग बनाने के लिए 'मादा' शब्द पहले जोड़ा जाता है, जैसे—मादा खरगोश ।

8. कुछ प्राणिवाचक शब्द नित्य स्त्रीलिंग होते हैं । जैसे—तितली, दीमक, कोयल, मकड़ी, मक्खी, मैना, गिलहरी, मछली इत्यादि ।

इनमें पुँल्लिग बताने के लिए **'नर'** शब्द पहले जोड़ा जाता है । जैसे—नर-मक्खी ।

9. **व्याकरण की दृष्टि से लिंग**—कुछ अप्राणिवाचक शब्दों के पुँल्लिग में भिन्न रूप हैं, स्त्रीलिंग में भिन्न । जैसे—पत्र (पुँ०)—चिट्ठी (स्त्री०), रास्ता (पुँ)—राह (स्त्री०), नेत्र (पुँ०)—आँख–(स्त्री०), गन्ना (पुँ०)—ईख—(स्त्री०), ग्रन्थ—(पुँ०) पुस्तक—(स्त्री०) ।

10. पर्वतों के नाम प्रायः पुँल्लिग होते हैं ।

जैसे—हिमालय, आल्पस, विन्ध्याचल, सतपुड़ा, पूर्वी घाट, पश्चिमी घाट इत्यादि ।

11. पर्वत के कई अंग स्त्रीलिंग होते हैं ।

जैसे—पहाड़ी, तराई, अधित्यका, उपत्यका, चोटी इत्यादि (परन्तु 'शिखर' पुँल्लिग है) ।

12. काल सम्बन्धी ये नाम पुँल्लिग हैं—काल, समय, वक्त, पल, लम्हा, सैकिण्ड, मिनट, घण्टा, वर्ष, दिन, सप्ताह, हफ्ता, पखवाड़ा पक्ष, त्रिका, युग, कल्प, दिनाङ्क, मुहूर्त, युगान्त, गुग इत्यादि ।

13. काल सम्बन्धी ये नाम स्त्रीलिंग हैं—रात, घड़ी, सायत, तारीख, तिथि, शताब्दी, सदी इत्यादि ।

14. हिन्दी दिनों (वासरों) तथा मासों (महीनों) के नाम पुँल्लिग होते हैं । जैसे—रविवार, सोमवार, मंगलवार, बुधवार, वीरवार (बृहस्पतिवार), शुक्रवार, शनिवार (शनिश्चरवार) । चैत्र, वैशाख, ज्येष्ठ, आषाढ़, श्रावण (सावन), भाद्रपद (भादों), आश्विन (असौज), कार्तिक, अगहन (अग्रहायन या मार्गशीर्ष), पौष, फाल्गुन

(फागण)।

15. देशों एवं जल-स्थल विभागों आदि के ये नाम पुँल्लिग होते हैं। जैसे—ब्रह्माण्ड, उपमहाद्वीप, द्वीप, देश, (मुल्क), टापू, भूगोल, भूमण्डल, भूभाग, यूरोप, एशिया, अफ्रीका, अमरीका, भारत, रूस, चीन, जापान, रेगिस्तान, नखलिस्तान, महासागर, झरना, सरोवर, तालाब, नाला, आकाश, पाताल, प्रदेश (प्रान्त), वन (जंगल), नगर, कस्बा, ग्राम, खेत, भवन, घर, मकान, प्रासाद, (महल), क्षेत्र, (इलाका), आश्रम, आश्रय इत्यादि।

16. देशों, स्थानों, जलविभागों, के ये नाम स्त्रीलिंग होते हैं। जैसे—पृथ्वी, जमीन, भूमि, धरती, खाड़ी, झील, सरिता (नदी), नहर, स्थली, अटवी, घाटी, बस्ती, कालोनी, पुरी, नगरी, कुटिया, झोंपड़ी, खड्ड इत्यादि।

17. ग्रह-नक्षत्रों के ये नाम पुँल्लिग हैं—सूर्य, चन्द्र, बृहस्पति, शुक्र, शनि, राहु, केतु, ध्रुवतारा, सप्तर्षि, उल्का इत्यादि।

18. ग्रह-नक्षत्रों के ये नाम स्त्रीलिंग हैं—पृथ्वी, अरुन्धती, कृत्तिका, रोहिणी, भरणी, आकाश-गंगा, इत्यादि।

19. मोटी, भारी-भरकम, भद्दी, ऊबड़-खाबड़, वस्तुओं के नाम प्रायः पुँल्लिग होते हैं। जैसे—शहतीर, गट्ठर, खड्डा, गड्ढा, कोल्हू, टीला, ढेर, ढूह, टिब्बा, खिंगर इत्यादि।

20. पतली, हल्की, सुन्दर तथा कोमल (नाजुक) वस्तुओं के नाम प्रायः स्त्रीलिंग होते हैं। जैसे—छड़ी, डाली, गठरी, तकली, शिला राशि, पंखड़ी इत्यादि।

21. संस्कृत के अ, इ, उ, अन्त वाले पुं० तथा नपुं० शब्द हिन्दी में प्रायः पुँल्लिग होते हैं। जैसे—

जग, जगत्, संसार, शरीर, जीव, तन, मन, धन, जन, गीत, पद्य, गद्य, साहित्य, छन्द, जल, पल, बल, धर्म, कर्म, ज्ञान, विज्ञान, कवि, ऋषि, मुनि, साधु, जन्तु।

अपवाद—प्रलय, विलय, आयु, ऋतु, रुचि, वस्तु—ये स्त्रीलिंग हैं।

22. जिन भाववाचक संज्ञाओं के अन्त में ना, आव, पन, आपा, त्व, प्रत्यय जुड़े हों, वे प्रायः पुँल्लिग होती हैं।

ना—पाना, सोना, रोना, गाना, नहाना, नाचना।

आव—दुराव, छिपाव, सजाव, बनाव, लगाव।

पन—लड़कपन, छुटपन, बचपन, अपनापन, बड़प्पन।

आपा—रँडापा, बुढ़ापा, मोटापा।

त्व—मनुजत्व (मनुष्यत्व), देवत्व, नरत्व, महत्त्व, तत्त्व।

23. जिन संज्ञाओं के अन्त में त्र, न, ण, ख, ज तथा आर, आयु, आस हों—पुँल्लिग होती हैं। जैसे—

त्र—मित्र, पत्र, चित्र।

न—मदन, सदन, क्रन्दन, रदन, (दाँत), वदन (मुख), बदन (शरीर), पालन।

अपवाद—लगन, चुभन, थकन, धड़कन। ये स्त्रीलिंग हैं।

ण—पोषण, जागरण, व्याकरण, मरण, श्रवण, हरण।

ख गुख, मुख, दुःख, नख, रुख।

अपवाद—चीख, सीख, भीख—स्त्रीलिंग हैं।

ज—सरोज (कमल), उरोज (स्तन), मनोज, भोज, अनाज, ब्याज, काज, जहाज, ताज।

अपवाद—लाज, खाज, छाज, खोज, मौज—स्त्रीलिंग हैं।

आर—प्रकार, प्रचार, (फूलों का) हार, संहार, श्रृंगार, द्वार, आहार, व्यवहार, विचार, संचार, विस्तार, प्यार, अधिकार, प्रहार।

अपवाद—हार (पराजय), फुंकार, फूत्कार, पुकार, बौछार—ये स्त्रीलिंग हैं।

आय - न्याय, व्यवसाय, अध्यवसाय, अध्याय, उपाध्याय।

अपवाद—आय (आमदनी) स्त्रीलिंग हैं।

आस—विश्वास, त्रास, अभ्यास, न्यास (धरोहर), विन्यास (सजाकर लगाना) संन्यास, (सब त्यागना), उल्लास (हर्ष)।

अपवाद—प्यास, आस, कपास, सास, घास, बकवास, साँस—ये स्त्रीलिंग हैं।

24. नदियों के नाम स्त्रीलिंग हैं—गंगा, यमुना, सरस्वती, गोदावरी, कृष्णा, कावेरी, गोमती, गंडक, ताप्ती, कोसी, नर्मदा, तुंगभद्रा।

अपवाद—ब्रह्मपुत्र, सिंधु, सतलुज, व्यास, जेहलम, (झेलम) चिनाव—इनका पुंल्लिग में प्रयोग होता है।

नदी शब्द जोड़ने पर ये भी स्त्रीलिंग होंगे।

25—इन सब्जियों के नाम पुँल्लिग हैं—कद्दू, लहसुन, टमाटर, बैंगन, आलू, कचालू, अदरक, शाक, साग आदि।

26. इन सब्जियों के नाम स्त्रीलिंग हैं— गोभी, मूली, गाजर, भिंडी, तोरई, लौकी, फली, सब्जी, भाजी इत्यादि।

27. इन बर्तनों के नाम पुँल्लिग हैं—टब, पतीला, देग, कटोरा, चम्मच, चूल्हा, चमचा, तवा, कुकर, स्टोव, गैस, थाल, कप, प्याला।

28. इन शब्दों के नाम स्त्रीलिंग हैं—देगची, बाल्टी, पतीली, कटोरी, अँगीठी, छलनी, कछड़ी इत्यादि।

29. कुछ वृक्षों तथा फलों के नाम पुँल्लिग हैं—(i) वट, अनार, अशोक, शीशम, ताड़, पीपल, आबनूस, आम, नारियल, सागवान, दियार, देवदारु इत्यादि।

(ii) कटहल, फणस, फालसा, शहतूत इत्यादि।

30. कुछ फलों तथा पेड़ों के नाम स्त्रीलिंग हैं—बेल (लता), वल्लरी, जामुन, नाशपाती, लीची, खजूर, ककड़ी, बीही, मौसंबी, अंजीर इत्यादि।

31. धातुओं के नाम प्रायः पुँल्लिग होते हैं – सोना, स्वर्ण, ताम्र (ताँबा), लौह (लोहा), लौहसार (फौलाद), सीसक (सीसा), एल्यूमीनियम, राँगा, जस्ता, टीन, काँसा, पीतल, प्लैटिनम, यूरेनियम इत्यादि ।

अपवाद – चांदी— यह स्त्रीलिंग है ।

32. आमतौर पर रत्नों के नाम पुँल्लिग होते हैं—हीरा, मोती, पुखराज, नीलम, लाल, जवाहर, मूँगा, नग (नगीना) इत्यादि ।

अपवाद--मणि—यह स्त्रीलिंग है ।

33. द्रवों के ये नाम स्त्रीलिंग होते हैं—मद्य, मद, शराब, सुरा, चाय, कॉफी, लस्सी, छाछ, शिकंजवी, स्याही, जलधारा ।

34. द्रवों के ये नाम पुँल्लिग होते हैं—जल, पानी, नीर, सलिल, घृत (घी), तैल (तेल), शर्बत, सोडा, दूध, मट्ठा ।

35. किराने की ये चीजें पुँल्लिग होती हैं—गरम मसाला, धनिया, जीरा, पुदीना, नमक, अमचूर, अनारदाना, खाने का सोडा, अदरक इत्यादि ।

36. किराने की ये चीज़ें स्त्रीलिंग होती हैं— लौंग, दालचीनी, हल्दी, हींग, सुपारी, इलायची, मिर्च, कलौंजी, अजवायन, सौंफ, सौंठ इत्यादि ।

37. भोजन-पदार्थों में ये पुँल्लिग हैं—पराँठा, पूड़ा, समोसा, चावल, भात, पुलाव, रायता, हलवा, गोलगप्पे, लड्डू, मोहनभोग, कलाकन्द, रसगुल्ले, गुलाबजामुन, पेड़ा, कुल्चा, नान, केक, भठूरा, छोले (चने), जीरे का पानी इत्यादि ।

भोजन-पदार्थों में ये स्त्रीलिंग हैं—रोटी, पूड़ी (पूरी), जलेबी, इमरती, कचौरी, खीर, दाल, सब्जी, चपाती, पकौड़ी, तरकारी, भाजी, खिचड़ी, रसा, कांजी, आइसक्रीम, रसमलाई, बरफी, मठरी (मट्ठी), इत्यादि ।

38. इन गहनों के नाम पुँल्लिग हैं—कंगन, कड़ा, झूमर, काँटा, हार, गजरा आदि ।

39. इन गहनों के नाम स्त्रीलिंग हैं—नथ, तीली, माला, चूड़ी, बिंदिया, कंठी, अँगूठी, (मुद्रिका), टिकली इत्यादि ।

40. कुछ वस्त्रों के नाम पुँल्लिग हैं—कोट, पाजामा, कुर्ता, सूट, कच्छा, जाँघिया, टोप, दुपट्टा, मोजा, रूमाल, जम्पर, गाऊन, घाघरा ।

41. कुछ वस्त्रों के नाम स्त्रीलिंग हैं—कमीज, पतलून, पैंट, साड़ी, धोती, अँगिया, चुनरी, पगड़ी, बनियान, निक्कर, टाई, बंडी, चोली, टोपी इत्यादि ।

42. जिन संज्ञा शब्दों के अन्त में आ, इ, उ, ऊ हों वे संज्ञायें प्रायः स्त्रीलिंग होती हैं । जैसे—

आकारान्त – पूजा, परीक्षा, माला, दया, आज्ञा, प्रार्थना, माया ।

अपवाद—कुत्ता, बूढ़ा, कुर्ता, भुर्ता, पिता लड़का, लाला ।

इकारान्त—रुचि, राशि, कान्ति, नीति, ज्योति, क्रान्ति, छवि, राशि, मति, मुक्ति, भुक्ति, प्रीति इत्यादि ।

अपवाद—मुनि, कवि, हरि, यति, रवि, शशि—ये पुंल्लिग हैं ।

ईकारान्त—खुदाई, गहराई, लड़ाई, नदी, गठरी, सगाई, चालाकी, चिट्ठी, मिठाई, बस्ती, लड़की, लकड़ी, फली इत्यादि ।

अपवाद—मोती, पानी, स्वामी, घी—ये पुंल्लिग हैं ।

उकारान्त—वायु, वस्तु, ऋतु, मृत्यु ।

अपवाद—गुरु, साधु, मधु, शहद—ये पुंल्लिग हैं ।

ऊकारान्त—लू, बालू, वधू, झाड़ू, तराजू ।

अपवाद—आलू, काजू, भालू, कद्दू, आंसू—ये पुंल्लिग हैं ।

43. तिथियों के नाम स्त्रीलिंग होते हैं । जैसे—प्रतिपदा, (पड़वा), द्वितीया (दूज), तृतीया (तीज), चतुर्थी, (चौथ), अमावस्या, पूर्णिमा आदि ।

44. 'त' जिनके अन्त में हो वे संज्ञायें प्रायः स्त्रीलिंग होती हैं । जैसे—**बात**, रात, छत, लात, गत इत्यादि ।

अपवाद—गीत, भात, व्रत ।

45. ख, आई, हट, वट, ता, अन्तवाली संज्ञायें स्त्रीलिंग होती हैं । जैसे—

ख—भीख, राख, चीख, सीख ।

आई—भलाई, बुराई, गहराई, चतुराई, लिखाई ।

हट—आहट, मुस्कराहट, गुर्राहट, झल्लाहट, घबराहट ।

वट—बनावट, सजावट, रुकावट ।

ता—स्वतन्त्रता, परतन्त्रता, मित्रता, शत्रुता, गुरुता, लघुता, कटुता, मधुरता, रम्यता, मनोहरता, तीव्रता, तीक्ष्णता, कोमलता ।

46. भाषाओं तथा बोलियों के नाम स्त्रीलिंग होते हैं । जैसे—हिन्दी, संस्कृत, मराठी, बंगला, गुजराती, तमिल, तेलुगु, कन्नड़, मलायम, उर्दू, अरबी, फारसी, अंग्रेजी, चीनी, फ्रांसीसी इत्यादि ।-

अरबी-फारसी शब्द

ये हिन्दी में प्रायः उसी लिंग में प्रयुक्त होते हैं, जिस लिंग में उनका मूल भाषा में प्रयोग होता है । जैसे—

1. अन्त में आब, आन, आर वाले शब्द प्रायः पुंल्लिग होते हैं—

आब—जनाब, कबाब, जवाब ।

आन—इनसान, मेहमान, मेजबान, मकान ।

आर—अखबार, बाजार, दुकानदार ।

अपवाद—किताब, दुकान, दीवार, सरकार ये स्त्रीलिंग हैं ।

2. अरबी-फारसी के आ, ई, श, त अन्त वाले शब्द प्रायः स्त्रीलिंग होते हैं । जैसे—

आ—दवा, हवा, फिजा, दुनिया ।

ई—गरमी, सरदी, अमीरी, गरीबी, लाचारी।

श—लाश, तलाश, बारिश।

त—अदालत, हरारत, अदावत, शराफत, किस्मत।

अपवाद— मजा, वक्त, खत, होश, जोश ये पुँल्लिग हैं।

47. अंग्रेजी शब्दों के लिंग हिन्दी में हिन्दी की प्रकृति के अनुसार प्रचलित हुए हैं। जैसे—

पुँल्लिग	**स्त्रीलिंग**
कोट	फीस
रेडियो	फिल्म
पैन	पेंसिल
स्कूल	पैंट
बूट	ट्राम
बटन	ट्रेन
स्कूल	बस

पुँल्लिग से स्त्रीलिंग बनाने के नियम

1. अ, आ अन्त वाले शब्दों के अन्तिम स्वर को 'ई' करके—
जैसे—

दास—दासी पुत्र—पुत्री

देव—देवी चाचा—चाची

2. कुछ शब्दों के अन्तिम अ, आ को इया करके तथा यदि प्रथम स्वर दीर्घ हो तो उसे ह्रस्व करके--

चूहा—चुहिया बेटा—बिटिया

डिब्बा—डिबिया लोटा—लुटिया

3. व्यापारवाचक तथा नाती और ईसाई शब्दों के अन्तिम स्वर को 'इन' करके—

जुलाहा—जुलाहिन लुहार—लुहारिन

नाती—नातिन ईसाई—ईसाइन

4. पशु-पक्षियों तथा मनुष्य की उपजातियों में, शब्द के अन्त में 'नी' जोड़ दिया जाता है—

बाघ—बाघनी मोर—मोरनी

जाट—जाटनी भील—भीलनी

5. उपनाम और उपजाति शब्दों के अन्तिम स्वर को 'आइन' हो जाता है—

दुबे—दुबाइन चौबे—चौबाइन

लाला—लालाइन पण्डा—पण्डाइन

6. संस्कृत के दीर्घ ईकारान्त शब्दों के 'ई' को 'इनी' हो जाता है—

रोगी—रोगिणी स्वामी—स्वामिनी

अभिमानी—अभिमानिनी मानी—मानिनी

7. कई शब्दों के अन्तिम स्वर को 'आनी' हो जाता है—

जेठ—जिठानी (जेठानी) देवर—देवरानी

चौधरी—चौधरानी खत्री—खत्राणी

8. संस्कृत के अधिकांश 'अ' अन्त वाले शब्दों के 'अ' को 'आ' हो जाता है—

बाल—बाला प्रिय—प्रिया

सुत—सुता मूर्ख—मूर्खा

ध्यान रहे—यदि कोई स्त्री स्वयं प्रधानाध्यापिका हो, तो उसे 'आचार्या' कहेंगे, परन्तु यदि केवल आचार्य की पत्नी हो (स्वयं अध्यापिका न हो), तो उसे 'आचार्यानी' कहेंगे।

9. 'अक' अन्त वाले शब्दों में 'अक' को 'इका' हो जाता है—

लेखक—लेखिका पाठक—पाठिका

अध्यापक—अध्यापिका गायक—गायिका

10. संस्कृत के जिन शब्दों के मूल रूप में, अन्त में, 'अत्' हो और पुँल्लिग में 'अत्' का 'आन्' हो गया हो, उनके 'आन्' को 'अती' करके स्त्रीलिंग बनाया जाता है—

गुणवान्—गुणवती श्रीमान्—श्रीमती

रूपवान्—रूपवती बुद्धिमान् - बुद्धिमती

अपवाद— विद्वान् का स्त्रीलिंग 'विदुषी' होता है।

11. संस्कृत के 'तृ' अन्त वाले शब्दों में 'तृ' के स्थान पर 'त्री' हो जाता है—

कर्त्ता (कर्तृ)—कर्त्री विधाता (विधातृ)—विधात्री

प्रबन्धकर्ता—प्रबन्धकर्त्री जनयिता (जनयितृ)—जनयित्री

विशेष—'कवि' का भी स्त्रीलिंग 'कवयित्री' होता है।

12. कुछ शब्दों के स्त्रीलिंग रूप भिन्न होते हैं—

पिता—माता भाई—भाभी

पुरुष—स्त्री नर—नारी

मर्द—औरत वर—वधू

ससुर—सास बैल—गाय

सम्राट्—सम्राज्ञी विधुर—विधवा

स्त्रीलिंग से पुँल्लिग बनाने के नियम

स्त्रीलिंग शब्दों के अन्तिम स्वर को आ, उआ, ओई, आव तथा ऊ करके

पुंल्लिग शब्द बनाये जाते हैं—

भैंस—भैंसा
बिल्ली—बिलाव
ननद—ननदोई
राँड—रँडुआ
बहन—बहनोई
ताई—ताऊ

अभ्यास

1. निम्नलिखित शब्दों के हिन्दी में लिंग बताइए—
   समाधि, आत्मा, वायु, दही, सन्तान।
2. नीचे लिखे शब्दों में पुंल्लिग तथा स्त्रीलिंग चुनिए—
   चींटी, यशस्वी, हाथी, पुस्तक, ग्रन्थ, किताब, मोती, नदी, नाक, आग, नाग, दौड़, दौर, पलंग, चारपाई, खाट, विद्वान्, जूं, मेज, स्टूल, हीरा, नगरी, आम, ग्राम, बन, झील, शिखर, मंजूरी, भवन, इमारत, मकान, घर, श्रीमान्, अध्यापिका, विधुर।
3. निम्न लिखित शब्दों का लिंग-परिवर्तन कीजिए—
   बिल्ली, गाय, सास, राँड, भैंस, पापिन, चंडाल, कुम्हार, विदुषी, बाबू, धोबी, अध्यापक, हिरण, श्रीमान्, सुत, गायक, नर, पुजारी, पापी, विधुर, भवदीय, पति, भेड़, विधवा, विद्वान्, गुड़िया, गुणवान्, वधू, कुमारी, इन्द्र, राक्षस, प्रिय, नायक, सिंह, ननद, पण्डित, वर, सम्राट्, शिष्य, युवती।
4. तितली, दीमक, कोयल आदि का पुंल्लिग बनाने के लिए इनसे पूर्व क्या शब्द जोड़ा जाता है?
5. गरुड़, मच्छर, खरगोश आदि का स्त्रीलिंग बनाने के लिए इनसे पूर्व क्या शब्द जोड़ा जाता है?
6. इनमें से शुद्ध पर √ चिह्न लगाइए—

मेरी पत्र। मेरा पत्र	तुम्हारा चिट्ठी। तुम्हारी चिट्ठी
मेरी आँख। मेरा आँख	अच्छा गन्ना। अच्छी गन्ना
किसका पुस्तक। किसकी पुस्तक	सुहाना ऋतु। सुहानी ऋतु
मेरे माताजी। मेरी माताजी	करने का ढंग। करने की ढंग
अच्छी रीति। अच्छा रीति	ऊँचा शिखर। ऊँची शिखर

7. नीचे लिखे शब्दों का वाक्यों में इस प्रकार प्रयोग करें कि उनका लिंग स्पष्ट हो जाए—

थकावट, शरीर, दिशा, महोदय, दूध, दृश्य, बारिश, मार्ग।

11
वचन

(1)	(2)
चिड़िया चीं-चीं कर रही है।	चिड़ियाँ चीं-चीं कर रही हैं।
लड़का घर में है।	लड़के घर में हैं।

ऊपर (1) वाले वाक्य एक को बता रहे हैं, (2) वाले एक से अधिक को।

संज्ञा, सर्वनाम तथा विशेषण के जिस रूप से यह पता चले कि वह एक को बता रहा है या अनेक को, उसे वचन कहते हैं।

हिन्दी में दो वचन हैं—1. एकवचन तथा 2. बहुवचन। संस्कृत के द्विवचन को हिन्दी में बहुवचन के अन्तर्गत गिन लिया जाता है। हिन्दी में बहुवचन का अर्थ है—**एक से अधिक।**

एकवचन—संज्ञा, सर्वनाम और विशेषण के जिस रूप से एक का बोध हो उसे एकवचन कहते हैं। जैसे—लड़का, लड़की, चिड़िया।

बहुवचन—संज्ञा, सर्वनाम और विशेषण के जिस रूप से एक से अधिक का बोध हो उसे बहुवचन कहते हैं। जैसे—लड़के, लड़कियाँ, चिड़ियाँ।

एक के लिए बहुवचन का प्रयोग

कई बार एक के लिए बहुवचन का प्रयोग होता है।

सम्मानार्थ—मेरे पिताजी लोकप्रिय नेता हैं।

अभिमानार्थ—हमारी आज्ञा है कि कक्षा में कोई न बोले।

विशेष—कुछ शब्दों का प्रयोग सदा बहुवचन में ही होता है। जैसे—प्राण, दर्शन, दाम।

एकवचन से बहुवचन बनाने के नियम

1. 'आ' अन्त वाले शब्दों के अन्तिम 'आ' को 'ए' करके—

गधा—गधे	भेड़िया—भेड़िये
केला—केले	लड़का—लड़के

2. स्त्रीलिंग इ, ई को 'इयाँ' करके—

रीति—रीतियाँ	तिथि—तिथियाँ
गति—गतियाँ	सन्धि—सन्धियाँ
कापी—कापियाँ	टोपी—टोपियाँ

3. सम्बन्ध (रिश्ता) बताने वाले शब्दों के अन्तिम 'आ' में कोई परिवर्तन नहीं होता। जैसे—

मामा—मामा	चाचा—चाचा

4. स्त्रीलिंग शब्दों के अन्तिम 'अ' को 'एँ' करके—

दुकान—दुकानें पुस्तक—पुस्तकें

रात—रातें बात—बातें

5. स्त्रीलिंग शब्दों के 'या' को 'याँ' करके—

चिड़िया—चिड़ियाँ लुटिया—लुटियाँ

चुहिया—चुहियाँ कुटिया—कुटियाँ

6. स्त्रीलिंग शब्दों के 'आ' के बाद 'एँ' जोड़ करके—

शाखा—शाखाएँ बाला—बालाएँ

लता—लताएँ पाठशाला—पाठशालाएँ

7. देवता, विद्यार्थी, दानी, मुनि, गुरु, साधु, डाकू, उल्लू आदि कुछ शब्दों में (कर्ता कारक के) बहुवचन में कोई परिवर्तन नहीं होता—

मुनि तप करता है। मुनि तप करते हैं।

विद्यार्थी आया है। विद्यार्थी आये हैं।

8. ओ, औ अन्त वाले शब्दों के (कर्ताकारक के) बहुवचन में कोई परिवर्तन नहीं होता—

सरसों—सरसों जौ—जौ

माधो—माधो ऊधो—ऊधो

9. स्त्रीलिंग शब्दों के अन्त वाले उ, ऊ, औ के बाद एँ जोड़ने से—

वस्तु—वस्तुएँ धेनु—धेनुएँ

ऋतु—ऋतुएँ गौ—गौएँ

10. लोग, दल, वर्ग, जन, वृन्द, गण आदि शब्द लगाकर भी प्रसंगानुसार एकवचन या बहुवचन में प्रयोग किया जाता है—

गरीब लोग कहाँ जायें ? मित्र वर्ग क्या कर रहा है ?

गुरुजन पधारे हैं। सेवा-दल जनता का है।

ध्यान रहे—ऊपर जो एकवचन से बहुवचन बनाने के नियम बताये गये हैं, वे कर्ताकारक के ही हैं। अन्य कारकों में प्रायः 'ओं को' ओं द्वारा, ओं के लिए, ओं से, ओं का, ओं में, आदि जुड़ते हैं।

अभ्यास

1. इनसे बहुवचन बनाइए—

कोदों, जौ, आम, चौबे, लड़का, डाका, बहू, नदी, लड़की रात, रात्रि, घोड़ा, आत्मा, मुनि, साधु।

2. एक के लिए बहुवचन का प्रयोग कब होता है ? एक उदाहरण दीजिए।

3. इनके शुद्ध रूप लिखिए—

(i) गुड़िया की आँखों भी हैं।

(ii) लड़कियें चिट्ठियाँ लिखती हैं।
(iii) चिड़ियें चीं-चीं करती हैं।
(iv) सब लड़का घर में हैं।
(v) हाथियाँ आ रही हैं।

4. ऐसे तीन शब्द बताइए, जिनका प्रयोग सदा बहुवचन में ही होता है।
5. निम्नलिखित शब्दों के बहुवचन बनाइए—
राजा, बात, चिड़िया, मुनि, ऋतु, गाय, भक्ति, विद्वान्, स्त्री, श्रीमती, देवता, दादा, लड़का।
6. इनका वचन परिवर्तन कीजिए—
सभा, शीशे, पिता, मामा, झरना, स्त्री, बालक, बालिका, तिथियाँ।
7. निम्नलिखित शब्दों के बहुवचन रूपों को वाक्यों में प्रयुक्त कीजिए—
बहू, रानी, महिला, गौ, गुड़िया, धोबी, शिक्षक, आँसू, युवा, शत्रु, विद्यार्थी, कथा।

12
कारक

संज्ञा व सर्वनाम के जिस रूप से उसका क्रिया अथवा दूसरे शब्द के साथ सम्बन्ध सूचित होता है, उसे कारक कहते हैं।

कारक आठ प्रकार के होते हैं—कर्त्ता, कर्म, करण, सम्प्रदान, अपादान, सम्बन्ध, अधिकरण और सम्बोधन।

कारक	विभक्तियाँ
1. कर्त्ता (प्रथमा)	ने
2. कर्म (द्वितीया)	को
3. करण (तृतीया)	से
4. सम्प्रदान (चतुर्थी)	को, के लिए, वास्ते
5. अपादान (पञ्चमी)	से
6. सम्बन्ध (षष्ठी)	का के, की (रा, रे, री)
7. अधिकरण (सप्तमी)	में, पै, पर
8. सम्बोधन (शब्द से पूर्व)	हे, अरे, अजी, अरी

कर्त्ता—संज्ञा के जिस रूप से क्रिया करने वाले का बोध हो उसे कर्त्ता कारक कहते हैं। जैसे—

छात्रा पढ़ती है । **बालक** ने पत्र पढ़ा । मैं जीवित हूँ ।

तुमने दवात तोड़ी है । **उसने** पत्र लिखा ।

कर्त्ताकारक का प्रयोग दो प्रकार से होता है । विभक्ति रहित ('ने' परसर्ग रहित) तथा विभक्ति सहित ('ने' परसर्ग सहित) ।

(1) 'ने' परसर्ग केवल सकर्मक धातुओं से बने भूतकालिक कृदन्त से बनायी गयी क्रियाओं के साथ होता है । जैसे—**सिपाही** ने चोर को पकड़ा । **अशोक** ने स्कूल का काम न किया । **हमने** खेल में भाग लिया । **तुमने** मुझे बुलाया है ?

(2) अकर्मक धातुओं से बने क्रिया रूपों के साथ संज्ञा और सर्वनाम में 'ने' नहीं लगाया जाता । जैसे—मैं हँस पड़ा । **छात्र** खूब खेला ।

अपवाद—(क) खाना, भूलना, बोलना—सकर्मक, क्रियायें होते हुए भी, इनसे बने भूतकालिक रूपों के साथ आने परसंज्ञा सर्वनाम में 'ने' नहीं लगाया जाता । जैसे—

आप मेरे लिए क्या लाये ? **तुम** भूल गये हो ।

लता बोली—**मैं भी** मेले में जाऊँगी ।

(ख) खाँसना, नहाना, छींकना—अकर्मक क्रियायें होते हुए भी इनसे बने भूतकालिक कृदन्तों के साथ आने पर संज्ञा, सर्वनाम में 'ने' का प्रयोग होता है । जैसे—

बूढ़े ने जोर से खाँसा । **बिल्ली ने** छींक दिया ।

(ग) सक, लग, चुक, जा, रह, पा, पड़, बैठ, उठ—इनसे बनी, सहायक क्रियायें लगी हों, तो सकर्मक धातुओं की क्रियाओं के साथ आने पर भी संज्ञा, सर्वनाम के साथ 'ने' चिन्ह नहीं लगता । जैसे—

तुम पढ़ सकती हो । **छात्र** जा सकते हैं ।

मैं लड्डू खाने लगा । **तुम** कहाँ जाने लगे ?

अशोक अपना काम समाप्त कर चुका है ।

कर्म—क्रिया के व्यापार का फल जिस पर पड़े । जैसे—

सिपाही ने **चोर को** पीटा । बालक ने **पुस्तक** पढ़ी ।

नन्हें ने **पतंग को** फाड़ दिया । नन्हें ने **पतंग** फाड़ डाली ।

विशेष – ऊपर के वाक्यों से पता चलता है कि 'को' का चिन्ह कहीं लगता है और कहीं नहीं भी लगता ।

करण—संज्ञा या सर्वनाम के जिस रूप से क्रिया करने के साधन का बोध हो । जैसे—

चाकू से (चाकू द्वारा) सेब छीलो ।

हम **आँखों से** देखते, **कानों से** सुनते, **नाक से** सूंघते हैं ।

सम्प्रदान—जिस संज्ञा या सर्वनाम के लिए कुछ किया या दिया जाये । जैसे—

कान्ता को अंगूठी दे दो ।

बालक के लिए दूध रहने दो ।

मेरे लिए एक चित्र बना दो ।

मुझको चाचाजी ने आम भेजे हैं।

खेलने के वास्ते तैयार हो जाओ।

अपादान—संज्ञा या सर्वनाम के जिस रूप से पृथक् होने का अर्थ प्रकट हो। जैसे—

वृक्ष से पत्ते गिरते हैं।

स्वामी दयानन्द **अजमेर** से चले गये।

अलग होने के कई सूक्ष्म अर्थों में भी अपादान का प्रयोग होता है। जैसे—

निकास—गंगा **गंगोत्री** से निकलती है।

तुलना—अन्य **नेताओं से** मोरारजी देसाई अधिक गंभीर हैं।

आरम्भ—**यहां से** रोहतक 50 किलोमीटर दूर है।

कल से खूब पढ़ाई करूँगा।

विद्या ग्रहण—हमने **माधव शास्त्रीजी से** संस्कृत पढ़ी।

श्रवण—हमने सप्रूहाउस में **लताजी से** खूब गाने सुने।

लज्जा—नववधू **पति से** लजाती है।

भय—बालक **सिंह से** डरता है।

निष्क्रमण—**बिल से साँप** निकल आया।

निष्कासन—पिता ने नालायक पुत्र को **घर से** निकाल दिया।

शिक्षण—उसने **उदयशंकर से** नृत्य सीखा था।

दूरी—**अमृतसर से** कन्याकुमारी कितनी दूर है?

पतन—बालक **सीढ़ियों से** गिर पड़ा।

विरोध—रामसिंह **यदुनाथ पहलवान से** लड़ेगा।

ईर्ष्या-द्वेष—**किसीसे** ईर्ष्या-द्वेष न करो।

सम्बन्ध—संज्ञा या सर्वनाम के जिस रूप से उनका सम्बन्ध वाक्य में आयी अन्य संज्ञा से प्रकट हो। जैसे—

कुन्ती का पुत्र अर्जुन। **अर्जुन की** पत्नी सुभद्रा। **अर्जुन का** बड़ा भाई भीम। **मेरा** मित्र। **उसके** पड़ोसी। **तुम्हारे** घर। **उसकी** भूल। **तुम्हारे** गुण। **कवि की** मौलिकता। **मनुष्य का** स्वभाव। **उनके** दोष। **आपकी** कृपा। **भारत का** राष्ट्रपति। **हमारे** प्रधानमंत्री। **गाँव के** लोग। **शहर की** सड़कें। **अध्यापकों का** कर्त्तव्य। **संयुक्त राष्ट्रसंघ** का कार्यालय। एक **रुपये की** टिकट और एक **लाख रुपये की** लाटरी।

सम्बन्ध सूक्ष्मतः वंश सम्बन्ध, अधिकार, कर्त्तव्य, परिमाण, स्वभाव, आधार-आधेय, प्रयोजन, अंश, कर्तृ-कर्म, मूल्य आदि को बताने के लिए प्रयुक्त होता है।

अधिकरण—संज्ञा या सर्वनाम के जिस रूप से क्रिया के स्थान, समय या अवसर का बोध होता है। **जैसे**—

तुम्हारे **मन में** क्या है?

सरोवर में कमल विकसित हैं।

घर में कौन है?

पेड़ पर बन्दर बैठा है।

मेरी उन्नति **तुम पर** निर्भर है।

हम पर कृपा करो।

तुम पै सब कुर्बान ।

अधिकरण का चार स्थानों पर प्रयोग होता है—

1. **कालाधिकरण**—जिस काल (अवधि) में क्रि ा व्यापार होता है। जैसे—पन्द्रह दिनों में परीक्षा समाप्त हो जायेगी।

2. **भावाधिकरण**—क्रिया के भाव के प्रयोग में भावाधिकरण का प्रयोग होता है। जैसे—**मरने में** क्या वीरता है? वीरता तो जीवनभर कष्ट सहकर सेवा **करने में** है।

3. **स्थानाधिकरण**—जिस स्थान पर (में) क्रिया होती है। जैसे—हम ताल कटोरा **बाग में** पिकनिक पर गये। आज हम **छत पर** सोयेंगे। उस **स्कूल में** कितने छात्र हैं? **भारत में** उद्योग की बहुत उन्नति हुई है।

4. **तुलना**—इसमें दो या अधिक में गुण-दोष सम्बन्धी तुलना की जाती है। जैसे—**दोनों में** कौन चतुर है? सब **बालिकाओं में** कौन अच्छा नाचती है?

विशेष—कई बार में, पै, पर का चिह्न न लगने पर भी अधिकरण कारक होता है। जैसे—सड़क के **बीचोबीच** मन्दिर है। हमारे **दरवाजे** कभी मत आना। वह **घर** ही होगा। तुम **स्वदेश** चले जाओ। इस **जगह** चैन नहीं। इसी **सप्ताह** हम बंगलौर जायेंगे।

अधिकरण कारक के लिए में, पै पर की जगह कुछ अन्य चिह्न भी प्रयुक्त होते हैं। जैसे—

ऊपर—पेड़ के **ऊपर**। **बीच**—इसी **बीच** वह आ गया। **के भीतर**—घर के **भीतर** क्यों छिपे हो? **के अन्दर**—पन्द्रह मिनट **के अन्दर** आ जाओ। **के मध्य**—सुशील सखियों **के मध्य** विराजमान है।

सम्बोधन—संज्ञा के जिस रूप में किसीको पुकारा, बुलाया या उद्‌बोधित किया जाये।

सम्बोधन का चिह्न प्रायः शब्द से पूर्व जुड़ता है। हे, अरे, अजी, ओ, अरे, रे, अरी इत्यादि इसके चिह्न हैं।

जैसे—**हे शिष्यो**! अब हम चलते हैं।

कई बार संज्ञा (नाम) को ही जोर से पुकार कर सम्बोधन का काम चला लिया जाता है। जैसे—नरेश! खड़े हो जाओ। छोटू पानी लाओ।

अभ्यास

1. कारक की परिभाषा लिखकर बताइए कि हिन्दी में कितने कारक हैं? उनके नाम लिखकर प्रत्येक का एक उदाहरण लिखिए।
2. पद और शब्द में क्या भेद (अन्तर) है? उदाहरण देकर स्पष्ट कीजिए।
3. विभक्ति किसे कहते हैं?
4. करण, सम्प्रदान तथा अधिकरण की विभक्तियाँ लिखिए।

5. करण तथा अपादान का अन्तर उदाहरण देकर समझाइए।
6. कर्म तथा सम्प्रदान का अन्तर सोदाहरण बताइए।
7. ऐसा एक वाक्य बनाइए, जिसमें सभी कारकों के उदाहरण आ जाएँ।
8. काले (मोटे) शब्दों के कारक बताइए—

1. **पीड़ितों को** दान दो। 2. **प्रकाश से** अंधकार नष्ट होता है।
3. **समुद्र में** लहरें उठती हैं। 4. **अत्याचारी से** मत डरो।
5. **रोगियों की** सेवा करो। 6. **पर्वत पर** चढ़ो।
7. **पेड़ से** आम गिरते हैं। 8. **हे वीरो** ! देश की रक्षा करो।

9. निम्नलिखित वाक्यों में आवश्यक स्थलों पर उचित परसर्ग (विभक्ति) लगाइए—

(क) मैं राम कल सुबह बुलाया है। (ख) वह भूख बेचैन है।
(ग) राम रोटी खाई। (घ) शिक्षक छात्र पाठ पढ़ाया।
(ङ) शेखर गुरुजी पूछा। (च) युद्ध सैनिक शत्रु लड़ते हैं।

13
संज्ञाओं की रूप-रचना

पुँल्लिग संज्ञायें

अकारान्त 'बालक' शब्द

कारक	**एकवचन**	**बहुवचन**
कर्त्ता	बालक, बालक ने	बालक, बालकों ने
कर्म	बालक को	बालकों को
करण	बालक से	बालकों से
सम्प्रदान	बालक के लिए, को	बालकों के लिए, को
अपादान	बालक से	बालकों से
सम्बन्ध	बालक का, के, की	बालकों का, के, की
अधिकरण	बालक में, पर	बालकों में, पर
सम्बोधन	हे बालक !	हे बालको !

नर, घर, मकान, मित्र, पेड़, देव, मनुष्य आदि अकारान्त पुँल्लिग शब्दों की रूप-रचना 'बालक' के समान होती है।

आकारान्त पुंल्लिग 'बालक' शब्द

कर्त्ता	लड़का, लड़के ने	लड़के, लड़कों ने

एकवचन में 'लड़के' के साथ बहुवचन में 'लड़कों' के साथ को, से, के लिए

आदि विभक्तियां (परसर्ग) लगाकर सभी कारकों के रूप बनाइए ।

ताँगा, घोड़ा, गधा, भानजा, भतीजा, लोटा, सोटा आदि आकारान्त पुंल्लिग शब्दों के रूप इसी प्रकार होंगे ।

अपवाद—(i) संस्कृत से हिन्दी में आये शब्दों तथा कुछ हिन्दी शब्दों के कर्त्ता कारक एकवचन में विभक्ति से पूर्व 'आ' 'को' 'ए' नहीं होता । जैसे—राजा ने, पिता ने, दाता ने, विधाता ने, देवता ने, चाचा ने, काका ने, दादा ने इत्यादि । 'राजे ने' आदि रूप अशुद्ध होंगे ।

(ii) ऐसे (राजा पिता आदि) शब्दों में, बहुवचन में विभक्ति से पूर्व, शब्द के अन्तिम 'आ' को 'ओं' न होकर 'आओं' होता है । अन्तर देखिए—लड़कों ने । राजाओं ने । 'राजों ने' अशुद्ध होगा ।

(iii) सम्बोधन के बहुवचन में 'हे लड़को' होगा ।
राजा आदि में 'हे राजाओ' होगा ।
'हे राजो !' अशुद्ध होगा ।

इकारान्त पुँल्लिग 'मुनि' शब्द

(i) एकवचन में विभक्ति से पूर्व 'मुनि' ही रहेगा ।

(ii) बहुवचन में 'मुनियों' के बाद विभक्तियाँ लगेंगी ।

(iii) सम्बोधन के बहुवचन में 'मुनियो !' होगा ।

व्यक्ति, कवि, रवि आदि पुँल्लिग तथा नीति, छवि, मति आदि स्त्रीलिंग शब्दों के सारे रूप 'मुनि' के समान होंगे ।

ईकारान्त पुँल्लिग 'भाई' शब्द

(i) एकवचन में कर्त्ता से सम्बोधन तक 'भाई' ही रहेगा, चाहे विभक्ति लगे या न लगे ।

(ii) बहुवचन में एकवचन से अधिकरण तक 'भाइयों' होगा ।

(iii) सम्बोधन के बहुवचनों में 'भाइयो' होगा ।

ध्यान रहे— ईकारान्त शब्द के बहुवचन में जब विभक्ति लगायी जाये, तो दीर्घ 'ई' के स्थान पर ह्रस्व 'इ' हो जाती है 'भाइयों को' आदि रूप अशुद्ध होंगे ।

धनी, ज्ञानी, ध्यानी, साथी, संगी, माली, धोबी आदि शब्दों के रूप 'भाई' के समान बनते हैं ।

उकारान्त पुँल्लिग 'गुरु' शब्द

(i) एकवचन में कर्त्ता कारक से सम्बोधन तक 'गुरु' ही रहेगा, चाहे विभक्ति लगे या न लगे ।

(ii) बहुवचन में कर्त्ता कारक से अधिकरण तक 'गुरुओं' रूप होगा ।

(iii) सम्बोधन के बहुवचन में 'हे गुरुओ' होगा ।
('हे गुरुओं !' अशुद्ध होगा ।)

ऊकारान्त पुंल्लिग 'डाकू' शब्द

(i) एकवचन में कर्त्ता से संबोधन तक 'डाकू' रूप रहेगा, चाहे विभक्ति लगे या न लगे।

(ii) बहुवचन में विभक्ति से पूर्व 'ओं' जुड़ेगा, जैसे डाकुओं ने, को, से, के लिए, से, का, में।

(iii) सम्बोधन के बहुवचन में शब्द के अन्त में 'ओ' जुड़ेगा जैसे 'हे डाकुओ !' भालू, बाबू, आलू, झगड़ आदि के रूप 'डाकू' की तरह होते हैं।

एकारान्त पुंल्लिग 'दुबे' शब्द

(i) एकवचन में कर्त्ता से सम्वोधन तक 'दुबे' होगा।

(ii) बहुवचन में विभक्ति रहित कर्त्ता कारक को छोड़कर अधिकरण तक 'ओं' जुड़ेगा।

(iii) सम्बोधन के बहुवचन में 'हे दुबेओ !' होगा।

खरे, भिड़े, भातखंडे, भुस्कुटे, चौबे, छब्बे आदि शब्दों के रूप 'दुबे' के समान होंगे।

ऐकारान्त 'बरैं' शब्द

(i) एकवचन में कर्त्ता कारक से सम्बोधन तक 'बरैं' रूप रहेगा, चाहे विभक्ति लगे या न लगे।

(ii) बहुवचन में यदि विभक्ति लगे तो 'बरैंओं' रूप होगा।

ओकारान्त 'रासो' शब्द

(i) एकवचन में सब विभक्तियों में 'रासो' रहेगा।

(ii) 'विभक्ति रहित कर्त्ता तथा सम्बोधन को छोड़कर सभी कारकों के बहुवचन में 'रासोओं' रूप बनेगा।

औकारान्त पुंल्लिग 'जौ' शब्द

(i) एकवचन में सभी विभक्तियों में 'जौ' रहेगा।

(ii) 'विभक्ति रहित कर्त्ता कारक' तथा 'सम्बोधन' के बहुवचन को छोड़कर सब जगह 'जौओं' होगा।

(iii) सम्बोधन के बहुवचन में हे 'जौओ' होगा।

स्त्रीलिंग संज्ञायें

अकारान्त पुंल्लिग 'बात' शब्द

कारक	एकवचन	बहुवचन
कर्त्ता	बात, बात ने	बातें, बातों ने
कर्म	बात को	बातों को

करण	बात से	बातों से
सम्प्रदान	बात के लिए	बातों के लिए
अपादान	बात से	बातों से
सम्बन्ध	बात का, के, कीं	बातों का, के, की
अधिकरण	बात में, पर	बातों मे, पर
सम्बोधन	हे बात !	हे बातो !

इसी प्रकार आँख, मेज, किताब, रात, पुस्तक आदि सभी अकारान्त स्त्रीलिंग शब्दों के रूप होंगे ।

आकारान्त 'माता' शब्द

(i) एकवचन में कर्त्ता कारक से सम्बोधन तक **'माता'** शब्द ही रहेगा । आगे विभक्तियाँ लगें या न लगें ।

(i!) कर्त्ता कारक बहुवचन में 'माताएँ' माताओं ने' रूप होंगे ।

(iii) कर्म से अधिकरण तक बहुवचन में विभक्तियों से पूर्व 'माताओं' रूप होगा ।

(vi) सम्बोधन बहुवचन में 'हे माताओ' होगा ।

कन्या, सरिता, सुता, बाला, लता, कथा, धारा, आदि के रूप 'माता' के समान होंगे ।

आकारान्त स्त्रीलिंग 'माला' (संस्कृत) शब्द

(t) एकवचन में कर्त्ता से सम्बोधन तक विभक्ति से पूर्व 'माला' रूप रहेगा ।

(ii) कर्त्ता कारक के विभक्ति रहित बहुवचन में 'मालायें' तथा विभक्ति सहित बहुवचन में 'मालाओं ने' रूप होंगे ।

(iii) बहुवचन में कर्म से अधिकरण तक विभक्तियों से पूर्व 'मालाओं'रूप होगा ।

(iv) सम्बोधन के बहुवचन में 'हे माताओ !' रूप होगा ।

शाला आदि संस्कृत से आये सभी आकारान्त स्त्रीलिंग शब्दों के रूप 'माला' के समान होंगे ।

आकारान्त (हिन्दी) 'चिड़िया' शब्द

कर्त्ताकारक	चिड़िया, चिड़िया ने	चिड़ियाँ, चिड़ियों ने

(i) एकवचन में अन्य सभी विभक्तियों से 'पूर्व 'चिड़िया' ही रहेगा ।

(ii) बहुवचन में सम्बोधन को छोड़कर अन्य सभी कारकों में विभक्ति से पहले 'चिड़ियों' रूप रहेगा ।

(iii) सम्बोधन के बहुवचन में 'हे चिड़ियो !' रूप होगा ।

श्रौकारान्त स्त्रीलिंग 'गौ' शब्द

कर्त्ताकारक	गौ, गौ ने	गौएँ, गौओं ने

शेष सभी रूप पुल्लिग 'जौ' के समान होंगे।

ऊँचे दर्जे की हिन्दी (गद्य, पद्य) में संस्कृत संज्ञाओं का सम्बोधन कारक का मूल रूप भी प्रयुक्त होता है। जैसे—

(i) **व्यंजनान्त पुंल्लिग संज्ञायें**—हे राजन्, हे श्रीमन्, हे भगवन्, इत्यादि।

(ii) **आकारान्त स्त्रीलिंग संज्ञायें**—हे राधे, हे सीते, हे प्रिये इत्यादि।

(iii) **इकारान्त पुंल्लिग व स्त्रीलिग संज्ञायें**—हे हरे, हे शान्ति!

(iv) **ईकारान्त स्त्रीलिंग संज्ञायें**—हे सखि! हे देवि! हे जननि!

(v) **उकारान्त (पुं० स्त्री०)**—हे गुरो, हे बन्धो, हे धेनो!

(iv) **ऋकारान्त (पुं० स्त्री०)**—हे पितः, हे मातः!

(इसका प्रयोग हिन्दी में अब बहुत कम हो गया है।)

अभ्यास

1. बालक (कर्त्ता एकवचन), लड़का (कर्त्ता बहुबचन), मुनि (कर्म एकवचन) गुरु (कर्म बहु०), चाकू (करण एक०) बरें (करण बहु०), जौ (सम्प्रदान एक०), बात (सम्प्रदान बहु०), माता (अपादान एक०), नदी (सम्बन्ध एक०), चिड़िया (सम्प्रदान बहु०), गौ (अधिकरण एक०), गुरु (सम्बोधन एक०), सखी (सम्बोधन एक०)—इनके रूप लिखिए।
2. बात, लड़का, नदी के सब कारकों में रूप लिखिए।
3. निम्नलिखित वाक्यों में मोटे (काले) अक्षरों में मुद्रित संज्ञाओं के लिंग, वचन और कारक बताइए—

   (क) पढ़ते समय मेरी **आँखों से** पानी निकलता है।

   (ख) **बिजली के** चले जाने पर **मोमबत्ती** जलाते हैं।

   (ग) उद्यान में फूल खिल रहे हैं।

   (घ) **प्रकाश से अन्धकार** नष्ट होता है।

   (ङ) उसे **तार द्वारा** सूचित कर रहा हूँ।

14

सर्वनाम

अशोक ने कहा—अशोक की माँ, अशोक आज अशोक की बहन के घर जा रहा है।

ऊपर लिखा वाक्य कितना अटपटा लगता है। इसके स्थान पर यदि कहा जाए—अशोक ने कहा—माँ! **मैं** आज **अपनी** बहन के घर जा रहा हूँ। तो वाक्य

कितना सुन्दर हो जाता है—

ये परिवर्तन सर्वनाम शब्दों (मैं, अपनी) के प्रयोग के कारण हुए हैं।

संज्ञा की पुनरुक्ति के निवारण के लिए जिन शब्दों का प्रयोग होता है, वे सर्वनाम कहलाते हैं।

सर्वनाम के भेद

सर्वनामों के छः प्रकार हैं—1. पुरुषवाचक, 2. निश्चयवाचक, 3. अनिश्चयवाचक, 4. सम्बन्धवाचक, 5. प्रश्नवाचक तथा 6. निजवाचक।

1. **पुरुषवाचक सर्वनाम**—बोलने वाले, सुनने वाले तथा अन्य पुरुष की संज्ञा के स्थान पर जिन सर्वनामों का प्रयोग होता है। जैसे—

वह जाएगा, तो **मैं उसे** साथ ले जाऊँगा।

पुरुषवाचक सर्वनाम के तीन भेद हैं—उत्तम पुरुष, मध्यम पुरुष, अन्य पुरुष।

(क) **उत्तम पुरुष**—बोलने या लिखने वाला जिन सर्वनामों का अपने लिए प्रयोग करता है। जैसे—मैं, हम।

(ख) **मध्यम पुरुष**—बोलने या लिखने वाला जिस व्यक्ति के लिए बोलता या लिखता है। जैसे—तू, तुम।

(ग) **अन्य पुरुष**—बोलने वाला तथा सुनने वाला जिस अन्य व्यक्ति के विषय में कुछ कहता है। जैसे—वह, वे, यह, ये।

2. **निश्चयवाचक सर्वनाम**—जो सर्वनाम किसी व्यक्ति या वस्तु के लिए निश्चित संकेत करे। जैसे—यह, ये, वह, वे।

3. **अनिश्चयवाचक सर्वनाम**—जो सर्वनाम किसी निश्चित वस्तु या व्यक्ति की ओर संकेत न करे। जैसे—कोई, कुछ।

4. **सम्बन्धवाचक सर्वनाम**—जो सर्वनाम अन्य उपवाक्य में प्रयुक्त होकर संज्ञा या सर्वनाम का सम्बन्ध प्रकट करे जैसे—

जो करेगा, सो भरेगा। **जैसा** करोगे **वैसा** भरोगे।

जिसे देखो, **वही** खुश है। **जिसकी** चीज है, **उसीसे** पूछो।

5. **प्रश्नवाचक सर्वनाम**—किसी व्यक्ति या वस्तु के बारे में कुछ प्रश्न पूछने के लिए जिस सर्वनाम का प्रयोग होता है। जैसे—कौन, क्या।

6. **निजवाचक**—जो उत्तम पुरुष, मध्यम पुरुष तथा अन्य पुरुष का 'अपने-आप' का बोध कराये। जैसे—

मैं **आप** पढ़ रहा हूँ। आप **स्वयं** करके देखें।

तुम **स्वतः (स्वयं)** अपना सुधार करो। कान्ता **अपने** काम से यहाँ आयी है।

सर्वनाम के विषय में यह जान लीजिए

1. सर्वनाम में लिंग के कारण परिवर्तन नहीं होता।
2. सर्वनामों का सम्बोधन नहीं होता।

3. 'तू' का प्रयोग अब हट गया है, इसकी जगह 'तुम' का प्रयोग अधिक प्रचलित है। केवल अपने से बहुत छोटे को, सेवक को, परमप्रिय को तथा ईश्वर को ही 'तू' कहा जाता है।

अन्य पुरुष 'यह' के रूप

कारक	एकवचन	बहुवचन
कर्त्ता	यह, इसने	ये, इन्होंने
कर्म	इसको, इसे	इनको, इन्हें
करण	इससे	इनसे, इसके द्वारा
सम्प्रदान	इसको, इसे	इनको, इन्हें
अपादान	इससे	इनसे
सम्बन्ध	इसका, के, की	इनका, के, की
अधिकरण	इसमें, पर	इनमें, पर

'वह' के रूप बनाने के लिए 'य' की जगह 'व' कीजिए तथा 'इ' की जगह 'उ' कीजिए। शेष रूप 'यह' की तरह होंगे।

निजवाचक 'आप' शब्द

कर्त्ता	आप	आप
कर्म	आपको	आपको
करण	आपसे, (आपके द्वारा)	आपसे, (आपके द्वारा)
सम्प्रदान	आपके लिए	आपके लिए
अपादान	आपसे	आपसे
सम्बन्ध	आपका, के, की	आपका, के, की
अधिकरण	आपमें, पर	आपमें, पर

(i) निजवाचक 'आप' का प्रयोग दो रूपों से होता है—'आप' और 'अपना आप'।
(ii) एकवचन तथा बहुवचन में एक जैसे रूप होते हैं।
(iii) एकवचन में एकवचन की तथा बहुवचन में बहुवचन की क्रिया लगायी जाती है।
(iv) निजवाचक 'आप' शब्द का उत्तम पुरुष, मध्यम पुरुष, अन्य पुरुष—तीनों पुरुषों के लिए प्रयोग होता है।

सर्वनामों की रूप-रचना

उत्तम पुरुष 'मैं' के सब कारकों में रूप

कर्त्ता	मैं, मैंने	हम, हमने

कारक	एकवचन	बहुवचन
कर्म	मुझको, मुझे	हमको, हमें
करण	मुझसे, मेरे द्वारा	हमसे, हमारे द्वारा
सम्प्रदान	मुझको, मुझे, मेरे लिए	हमको, हमें, हमारे लिए
अपादान	मुझसे	हमसे
सम्बन्ध	मेरा, मेरे, मेरी	हमारा, हमारे, हमारी
अधिकरण	मुझमें, पर	हममें, पर

मध्यम पुरुष 'तू' के सब कारकों में रूप

कर्त्ता	तू, तूने	तुम, तुमने
कर्म	तुझको, तुझे	तुमको, तुम्हें
करण	तुझसे, तेरे द्वारा	तुमसे, तुम्हारे द्वारा
सम्प्रदान	तुझको, तुझे, तेरे लिए	तुमको, तुम्हें, तुम्हारे लिए
अपादान	तुझसे	तुमसे
सम्बन्ध	तेरा, रे, री	तुम्हारा, रे, री
अधिकरण	तुझमें, पर	तुममें, पर

मध्यम पुरुष आदरसूचक 'आप'

कर्त्ता	आप, आपने	आप, आपने, आप लोग, आप लोगों ने

अन्य सभी कारकों में एकवचन में 'आप' तथा बहुवचन में 'आप लोगों' के साथ बिना किसी परिवर्तन के विभक्तियाँ लगायी जायेंगी।

विशेष—'आप' के साथ क्रिया रूप अन्य पुरुष के लगेंगे, जैसे— आप बैठें, आप बैठिए। (आप बैठो, अशुद्ध होगा)। आदरसूचक 'आप' का प्रयोग केवल मध्यम पुरुष में होता है। क्रिया सदा बहुवचन, अन्य पुरुष में होती है।

निजवाचक 'आप' के स्थान पर कई बार स्वयं, स्वतः तथा निज शब्दों का भी प्रयोग किया जाता है।

अनिश्चयवाचक 'कोई' शब्द

कर्त्ता	कोई, किस	कोई, किन्हीं ने

(i) आगे एकवचन में 'किसी' तथा बहुवचन में 'किन्हीं' के आगे विभक्तियाँ लगाते जाने से इसकी रूप-रचना होगी।

(ii) बहुवचन में किन्हीं को, से, के लिए, से, का, में आदि रूप भी होते हैं।

प्रश्नवाचक 'कौन' शब्द

कर्त्ता	कौन, किसने	किन्होंने
कर्म	किसको, किसे	किनको, किन्हें

कारक	एकवचन	बहुवचन
करण	किससे, किसके द्वारा	किनसे, किनके द्वारा
सम्प्रदान	किसको, किसे, किसके लिए	किनको, किन्हें
अपादान	किससे	किनसे, किन लोगों से
सम्बन्ध	किसका, के, की	किनका, के, की
अधिकरण	किसमें, पर	किनमें, पर

प्रश्नवाचक 'क्या' शब्द

इसका रूप सदा एक-सा रहता है। कर्त्ता तथा कर्म कारक में एकवचन में विभक्ति रहित रूप में आता है। जैसे—

(यह) क्या (है)? (यह) क्या (हुआ)?
(यह) क्या (खा रहे हो)? (तुम) क्या (लोगे)?

कभी-कभी अपादान में भी इसका प्रयोग होता है। जैसे—हाय! क्या से क्या हो गया!

सम्बन्धवाचक 'जो' शब्द

कर्त्ता	जो, जिसने	जो, जिन्होंने
कर्म	जिसको, जिसे	जिनको, जिन्हें
करण	जिससे, जिसके द्वारा	जिनसे, जिनके द्वारा
सम्प्रदान	जिसको, जिसे, जिसके लिए	जिनको, जिन्हें, जिनके लिए
अपादान	जिससे	जिनसे
सम्बन्ध	जिसका, के, की	जिनका, के, की
अधिकरण	जिसमें, पर	जिनमें, पर

(i) जिन लोगों ने, को, के लिए, से, का, में आदि रूप भी होते हैं।

(ii) जो…वह, जिससे…उसे, जिसने…उसने, जिसको…उसे, जिसके लिए… उसके लिए जिससे…उससे, जिसका…उसका, जिसमें…उसमें आदि का प्रायः साथ-साथ प्रयोग होता है। जहाँ 'वह' का रूप वाक्य में न भी हो, वहाँ भी उसका अर्थ अवश्य रहता है। जैसे—जो काम करके नहीं लाये, वे कक्षा से बाहर चले जायें।

(iii) पुरानी हिन्दी में 'जो' के बाद 'सो' आता था। जैसे—'जो करेगा, सो भरेगा' परन्तु 'सो' का अब चलन नहीं रहा। इसकी जगह 'वह' के विविध-रूपों का प्रयोग होता है।

अभ्यास

1. सर्वनामों की उपयोगिता पर पच्चीस शब्दों में प्रकाश डालिए।
2. सर्वनाम की परिभाषा लिखकर उसके भेदों के नाम सोदाहरण लिखिए।

3. कौन, मैं, कोई, वह, जो—इनमें से किन्हीं तीन के सब कारकों में रूप लिखिए।
4. 'अशोक ने अनिल से कहा कि मैं तुम्हें जानता हूँ।' इस वाक्य में सर्वनाम बताओ। यह भी बताओ कि वे किस भेद के अन्तर्गत हैं।
5. पुरुषवाचक के भेद उदाहरण सहित लिखिए।
6. निम्नलिखित वाक्यों में से सर्वनाम चुनकर उनके कारक बताइए—
   (i) गीता ने मुझे पुस्तक दी।
   (ii) इस कमरे में किसका सामान पड़ा है?
   (iii) हम अपने विद्यालय में समय पर पहुँचते हैं।
   (iv) महात्माजी मिल गये, उनसे बातचीत होने लगी।
   (v) जो पुस्तक खुली पड़ी है, उसे उठा लाओ।
   (vi) आपको किस वस्तु की आवश्यकता है?
7. आदरार्थक और निजार्थक 'आप' का अन्तर एक-एक उदाहरण देकर स्पष्ट कीजिए।
8. निम्नलिखित वाक्यों में मोटे (काले) अक्षरों में मुद्रित सर्वनाम शब्दों के मूल शब्द बताकर उनके कारकों का निर्देश कीजिए—
   (क) लड़का वहाँ **किसलिए** गया?
   (ख) बाजार से **कुछ** ले आओ।
   (ग) **मैं अपनी** पुस्तक लाया हूँ।
   (घ) आज अतुल की माताजी आयी हैं, **मैंने उन्हें** प्रणाम किया।
   (ङ) **तुम क्या** लिख रहे हो?

15

विशेषण

जो शब्द संज्ञा या सर्वनाम की विशेषता बताये उसे विशेषण कहते हैं। जैसे—

वह **मीठा** फल है। **मीठा** फल खाओ। **सौभाग्यशाली** मैं हूँ। जिसका **ऐसा** मित्र है।

— ऊपर के वाक्यों में **मीठा, सौभाग्यशाली** और **ऐसा** शब्द विशेषण हैं।

विशेष्य

विशेषण जिसकी विशेषता बताये, उसे **विशेष्य** कहते हैं।

जैसे—**सीता** के लम्बे बाल हैं। यहाँ सीता **विशेष्य** है।

(i) विशेषण विशेष्य से पहले भी आ सकता है। जैसे—
मैंने **सफेद** घोड़ा खरीदा है।
यह **किसका** कुत्ता है ?

(ii) विशेषण विशेष्य के बाद भी आ सकता है। जैसे—
मुझे चन्द्रमा **सुन्दर** प्रतीत होता है।
आम **दो किलो** लाना।

प्रविशेषण

जो विशेषण विशेषण शब्द की विशेषता बताये, वह **प्रविशेषण** कहलाता है। जैसे—

यह **बहुत** अच्छा बालक है।
लच्छू **बड़ा** शैतान बालक है।
यहाँ **बहुत** तथा **बड़ा** शब्द प्रविशेषण हैं।

विशेषण के प्रकार

विशेषण पांच प्रकार के होते हैं—

1. गुणवाचक, 2. संख्यावाचक, 3. परिमाणवाचक, 4. सार्वनामिक(निर्देशक) तथा 5. सम्बन्धवाचक।

1. **गुणवाचक**—जो विशेषण किसी संज्ञा या सर्वनाम के गुण, दोष दशा, रंग, आकार, स्थिति (स्थान) आदि का बोध करायें। जैसे—

गुण—अच्छा, भला, सभ्य, शिष्ट चारु, सुन्दर, सुशील, दानी, नम्र।
दोष—खराब, बुरा, दुष्ट, निर्दय, उद्धत, अशिष्ट।
रंग—सफेद, नीला, पीला, काला, बदरंग, हरा, जामुनी।
काल—पुराना (प्राचीन), नया (नवीन), नूतन, क्षणिक, दैनिक।
स्थान—लुधियानवी, मद्रासी, जयपुरी, देहलवी, पहाड़ी, जापानी।
गंध—सुगंधित, दुर्गंधित, खुशबूदार, बदबूदार।
दिशा—पूर्वी, पश्चिमी, उत्तरी, दक्षिणी, उत्तर-पश्चिमी।
दशा—गीला, सूखा, नमीदार, खस्ता, चिकना।
आकार—बौना, लम्बा, गोल, चौकोर, तिकोना, शूलाकार, वृहदाकार।
स्पर्श—कोमल, कठोर, खुरदरा, नर्म, सख्त।
स्वाद—मधुर, कटु, (कड़वा), तिक्त (तीखा), कषाय (कसैला)।

2. **संख्यावाचक विशेषण**—जो विशेषण वस्तु की संख्या बताये। जैसे—**चार** छात्र, **बारह** छात्रायें, **तीन** कबूतर, **कुछ** तोते, **कुछ** खिलाड़ी। संख्यावाचक के मुख्य दो प्रकार होते हैं—

(1) निश्चित संख्यावाचक, (2) अनिश्चित संख्यावाचक।

(1) **निश्चित संख्यावाचक**—जिससे निश्चित संख्या का बोध हो। **इसके**

पाँच भेद हैं—

(क) **गणनावाचक**—एक, दो, तीन, पचास, चौथाई, आधा, पौना आदि।

(ख) **क्रमवाचक**—पहला, दूसरा, सौवाँ आदि।

(ग) **आवृत्तिवाचक**—दूना, दस गुना आदि।

(घ) **समुदायवाचक**—दोनों, तीनों, चारों, दसों आदि।

(ङ) **प्रत्येक सूचक**—हर दूसरे, हर चौथे, प्रत्येक, पाँचवें आदि।

(2) **अनिश्चित संख्यावाचक**—जिनसे निश्चित संख्या का बोध न हो। जैसे—कुछ लोग, सब आदमी, कतिपय जन, थोड़े-से जानवर आदि।

(3) **परिमाणवाचक**—जिनसे नाप-तोल का बोध हो।

इसके दो भेद हैं—(क) निश्चित परिमाणवाचक, (ख) अनिश्चित परिमाणवाचक।

(क) **निश्चित परिमाणवाचक**—दो मीटर कपड़ा, आठ बीघा जमीन, एक हेक्टेयर भूमि, सौ ग्राम धनिया आदि।

(ख) **अनिश्चित परिमाणवाचक**—थोड़ा दूध, जरा-सा पानी, थोड़ी-सी भूमि आदि।

विशेष—कुछ विशेषण अनिश्चित परिमाण और अनिश्चित संख्या दोनों में प्रयुक्त होते हैं। जैसे—

अनिश्चित संख्यावाचक	**अनिश्चित परिमाणवाचक**
अधिक वृक्ष	अधिक घाव
थोड़े कपड़े	थोड़ा कपड़ा

ध्यान रहे—कम, अल्प, किंचित्, जरा—ये केवल परिमाणवाचक हैं, संख्यावाचक नहीं।

4. सार्वनामिक (निर्देशक)—जो विशेषण सर्वनाम से बनें। जैसे—

कौन बालक, कैसा बालक, कितना पानी, वह बालक, वैसा बालक, इतना कद, जो···वह

अन्य विशेषण

1. सम्बन्धकारक के सभी रूप विशेषण ही होते हैं। जैसे—

दशरथ का पुत्र, **राम की** पत्नी, **सीता का** देवर, **भारतीय** लोग, **विश्व के** मनुष्य।

2. **कृदन्त विशेषण**—जो क्रिया शब्दों में प्रत्यय जोड़ने से बनते हैं। जैसे—चलना—चलती, चालू इत्यादि।

3. **तद्धित विशेषण**—जो क्रिया से भिन्न शब्दों में प्रत्यय जोड़ने से बनते हैं। जैसे—**घुमाव**—घुमावदार, **सप्ताह**—साप्ताहिक, **पीछे**—पिछला (दरवाजा), **आगे**—**अगली** (बात)

विशेषण का प्रयोग संज्ञा के रूप में

(1) विद्वान् का सर्वत्र आदर होता है।

(2) सुन्दरियाँ नाच रही थीं।

(3) वीरों ने देश की रक्षा कर ली।

(4) साहसी ही अच्छा व्यापारी बन सकता है।

तुलना की अवस्थायें

तुलना--वस्तुओं के परस्पर मिलान (अर्थात् तारतम्य कथन) को तुलना कहते हैं। इसकी तीन अवस्थायें होती हैं—

1. मूलावस्था – इसमें मूल वस्तु का गुण-दोष ही प्रकट किया जाता है। जैसे—
राम योग्य बालक है।

2. उत्तरावस्था –इसमें दो की परस्पर तुलना करके एक को कम या अधिक बताया जाता है। जैसे—

राम नरेश से अधिक बलवान है।

3. उत्तमावस्था—इनमें अनेक की तुलना करके एक को सबसे बढ़कर या घटकर बताया जाता है। जैसे—राम सब बालकों से अधिक चतुर है।

संस्कृत शब्दों में उत्तर तथा उत्तम अवस्थाओं को सूचित करने के लिए 'तर' 'तम' प्रत्यय लगाये जाते हैं।

मूलावस्था	उत्तरावस्था	उत्तमावस्था
सुन्दर	सुन्दरतर	सुन्दरतम
प्रिय	प्रियतर	प्रियतम
योग्य	योग्यतर	योग्यतम
पटु	पटुतर	पटुतम

अभ्यास

1. नीचे लिखे वाक्यों में विशेषणों को छाँटकर उनके भेद का निर्देश कीजिए—
   (क) ऊँची दुकान फीका पकवान
   (ख) वह मनुष्य सज्जन निकला।
   (ग) नौकर चौथे दिन चला गया।
   (घ) आजकल लाखों लोग बेकार हैं।
   (ङ) प्रत्येक विचार के साथ एक चिन्ता लगी रहती है।
2. संख्यावाचक विशेषणों के सब भेद उदाहरण सहित लिखिए।
3. अनिश्चित संख्यवाचक तथा अनिश्चित परिमाणवाचक विशेषणों का एक-एक उदाहरण देकर उनका अन्तर स्पष्ट कीजिए।
4. सर्वनाम तथा सार्वनामिक विशेषणों में क्या अन्तर है ?
5. तुलना किसे कहते हैं ? तुलना की कितनी अवस्थायें होती हैं।

6. निम्न विशेषणों के उत्तरावस्था में रूप लिखिए—
सुन्दर, प्रिय, मृदु, उच्च, लघु, महत् ।
7. निम्नलिखित संज्ञाओं के उपयुक्त विशेषण लिखिए—
बस-अड्डा, अध्यापक, विद्यार्थी, डॉक्टर, रोगी, पड़ोसी, नेता ।
8. नीचे दिए वाक्यों में प्रयुक्त सार्वनामिक विशेषणों और सर्वनामों को छाँट कर बताइए—
(क) वह विद्यालय जायेगा। (ख) वह लड़का विद्यालय जायेगा।
(ग) इस घर में कौन रहता है ? (घ) इसमें क्या कमी है ?
(ङ) बच्चा रो रहा है, इसे गोद में उठा लो। (च) यह पुस्तक मेरी है, वह तुम्हारी।
9. प्रविशेषण किसे कहते हैं ? एक उदाहरण दीजिए।
10. वाक्य में क्रिया का प्रयोग विशेषण के अनुसार होता है या विशेस्य के अनुसार ? उदाहरण देकर समझाइए।
11. लिंग और वचन के कारण विशेषण में होने वाले रूपान्तर को स्पष्ट करने वाले दो-दो उदाहरण दीजिए।
12. निम्नलिखित शब्दों से विशेषण बनाइए—
दिन, स्थान, वर्ष, समाज, भारत, गुण, गति, ईर्ष्या, जोश, घर, कर्म, तप, पोषक, अर्थ, उपासना, लज्जा, चिकित्सा, अनुकरण, राष्ट्र, वेद, वर्ष, दया, बाजार।

16
क्रिया

क्रिया—जिस शब्द से कर्त्ता के व्यवहार अथवा किसी काम का होना प्रकट हो, उसे क्रिया कहते हैं।

जैसे—लता **गाती** है। अशोक **पढ़ता** था। वर्षा **आयेगी**।

धातु—क्रिया के मूल रूप को धातु कहते हैं।

जैसे—पढ़, लिख, गा, हँस, सो रो, ले आदि।

क्रिया का सामान्य रूप—धातु से 'ना' लगायें तो क्रिया का सामान्य रूप बन जाता है।

जैसे—पढ़ना, लिखना, गाना, हँसना, सोना, रोना, लेना आदि।

विशेष—कभी-कभी क्रिया का सामान्य रूप संज्ञा के समान प्रयुक्त होता है। जैसे—शराब **पीना** बुरा है। अधिक **खाना** अच्छा नहीं। लता का **गाना** बहुत मधुर

है। **पढ़ना** और **खेलना** दोनों आवश्यक हैं।

क्रिया के प्रकार

क्रिया के दो प्रकार होते हैं—1. अकर्मक 2. सकर्मक।

1. अकर्मक – जहाँ कर्त्ता के व्यापार का फल कर्त्ता पर पड़े।

जैसे—बालक सिंह से **डरता** है। शिशु आराम से **सोता** है।

आम फलों का राजा है। लालकिले में कवि सम्मेलन होगा।

अकर्मक क्रियायें—दौड़ना, भागना, होना, हारना, जीतना, हँसना, रोना, ठहरना, रहना, जागना, सोना, लजाना, क्रोधित होना, निराश होना, आशान्वित होना आदि क्रियाएं अकर्मक हैं।

2. सकर्मक – जहाँ कर्त्ता के व्यापार का फल कर्म पर पड़े।

जैसे—अशोक पुस्तक (को) पढ़ता है। (पुस्तक पढ़ी जाती है)

लीला रोटी खाती है (रोटी खाई जाती है)

हम चित्र को देखते हैं। (चित्र देखा जाता है।)

(i) कभी-कभी **अकर्मक क्रियायें** भी सकर्मक हो जाती हैं। जैसे—

हम कई **खेल** खेले।

हम वीरों-सा **जीवन** जियें।

तुम्हारी कोई **चाल** नहीं चलेगी।

तुम **हँसी** हँसते हो तो फूल खिलते हैं।

(ii) कुछ क्रियाएँ सकर्मक तथा अकर्मक —दोनों रूपों में प्रयुक्त होती हैं। जैसे—

बदलना—संसार बदल गया, पर हमारा समाज नहीं बदला। (अकर्मक)

तुम अपने कपड़े **बदल लो**। (सकर्मक)

लजाना—नयी बहू **लजाती** है। (अकर्मक)

नयी बहू चाँद को **लजाती** है। (सकर्मक)

भरना—बूंद-बूंद से घड़ा **भर जाता है**। (अकर्मक)

इस टब को पानी से **भर दो**। (सकर्मक)

ललचाना—फूल को देखकर मेरा मन **ललचा गया**। (अकर्मक)

मैंने कहा—फूल ! तुम मुझे क्यों **ललचाते** हो। (सकर्मक)

(iii) सकर्मक क्रिया में प्रायः एक कर्म रहता है, किन्तु कभी-कभी उसमें दो कर्म भी होते हैं। ऐसी क्रिया को **द्विकर्मक क्रिया** कहते हैं। जैसे—

(1) माता बालक को खाना खिलाती है।
(1) (2)

(2) तुम मुझे किसका चित्र दिखला रहे हो ?
(1) (2)

(3) चाचाजी ने मुझे पत्र लिखा है ।
(1) (2)

(4) कवि-सम्मेलन में कवियों ने जनता को मधुर कविताएँ सुनाईं ।
(1) (2)

दो कर्मों में निर्जीव पदार्थों का सूचक **मुख्य कर्म** कहलाता है तथा सजीव व्यक्तियों का सूचक गौण कर्म ।

जहाँ दोनों कर्म निर्जीव हों, वहाँ **'किसको'** का उत्तर गौण कर्म होगा तथा **'क्या'** का उत्तर मुख्य कर्म ।

अकर्मक से सकर्मक बनाने के नियम

1. प्रायः दो वर्णों वाली धातुओं के अन्तिम 'अ' को दीर्घ 'आ' करके—

धातु	**अकर्मक**	**सकर्मक**
उठ	उठना	उठाना
चल	चलना	चलाना

इसी प्रकार डर, जल, गिर, बच आदि के रूप होंगे ।

2. कभी-कभी दो वर्णों वाली धातुओं के दूसरे स्वर को दीर्घ करके—

मर	मरना	मारना
पिट	पिटना	पीटना

इसी प्रकार कर, टल, गड़ आदि के रूप होंगे ।

3. तीन वर्णों वाली धातुओं के दूसरे स्वर को दीर्घ करके—

निकल	निकलना	निकालना
सुधर	सुधरना	सुधारना

इसी प्रकार बिगड़, सँभल, उछल, उजड़, उखड़, उभर आदि के रूप होंगे ।

4. कभी-कभी धातु के प्रथम 'इ' के स्थान पर 'ए' तथा 'उ' के स्थान पर 'ओ' किया जाता है—

घिर	घिरना	घेरना
जुड़	जुड़ना	जोड़ना

इसी प्रकार फिर, घुल, तुल, खुल, मुड़ आदि के रूप होंगे ।

5. कुछ धातुओं में ऊपर लिखे परिवर्तनों के अतिरिक्त 'ट' को 'ड' कर दिया जाता है—

फूट	फूटना	फोड़ना

इसी प्रकार फट, छूट आदि के रूप होंगे ।

6. कहीं-कहीं अकर्मक क्रिया को सकर्मक बनाने के लिए उसमें भारी परिवर्तन

होता है—

धातु	सकर्मक	अकर्मक
जा	जाना	भेजना।
चुभ	चुभना	चुभोना
बिक	बिकना	बेचना
पी	पीना	पिलाना
जी	जीना	जिलाना
सो	सोना	सुलाना
रो	रोना	रुलाना
भीग	भीगना	भिगोना

अपूर्ण क्रिया

'पूरक' संज्ञा या विशेषण के बिना जो क्रिया पूर्ण अर्थ का बोध न कराये, वह अपूर्ण क्रिया कहलाती है। जैसे—

अकर्मक क्रियायें—यह है, वह था, मैं हूँगा। इनमें कुछ कमी है। इन्हें पूरकों से पूर्ण करके हम कह सकते हैं—

यह **बालिका** है, वह **योग्य** था, मैं **सत्यवादी** बनूंगा।

सकर्मक क्रियायें– मैं उसे मानता हूँ। (मैं उसे **चतुर** मानता हूँ।)

तुम मुझे लिखो। (तुम मुझे **पत्र** लिखो।)

अशोक ने अतुल को बनाया। (अशोक ने अतुल को **बुद्धू** बनाया।

पूरक—जो संज्ञा या विशेषण अपूर्ण अकर्मक या अपूर्ण सकर्मक क्रियाओं के अर्थ पूर्ण तथा स्पष्ट करने के लिए आते हैं, वे पूरक कहलाते हैं।

संयुक्त क्रियायें—दो या अधिक धातुओं से बनी क्रियायें 'संयुक्त क्रियायें' कहलाती हैं। ये कई अर्थों में होती हैं। जैसे—

आरम्भबोधक	पढ़ने लगा हूँ। (पढ़ना + लगना + होना)
अवकाशबोधक	खेलने दो। (खेलना + देना)
विवशताबोधक	खाना पड़ा। (खाना + पड़ना)
समाप्तिबोधक	लिख चुका (लिखना + चुकना)
शक्तिबोधक	उठ सका। (उठना + सकना)

नित्यताबोधक	आया करता है। (आना + करना + होना)
इच्छाबोधक	बोलना चाहता है। (बोलना + चाहना)
तत्कालबोधक	(अभी) लिखे देता हूँ। (लिखना + देना)
सातत्यबोधक	लिख रहा है। (लिखना + रहना)
पुनरुक्तार्थक	खाता-पीता है। (खाना-पीना)
पूर्णताबोधक	कर डाला। (करना + डालना)
अप्रियताबोधक	आन मरा। (आना + मरना)
अन्य (फुटकर)	(कमर) कस ली। (कसना + लेना)

नामधातु

धातु से भिन्न शब्द (संज्ञा, सर्वनाम, विशेषण आदि) जब क्रिया के रूप में प्रयुक्त होते हैं, तो वे नामधातु कहलाते हैं।

ये प्रायः संज्ञा से बनाये जाते हैं, पर कई बार सर्वनाम तथा विशेषण से भी बनाये जाते हैं। जैसे—

	संज्ञा आदि	**नामधातु**	**क्रिया का सामान्य रूप**
(संज्ञा)	हाथ	हथिया	हथियाना
	झूठ	झूठला	झुठलाना
(विशेषण)	गर्म	गर्मा	गर्माना
	सूखा	सुख	सुखाना
(सर्वनाम)	अपना	अपना	अपनाना

प्रेरणार्थक क्रियायें

जहाँ कर्त्ता स्वयं किसी काम को न करके अन्य को प्रेरणा दे—किसी अन्य से काम करवाये वहाँ क्रिया प्रेरणार्थक क्रिया कहलाती है। जैसे—

बालक दूध पीता है।

माता बालक को दूध पिलाती है। (प्रथम प्रेरणा)

माता धाय से बालक को दूध पिलवाती है। (द्वितीय प्रेरणा)

सभी प्रेरणार्थक क्रियायें **सकर्मक** होती हैं । इनमें खाना, पीना, देना, सुनना, पढ़ना आदि द्विकर्मक होती हैं ।

एककर्मक जैसे—
धाय बच्चे को सुलाती है । (प्रथम प्रेरणा, एककर्मक)
माँ धाय से बच्चे को सुलवाती है । (द्वितीय प्रेरणा, एककर्मक)
द्विकर्मक जैसे—माँ बच्चे को रोटी खिलाती है । (प्रथम प्रेरणा, द्विकर्मक)
माँ धाय से बच्चे को रोटी खिलवाती है । (द्वितीय प्रेरणा, द्विकर्मक)

प्रेरणार्थक क्रियायें बनाने के नियम

1. मूल धातु के अन्त में 'आ' जोड़ने से प्रथम प्रेरणार्थक क्रिया बनती है। मूल धातु के अन्त में 'वा' जोड़ने से द्वितीय प्रेरणार्थक क्रिया बनती है । दो वर्णों वाली धातुओं में 'ए' तथा 'ओ' को छोड़कर कोई अन्य स्वर यदि दीर्घ हो, तो उसे ह्रस्व कर दिया जाता है ।

उदाहरण—

मूल धातु	सामान्य रूप	प्रथम प्रेरणा	द्वितीय प्रेरणा
पढ़	पढ़ना	पढ़ाना	पढ़वाना
लद	लदना	लदाना	लदवाना

इसी प्रकार समझ, फट, गिर, बिक, चल, बदल, भटक, खुल, कर, जीत, जाग, भूल, घूम, तोल, खेल, भौंक आदि के रूप बनाइए ।

2. **'ले'** के सिवाय एक वर्ण वाली धातुओं के दीर्घ स्वर को ह्रस्व करके अन्त में **'ला'** जोड़ने से प्रथम प्रेरणार्थक तथा लवा जोड़ने से द्वितीय प्रेरणार्थक क्रियायें बनती हैं । जैसे—

दे	देना	दिलाना	दिलवाना
जी	जीना	जिलाना	जिलवाना
सो	सोना	सुलाना	सुलवाना
पी	पीना	पीलाना	पिलवाना

3. कुछ धातुओं के रूप अनियमित होते हैं—

भीग	भीगना	भिगोना	भिगवाना
चुभ	चुभना	चुभोना, चुभाना	चुभवाना
बैठ	बैठना	बैठाना, बिठाना	बिठलवाना
कह	कहना	कहाना, कहलाना	कहलवाना
गाना	गाना	गवाना	गवाना
ले	लेना	लिवाना	लिवाना

4. कट, सी, ले, दे, गा—इन धातुओं की दोनों प्रेरणाओं में समान अर्थ होता

है। जैसे—

मूल धातु	सामान्य रूप	प्रथम प्रेरणा	द्वितीय प्रेरणा
कट	कटना	कटाना	कटवाना
सी	सीना	सिलाना	सिलवामा
ले	लेना	लिवाना	लिवाना
गाना	गाना	गवाना	गवाना
दे	देना	दिलाना	दिलवाना

अभ्यास

1. क्रिया की परिभाषा लिखकर एक उदाहरण दीजिए।
2. क्रिया के मुख्य भेद कौनसे हैं ? एक-एक उदाहरण दीजिए।
3. अकर्मक और सकर्मक क्रियाओं का अन्तर उदाहरण देकर स्पष्ट कीजिए।
4. द्विकर्मक क्रिया की परिभाषा तथा उदाहरण लिखिए।
5. पूर्वकालिक क्रिया का एक वाक्य में उदाहरण दीजिए।
6. नामधातु किसे कहते हैं ? एक उदाहरण दीजिए।
7. प्रेरणार्थक क्रिया का एक उदाहरण दीजिए।
8. अपूर्ण क्रिया तथा पूरक का परिचय देकर उदाहरण दीजिए।
9. इन क्रियाओं का सकर्मक के रूप में प्रयोग करके वाक्य बनाइए—खुलना, मरना, उखड़ना, बिकना, टूटना, लूटना।
10. अकर्मक क्रिया कब सकर्मक के रूप में प्रयुक्त होती है ?
11. निम्नलिखित शब्दों से नामधातु बनाइए—गर्म, बात, झूठ, लज्जा, अपना।
12. नीचे लिखी क्रियाओं के अकर्मक तथा सकर्मक दोनों क्रिया रूप लिखिए—देख, जा, छोड़, भीग, बिक।
13. हो, रह, आ, उठ, कर, चाह, चुक, जा, डाल, दे, पड़, लग, ले, पा, रुक, बन, बैठ —इन धातुओं का सहायक क्रिया के रूप में प्रयोग करके एक-एक वाक्य बनाइए।

17

क्रियाओं म रूप-परिवर्तन

क्रियाओं में काल, प्रकार, लिंग, वचन, पुरुष, वाच्य तथा प्रयोग के कारण बिकार (परिवर्तन) होता है। जैसे—

काल—बालक सोता था (भूत)। बालक सो रहा है (वर्तमान)। बालक सोयेगा (भविष्यत्)।

प्रकार—अशोक खेलता है (साधारण)। शायद अशोक खेले (संभाव्य)। अशोक, तू खेल (प्रवर्त्तनार्थक)।

लिंग—छात्र आता है (पुँल्लिग)। छात्रा आती है। (स्त्रीलिंग)।

वचन लड़का लिखता है (एकवचन)। लड़के लिखते हैं (बहुवचन)।

पुरुष—मैं पढ़ता हूँ (उत्तम पुरुष)। तुम पढ़ते हो (मध्यम पुरुष)। वह पढ़ता है (अन्य पुरुष)

वाच्य—प्रधानाचार्य ने सतीश को बुलाया (कर्तृवाच्य)। प्रधानाचार्य द्वारा सतीश बुलाया गया (कर्मवाच्य)। सतीश से हँसा नहीं जाता (भाववाच्य)

प्रयोग—सैनिक लड़ते हैं (कर्त्तरि प्रयोग)। सैनिकों ने लड़ाई लड़ी (कर्मणि प्रयोग)। सैनिकों ने आक्रमणकारियों को देखा (भावे प्रयोग)।

काल

क्रिया के जिस रूप से क्रिया के होने के समय का पता चलता है, उसे काल कहते हैं।

1. **भूत काल**— जो समय बीत चुका है।
2. **वर्तमान काल**—जो समय अब चल रहा है।
3. **भविष्यत् काल**—जो समय आयेगा।

1. भूत काल

भूत काल के छः भेद हैं—1. सामान्य भूत, 2. आसन्न भूत, 3. पूर्ण भूत, 4. अपूर्ण भूत, 5. संदिग्ध भूत, 6. हेतुहेतुमद् भूत।

1. **सामान्य भूत**—इससे सामान्यतः बीते हुए समय का बोध होता है। जैसे—मैंने पत्र पढ़ा। बालक चला गया। यह घटना हो गयी।

2. **आसन्न भूत**—जिससे अभी-अभी (निकट भूत) में क्रिया का होना प्रकट हो। जैसे—उसने अभी पत्र लिखा है। वह चला गया है।

3. **पूर्ण भूत**—जिस रूप से दूरवर्ती अतीत में क्रिया का पूर्ण होना प्रकट हो। जैसे—दशरथ ने राम को वनवास दिया था। गांधीजी ने हमें अहिंसा का उपदेश दिया था। माँ खाना पका चुकी थी।

4. **अपूर्ण भूत**—क्रिया के जिस रूप से कार्य-व्यापार बीते समय में हुआ, यह प्रकट हो, परन्तु पूर्ण होना न प्रकट हो जैसे— बालक जाता था। बच्चे खेल रहे थे।

5. **संदिग्ध भूत**—क्रिया के जिस रूप से, बीते हुए समय में होने वाले कार्य-व्यापार में संदेह प्रकट हो। जैसे तुमने कहा होगा। वह जा रहा होगा। इसने गाली दी होगी।

6. **हेतुहेतुमद् भूत**—जहाँ एक क्रिया के होने पर दूसरी क्रिया का होना निर्भर हो।

जैसे—यदि तुमने कहा होता तो मैं फल ले आता। यदि बादल आते तो वर्षा

होती। यदि तुम अधिक परिश्रम करते, तो प्रथम आ जाते।

2. वर्तमानकाल

वर्तमान काल के चार भेद हैं—सामान्य, अपूर्ण, पूर्ण तथा संदिग्ध।

1. सामान्य वर्तमान काल—क्रिया के जिस रूप से चालू समय में सामान्यतः कार्य-व्यापार का होना प्रकट हो। जैसे—मैं जाता हूँ। तुम पढ़ते हो। वह लिखता है।

2. अपूर्ण वर्तमान काल—क्रिया के जिस रूप से यह पता चले कि क्रिया का व्यापार वर्तमान काल में हो रहा है, परन्तु अभी पूर्ण नहीं हुआ।

मैं पढ़ रहा हूँ। वह खा रहा है। तुम क्या पी रहे हो?

3. पूर्ण वर्तमान—क्रिया के जिस रूप से यह पता चले कि क्रिया का व्यापार वर्तमान काल में पूर्ण हो रहा है।

जैसे—माँ खाना पका चुकी है। मैं पढ़ चुकी हूँ।

4. संदिग्ध वर्तमान—जिससे वर्तमान काल में क्रिया के होने का निश्चय न हो।

जैसे—अब उनका विमान उड़ रहा होगा। प्रधानाचार्यजी कक्षा को पढ़ा रहे होंगे। अब बालक सोकर उठ चुका होगा।

3. भविष्यत् काल

भविष्यत् के भी चार भेद हैं—**1.** सामान्य भविष्यत्, **2.** सातत्यबोधक भविष्यत्, 3. पूर्ण भविष्यत् तथा, **4.** सम्भाव्य भविष्यत्।

1. सामान्य भविष्यत्—जिस क्रिया से पता चले कि कार्य-व्यापार आने वाले काल में होगा।

जैसे—मैं खेलूंगा। तू खेलेगी। वह खेलेगा।

2. सातत्यबोधक भविष्यत्—जिस क्रिया के रूप से पता चले कि भविष्य में कार्य व्यापार जारी रहेगा।

जैसे—वह समय पर स्कूल जाता रहेगा। हम देश की रक्षा करते रहेंगे।

3. पूर्ण भविष्यत्—जिस क्रिया के रूप से पता चले कि भविष्य में (अमुक समय पर) कार्य व्यापार पूर्ण हो जायेगा।

जैसे—मैं इस उपन्यास को कल शाम तक पढ़ चुकूँगा। सन् 2001 तक भारत उद्योगों में बहुत प्रगति कर चुका होगा।

4. सम्भाव्य भविष्यत्—क्रिया के जिस रूप से भविष्य में कार्य होने की संभावना आदि प्रकट हो।

जैसे—(संभवतः) मैं बम्बई जाऊँ। (शायद) वह पास हो जाये।

प्रकार

प्रकार से क्रिया के विधान की रीति का बोध होता है। प्रकार तीन हैं—

1. निश्चयार्थ 2. संभावनार्थ 3. विध्यर्थ (प्रवर्त्तनार्थ)।

1. निश्चयार्थ—वह प्रकार है, जिसमें क्रिया का निश्चित रूप से करना या होना प्रकट होता है।

सामान्य भूत, आसन्न भूत, पूर्ण भूत, अपूर्ण भूत, सामान्य वर्तमान, अपूर्ण वर्तमान व पूर्ण वर्तमान तथा सामान्य भविष्यत्, सातत्यबोधक भविष्यत् और पूर्ण भविष्यत् काल की क्रियायें निश्चयार्थ प्रकार में आती हैं।

2. संभावनार्थ—क्रिया के जिस रूप से उसके होने या किये जाने की संभावना प्रकट हो।

इसमें संभावना, सन्देह, शर्त, अनुमान, इच्छा आदि सभी अर्थ गिने जाते हैं। संदिग्ध भूत, हेतुहेतुमद् भूत, संधिग्ध वर्तमान तथा संभाव्य भविष्यत्—ये संभावनार्थ प्रकार में गिने जाते हैं।

3. विध्यर्थ (प्रवर्त्तनार्थ)—क्रिया के जिस रूप से प्रवर्त्तना (प्रार्थना, अनुमति, सलाह आदि) का बोध हो।

तुम यह पत्र जल्दी से पढ़ डालो। (आज्ञा)
ईश्वर ! अब तो दया करो। (प्रार्थना)
अब तुम दिल्ली जा सकते हो। (अनुमति)
तुम्हारे लिए व्यायाम करना उपयोगी है। (सलाह)
तुम्हें प्रतिदिन स्नान करना चाहिए। (उपदेश)

बिध्यर्थ के उपभेद—

विध्यर्थ (प्रवर्त्तनार्थ) के दो उपभेद हैं—

(1) सामान्य विधि, (2) परोक्ष विधि।

(1) **सामान्य विधि**—इसमें प्रवर्त्तन का सामान्यतः बोध होता है। जैसे—
अब अपना पाठ पढ़ो। इस चिट्ठी को लैटरबक्स में डाल दीजिए।

(2) **परोक्ष विधि**—क्रिया के जिस रूप से परोक्ष काल में विधि की जाये।
जैसे—चाचाजी के घर भी आते-जाते रहना।
अपनी पुत्री समझकर इस पर भी कृपादृष्टि बनाये रखिएगा।

वाच्य

क्रिया के जिस रूप से यह पता चले कि उसके वर्णन का मुख्य विषय कर्त्ता है, कर्म है या धातु का भाव है, उसे वाच्य कहते हैं।

वाच्य तीन प्रकार के होते हैं—1. कर्तृवाच्य 2. कर्मवाच्य 3. भाववाच्य।

1. कर्तृवाच्य—जहाँ क्रिया के विधान का विषय 'कर्त्ता' हो। जैसे—रमेश पुस्तक पढ़ता है। मैं दिल्ली गया था। तुम कल क्या काम करोगे? बालिका सो रही है।

कर्तृवाच्य में सकर्मक तथा अकर्मक दोनों प्रकार की क्रियाओं का प्रयोग

होता है।

2. कर्मवाच्य—जहाँ क्रिया के विधान का विषय कर्म हो।

जैसे—रमेश से पुस्तक पढ़ी जाती है। मुझसे दिल्ली जाया गया था। तुमसे क्या काम होगा ?

पहले वाक्य में पुस्तक के विषय में कुछ कहा गया है। दूसरे वाक्य में दिल्ली के विषय में कुछ कहा गया है। तीसरे वाक्य में काम के विषय में कुछ कहा गया है।

कर्मवाच्य में केवल सकर्मक क्रियाओं का प्रयोग होता है। अकर्मक क्रियाओं में कर्म होता ही नहीं इसलिए विधान का विषय कर्म कैसे हो सकता है ?

3. भाववाच्य—जहाँ क्रिया के विधान का विषय न कर्त्ता हो और न कर्म, बल्कि क्रिया का अर्थ (भाव) ही विधान का विषय बने, वहाँ भाववाच्य होता है।

जैसे—यहाँ **सोया नहीं जाता**। मुझसे दुर्घटना के बारे में कुछ **कहा नहीं जाता**। मोहन से वहाँ तक **चला जायेगा**? लता से आज **गाया नहीं गया**।

वहाँ 'सोया नहीं जाता' आदि क्रियाओं ने कर्त्ता के बारे में कुछ नहीं कहा, वाक्य में कर्म है नहीं, क्योंकि ये क्रियायें अकर्मक हैं, इसलिए वहाँ धातु के अर्थ या भाव की प्रधानता है। ये भाववाक्य के उदाहरण हैं।

1. कर्तृवाच्य	2. कर्मवाच्य	3. भाववाच्य
1. 'ने' रहित वाक्य में क्रिया के लिंग वचन कर्त्ता के अनुसार होते हैं। 2. 'ने' सहित वाक्य में क्रिया के लिंग, वचन, पुरुष, कर्म के अनुसार होते हैं।	1. कर्त्ता में तृतीया विभक्ति लगती है और कर्म में प्रथमा विभक्ति। 2. क्रिया के लिंग, वचन पुरुष कर्म के अनुसार होते हैं। 3. कर्तृवाच्य का कर्म, कर्मवाच्य में कर्त्ता बन जाता है, अतः कर्मवाच्य में केवल सकर्मक क्रियाओं का प्रयोग होता है। 4. कर्मवाच्य बनाते हुए कर्तृवाच्य के कर्त्ता को प्रायः छोड़ दिया जाता है या उसके साथ के द्वारा, से आदि लगाये जाते हैं।	1. भाववाच्य का प्रयोग प्रायः सामान्य भूत, सामान्य वर्तमान, सामान्य भविष्यत्, पूर्ण भूत तथा पूर्ण वर्तमान आदि में होता है। 2. भाववाच्य में भाव (धातु के अर्थ) को कर्त्ता समझ लिया जाता है, इसलिए क्रिया के लिंग, वचन न तो कर्त्ता के अनुसार होते हैं, न कर्म के अनुसार; बल्कि क्रिया सदा पुंल्लिग, एकवचन अन्य पुरुष में होती है।

प्रयोग—क्रिया का प्रयोग तीन प्रकार से होता है-- कभी तो क्रिया के लिंग वचन, पुरुष कर्त्ता के अनुसार होते हैं, कभी कर्म के अनुसार तथा कभी कर्त्ता और कर्म को छोड़कर भाव (धातु के अर्थ) के अनुसार होते हैं। इस प्रकार प्रयोग के आधार पर क्रिया के तीन भेद हैं—

1. कर्त्तरि प्रयोग
2. कर्मणि प्रयोग
3. भावे प्रयोग

1. कर्त्तरि प्रयोग—जब क्रिया के लिंग, वचन, पुरुष कर्त्ता के अनुगार होते हैं। जैसे—

शैला आपको पत्र लिखेगी (शैला आपको चिट्ठी लिखेगी)।

सामान्यभूत, आसन्नभूत, पूर्णभूत और संदिग्धभूत को छोड़कर शेष सभी कालों तथा उनके उपभेदों में कर्त्तरि प्रयोग होता है।

2. कर्मणि प्रयोग—इसमें क्रिया के लिंग, वचन, तथा पुरुष कर्म के अनुसार होते हैं।

वाच्य के आधार पर इसके दो भेद हैं—

(1) कर्तृवाच्य कर्मणि प्रयोग, (2) कर्मबाच्य कर्मणि प्रयोग।

1. कर्तृवाच्य कर्मणि प्रयोग—इसमें क्रिया कर्तृवाच्य की होती है; परन्तु उसके लिंग, वचन, पुरुष कर्मवाच्य के अनुसार होते हैं। जैसे—

शैला ने पत्र लिखा (शैला ने चिट्ठी लिखी)।

अनिल ने पत्र लिखा (अनिल ने चिट्ठी लिखी)

2. कर्मवाच्य कर्मणि प्रयोग—इसमें क्रिया भी कर्मवाच्य की होती है तथा उसके लिंग, वचन, पुरुष भी कर्मवाच्य के होते हैं। जैसे—

शैला द्वारा पत्र लिखा गया (शैला द्वारा चिट्ठी लिखी गई)।

अनिल द्वारा पत्र लिखा गया (अनिल द्वारा चिट्ठी लिखी गई)।

3. भावे प्रयोग—इसमें क्रिया के लिंग, वचन, पुरुष न तो कर्त्ता के अनुसार होते हैं, न कर्म के अनुसार; अपितु क्रिया सदा अन्य पुरुष, पुँल्लिग, एकवचन में होती है। जैसे—

अब मुझसे उठा जाता है। कल मुझसे उठा नहीं जाता था।

मच्छरों के कारण सोया नहीं जाता। यहाँ सोया नहीं जाता।

चोट के कारण दौड़ा नहीं जाता। मुझसे दौड़ा नहीं जाता।

पूर्वकालिक क्रिया

जो क्रिया मुख्य क्रिया के आधार से पूर्व हो चुकने वाले किसी व्यापार को सूचित करे, उसे पूर्वकालिक क्रिया कहा जाता है।

जैसे—मैं पढ़कर खाना खाऊँगा। अब उठकर स्कूल जाओ। तुम काम बिगाड़-

के रहे न ! शोर मचाकर क्या कर लोगे ? मैं अभी खेलकर आता हूं।

अभ्यास

1. क्रिया में किन कारणों से रूप-परिवर्तन होता है ? उदाहरण दीजिए।
2. भूतकाल के सब भेदों के नाम लिखकर एक-एक उदाहरण दीजिए।
3. वर्तमान काल अथवा भविष्यत् काल के सब भेदों का एक-एक उदाहरण लिखिए।
4. क्रिया के कितने प्रकार हैं ? एक-एक उदाहरण दीजिए।
5. वाक्य की परिभाषा लिखकर उसके भेदों के नाम लिखिए।
6. कर्तृवाच्य के 'ने' रहित वाक्य में क्रिया के लिंग, वचन किसके अनुसार होते हैं ?
7. कर्मवाच्य में, कर्त्ता में कौनसी और कर्म में कौनसी विभक्ति लगती है ?
8. भावाच्य में क्रिया किस लिंग, वचन, पुरुष में होती है ?
9. क्रिया के प्रयोग कितने हैं ? उनके नाम लिखिए।
10. 'शैला ने पत्र लिखा'—इसमें कर्तृ प्रयोग है या कर्मणि प्रयोग ?
11. पूर्व।लिक क्रिया किसे कहते हैं ? इसका एक उदाहरण दीजिए।
12. नीचे लिखे वाक्यों में 'दौड़ता' कौन-कौनसा शब्द-भेद है—
    (क) यदि बालक दौड़ता। (ख) बालक दौड़ता आया।
13. निम्नलिखित वाक्यों में वाच्य-परिवर्तन कीजिए—
    (क) अध्यापक ने हमें आज नया पाठ पढ़ाया।
    (ख) हम इस कष्ट को नहीं सह सकते।
    (ग) भगवान हमारी रक्षा करता है।
    (घ) सिपाही ने चोर को पकड़ा।
    (ङ) माता ने बच्चों को प्यार किया।
    (च) मुझसे बैठा नहीं जाता।
    (छ) वह हमें मूर्ख समझता है।
    (ज) आज हमें व्याकरण पढ़ाया गया।
    (झ) मैं बैठ नहीं सकता।
    (ञ) सरकार द्वारा शिक्षा पर बहुत व्यय किया जाता है।
    (ट) कहारों ने डोली उठायी।
    (ठ) मैं उसे भेज नहीं सका।

18

क्रियाओं की रूपावली

कर्तृ वाच्य

भूतकाल

'लिख' सकर्मक धातु

(1) सामान्य भूत

(कर्म पुँल्लिग)

	एकवचन	**बहुवचन**
उ० पु०	मैंने लिखा।	हमने लिखा।
म० पु०	तूने लिखा।	तुमने लिखा।
अ० पु०	उसने लिखा।	उन्होंने लिखा।

(कर्म स्त्रीलिंग)

उ० पु०	मैंने लिखी।	हमने लिखी।
म० पु०	तूने लिखी।	तुमने लिखी।
अ० पु०	उसने लिखी।	उन्होंने लिखी।

(2) आसन्न भूत

(कर्म पुँल्लिग)

उ० पु०	मैंने लिखा है।	हमने लिखा है।
म० पु०	तूने लिखा है।	तुमने लिखा है।
अ० पु०	उसने लिखा है।	उन्होंने लिखा है।

(कर्म स्त्रीलिंग)

उ० पु०	मैंने लिखी है।	हमने लिखी है।
म० पु०	तूने लिखी है।	तुमने लिखी है।
अ० पु०	उसने लिखी है।	उन्होंने लिखी है।

(3) पूर्ण भूत

(कर्म पुँल्लिग)

उ० पु०	मैं लिख चुका था।	हम लिख चुके थे।
म० पु०	तू लिख चुका था।	तुम लिख चुके थे।
अ० पु०	वह लिख चुका था।	वे लिख चुके थे।

(कर्म स्त्रीलिंग)

उ० पु०	मैं लिख चुकी थी।	हम लिख चुकी थीं।
म० पु०	तू लिख चुकी थी।	तुम लिख चुकी थीं।
अ० पु०	वह लिख चुकी थी।	वे लिख चुकी थीं।

(4) अपूर्ण भूत

(कर्त्ता पुंल्लिग)

उ० पु०	मैं लिख रहा था।	हम लिख रहे थे।
	(मैं लिखता था।)	
म० पु०	तू लिख रहा था।	तुम लिख रहे थे।
अ० पु०	वह लिख रहा था।	वे लिख रहे थे।

(कर्त्ता स्त्रीलिंग)

उ० पु०	मैं लिख रही थी।	हम लिख रही थीं।
	(मैं लिखती थी।)	
म० पु०	तू लिख रही थी।	तुम लिख रही थीं।
अ० पु०	वह लिख रही थी।	वे लिख रही थीं।

(5) संदिग्ध भूत

(कर्म पुंल्लिग)

उ० पु०	मैंने लिखा होगा।	हमने लिखा होगा।
म० पु०	तूने लिखा होगा।	तुमने लिखा होगा।
अ० पु०	उसने लिखा होगा।	उन्होंने लिखा होगा।

(कर्म स्त्रीलिंग)

उ० पु०	मैंने लिखी होगी।	हमने लिखी होगी।
म० पु०	तूने लिखी होगी।	तुमने लिखी होगी।
अ० पु०	उसने लिखी होगी।	उन्होंने लिखी होगी।

(यदि कर्म बहुवचन होगा तो सब पुरुषों तथा वचनों में क्रिया भी बहुवचन में होगी। जैसे—मैंने पत्र लिखा होगा, मैंने पत्र लिखे होंगे, तूने चिट्ठी लिखी होगी, तुमने चिट्ठियाँ लिखी होंगी इत्यादि।

(6) हेतुहेतुमद् भूत

(कर्त्ता पुंल्लिग)

उ० पु०	यदि मैंने लिखा होता तो···	यदि हमने लिखा होता तो···
	(यदि मैं लिखता तो···)	(यदि हम लिखते तो···)
म० पु०	यदि तू लिखता तो···	यदि तुम लिखते तो···
अ० पु०	यदि वह लिखता तो···	यदि वे लिखते तो···

(कर्त्ता स्त्रीलिंग)

उ० पु०	यदि मैं लिखती तो···	यदि हम लिखतीं तो···
	(यदि मैंने लिखा होता तो···)	(यदि हमने लिखा होता तो)
म० पु०	यदि तू लिखती तो···	यदि तुम लिखतीं तो···
अ० पु०	यदि वह लिखती तो···	यदि वे लिखतीं तो···

वर्तमान काल

(1) सामान्य वर्तमान

(कर्त्ता पुंल्लिग)

उ० पु०	मैं लिखता हूँ।	हम लिखते हैं।
म० पु०	तू लिखता है।	तुम लिखते हो।
अ० पु०	वह लिखता है।	वे लिखते हैं।

(कर्त्ता स्त्रीलिंग)

उ० पु०	मैं लिखती हूँ।	हम लिखती हैं।
म० पु०	तू लिखती है।	तुम लिखती हो।
अ० पु०	वह लिखती है।	वे लिखती हैं।

(2) अपूर्ण वर्तमान (Present Continuous)

(कर्त्ता पुंल्लिग)

उ० पु०	मैं लिख रहा हूँ।	हम लिख रहे हैं।
म० पु०	तू लिख रहा है।	तुम लिख रहे हो।
अ० पु०	वह लिख रहा है।	वे लिख रहे हैं।

(कर्त्ता स्त्रीलिंग)

उ० पु०	मैं लिख रही हूँ।	हम लिख रही हैं।
म० पु०	तू लिख रही है।	तुम लिख रही हो।
अ० पु०	वह लिख रही है।	वे लिख रही हैं।

(3) पूर्ण वर्तमान (Present Perfect)

(कर्त्ता पुंल्लिग)

उ० पु०	मैं लिख चुका हूँ।	हम लिख चुके हैं।
म० पु०	तू लिख चुका है।	तुम लिख चुके हो।
अ० पु०	वह लिख चुका है।	वे लिख चुके हैं।

(कर्त्ता स्त्रीलिंग)

उ० पु०	मैं लिख चुकी हूँ।	हम लिख चुकी हैं।
म० पु०	तू लिख चुकी है।	तुम लिख चुकी हो।
अ० पु०	वह लिख चुकी है।	वे लिख चुकी हैं।

(4) संदिग्ध वर्समान

(कर्त्ता पुंल्लिग)

उ० पु०	मैं लिख रहा हूँगा।	हम लिख रहे होंगे।
म० पु०	तू लिख रहा होगा।	तुम लिख रहे होंगे।
अ० पु०	वह लिख रहा होगा।	वे लिख रहे होंगे।

(कर्त्ता स्त्रीलिंग)

उ० पु०	मैं लिख रही हूँगी।	हम लिख रही होंगी।
म० पु०	तू लिखी रही होगी।	तुम लिख रही होंगी।
अ० पु०	वह लिख रही होगी।	वे लिख रही होंगी।

भविष्यत् काल

(1) सामान्य भविष्यत्

(कर्त्ता पुंल्लिग)

उ० पु०	मैं लिखूंगा।	हम लिखेंगे।
म० पु०	तू लिखेगा।	तुम लिखोगे।
अ० पु०	वह लिखेगा।	वे लिखेंगे।

(कर्त्ता स्त्रीलिंग)

उ० पु०	मैं लिखूंगी।	हम लिखेंगी।
म० पु०	तू लिखेगी।	तुम लिखोगी।
अ० पु०	वह लिखेगी।	वे लिखेंगी।

(2) सातत्यबोधक भविष्यत् (Future Continuous)

(कर्त्ता पुंल्लिग)

उ० पु०	मैं लिखता रहूँगा।	हम लिखते रहेंगे।
म० पु०	तू लिखता रहेगा।	तुम लिखते रहोगे।
अ० पु०	वह लिखता रहेगा।	वे लिखते रहेंगे।

(कर्त्ता स्त्रीलिंग)

उ० पु०	मैं लिखती रहूँगी।	हम लिखती रहेंगी।
म० पु०	तू लिखती रहेगी।	तुम लिखती रहोगी।
अ० पु०	वह लिखती रहेगी।	वे लिखती रहेंगी।

(3) पूर्ण भविष्यत् (Future Perfect)

(कर्त्ता पुंल्लिग)

उ० पु०	मैं लिख चुकूंगा।	हम लिख चुकेंगे।
म० पु०	तू लिख चुकेगा।	तुम लिख चुकोगे।
अ० पु०	वह लिख चुकेगा।	वे लिख चुकेंगे।

(कर्त्ता स्त्रीलिंग)

उ० पु०	मैं लिख चुकूंगी।	हम लिख चुकेंगी।

	एकवचन	बहुवचन
म० पु०	तू लिख चुकेगी।	तुम लिख चुकोगी।
अ० पु०	वह लिख चुकेगा।	वे लिख चुकेंगी।

(4) संभाव्य भविष्यत्

(कर्त्ता और कर्म पुँल्लिग तथा स्त्रीलिंग)

उ० पु०	मैं लिखूँ।	हम लिखें।
म० पु०	तू लिखे।	तुम लिखो।
अ० पु०	वह लिखे।	वे लिखें।

कर्मवाच्य

भूतकाल

(1) सामान्य भुत

(कर्त्ता पुँल्लिग)

उ० पु०	मैं लिखा गया।	हम लिखे गये।
म० पु०	तू लिखा गया।	तुम लिखे गये।
अ० पु०	वह लिखा गया।	वे लिखे गये।

(कर्त्ता स्त्रीलिंग)

एकवचन में 'गयी' तथा बहुवचन में गयीं' लगाकर रूप बनाइए।

(2) आसन्न भूत

(कर्त्ता पुँल्लिग)

उ० पु०	मैं लिखा गया हूँ।	हम लिखे गये हैं।
म० पु०	तू लिखा गया है।	तुम लिखे गये हो।
अ० पु०	वह लिखा गया है।	वे लिखे गये हैं।

(कर्त्ता स्त्रीलिंग)

उत्तम पुरुष एकवचन में 'गयी हूँ' बहुवचन में 'गयी हैं' तथा शेष मैं एकवचन में 'है' तथा बहुवचन में 'हैं' लगाकर रूप बनाइए।

(3) पूर्ण भूत

(कर्त्ता पुँल्लिग)

उ० पु०	मैं लिखा गया था।	हम लिखे गये थे।
म० पु०	तू लिखा गया था।	तुम लिखे गये थे।
अ० पु०	वह लिखा गया था।	वे लिखे गये थे।

(कर्त्ता स्त्रीलिंग)

एकवचन में 'गयी थी' तथा बहुवचन में 'गयी थीं' लगाकर रूप बनाइए।

(4) अपूर्ण भूत

(कर्त्ता पुंल्लिग)

उ० पु०	मैं लिखा जा रहा (जाता था ।	हम लिखे जा रहे (जाते) थे ।
म० पु०	तू लिखा जा रहा (जाता) था ।	तुम लिखे जा रहे (जाते) थे ।
अ० पु०	वह लिखा जा रहा (जाता) था ।	वे लिखे जा रहे (जाते) थे ।

(कर्त्ता स्त्रीलिंग)

एकवचन में 'थीं' और बहुवचन में 'थी' लगाइये ।

(5) संदिग्ध भूत

(कर्त्ता पुंल्लिग)

उ० पु०	मैं लिखा गया हूँगा ।	हम लिखे गये होंगे ।
म० पु०	तू लिखा गया होगा ।	तुम लिख गये होंगे ।
अ० पु०	वह लिख गया होगा ।	वे लिखे गये होंगे ।

(कर्त्ता स्त्रीलिंग)

उ० पु० के एकवचन में 'हूँगी' तथा बहुवचन में 'होंगी' लगाकर बनायें । और शेष दोनों पुरुषों के एकवचन में 'होगी' तथा बहुवचन में 'होंगी' लगाकर रूप बनायें ।

(6) हेतुहेतुमद् भूत

(कर्त्ता पुँल्लिग)

उ० पु०	(यदि) मैं लिखा जाता ।	(यदि) हम लिखे जाते ।
म० पु०	तू लिखा जाता ।	तुम लिखे जाते ।
अ० पु०	वह लिखा जाता ।	वे लिखे जाते ।

(कर्त्ता स्त्रीलिंग)

एकवचन में 'जाती' तथा बहुवचन में 'जातीं' लगाकर रूप बनाइए ।

वर्तमान काल

(1) सामान्य वर्तमान

(कर्त्ता पुँल्लिग)

उ० पु०	मैं लिखा जाता हूँ ।	हम लिखे जाते हैं ।
म० पु०	तू लिखा जाता है ।	तुम लिखे जाते हो ।
अ० पु०	वह लिखा जाता है ।	वे लिखे जाते हैं ।

(कर्त्ता स्त्रीलिंग)

उ० पु०	मैं लिखी जाती हूँ ।	हम लिखी जाती हैं ।
म० पु०	तू लिखी जाती है ।	तुम लिखी जाती हो ।
अ० पु०	वह लिखी जाती है ।	वे लिखी जाती हैं ।

(2) अपूर्ण वर्तमन

(कर्त्ता पुँल्लिग)

उ० पु०	मैं लिखा जा रहा हूँ।	हम लिखे जा रहे हैं।
म० पु०	तू लिखा जा रहा है।	तुम लिखे जा रहे हो।
अ० पु०	वह लिखा जा रहा है।	वे लिखे जा रहे हैं।

(कर्त्ता स्त्रीलिंग)

उ० पु०	मैं लिखी जा रही हूँ।	हम लिखी जा रही हैं।
म० पु०	तू लिखी जा रही है।	तुम लिखी जा रही हो।
अ० पु०	वह लिखी जा रही है।	वे लिखी जा रही हैं।

(3) पूर्ण वर्तमान

(कर्त्ता पुंल्लिग)

उ० पु०	मैं लिखा गया हूँ।	हम लिखे गये हैं।
म० पु०	तू लिखा गया है।	तुम लिखे गये हो।
अ० पु०	वह लिखा गया है।	वे लिखे गये हैं।

(कर्त्ता स्त्रीलिंग)

उ० पु०	मैं लिखी गयी हूँ।	हम लिखी गयी हैं।
म० पु०	तू लिखी गयी है।	तुम लिखी गयी हो।
अ० पु०	वह लिखी गयी है।	वे लिखी गयी हैं।

(4) संदिग्ध वर्तमान

(कर्त्ता पुँल्लिग)

उ० पु०	(अब) मैं लिखा जाता हूँगा(होऊँ)।	हम लिखे जाते होंगे (हो)।
म० पु०	तू लिखा जाता होगा (हो)।	तुम लिखी जाते होगे(होओ)।
अ० पु०	वह लिखी जाता होगा (हो)।	वे लिखे जाते होंगे (हों)।

(कर्त्ता स्त्रीलिंग)

उ० पु०	मैं लिखी जाती हूँगी (होऊँ)।	हम लिखी जाती होंगी (हों)।
म० पु०	तू लिखी जाती होगी (हो)।	तुम लिखी जाती होगी (होओ)।
अ० पु०	वह लिखी जाती होगी (हो)।	वे लिखी जाती होंगी (हों)।

भविष्यत् काल

(1) सामान्य भविष्यत्

(कर्त्ता पुंल्लिग)

उ० पु०	मैं लिखा जाऊँगा।	हम लिखे जाएँगे।
म० पु०	तू लिखा जाएगा।	तुम लिखे जाओगे।
अ० पु०	वह लिखा जाएगा।	वे लिखे जाएँगे।

(कर्त्ता स्त्रीलिंग)

उ० पु०	मैं लिखी जाऊँगी।	हम लिखी जायेंगी।
म० पु०	तू लिखी जायेगी।	तुम लिखी जाओगी।
अ० पु०	वह लिखी जायेगी।	वे लिखी जायेंगी।

(2) सातत्यबोधक भविष्यत्

(कर्त्ता पुंल्लिग)

उ० पु०	मैं लिखा जाता रहूँगा।	हम लिखे जाते रहेंगे।
म० पु०	तू लिखा जाता रहेगा।	तुम लिखे जाते रहोगे।
अ० पु०	वह लिखा जाता रहेगा।	वे लिखे जाते रहेंगे।

(कर्त्ता स्त्रीलिंग)

उ० पु०	मैं लिखी जाती रहूँगी।	हम लिखी जाती रहेंगी।
म० पु०	तू लिखी जाती रहेगी।	तुम लिखी जाती रहोगी।
अ० पु०	वह लिखी जाती रहेगी।	वे लिखी जाती रहेंगी।

(3) पूर्ण भविष्यत्

(कर्त्ता पुंल्लिग)

उ० पु०	मैं लिखा जा चुकूँगा।	हम लिखे जा चुकेंगे।
म० पु०	तू लिखा जा चुकेगा।	तुम लिखे जा चुकोगे।
अ० पु०	वह लिखा जा चुकेगा।	वे लिखे जा चुकेंगे।

(कर्त्ता स्त्रीलिंग)

उ० पु०	मैं लिखी जा चुकूँगी।	हम लिखी जा चुकेंगी।
म० पु०	तू लिखी जा चुकेगी।	तुम लिखी जा चुकोगी।
अ० पु०	वह लिखी जा चुकेगी।	वे लिखी जा चुकेंगी।

(4) सम्भाव्य भविष्यत्

(कर्त्ता पुंल्लिग)

उ० पु०	(शायद) मैं लिखा जाऊँ।	हम लिखे जायें।
म० पु०	तू लिखा जाये।	तुम लिखे जाओ।
अ० पु०	वह लिखा जाये।	वे लिखे जायें।

(कर्त्ता स्त्रीलिंग)

उ० पु०	(शायद) मैं लिखी जाऊँ।	हम लिखी जायें।
म० पु०	तू लिखी जाये।	तुम लिखी जाओ।
अ० पु०	वह लिखी जाये।	वे लिखी जायें।

(5) हेतुहेतुमद् भविष्यत्

(कर्त्ता पुंल्लिग)

उ० पु०	(यदि) मैं लिखा जाऊँ (गा)।	(यदि) हम लिखे जायें (गे)।
म० पु०	(यदि) तू लिखा जाये (गा)।	तुम लिखे जाओ (गे)।
अ० पु०	वह लिखा जाए (गा)।	वे लिखे जायें (गे)।

(कर्त्ता स्त्रीलिंग)

उ० पु०	(यदि) मैं लिखी जाऊँ (गी)।	(यदि) हम लिखी जायें (गी)।
म० म०	तू लिखी जाये (गी)।	तुम लिखी जायें (गी)।
अ० पु०	वह लिखी जाये (गी)।	वे लिखी जाओ (गी)।

कर्तृ वाच्य
भूतकाल

(हँसना—अकर्मक धातु)

(1) सामान्य भूत

(पुंल्लिग, स्त्रीलिंग)

उ० पु०	मैं हँसा (हँसी)।	हम हँसे (हँसी)।
म० पु०	तू हँसा (हँसी)।	तुम हँसे (हँसीं)।
अ० पु०	वह (हँसी)।	वे हँसे (हँसीं)।

(2) आसन्न भूत

(पुँल्लिग, स्त्रीलिंग)

उ० पु०	मैं हँसा हूँ (हँसी हूँ)।	हम हँसे हैं (हँसी हैं)।
म० पु०	तू हँसा है (हँसी है)।	तुम हँसे हो (हँसी हो)।
अ० पु०	वह हँसा है (हँसी है)।	वे हँसे हैं (हँसी हैं)।

(3) पूर्ण भूत

(पुँल्लिग, स्त्रीलिंग)

उ० पु०	मैं हँस चुका था (चुकी थी)।	हम हँस चुके थे (चुकी थीं)।
म० पु०	तू हँस चुका था (चुकी थी)।	तुम हँस चुके थे (चुकी थीं)।
अ० पु०	वह हँस चुका था चुकी थी।	वे हँस चुके थे चुकी थीं।

(4) अपूर्णभूत

(पुँल्लिग, स्त्री०)

उ० पु०	मैं हँस रहा था (रही थी)।	हम हँस रहे थे (रही थीं)।
म० पु०	तू हँस रहा था (रही थी)।	तुम हँस रहे थे (रही थीं)।
अ० पु०	वह हँस रहा था (रही थी)।	वे हँस रहे थे (रही थीं)।

(5) **संदिग्ध भूत** (पुँल्लिग, स्त्रीलिंग)

उ० पु०	मैं हँसा होऊँगा (हँसी होऊँगी)।	हम हँसे होंगे (हँसी होंगी)।
म० पु०	तू हँसा होगा (हँसी होगी)।	तुम हँसे होगे (हँसी होगी)।
अ० पु०	वह हँसा होगा (हँसी होगी)।	वे हँसे होंगे (हँसी होंगी)।

(6) **हेतुहेतुमद् भूत** (पुँल्लिग, स्त्रीलिंग)

उ० पु०	(यदि) मैं हँसता (हँसती)।	(यदि) हम हँसते (हँसतीं)।
म० पु०	(यदि) तू हँसता (हँसती)।	(यदि तुम हँसते (हँसतीं)।
अ० पु०	(यदि) वह हँसता (हँसती)।	(यदि) वे हँसते (हँसतीं)।

वर्तमान काल

(1) **सामान्य वर्तमात** (पुँल्लिग, स्त्रीलिंग)

उ० पु०	मैं हँसता हूँ (हँसती हूँ)।	हम हँसते हैं (हँसती हैं)।
म० पु०	तू हँसता है (हँसती है)।	तुम हँसते हो (हँसती हो)।
अ० पु०	वह हँसता है (हँसती है)।	वे हँसते हैं (हँसती हैं)।

(2) **अपूर्ण वर्तमान** (पुँल्लिग, स्त्रीलिंग)

उ० पु०	मैं हँस रहा, हँसता हूँ (रही हूँ)।	हम हँस रहे हैं (रही हैं)।
म० पु०	तू हँस रहा है (रही है)।	तुम हँस रहे हो (रही हो)
अ० पु०	वह हँस रहा है (रही है)।	वे हँस रहे हैं (रही हैं)।

(3) **पूर्ण वर्तमान** (पुँल्लिग, स्त्रीलिंग)

उ० पु०	मैं हँस चुका हूँ (चुकी) हूँ।	हम हँस चुके (चुकी हैं)।
म० पु०	तू हँस चुका (चुकी) है।	तुम हँस चुके (चुकी हो)।
अ० पु०	वह हँस चुका (चुकी) है।	वे हँस चुके (चुकी हैं)।

(4) **संदिग्ध वर्तमान** (पुँल्लिग, स्त्रीलिंग)

उ० पु०	मैं हँसता हूँगा (हँसती हूँगी)।	हम हँसते होंगे (हँसती होंगी)।
म० पु०	तू हँसता होगा (हँसती होगी।	तुम हँसते होंगे (हँसती होगी)।
अ० पु०	वह हँसता होगा (हँसती होगी)।	वे हँसते होंगे (हँसती होंगी)।

भविष्यत् काल

(1) **सामान्य भविष्यत्** (पुँल्लिग, स्त्रीलिंग)

उ० पु०	मैं हँसूंगा (हँसूँगी)।	हम हँसेंगे (हँसेंगी)।
म० पु०	तू हँसेगा (हँसेगी)।	तुम हँसोगे (हँसोगी)।
अ० पु०	वह हँसेगा (हँसेगी)।	वे हँसेंगे (हँसेंगी)।

(2) **सातत्यबोधक भविष्यत्** (पुँल्लिग, स्त्रीलिंग)

उ० पु०	मैं हँसता रहूँगा (रहूँगी)।	हम हँसते रहेंगे (रहेंगी)।
म० पु०	तू हँसता रहेगा (रहेगी)।	तुम हँसते रहोगे (रहोगी)।
अ० पु०	वह हँसता रहेगा (रहेगी)।	वे हँसते रहेंगे (रहेंगी)।

(3) **पूर्ण भविष्यत्** (पुंल्लिग, स्त्रीलिंग)

उ० पु०	मैं हँस चुकूंगा (चुकूंगी)।	हम हँस चुकेंगे (चुकेंगी)।
म० पु०	तू हँस चुकेगा (चुकेगी)	तुम हँस चुकोगे (चुकोगो)।
अ० पु०	वह हँस चुकेगा (चुकेगी)।	वे हँस चुकेंगे (चुकेंगी)।

(4) **सम्भाव्य भविष्यत्** (पुंल्लिग-स्त्रीलिंग में समान)

उ० पु०	(शायद) मैं हँसूं।	हम हँसें।
म० पु०	तू हँसे।	तुम हँसो।
अ० पु०	वह हँसे।	वे हँसें।

(5) **हेतुहेतुमद् भविष्यत्** (पुंल्लिग, स्त्रीलिंग)

उ० पु०	(यदि) मैं हँसूं (गा-गी)।	हम हँसें (गे-गी)।
म० पु०	तू हँसे (गागी)।	तुम हँसो (गे-गी)।
अ० पु०	वह हँसे (गा-गी)।	वे हँसें (गे-गी)।

भाववाच्य

भूतकाल

हँसना-अकर्मक धातु

(भाववाच्य में दोनों लिंगों में समान रूप होते हैं।)

(1) **सामान्य भूत**

उ० पु०	मुझसे हँसा गया।	हमसे हँसा गया।
म० पु०	तुझसे हँसा गया।	तुमसे हँसा गया।
अ० पु०	उससे हँसा गया।	उनसे हँसा गया।

(2) **आसन्न भूत**

उ० पु०	मुझसे हँसा गया है।	हमसे हँसा गया है।
म० पु०	तुझसे हँसा गया है।	तुमसे हँसा गया है।
अ० पु०	उससे हँसा गया है।	उनसे हँसा गया है।

(3) **पूर्ण भूत**

उ० पु०	मुझसे हँसा गया था।	हमसे हँसा गया था।
म० पु०	तुझसे हँसा गया था।	तुमसे हँसा गया था।
अ० पु०	उससे हँसा गया था।	उनसे हँसा गया था।

(4) **अपूर्ण भूत**

उ० पु०	मुझसे हँसा जाता था।	हमसे हँसा जाता था।
	(मुझसे हँसा जा रहा था।)	(हमसे हँसा जा रहा था।)

म० पु० तुझसे हँसा जाता था। तुमसे हँसा जाता था।
अ० पु० उससे हँसा जाता था। उनसे हँसा जाता था।

(5) **संदिग्ध भूत**

उ० पु० मुझसे हँसा गया होगा। हमसे हँसा गया होगा।
म० पु० तुझसे हँसा गया होगा। तुमसे हँसा गया होगा।
अ० पु० उससे हँसा गया होगा। उनसे हँसा गया होगा।

(6) **हेतुहेतुमद् भूत**

उ० पु० (यदि) मुझसे हँसा जाता। (यदि) हमसे हँसा जाता।
म० पु० तुझसे हँसा जाता। तुमसे हँसा जाता।
अ० पु० उससे हँसा जाता। उनसे हँसा जाता।

वर्तमान काल

(1) **सामान्य वर्तमान**

उ० पु० मुझसे हँसा जाता है आदि।

(2) **अपूर्ण वर्तमान**

उ० पु० मुझसे हँसा जा रहा है आदि।

(3) **संदिग्ध वर्तमान**

उ० पु० मुझसे हँसा जाता होगा।

भविष्यत् काल

(1) **सामान्य भविष्यत्**

उ० पु० मुझसे हँसा जायेगा आदि।

(2) **सम्भाव्य भविष्यत्**

उ० पु० (शायद) मुझसे हँसा जाये आदि।

(3) **हेतुहेतुमद् भविष्यत्**

उ० पु० मुझसे हँसा जा सकेगा आदि।

अभ्यास

1. लिख् धातु के कर्म पुँल्लिग होने पर सामान्यभूत तथा आसन्नभूत में रूप क्या बनेंगे ?
2. चल् धातु के स्त्रीलिंग में अपूर्ण भूत तथा हेतुहेतुमद् भूत में क्या रूप बनेंगे ?
3. हँस् धातु के कर्तृवाच्य में वर्तमान के सभी भेदों में रूप लिखिए।
4. भाववाच्य में हँस् धातु के संदिग्धभूतकाल में रूप लिखिए।
5. निम्नलिखित वाक्यों में प्रेरणार्थक, पूर्वकालिक, क्रियार्थक, तात्कालिक और द्विकर्मक क्रियाओं का प्रयोग हुआ है; उन्हें छाँटिए—

(क) मैं पुस्तक पढ़कर घूमने जाऊँगा।
(ख) बच्चे से गिनती लिखवा लो।
(ग) आज उन्हें शिमला जाना है।
(घ) वह लेटते ही सो गया।
(ङ) पुत्र पिता को पत्र सुना रहा है।

6. निम्नलिखित वाक्यों में प्रयुक्त क्रियाओं के वाच्य और प्रयोग का निर्देश कीजिए—
(क) बच्चे मैदान में खेलते हैं।
(ख) आज बच्चों को इनाम मिलेगा।
(ग) इस धूप में तो चला नहीं जायेगा।
(घ) वहाँ पहुँचकर हमने प्रार्थना की।
(ङ) पंजाब में रोटी खायी जाती है और बंगाल में चावल।
(च) हवा के झोंके से खिड़की खुल गयी।

19

अविकारी या अव्यय शब्द

जिन शब्दों में लिंग, वचन, कारक आदि के कारण कोई विकार (परिवर्तन) नहीं होता, या बहुत कम विकार होता है, वे अविकारी अथवा अव्यय कहलाते हैं।

ये चार प्रकार के हैं :—

1. क्रिया-विशेषण, 2. सम्बन्धबोधक, 3. समुच्चयबोधक, 4. विस्मयादिबोधक।

1. क्रिया-विशेषण

जो शब्द क्रिया की विशेषता बतायें, वे क्रिया-विशेषण कहलाते हैं। जैसे—

अशोक **कल** खेलेगा। खिलाड़ी **कल** खेलेंगे। तुम **कल** खेलोगे। लड़कियाँ **कल** खेलेंगी।

क्रिया-प्रविशेशण—जो शब्द क्रिया-विशेषश की विशेषता बताये, उसे क्रिया-प्रविशेषण कहते हैं। जैसे—

घोड़ा **बहुत तेज** दौड़ता है।

यहाँ **बहुत** शब्द ने '**तेज**' क्रिया-विशेषण की विशेषता प्रकट की है, अतः 'बहुत' शब्द क्रिया-प्रविशेषण है।

क्रिया-विशेषण के भेद

इसके पाँच भेद हैं—(1) स्थानवाचक, (2) कालवाचक, (3) परिमाणवाचक, (4) रीतिवाचक, (5) अवधारक।

(1) **स्थानवाचक**—जो क्रिया की स्थान सम्बन्धी विशेषता प्रकट करें।

ये दो प्रकार के होते हैं—(i) स्थितिसूचक, (ii) दिशासूचक।

(i) **स्थितिसूचक**– यहाँ, वहाँ, कहाँ, जहाँ, तहाँ, आगे, सामने आदि।

(ii) **दिशासूचक**—पूर्व की ओर, पश्चिम की तरफ; इधर, उधर, दायीं ओर आदि।

(2) **कालवाचक**—जो क्रिया के होने के समय बताएँ। जैसे—
आज, कल, परसों, अभी; थोड़ी देर में, जब, तब, कल, दिनभर आदि।

(3) **परिमाणवाचक**—जो क्रिया के परिमाण को प्रकट करें। जैसे—
बहुत, थोड़ा, अधिक, कम, अल्प, ज्यादा आदि।

(4) **रीतिवाचक**—जो क्रिया की रीति का संकेत करें। जैसे—
ऐसे, कैसे, जैसे, वैसे, यों, जल्दी, साधारणतः, अचानक आदि।

रीतिवाचक के मुख्य उपभेद इस प्रकार हैं :

(i) **निश्चयार्थक**—सचमुच, अवश्य, जरूर, हाँ, वास्तव में आदि।

(ii) **अनिश्चयार्थक**—शायद, संभवतः, हो सकता है, प्रायः, अकसर आदि।

(iii) **स्वीकारार्थक**—हाँ, सच, ठीक, बहुत ठीक, बिल्कुल ठीक आदि।

(iv) **कारणार्थक**—कारण यह है कि, क्योंकि, यतः, इसलिए, अतः आदि।

(v) **निषेधार्थक**—न, नहीं, मत।

(vi) **आवृत्ति**—सरासर, गटागट, धड़ाधड़, खुल्लमखुल्ला आदि।

(5) **अवधारक**—जो क्रिया की सीमा निर्धारित करें या निश्चय करायें। **जैसे—ही, भी, तक, भर** पर्यन्त आदि।

2. सम्बन्धबोधक

जो अविकारी शब्द संज्ञा अथवा सर्वनाम के साथ आकर वाक्य के दूसरे शब्दों से उनका सम्बन्ध बतायें वे सम्बन्धबोधक कहलाते हैं। जैसे—

परिश्रम के **बिना** हम सफल नहीं हो सकते। गाँव की **ओर**, स्कूल के **पास**, नदी **तक**, **घर** के बाहर—इनमें ओर, पास, तक, बाहर आदि सम्बन्ध-बोधक हैं।

विशेष—(i) कई बार सम्बन्ध बोधकों के साथ विभक्ति भी लगती है। जैसे—
मुझे **ऊपर का** कमरा पसन्द नहीं, **नीचे के** कमरे में आराम मिलता है।

(ii) वाक्य में सम्बन्धबोधक प्रायः **संज्ञा** या सर्वनाम के बाद रखे जाते हैं, परन्तु कई बार पहले भी रखे जाते हैं। जैसे—
बिना भाग्य के क्या है (हो सकता है)? **मारे** लाज के मरी!

(iii) कई बार स्थानवाचक तथा कालवाचक क्रिया-विशेषण भी सम्बन्धबोधक के रूप में प्रयुक्त होते हैं। जैसे—

क्रियाविशेषण	**सम्बन्धबोधक**
मेरे सामने आओ।	मेरी आँखों के **सामने** आओ।

मैंने पहले तैयारी कर ली। आने से **पहले** मैंने तैयारी कर ली।
गाय **आगे** खड़ी है। गाय घर के **आगे** खड़ी है।

3. समुच्चयबोधक

जो शब्द दो शब्दों, दो पदबन्धों (फ्रेजों) अथवा दो उपवाक्यों को परस्पर जोड़ें, वे समुच्चयबोधक (योजक) कहलाते हैं। जैसे—

और, तथा, या, अथवा, अगर···तो, यदि···तो, यद्यपि···तथापि, हालांकि···लेकिन, पर, परन्तु, किन्तु आदि।

समुच्चय बोधक के दो भेद हैं—(क) **समानाधिकरण**, (ख) **व्यधिकरण**।

(क) **समानाधिकरण**—जो मुख्य शब्दों, पदबन्धों या वाक्यों को जोड़ें।

इसके चार उपभेद हैं—(1) संयोजक, (2) विकल्पसूचक, (3) विरोधसूचक, (4) परिणामसूचक।

(1)—**संयोजक**—जो शब्दों या वाक्यांशों का मेल प्रकट करें। जैसे—
और, तथा, व, एवं। (राम और श्याम आये थे)।

(2) **विकल्पसूचक**—जो दो या अधिक वस्तुओं में किसी एक का ग्रहण, त्याग या दोनों का त्याग प्रकट करे। जैसे—

या, अथवा, चाहे···चाहे, न कि, नहीं तो, अन्यथा, या···या क्या··क्या, न···न, तो···और न। (अशोक आएगा या अनिल ?)

(3) **विरोधसूचक**—किन्तु, परन्तु, पर, लेकिन, वरन्, मगर, बल्कि, प्रत्युत।
(बह आया था; परन्तु, जल्दी चला गया)।

(4) **परिणामसूचक**—जिस शब्द से यह ज्ञात हो कि उसके आगे का वाक्य पिछले वाक्य के अर्थ का परिणाम या फल है। जैसे—

अतः अतएव, इसलिए, इसीलिए। (लता कल बीमार थी, इसलिए आज स्कूल नहीं आयी।)

(ख) **व्यधिकरण**—जिन अव्ययों के मेल से एक वाक्य में एक या अधिक आश्रित उपवाक्य जोड़े जायें।

इसके चार उपभेद हैं—(1) कारणवाचक, (2) उद्देश्यवाचक, (3) संकेत-वाचक तथा (4) स्वरूपवाचक।

(1) **कारणवाचक**—इन अव्ययों से शुरू होने वाले वाक्य पूर्व वाक्य का समर्थन करते हैं। जैसे—

क्योंकि, कारण, कारण यह कि, यतः, इसलिए कि, चूँकि। (लता आज स्कूल नहीं आई, क्योंकि वह बीमार थी)।

(2) **उद्देश्यवाचक**—जो अव्यय उद्देश्य सूचित करें। जैसे—
के उद्देश्य से, ताकि, कि। (खूब परिश्रम करो, ताकि कक्षा में प्रथम आ

सको)।

(3) **संकेतवाचक**—जो अव्यय संकेत अथवा शर्त प्रकट करें। जैसे—यदि···तो, अगर···तो, यद्यपि···तथापि। (यद्यपि लता बीमार थी, ताथपि स्कूल आ गयी है)।

(4) **स्वरूपवाचक**—जिन शब्दों के बाद की बात पूर्व कथन का अर्थं स्पष्ट करती है। जैसे—

अर्थात्, यानी, इसका तात्पर्य यह है कि, मानो, जो यहाँ तक कि इत्यादि। (जनतन्त्र अर्थात् जनता का अपना राज्य जिसमें एक ही परिवार के सम्मान और गुणगान की अति न की जाये)।

4. विस्मयादिबोधक

जो अव्यय वक्ता अथवा लेखक के मनोवेग (भावावेश) को प्रकट करें, अर्थात् विस्मय, शोक, भय, घृणा आदि को प्रकट करें, वें विस्मयबोधक कहलाते हैं। जैसे—

विस्मय—ऐं ! हैं ! ओह ! ओहो ! अहो !

शोक— हाय ! हा ! हा हा ! उफ़ ! ओह !

भय—हा ! हाय ! ओह ! बाप रे !

हर्ष—आहा ! वाह ! क्या कहने ! धन्य हैं ! आनन्द आ गया !

क्रोध—चुप ! हट ! परे हट ! दुत् ! चुप ! धत् ! मर परे !

घृणा—धिक्कार ! थूः ! छीः ! छिः छिः !

स्वीकृति—जी ! हाँ जी ! जी हाँ ! ठीक है जी !

लज्जा—छिः छिः ! हाय मरी !

अन्य विस्मयादिबोधक

(1) खैर, अस्तु, चलो, हूँ, धत् तेरे की, हैलो आदि भी विस्मयादिबोधक का कार्य करते हैं।

(2) कई बार संज्ञा, सर्वनाम, विशेषण, क्रिया आदि भी विस्मयादिबोधक के रूप में प्रयुक्त होते हैं। जैसे—

हाय राम ! राम राम ! हे राम ! हा भगवान् ! शिव-शिव ! **(संज्ञा)**

क्यों ! क्या ! कैसे ! कैसा ! कौन-सा ! **(सर्वनाम)**

सावधान ! **(विशेषण)**

हट ! जा जा ! बचाओ-बचाओ ! त्राहि-त्राहि। **(क्रिया)**

(3) कई बार वाक्यांश या वाक्य का भी विस्मयादिबोधक की भाँति प्रयोग होता है। जैसे—

क्या कहने ! खूब ! बहुत अच्छे ? आनन्द आ गया !

अभ्यास

1. निम्नलिखित वाक्यों में क्रिया-विशेषण ढूंढ़कर उनके प्रकार बताइए—
   (क) घोड़ा सरपट दौड़ता था।
   (ख) राम वृथा नहीं बोलता।
   (ग) तुम घर अवश्य चले जाओ।
   (घ) वह पेट पूरा भर सका।
   (ङ) हिन्दी की पुस्तकें धड़ाधड़ बिकती हैं।
2. सम्बन्धबोधक के सभी मुख्य भेद एक-एक उदाहरण सहित लिखिए।
3. नीचे लिखे सम्बन्धबोधकों का प्रयोग करके अपने वाक्य बनाइए—
   बिना, सहित, हीन, अनुसार, ऊपर,।
4. नीचे लिखे समुच्चयबोधक किस-किस श्रेणी (भेद) में आते हैं ?
   और, ताकि, बल्कि, क्या, अतः, यद्यपि⋯तथापि।
5. नीचे लिखे विस्मयादिबोधकों का अपने वाक्यों में प्रयोग कीजिए—
   अस्तु, हाय, ओफ, राम-राम, हैं, तोबा, धिक्-धिक्।
6. निम्नांकित रिक्त स्थानों में उपयुक्त अव्यय भरिए—
   (1) उसने बहुत प्रयत्न किया;⋯⋯काम नहीं बना।
   (2) ⋯⋯तेरे भाग्य में यही बदा था।
   (3) ⋯⋯! कितना अच्छा मौसम है !
   (4) ⋯⋯गाड़ी आ गई !
   (5) ⋯⋯! तुम्हारा जीवन भी कोई जीवन है !
   (6) ⋯⋯! तुमने खूब उन्नति की।
7. निम्नलिखित वाक्यों में अव्ययों का निर्देश कीजिए—
   (क) कोयल मधुर गाती है।
   (ख) वायु मन्द-मन्द चलती है।
   (ग) गाड़ी बहुत तेज चलती है।
   (घ) नदी धीरे बहती है।
   (ङ) अरे ! आज गाड़ी ठीक समय पर आयी है।
   (च) ठीक ! मैं यथासमय पहूँच जाऊँगा।
   (छ) बाप रे बाप ! डबल डेकर बस अचानक उलट गयी।
   (ज) मोहन बलिष्ठ युवक है और स्फूर्ति से चलता है।
   (झ) वह हमेशा बीमार रहता है।

20
पद-परिचय

किसी पद का व्याकरण के नियमों के अनुसार परिचय देना पद-परिचय कहलाता है।

पद-परिचय को शाब्दबोध, पदव्याख्या या शब्द-निरुक्ति भी कहते हैं।

शब्द और पद में अन्तर

जब संज्ञा, सर्वनाम और विशेषण के साथ विभक्तियाँ लगें और धातुओं के साथ क्रिया प्रत्यय लगें तो उन्हें 'पद' कहा जाता है।

पद-परिचय निम्न प्रकार से कराया जाता है—

संज्ञा—कौनसा भेद, लिंग, वचन, कारक किस क्रिया का कर्त्ता ?

सर्वनाम—कौनसा भेद, लिंग, वचन, कारक, अन्य पदों से सम्बन्ध।

विशेषण—कौनसा भेद, लिंग, वचन, इसका विशेष्य कौन है ?

क्रिया—सकर्मक या अकर्मक ? काल, पुरुष, लिंग वाच्य आदि।

क्रिया-विशेषण—कौनसा भेद ? किस क्रिया की विशेषता प्रकट करता है ?

सम्बन्धबोधक—कौनसा भेद, सम्बन्ध रखने वाले शब्द।

समुच्चयबोधक—कौनसा भेद, किन शब्दों आदि को जोड़ता है ?

विस्मयादि बोधक—आश्चर्य, भय, शोक, घृणा, निराशा, स्वीकृति आदि में से किस भावावेश को प्रकट करता है ?

उदाहरण

संज्ञा का पद-परिचय

अशोक हमारी कक्षा में अच्छा बालक है।

अशोक—व्यक्तिवाचक संज्ञा, पुंल्लिग, एकवचन, कर्त्ताकारक, 'हैं' क्रिया का कर्त्ता।

कक्षा—जातिवाचक संज्ञा, स्त्रीलिंग, एकवचन, अधिकरण कारक, 'है' क्रिया का अधिकरण।

सर्वनाम का पद-परिचय

मैं तुम्हें जानता हूँ।

मैं—पुरुषवाचक सर्वनाम, उत्तम पुरुष, पुंल्लिग, एकवचन, कर्त्ता कारक, जानता हूँ, क्रिया का कर्त्ता।

तुम्हें—पुरुषवाचक सर्वनाम, मध्यम पुरुष, पुंल्लिग, एकवचन, कर्मकारक, 'जानता' क्रिया का कर्म।

विशेषण का पद-परिचय

भारतीय सेना ने पाकिस्तानी सेना को परास्त किया।

भारतीय—गुणवाचक विशेषण, 'सेना' इसका विशेष्य है।

पाकिस्तानी—गुणवाचक विशेषण 'सेना' इसका विशेष्य है।

क्रिया का पद-परिचय

राम ने रावण को बाण से मारा।

मारा—सकर्मक क्रिया, सामान्य भूतकाल, कर्तृवाच्य, पुंल्लिग, अन्य पुरुष, एकवचन, इसका कर्त्ता 'राम' है और कर्म 'रावण को' है।

क्रिया-विशेषण का पद-परिचय

प्रायः जब कोई मनुष्य अपराध करता है, तब उसको पछतावा होता है।

प्रायः—कालवाचक क्रिया-विशेषण, 'करता है' क्रिया की विशेषता बतलाता है।

जब—सम्बन्धवाचक क्रिया-विशेषण, कालवाचक 'करता है' क्रिया की विशेषता बतलाता है। दो वाक्यों को मिलाता है—1. 'जब···करता है' और 2. 'उसको पछतावा होता है'।

तब—कालवाचक क्रिया-विशेषण, 'होता है' क्रिया की विशेषता बतलाता है। यह 'जब' का नित्य सम्बन्धी है।

सम्बन्धबोधक का पद-परिचय

अपराधी ने राष्ट्रपति के आगे दीनता के साथ क्षमा के लिए अपील की, अतः राष्ट्रपति ने उसे फाँसी के बदले उम्र भर कैद की सजा दी।

आगे—सम्बन्धबोधक, स्थानवाचक, 'राष्ट्रपति' संज्ञा का सम्बन्ध 'की' क्रिया से मिलाता है।

साथ—सम्बन्धबोधक, सहकारवाचक, 'दीनता' संज्ञा का सम्बन्ध 'की' क्रिया से जोड़ता है।

लिए—सम्बन्धबोधक, कार्यवाचक, 'क्षमा' संज्ञा का सम्बन्ध त्रिया से मिलाता है।

बदले—सम्बन्धबोधक, विनिमयवाचक, 'फांसी' संज्ञा का सम्बन्ध 'दी' क्रिया से जोड़ता है।

भर—सम्बन्धबोधक, विनिमयवाचक, 'उम्र' संज्ञा का सम्बन्ध 'कैद' से जोड़ता है।

समुच्चयबोधक का पद-परिचय

तुम स्कूल नहीं गये, अतः जुर्माना देना होगा।

अतः—समुच्चयबोधक (अर्थात् योजक), परिणामदर्शक।

'तुम'''गये' तथा 'जुर्माना'' होगा'—इन दो वाक्यों को जोड़ता है।

विस्मयादिबोधक का पद-परिचय

'क्या ! एक हजार दण्ड निकाले।'

क्या—विस्मयादिबोधक, आश्चर्यसूचक।

विशेष प्रकार के पद-परिचय

पद-परिचय से पूर्व यह देखना चाहिए कि शब्द का वाक्य में क्या पद अथवा स्थान है। अन्धाधुन्ध पद-परिचय नहीं लिख देना चाहिए। इनके दो कारण हैं—

(1) एक शब्द के अनेक पद-भेद। (2) किसी शब्द का अन्य पदवत् प्रयोग

1. एक शब्द के अनेक पद-भेद

और—वह **और** है; तू **और** है। (सर्वनाम)

मुझे **और** खीर चाहिए। (विशेषण)

वह **और** तेज चलेगा। (क्रिया-विशेषण)

राम **और** रावण का युद्ध हुआ। (समुच्चयबोधक)

एक—वहाँ एक आता है, **एक** जाता है। (सर्वनाम)

एक दिन ऐसा आया। (विशेषण)

एक तो नवयुवक हूँ। (क्रिया-विशेषण)

ऐसा—**ऐसा** मत सोचो। (सर्वनाम)

ऐसा मनुष्य कहाँ मिलता है। (विशेषण)

उसने **ऐसा** पढ़ा कि समझ न आया। (क्रिया-विशेषण)

कारण—आने का **कारण** नहीं मालूम। (संज्ञा)

उसके आने के **कारण** काम बिगड़ गया। (सम्बन्बबोधक)

अशोक स्कूल नहीं आया; **कारण**, वह बीमार है। (समुच्चयबोधक)

कुछ—तुम्हारे हाथ में कुछ है। (सर्वनाम)

तुम **कुछ** काम भी करते हो। (विशेषण)

बालक **कुछ** बड़ा हुआ। (क्रिया-प्राविशेषण)

कुछ तुम समझो, **कुछ** हम समझें। (समुच्चयबोधक)

क्या—आप क्या चाहते हैं ? (सर्वनाम)

मैं **क्या** काम करूँगा ? (विशेषण)

क्या बालक **क्या** युवा सभी **उसे** बुलाते हैं। (समुच्चयबोधक)

क्या ! वह अब तक नहीं आया ? (विस्मयादिबोधक)

चाहे—तुम्हारा मन **चाहे** तो आ जाओ। (क्रिया)

आप **चाहे** जितना करो, मैं 'सी' न करूँगा। (क्रिया-विशेषण)

मैं नहीं जाऊँगा, **चाहे** कुछ कर लो। (समुच्चयबोधक)

जैसा—**जैसा** बोओगे, **वैसा** काटोगे। (सर्वनाम)

जैसा देश, वैसा भेष। (विशेषण)

वह **जैसा** है, वैसा ही रहे। (क्रिया-विशेषण)

भगवान आपके **जैसा** शिष्य दे। (सम्बन्धबोधक)

जो—आप **जो** चाहें सो करें। (सर्वनाम)

जो बात छिपानी थी, न छिपी। (विशेषण)

मुट्ठीं **जो** खोली तो खाली निकली। (क्रिया-विशेषण)

जो तुम आते तो आनन्द आ जाता। (सम्बन्धबोधक)

भला—तुमसे किसका **भला** होगा। (संज्ञा)

आप **भला** तो जग भला। (विशेषण)

तुम **भले** आए। (क्रिया-विशेषण)

वह **भले** आए, मैं न बोलूंगा। (समुच्चयबोधक)

भला! तुम आए तो! (विस्मयादिबोधक)

साथ—मेरा तुम्हारा **साथ** निभेगा। (संज्ञा)

पिता-पुत्र **साथ** रहेंगे। (क्रिया-विशेषण)

तुम किसके **साथ** यूरोप जाओगे। (सम्बन्धबोधक)

तुम चाचा के घर जाओ, **साथ** ही उन्हें लिवा लाओ। (समुच्चयबोधक)

किसी शब्द का अन्य पदवत्

1. नरेश अखाड़े का **भीम** है (यहाँ भीम—जातिवाचक है)।
2. **माहात्मजी** ने हमारा देश स्वतन्त्र कराया। (महात्माजी—व्यक्ति-वाचक है)।
3. **मूक** होहिं वाचाल (मूक—जातिवाचक संज्ञा है)।
4. **मूक** व्यक्ति संकेत से बात समझता है (मूक—विशेषण)
5. हम **पुरी** की यात्रा करने जायेंगे (पुरी—जगन्नाथपुरी—व्यक्तिवाचक है)।
6. तीन **राम** हुए हैं (राम—जातिवाचक संज्ञा)।
7. **श्रीमती गांधी** भारत की प्रधान मंत्री थीं (गांधी—व्यक्तिवाचक)।
8. **श्री शास्त्री** त्यागी नेता थे (शास्त्री—व्यक्तिवाचक)।

अभ्यास

1. पद-परिचय की परिभाषा लिखकर बताइए—इसके लिए अन्य किन शब्दों का प्रयोग होता है?
2. 'पद' की परिभाषा लिखकर बताइए—शब्द तथा पद में क्या अन्तर है?
3. भाषा-अध्ययन में पद-परिचय का क्या उपयोग है?
4. संज्ञा तथा क्रिया के पद-परिचय में क्या-क्या बताया जाता है?
5. निम्नलिखित वाक्यों का पद-परिचय दीजिए—

(क) दशरथ-सुत राम ने पैने वाणों से लंकापति रावण को मारा।
(ख) परिश्रम के बिना धन प्राप्त नहीं होता।
(ग) वाह ! आप तो बहुत बड़े नेता बन गये।
(घ) वह वहाँ जाकर खूब परिश्रम करेगा।
(ङ) मैं अभी आया।

6. निम्नलिखित वाक्यों में मोटे (काले) शब्दों का पद-परिचय दीजिए—
(1) **पक्के आम** बहुत मधुर होते हैं।
(2) अहा ! **उपवन में** सुन्दर फूल खिले हैं।

21
सन्धि

अति समीप आने वाले वर्णों के मेल से जो परिवर्तन होता है, उसे सन्धि कहते हैं। जैसे—

विद्या + आलय = विद्यालय। जगत् + ईश = जगदीश। मन + हर = मनोहर।

सन्धि के भेद

सन्धि के तीन प्रकार हैं—1. स्वर सन्धि 2. व्यञ्जन सन्धि 3. विसर्ग सन्धि।

1. स्वर-सन्धि

जहाँ स्वर से परे स्वर आने पर परिवर्तन होता है। जैसे—

विद्या + अर्थी = विद्यार्थी। नर + ईश = नरेश।

स्वर-सन्धि के भेद

इसके सात भेद हैं—दीर्घ, गुण, वृद्धि, यण्, अयादि, पररूप, पूर्वरूप।

(क) दीर्घ सन्धि—अ-आ से परे अ-आ, इ-ई से परे इ-ई, उ-ऊ से परे उ-ऊ (सवर्ण स्वर) आयें तो दोनों को मिलाकर एक दीर्घ स्वर होता है। जैसे—

चरण + अमृत = चरणामृत। विद्या + अर्थी = विद्यार्थी।
सचिव + आलय = सचिवालय। विद्या + आलय = विद्यालय।
कवि + इन्द्र = कवीन्द्र। मुनि + ईश = मुनीश।
सती + ईश = सतीश। सुधी + इन्द्र = सुधीन्द्र।
गुरु + उपदेश = गुरूपदेश। लघु + ऊर्मि = लघूर्मि।

(ख) गुण सन्धि—अ-आ से परे इ आये तो ए, उ आये तो ओ तथा ऋ आये

त अर् हो जाता है। जैसे—

गज + इन्द्र = गजेन्द्र राज + ईश = राजेश ।

रमा + ईश = रमेश । नर + ईश = नरेश ।

मद + उन्मत्त = मदोन्मत्त । महा + उत्सव = महोत्सव ।

राज + ऋषि = राजर्षि । महा + ऋषि = महर्षि ।

(ग) वृद्धि सन्धि—अ-आ से परे ए-ऐ, आये तो ऐ, ओ-औ आये तो दोनों के स्थान पर औ होता है। जैसे—

एक + एक = एकैक । सदा + एव = सदैव ।

वन + औषधि = वनौषधि । महा + औषधि = महौषधि ।

(घ) यण् सन्धि—इ-ई से परे भिन्न स्वर हो तो इ-ई के स्थान पर **य्**, उ-ऊ से परे भिन्न स्वर हो तो उ-ऊ के स्थान पर व, ऋ से परे भिन्न स्वर हो तो **ऋ** के स्थान पर **र्** होता है। जैसे—

प्रति + उत्तर = प्रत्युत्तर । यदि + अपि = यद्यपि ।

सु + आगत = स्वागत । अनु + एषण = अन्वेषण ।

मातृ + अनुमति = मात्रनुमति । पितृ + आज्ञा = पित्राज्ञा ।

(ङ) अयादि सन्धि—ए, ऐ, ओ, औ, से परे कोई भिन्न स्वर आये तो इनके स्थान पर क्रमशः अय्, आय्, अव्, आव् होते हैं। जैसे—

ने + अन = नयन । नै + अक = नायक ।

पो + अन = पवन । पौ + अक = पावक ।

(च) पररूप सन्धि—कुछ शब्दों में अ-आ से परे ए या ओ आयें तो पहले आये अ-आ परले वर्ण में विलीन हो जाते हैं। जैसे—

हर + एक = हरेक । कुछ + एक = कुछेक ।

दन्त + ओष्ठ = दन्तोष्ठ । शुद्ध + ओदन = शुद्धोदन ।

(छ) पूर्व प सन्धि—पदान्त ए या **ओ** से परे **अ** आए तो **अ** का लोप हो जाता है। जैसे—मनो + अभिलाषा = मनोऽभिलाषा ।

2. व्यञ्जन सन्धि

व्यञ्जन से परे व्यञ्जन या स्वर आने पर जो सन्धि होती है, उसे व्यञ्जन-सन्धि कहते हैं। जैसे—जगत् + ईश = जगदीश । उत् + हार = उद्धार ।

इसके नौ मुख्य भेद हैं—1. वर्ग का तृतीय वर्ण (घोषीकरण), 2. पंचम वर्ण (अनुनासिकाकार) 3. तालव्यीकरण 4. च्छ 5. क् को ङ 6. ह् को घ् 7. स् को श् 8. ह् को भ्, 9. ह् का लोप ।

1. वर्ग का तृतीय वर्ण (घोषीकरण)—यदि वर्गों के प्रथम वर्ण से परे वर्गों के तृतीय-चतुर्थ वर्ण, कोई स्वर, या य् र् ल् व् ह में से कोई व्यञ्जन आये तो पहला **वर्ण** अपने वर्ग का तीसरा वर्ण हो जाता है। जैसे—

जगत् + ईश = जगदीश । वाक् + दान = वाग्दान ।
दिक् + अन्त = दिगन्त । दिक् + दर्शक = दिग्दर्शक ।
अच् + अन्त = अजन्त । षट् + रिपु = षड्रिपु ।
भगवत् + गीता = भगवद्गीता । अप् + ज = अब्ज ।

2. वर्गों का पंचम वर्ण—वर्ग के पहले या तीसरे वर्ण से परे यदि वर्गों का पाँचवाँ वर्ण हो तो पहले-तीसरे के स्थान पर अपने ही वर्ग का पाँचवाँ वर्ण हो जाता है। जैसे—

जगत् + नाथ = जगन्नाथ । वाक् + मय = वाङ्मय ।
भगवद + नाम = भगवन्नाम । तत् + मात्र = तन्मात्र ।

3. च्छ—त्-द् से परे यदि श् हो तो त्-द् को च् तथा श को छ् हो जाता है। जैसे—उत् + श्वास = उच्छ्वास - उत् + शिष्ट = उच्छिष्ट ।

4. तालव्यीकरण—त्/द् को च/छ्/ज् परे होने पर च्, ट्/ठ् परे होने पर ट्, ड्/ढ् परे होने पर ड् तथा ल् परे होने पर ल् होता है। जैसे—

उत् + चारण = उच्चारण । शरद् + चन्द्र = शरच्चन्द्र ।
वृहत् + टीका = बृहट्टीका । उत् + डयन = उड्डयन,
तत् + लीन = तल्लीन । तत् + लय = तल्लय ।

5. त् द् को द्, ह् को ध—त्-द्, से परे ह् आये तो त्-द् के स्थान पर द् तथा ह् के स्थान पर ध् हो जाता है। जैसे—

उत् + हत = उद्धत । उत् + हार = उद्धार ।

6. न् को ण—एक शब्द या समस्त पद में ऋ, र, ष् से परे कोई स्वर/कवर्ग/पवर्ग अनुस्वार या य् व् ह् में से कोई वर्ण बीच में आ जाये तो भी न को ण् हो जाता है। जैसे—राम + अयन = रामायण । (मृ) मर् + अन = मरण ।

7. स् को ष्—स् से पहले अ-आ को छोड़ कोई और स्वर हो तो स् को ष् होता है। जैसे—वि + सम = विषम । सु + सुप्त = सुषुप्त ।

8. ह् को भ्—जब, तक, कब, अब हिन्दी शब्दों से परे 'ही' आने पर ब् का लोप तथा ह् को भ् होता है। जैसे—

जब + ही = जभी तब + ही = तभी ।
कब + ही = कभी । अब + ही = अभी ।

9. ह का लोप—जहाँ, कहाँ, वहाँ आदि हिन्दी शब्दों से परे 'ही' आ जाये तो पहले ह् का लोप हो जाता है। जैसे—

जहाँ + ही = जहीं । कहाँ + ही = कहीं ।
वहाँ + ही = वहीं । यहाँ + ही = यहीं ।

3. विसर्ग सन्धि

विसर्ग से परे स्वर या व्यञ्जन आने पर जो सन्धि होती है, उसे विसर्ग सन्धि

कहते हैं। जैसे—निः + चय = निश्चय। अतः + एव = अतएव।

1. विसर्ग को श् ष्, स्—च्-छ् परे होने पर विसर्ग को श्, ट्-ठ् होने पर ष् और त्-थ् होने पर स् होता है। जैसे—

निः + चिन्त = निश्चिन्त। निः + चय = निश्चय।

धनुः + टंकार = धनुषष्टंकार। निः + तेज = निस्तेज।

2. विसर्ग या परे का वर्ण—विसर्ग से परे श्, ष्, स् हो तो (विकल्प से) विसर्ग ही रहता है अथवा पहले जैसा वर्ण हो जाता है। जैसे—

दुः + शील = दुःशील (या) दुश्शील।

निः + संदेह = निःसंदेह (या) निस्सन्देह।

3. विसर्ग ज्यों का त्यों—विसर्ग से परे क्-ख् या प्-फ् हो तो विसर्ग ज्यों का त्यों रहता है। जैसे—प्रातः + काल = प्रातःकाल। अन्तः + करण = अन्तःकरण।

अधः + पतन = अधःपतन। पयः + पान = पयःपान।

अपवाद—संस्कृत का 'मनःकामना' हिन्दी में 'मनोकामना' के रूप में भी प्रचलित है और अशुद्ध नहीं माना जाता।

4. विसर्ग को ओ—यदि विसर्ग से पूर्व अ हो तथा परे कोई घोष वर्ण हो तो विसर्ग को ओ हो जाता है। जैसे—

अधः + गति = अधोगति। वयः + वृद्ध = वयोवृद्ध।

मनः + हर = मनोहर। यशः + गान = यशोगान।

5. विसर्ग को र्—विसर्ग से पहले अ-आ के सिवा कोई अन्य स्वर हो और परे कोई स्वर या घोष वर्ण हो तो विसर्ग को र् होता है। जैसे—

निः + उपम = निरुपम। निः + गुण = निर्गुण।

दुः + गुण = दुर्गुण। बहि + मुख = बहिर्मुख।

दुः + मुख = दुर्मुख। दुः + बुद्धि = दुर्बुद्धि।

6. विसर्ग के र् का लोप तथा प्रथम स्वर दीर्घ—विसर्ग से परे र् हो तो विसर्ग को र् होकर उसका लोप हो जाता है तथा विसर्ग से पूर्व का स्वर दीर्घ हो जाता है। जैसे—

निः + रोग, निर् + रोग = नीरोग।

7. अ से परे विसर्ग का लोप—अ से परे विसर्ग हो और परे कोई स्वर हो तो विसर्ग लोप होता है। जैसे—अतः + एव = अतएव।

अभ्यास

1. सन्धि की परिभाषा लिखकर उसके भेदों के नाम बताइए तथा एक-एक उदाहरण दीजिए।
2. वृद्धिसन्धि, यण् सन्धि तथा अयादि सन्धि का एक-एक उदाहरण दीजिए।
3. निम्नलिखित का सन्धि-विच्छेद कीजिए—

(क) परमार्थ, महर्षि, जगदीश, रजोगुण। (ख) देवेन्द्र, रत्नाकार, सज्जन, अतएव। (ग) गिरीश, परमौदार्य, उल्लेख, निराधार। (घ) बागीश, तथैव, कवीन्द्र, स्वागत। (ड़) स्वल्प, सन्तोष, राजर्षि, यद्यपि। (च) दिग्दर्शन, अत्यन्त, विद्यार्थी, हिमालय। (छ) विद्यालय, देवर्षि, अत्यन्त, उल्लास : (ज) कदापि, नरेन्द्र, नमस्ते। (झ) नीरोग, प्रत्येक, तल्लीन, नायक। (ञ) रवीन्द्र, देवर्षि, जगदीश, नीरस, उच्छवास। (ट) उद्घाटन, वेदान्त, नीरस; यशोऽभिलाषी, परोपकार, इत्यादि, निष्कपट, परमात्मा। (ठ) कवीन्द्र, दुराशा, दिगन्त, गणेश। (ड) उद्धार, निराशा, सदैव, भानूदय, अधोगति।

4. निम्नलिखित शब्दों में सन्धि-विच्छेद कीजिए और बताइए कि ये किस सन्धि के उदाहरण हैं—
(क) विद्यार्थी, शशाङ्क देवर्षि, यद्यपि, उल्लेख, रवीन्द्र, वेदान्त।
(ख) दुराशा, अन्तस्थल, वृक्षच्छाया, अन्वेषण, मनोकामना, नीरोग।
(ग) राजर्षि, मतैक्य, मृगाङ्क इत्यादि।

5. निम्नलिखित शब्दों में सन्धि कीजिए—
(क) गुरु + उपदेश, वाक् + ईश, मनः + रंजन, इति + आदि।
(ख) मुनि + ईश्वर, जगत् + नाथ, मनः + ताप, यदि + अपि, निः + धन।
(ग) जगत् + ईश, दुः + कर्म, सप्त + ऋषि, सम् + हार, वाक् + मय

22

समास

जब दो या अधिक शब्द अपने सम्बन्धी शब्दों या विभक्तियों को छोड़कर एक साथ मिल जाते हैं, तब उनके इस मेल को समास कहते हैं।

समास द्वारा मिले हुए शब्दों को सामासिक शब्द अथवा समस्त पद कहा जाता है।

सामासिक शब्दों के शब्दों को पुनः पृथक-पृथक् करके इन शब्दों का पूर्ववत् सम्बन्ध प्रकट कर दिखाने की रीति को विग्रह कहते हैं।

1. जब दो या अधिक संस्कृत शब्द आपस में जोड़े जाते हैं, तब विभक्ति आदि के लोप के बाद उसमें सन्धि के नियमों का प्रयोग होता है। जैसे—

कृष्ण (का) अवतार—कृष्ण + अवतार = कृष्णावतार।
पत्र (का) उत्तर—पत्र + उत्तर = पत्रोत्तर।
पीत (जो) अम्बर—पीत + अम्बर = पीताम्बर।

2. किसी सामासिक शब्द में विभक्ति लगाने की आवश्यकता हो तो वह

समास के अन्तिम शब्द में लगायी जाती है । जैसे—

माता (का) (और) पिता (का)— मातापिता का ।
करुणा (के) सागर का—करुणासागर का ।
तन (और) मन (और) धन से— तन-मन-धन से ।

समास के प्रकार

हिन्दी में छः समास हैं—1. अव्ययीभाव, 2. तत्पुरुष 3. कर्मधारय, 4. द्विगु 5. द्वन्द्व 6. बहुब्रीहि ।

1.अव्ययीभाव समास

जहाँ प्रत्येक शब्द का अर्थ प्रथम शब्द के अनुसार हो तथा वह प्रथम शब्द अव्यय हो और सामासिक शब्द का क्रिया-विशेषण के समान उपयोग हो, वहाँ अव्ययीभाव समास होता है । जैसे—

वह **यथाशक्ति** प्रयत्न करेगा ।
बालिका **प्रतिदिन** विद्यालय जाती है ।
वह **आजीवन** हिन्दी की सेवा करता रहा ।
बैलगाड़ी **धीरे-धीरे** चल रही है ।

(क) यथा (अनुसार), आ (तक), प्रति (प्रत्येक), यावत् (तक), वि (बिना), से बने हुए संस्कृत अव्ययीभाव समास हिन्दी में बहुत प्रयुक्त होते हैं । जैसे—
यथामति, यथास्थान, यथायोग्य, आजन्म, आजीवन, आमरण, यावज्जीवन, प्रतिदिन, प्रत्येक, प्रतिपल, प्रतिक्षण, व्यर्थ इत्यादि ।

(ख) निरे हिन्दी अव्ययीभाव समास बहुत कम हैं । जैसे—
निधड़क, निडर, भरपेट, अनजाने, अनदेखे ।

(ग) कुछ अरबी-फारसी के सामासिक शब्द भी हिन्दी में प्रयुक्त होते हैं । जैसे—
हर रोज, बेशक, बखूबी, नाहक ।

(घ) हिन्दी-उर्दू के कुछ मिले-जुले शब्द भी हैं । जैसे—
हरघड़ी, हरदिन, बेकाम, बेखटके ।

(च) हिन्दी में प्रथम संज्ञा को द्विरुक्त करके भी अव्ययीभाव समास बनाये जाते हैं । जैसे—
क्षण-क्षण (प्रतिक्षण), पल-पल (प्रतिपल), दिनोदिन, हाथोहाथ, कभी-कभी, कहीं-कहीं, कहीं-न-कहीं, मन-ही-मन, कानोकान, एकाएक इत्यादि ।

(ङ) अव्ययों की द्विरुक्ति से भी कुछ अव्ययीभाव समास बनते हैं । जैसे—
धड़ाधड़, बीचोबीच, धीरे-धीरे, पास-पास, जल्दी-जल्दी ।

2. तत्पुरुष समास

जहाँ दूसरा शब्द प्रधान होता है तथा पहले शब्द के साथ लगी किसी कारक विभक्ति का लोप होता है, उसे तत्पुरुष समास कहते हैं। जैसे—

आज हमारे देश में **जनतन्त्र** है।
आज सभी नवयुवक इस देश के **राजकुमार** हैं।
जलयान **जलमग्न** हो गया।
सूरदास **जन्मान्ध** थे, इसमें सन्देह है।
माताजी **रसोईघर** में व्यस्त हैं।
किसान **बैलगाड़ी** में परिवार को लेकर मेले की ओर चला।

(क) तत्पुरुष के पहले शब्द में कर्त्ता तथा सम्बोधन कारक को छोड़कर जिस-जिस कारक की विभक्ति का लोप होता है, उसीके अनुसार उस तत्पुरुष समास का नाम रखा जाता है। जैसे—

कर्म तत्पुरुष—आशातीत, देशगत, ग्रामगत, क्षेत्रगत, स्वर्गप्राप्त, शरणागत (शरण को आगत)।

करण तत्पुरुष—ईश्वरप्रदत्त, तुलसीकृत, मदान्ध, भक्तिवश, अश्रुपूरित, गुण-युक्त, हस्तलिखित (हस्त से लिखित), मनमाना, मुँहमाँगा, मतदाता।

सम्प्रदान तत्पुरुष—देशभक्ति (देश के लिए भक्ति), बलिपशु, कृष्णार्पण, हवन-सामग्री, रसोईघर, मार्गव्यय, ठकुरसुहाती, हथकड़ी, जेबघड़ी, रोकड़-बही।

अपादान तत्पुरुष—ऋणमुक्त (ऋण से मुक्त), पदच्युत, धर्मविमुख, कर्त्तव्य-विमुख, पथभ्रष्ट, देशनिकाला, गुरुभाई, कामचोर।

सम्बन्ध तत्पुरुष—जनतन्त्र, राजकुमार, सेनानायक, प्रजापति, वनमानुष, राजपूत, बैलगाड़ी, लोकसभा, रामकहानी, जलधारा, अमृतधारा, विद्यासागर, लोकनायक।

अधिकरण तत्पुरुष—ग्रामवास, वनवास, प्रेममग्न, दानवीर, युद्धवीर, नीति-निपुण, कार्यकुशल, आपबीती (अपने पर बीती), कानाफूसी (कान में फुसफुसाना)।

उपपद समास—जब तत्पुरुष समास का द्वितीय पद इस प्रकार का कृदन्त हो जिसका स्वतन्त्र शब्द के रूप में उपयोग नहीं हो सकता, तब उस समास को उपपद समास कहा जाता है। जैसे—

गृहस्थ, ग्रन्थकार, कृतज्ञ, कृतघ्न, नृप, चिड़ीमार लकड़फोड़ा, पनडुब्बी, जलद, नीतिज्ञ, गिरहकट।

नञ् तत्पुरुष—(न) अभाव के या निषेध के अर्थ में स्वरादि शब्दों से पूर्व 'अन्' तथा व्यंजनादि शब्दों से पूर्व 'अ' लगाने पर जो तत्पुरुष समास बनता है, उसे नञ् तत्पुरुष कहते हैं। जैसे—

(अ)—अन्याय, अधर्म, अकर्म, अब्राह्मण, असत्य।
(अन्)—अनर्थ, अनाचार, अनुदार, अनबन, अनरीत, अनभल, अनशन।

3. कर्मधारय समास

जहाँ पहला शब्द विशेषण या उपमान तथा दूसरा शब्द विशेष्य या उपमेय हो, वहाँ कर्मधारय समास होता है। जैसे—

(क) नीलकमल, महापुरुष, महाधन, सज्जन, भलामानस, पीताम्बर, सतगुण, कालीमिर्च, मंझधार।

(ख) घनश्याम, चन्द्रमुख, वज्रदेह (वज्र के समान देह)।

4. द्विगु समास

जहाँ पहला शब्द संख्यावाचक हो तथा समूचे शब्द से कुछ वस्तुओं का समूह सूचित हो, वहाँ द्विगु समास होता है। इसमें भी पहला शब्द विशेषण होता है, किन्तु वह संख्यावचक होता है। यही कर्मधारय तथा द्विगु में अन्तर है। जैसे—

त्रिकाल (तीनों कालों का समूह)। त्रिभुवन (तीनों भुवनों का समूह)। नब रस (नौ रसों का समूह)। दोपहर, अठवाड़ा, चौमासा, सतसई, त्रिफला (तीन फलों का समाहार)। त्रिलोकी (तीन लोकों का समाहार)। अठन्नी (आठ आनों का समाहार)।

5. द्वन्द्व समास

जहाँ दोनों पद प्रधान हों—बराबर हों तथा दोनों शब्दों के बीच में 'और' अथवा 'वा' शब्द लुप्त हो, वहाँ द्वन्द्व समास होता है।

इसके तीन प्रकार हैं—इतरेतर, समाहार तथा वैकल्पिक।

(i) **इतरेतर द्वन्द्व**—जहाँ विग्रह करने पर बीच में 'और', 'तथा' आदिसमुच्चय बोधक आयें। जैसे—

ऋषिमुनि (ऋषि और मुनि)। माता-पिता। राम-लक्ष्मण-सीता। गाय-बैल। लोटा-डोर। राधा-कृष्ण। हल-बैल। भाई-बहन। बेटा-बेटी। पाप-पुण्य। माँ-बाप। दूध-रोटी। नाक-कान। लम्बाई-चौड़ाई।

(ii) **समाहार द्वन्द्व**—जिस द्वन्द्व समास से उसके पदों के अतिरिक्त उसी तरह का और भी अर्थ सूचित हो, उसे समाहार द्वन्द्व कहते हैं। जैसे—

सेठ-साहूकार (सेठ तथा साहूकार आदि धनी लोग)। माल-मत्ता (माल तथा मत्ता वगैरह)। भूल-चूक (भूल, चूक, गलती, त्रुटि आदि)। रुपया-पैसा (रुपये, पैसे, गहने वगैरह)।

(iii) **वैकल्पिक द्वन्द्व**—जहाँ दो या अधिक पदों के बीच में वा, अथवा, या आदि विकल्पसूचक समुच्यबोधक लुप्त हो; वहाँ वैकल्पिक द्वन्द्व होता है। जैसे--

पाप-पुण्य (पाप या पुण्य)। कर्त्तव्याकर्त्तव्य। सत्यासत्य। धर्माधर्म। जात-कुजात।

6. **बहुव्रीहि समास**

जहाँ कोई भी शब्द प्रधान न हो और समस्त पद किसी अन्य शब्द की विशेषता बताये, वहाँ बहुव्रीहि समास होता है। जैसे—

जितेन्द्रिय (जीती हैं इन्द्रियाँ जिसने) (करण)। दत्तधन (दिया गया धन जिसको) (सम्प्रदान)। निर्विकार (निकल गया है विकार जिसमें से) (अपादान) दशानन (दस हैं आनन जिसके) (सम्बन्ध)। चक्रपाणि, कमलनेत्र, मन्दबुद्धि इत्यादि।

अभ्यास

1. समास, समस्ततपद और विग्रह की परिभाषायें लिखिए।
2. समास की विधि और लाभ क्या है?
3. समास के सब मुख्य भेदों के केवल नाम लिखकर उनका एक-एक उदाहरण दीजिए।
4. कर्मधारय और बहुव्रीहि तथा द्विगु और बहुव्रीहि का अन्तर सोदाहरण समझाइए।
5. काले (मोटे) शब्दों को समस्त-पदों में बदलिए—
   (1) कुछ आदिवासी **काठ की पुतलियों** का नाच दिखाकर रोजी कमाते हैं।
   (2) रामलाल ने शक्तिनगर में **तीन मंजिल वाला** मकान बनाया है।
   (3) पुलिस ने **आँसू लाने वाली गैस** छोड़कर भीड़ को तितर-बितर कर दिया।
   (4) **आधा पका हुआ** भोजन खाने से पेट में दर्द हो गया।
6. नीचे लिखे वाक्यों में '**पीताम्बर**' शब्द का प्रयोग किस-किस समास के रूप में हुआ है—
   (क) साधु लोग **पीताम्बर** पहने गंगा-स्नान को जा रहे हैं।
   (ख) मीरा भगवान **पीताम्बर** के ध्यान में खोई हुई थी।
7. नीचे लिखे शब्द-समूहों को समासबद्ध कीजिए तथा बताइए, इनमें कौन-कौन-सा समास है—
   (क) अल्प है बुद्धि जिसकी, पथ से भ्रष्ट, तीनों लोकों का समाहार।
   (ख) शक्ति के अनुसार, आठ अध्यायों का समाहार, पीत है अम्बर जिसका।
8. निम्नलिखित पदों का विग्रह कीजिए तथा समासों के नाम बताइए—
   (क) दाल-भात, पथभ्रष्ट, पीताम्बर, सेनापति, शरणागत, जन्म-मरण, यथासमय।
   (ख) महात्मा, पंचतन्त्र, वचनामृत, परमानन्द, दशानन, यथाशक्ति, नीलगगन।

(ग) प्रतिवर्ष, तुलसीकृत, खरा-खोटा, आजन्म, दशानन, देशभक्ति ।

(घ) लव-कुश, दुरात्मा, नीलाम्बर, नरेन्द्र, रातदिन, प्रतिदिन ।

(ङ) रसोईघर, नकटा, चौमासा, पापपुण्य, चतुर्मुख, ग्रामवास, त्रिलोकी ।

(च) चतुर्भुज, राजा-प्रजा, उद्योगपति, नीलकण्ठ, सुख-दुःख, गृहस्वामी ।

(छ) पंचवटी, सेनापति, राजपुरुष, त्रिभुवन, कालीमिर्च, नीलगाय ।

(ज) षडानन, कष्टसाध्य, महाजन, आज्ञानुसार, रोगमुक्त, भारतरत्न ।

23

उपसर्ग और प्रत्यय

उपसर्ग

जो शब्दांश] शब्दों के आदि में जुड़कर उनके अर्थ में परिवर्तन ला देते हैं, वे उपसर्ग कहलाते हैं ।

उपसर्ग	अर्थ	उदाहरण
प्र	आगे, अधिक	प्रहार, प्रभाव, प्रख्यात, प्रबल, प्रस्थान ।
परा	पीछे, उलटा	पराजित, पराधीन, पराभव, पराक्रम ।
अप	हीन, बुरा	अपकर्ष, अपमान, अपयश, अपकार, अपकीर्ति ।
सम्	उत्तम, पूर्ण, साथ	सन्तुष्ट, सम्पति, संस्कार, संग, सम्मुख ।
अनु	सदृश, पीछे	अनुसार, अनुकूल, अनुचर, अनुगत ।
अव	नीच, नीचे, बुरा	अवगुण, अवनति, अवतरण, अवज्ञा, अवसाद ।
निस्	रहित, विपरीत, न	निस्तन्द्र, निश्चय, निःसार, निश्चल ।
निर्	बिना, बाहर	निर्दय, निरपराध, निर्गत, निर्जीव ।
दुस्	कठिन, बुरा	दुःसाध्य, दुष्कर, दुःसाहस, दुष्प्राप्य ।
दुर्	कठिन, बुरा	दुर्जन, दुर्दशा, दुर्गम, दुराचार, दुर्लभ ।
वि	भिन्न, अभाव, विशेष	विभिन्न, विशेष, वियोग, विदेश, विशिष्ट ।
आ	से लेकर, तक, समेत	आजीवन, आजन्म, आमरण, आसमुद्र, आकर्षण
नि	अधिक	नियुक्त, नियन्त्रण, निदेशक, निमग्न ।
अधि	श्रेष्ठ, ऊपर	अधिकारी, अधिपपि, अध्यक्ष, अध्यात्म ।
अति	अधिक	अतिशय, अत्युत्तम, अत्याचार, अत्युक्ति ।
सु	अच्छा, सरल	सुबोध, सुगम, सुपुत्र, सुलभ ।
अभि	पास, सामने, चारों ओर	अभ्यागत, अभिनव, अभिप्राय, अभ्युदय ।
उत्	ऊपर, ऊँचा, श्रेष्ठ	उत्तम, उत्कृष्ट, उन्नति, उद्गम, उत्थान ।
प्रति	विरुद्ध, प्रत्येक	प्रतिकूल, प्रतिक्षण, प्रतिदिन ।

परि	चारों ओर, आसपास	परिक्रमा, परिपूर्ण, परिमाण, परिणाम।
उप	गौण, निकट	उपमंत्री, उपनिवेश, उपवन, उपकार, उपासना।

ध्यान दीजिए—कई बार एक ही शब्द के साथ दो-दो या तीन-तीन उपसर्ग भी प्रयुक्त होते हैं। जैसे—

प्रति + उप + कार = प्रत्युपकार

सु	+	सम्	+	गठित	=	सुसंगठित
निर	+	आ	+	कार	=	निराकार
सम्	+	आ	+	लोचना	=	समालोचना
निर्	+	आ	+	करण	=	निराकरण

संस्कृत के कुछ अव्यय भी उपसर्ग के समान प्रयुक्त होते हैं।

अव्यय	अर्थ	उदाहरण
अन्	अभाव, निषेध, कमी	अनन्त, अनादि, अनर्थ
अ	" " "	अन्याय, अधर्म, अज्ञान
अन्तर	अन्दर	अन्तर्द्वन्द्व, अन्तःकरण, अन्तःपुर
अधस्	नीचे	अधःपतन, अधोगति
का	बुरा	कापुरुष
सु	अच्छा	सुपुरुष, सुपात्र, सुरूप
कु	बुरा	कुरूप, कुपुत्र, कुपात्र; कुकर्म
चिर	बहुत	चिरकाल, चिरंजीव, चिरस्थायी
पुरा	पहले	पुरातत्त्व, पुरावृत्त, पुरातन
न	नहीं	नास्तिक
पुनर्	फिर	पुनर्जन्म, पुनरुक्ति, पुनर्निर्माण
बहिर्	बाहर	बहिर्गमन, बहिर्वाह
बहिस्	बाहर	बहिष्कार, वहिष्कृत
स	साथ, सहित	सहित, सफल, सप्रेम, सदोष
सत्	अच्छा	सत्कार,सदाचार, सज्जन
सह	साथ	सहयोग, सहपाठी, सहोदर, सहकारी

हिन्दी उपसर्ग जो अव्यय देशी या विदेशी शब्दों से पूर्व जुड़ते हैं।

अ	अभाव, निषेध	अथाह, अपढ़, अजान, अछूता, अमोल
अन	अभाव, निषेध	अनहोनी, अनबन, अनमोल, अनजान
अध	आधा	अधपका, अधकचरा, अधखिला·
औ	निषेध, हीन	औघट, औगुन
कु, कू	बुरा	कुपूत, कुचैला, कुठौर
उन	कम	उनासी, उन्नीस, उनतालीस

भर	पूरा	भरपूर, भरसक, भरपेट
नि	बिना, रहित	निधड़क, निडर, निहत्था, निपूती
सु	अच्छा	सुजान, सुडौल
स	अच्छा	सजन, सपूत

फारसी अरबी-उर्दु के उपसर्ग

बे	बिना	बेकल, बेईमान, बेचैन, बेडौल
बा	सहित	बाकायदा, बाइज्जत
कम	थोड़ा, हीन	कम्बख्त, कमजोर
ला	बिना	लाइलाज, लाजवाब, लापरवाह
दर	में	दरअसल, दरहक़कीत
ना	नहीं	नालायक, नाचीज, नापसन्द
हर	प्रत्येक	हरघड़ी, हररोज, हरएक
खुश	अच्छा, प्रसन्न	खुशबू, खुशदिल, खुशमिजाज
बद	बुरा, भद्दा	बदबू, बदसूरत, बदहवास
खूब	अधिक, बढ़िया	खूबसूरत
सर	मुख्य	सरकार, सरताज, सरपंच

प्रत्यय

जो अक्षर या शब्दांश स्वयं कुछ भी अर्थ नहीं रखते, परन्तु शब्दों के अन्त में जुड़कर उनके अर्थों में परिवर्तन कर देते हैं, उन्हें प्रत्यय कहते हैं। जैसे—

पढ़+आई=पढ़ाई। पाठ+अक=पाठक

प्रत्यय के भेद

प्रत्यय पाँच प्रकार के हैं—1. कारक, 2. स्त्री प्रत्यय, 3. क्रिया प्रत्यय, 4. कृत् प्रत्यय तथा 5. तद्धित प्रत्यय। पहले तीन प्रकार के प्रत्ययों का वर्णन हो चुका है। केवल कृत् प्रत्यय तथा तद्धित प्रत्यय का वर्णन किया जायेगा।

कृत् प्रत्यय (कृदन्त प्रत्यय)

जो प्रत्यय धातुओं के अन्त में जुड़कर उनके अर्थों में परिवर्तन कर देते हैं, उन्हें कृत् प्रत्यय कहते हैं। ये पाँच प्रकार के होते हैं—1. कर्तृवाचक, 2. कर्मवाचक, 3. करणवाचक, 4. भाववाचक, 5. क्रिया-द्योतक।

(1) कर्तृवाचक—जो प्रत्यय धातु के पीछे जुड़कर 'कर्त्ता' का अर्थ प्रकट करें। जैसे—

(क) संस्कृत के कर्तृवाचक प्रत्यय

पाठ	+	अक	=	पाठक
गै	+	अक	=	गायक
श्रु	+	अक	=	श्रावक
वाच्	+	अक	=	वाचक

वच्	+	ता	=	वक्ता
दा	+	ता	=	दाता
त्रा	+	ता	=	त्राता
श्रु	+	ता	=	श्रोता

(ख) हिन्दी के कुछ कर्तृवाचक

प्रत्यय	उदाहरण
आऊ	टिकाऊ, खाऊ, बिकाऊ, चलाऊ
आकू	लड़ाकू, पढ़ाकू
आका	लड़ाका
आक	तैराक
आलू	झगड़ालू
आड़ी	खिलाड़ी
एरा	लुटेरा, कसेरा
ऐया	लड़ैया, खिवैया
ओड़ा	भगोड़ा
ऐत	लड़ैत, भड़ैत
अक्कड़	घुमक्कड़, भुलक्कड़
हार	राखनहार, चाखनहार
सार	मिलनसार
वाला	पढ़नेवाला, खानेवाला
इया	दुनिया
वैया	गवैया, खिवैया, रखैया

(2) **कर्मवाचक**—जो प्रत्यय धातुओं के अन्त में जुड़कर 'कर्म' का अर्थ-प्रकट करें। जैसे—

औना	बिछौना, खिलौना, भगौना
ना	ओढ़ना
नी	ओढ़नी, सूँघनी

(3) **करणवाचक**—जो प्रत्यय धातुओं के अन्त में जुड़कर क्रियाओं के साधन का बोध करायें। जैसे—

आ	ढेला, मेला, झूला, ठेला
ई	रेती, फाँसी
ऊ	झाड़ू
आनी	मथानी
न	झाड़न, ढक्कन, बेलन

ना	बेलना
नी	मथानी, धौंकनी, चलनी, कतरनी

(4) **भाववाचक**—जो प्रत्यय क्रियाओं के अन्त में जुड़कर क्रियाओं का व्यापार (भाव) बतलाएँ। जैसे—अ, आई, आन, आप, आवट, आवा, आहट, ई, औती न, नी (आनि) उदाहरण—

प्रत्यय	**उदाहरण**	**प्रत्यय**	**उदाहरण**
आ	बुलाना	आहट	घबराहट
आई	लड़ाई	ई	बोली
आन	उड़ान, थकान	एरा	बसेरा
आप	मिलाप	औती	चुनौती
आव	लगाव, बनाव	औता	समझौता
आवट	लिखावट	त	लिखत, बचत
आवा	बुलावा	न	चलन
आऊ	बिकाऊ	नी	मिलनी

(5) **क्रिया द्योतक**—जो प्रत्यय धातुओं के अन्त में जुड़कर क्रियाद्योतक विशेषण आदि बनते हैं। जैसे—

पढ़ता हुआ (बालक प्रिय लगता है)।	(वर्तमानकालिक विशेषण)
जाता हुआ (मनुष्य रुक जाता है)।	,,
लिखता हुआ कवि (कहता है···)।	,,
मरा हुआ (हाथी भी बहुमूल्य होता है)।	(भूतकालिक विशेषण)
गया हुआ (समय फिर हाथ नहीं आता)।	,,
मारे डर के (पाकिस्तानी भाग निकले)।	(क्रिया-विशेषण)
बिना खाये (ही बालक स्कूल चला गया)।	,,
देखते ही (मैं चकित रह गया)।	,,
जाने को (हम तैयार हैं)।	,,
लिखने को (तो लिख दूँ पर क्या लिखूँ)?	,,

तद्धित प्रत्यय

जो प्रत्यय धातु के अतिरिक्त अन्य शब्दों के अन्त में जुड़कर, क्रिया से भिन्न संज्ञा, विशेषण आदि शब्दों की रचना करते हैं उन्हें तद्धित प्रत्यय कहते हैं।

कृत् प्रत्यय तथा तद्धित प्रत्यय में अन्तर

उदाहरण	**पहला**	**जुड़ने वाला शब्द**
टिकाऊ	धातु	प्रत्यय
पानवाला	संज्ञा विशेषण आदि	प्रत्यय

कृत्प्रत्यय धातुओं के अन्त में लगकर उनके रूप में परिवर्तन कर देते हैं। तद्धित प्रत्यय धातुओं से भिन्न (संज्ञा, विशेषण) शब्दों आदि के पीछे जुड़कर उनका रूप परिवर्तित करते हैं।

उपसर्ग और प्रत्यय में अन्तर

उपसर्ग वे शब्दांश हैं जो शब्दों के आदि में जुड़कर उनके अर्थ में परिवर्तन कर देते हैं। जैसे—सु + रूप = सुरूप; अ + सत्य = असत्य।

इसके विपरीत प्रत्यय वे शब्दांश हैं जो शब्दों के अन्त में जुड़कर उनके अर्थों को परिवर्तित कर देते हैं। जैसे—पाठ + अक = पाठक। बुद्धि + मान् = बुद्धिमान्।

तद्धित प्रत्यय के छः भेद

(1) **कर्तृवाचक**—सोना + आर = सोनार। साँप + एरा = सँपेरा

(2) **भाववाचक**—ऊँचा + आन = ऊँचान। बहुत + आयत = बहुतायत।

(3) **गुणवाचक**—दया + आलु—दयालु। बुद्धि + मान् = बुद्धिमान्।

(4) **अपत्यवाचक**—वसुदेव + अण् = वासुदेव। कुन्ती + एय = कौन्तय।

(5) **ऊनतावाचक**—बाबू—आ = बबुआ। खाट + इया = खटिया।

(6) **स्त्रीवाचक**—शिव + आ = शिवा। इन्द्र + आनी = इन्द्राणी।

1. कर्तृवाचक

आर	लोहार, सुनार, कुम्हार
इया	आढ़तिया
उआ	मछुआ, बबुआ
एरा	सँपेरा, लुटेरा, मछेरा
हार	पनिहार, लोहार
गर	कलईगर, कारीगर, जरगर
ची	अफीमची, खजानची, नकलची
हारा	लकड़हारा
वाला	पकौड़ीवाला, पानवाला, चाटवाला, ताँगेवाला

2. भाववाचक

आ	आपा
आन	ऊँचान
आई	बुराई, अच्छाई, ऊँचाई
आपा	बुढ़ापा, रड़ापा
आटा	सन्नाटा
आयत	बहुतायत
औती	बुढ़ौती, बपौती, चुनौती

ई नमी, खुशी, चालाकी, हँसी

इमा नीलिमा, पीलिमा, कालिमा, लालिमा, हरीतिमा

त संगत, रंगत

आहट चिकनाहट, कड़वाहट, गुरीहट, घबराहट

पन वचपन, कालापन, छुटपन

क ठंडक

3. गुणवाचक (संस्कृत)

आलु दयालु, कृपालु, लज्जालु, ईर्ष्यालु

इक राजनीतिक, साहित्यिक, शारीरिक, सामाजिक

ईय राष्ट्रीय, स्थानीय, पर्वतीय, देशीय

वान् धनवान्, गुणवान्, विद्वान्

मान् बुद्धिमान्, शक्तिमान्

आ भूखा, प्यासा

हला रूपहला, सुनहला

ई धनी, मानी, ज्ञानी, सुखी, बंगाली, गुलाबी, पंजाबी हिन्दी, फारसी आदि

ईन शौकीन, रंगीन, नमकीन, ग्रामीण

मन्द अक्लमन्द, फायदेमन्द, गरज़मन्द

दार दुकानदार, जमीनदार, हवलदार, चौकीदार

इया विदेशिया, कनौजिया, लाहौरिया, अमृतसरिया

ईला रँगीला, जहरीला, रसीला, छबीला

ऊ पेटू, बाजारू, गँवारू

आना जनाना, मर्दाना, सालाना

एरा ममेरा, चचेरा, फुफेरा, सँपेरा

अवी हरियाणवी, देहलवी

4. अपत्यवाचक

अण् (अ)

वसुदेव का पुत्र = वासुदेव

यदु का वंशज = यादव

रघु का वंशज = राघव

मनु का वंशज = मानव

पाण्डु का पुत्र = पाण्डव

सुमित्रा का पुत्र = सौमित्र

दिति का पुत्र = दैत्य

चणक का पुत्र = चाणक्य

एय		कुन्ती का पुत्र = कौन्तेय
आयन		नारायण, वात्स्यायन, गार्ग्यायन

5. ऊनतावाचक

शब्द	प्रत्यय	तद्धितान्त रूप
मन	आ	मनुआ
बाबू	,,	बबुआ
खाट	इया	खटिया
लाठी	,,	लठिया
ढिब्बा	,,	डिबिया
पहाड़	ई	पहाड़ी
मण्डल	,,	मण्डली
कोठा	री	कोठारी
बेटी	इया	बिटिया
लोटा	,,	लुटिया

6. स्त्रीवाचक

सुत	आ	सुता
देव	ई	देवी
देवर	आनी	देवरानी
जेठ	,,	जेठानी
इन्द्र	,,	इन्द्राणी
पति	नी	पत्नी
शेर	नी	शेरनी
विद्वान्	षी	विदुषी

अभ्यास

1. उपसर्ग तथा प्रत्यय में अन्तर बतलाकर, उनकी परिभाषायें सोदाहरण लिखिए।
2. कृत् प्रत्यय तथा तद्धित प्रत्यय में क्या अन्तर है? उदारहण से स्पष्ट कीजिए।
3. कृत् प्रत्यय के कितने प्रकार (भेद) हैं? एक-एक उदाहरण सभी भेदों का दीजिए।
4. तद्धित प्रत्ययों के कितने प्रकार (भेद) हैं? सभी का केवल एक-एक उदाहरण दीजिए।

5. नीचे लिखे शब्दों में मूल शब्द तथा उपसर्ग बताइए—
(क) सुशील, नालायक, नीरोग, आचरण, प्रभाव, निश्चल, दुराचार, व्यवहार।
(ख) प्रत्युपकार, उद्योग, प्रफुल्लता, अन्तर्मन, अलिप्त, आविर्भाव।
(ग) तिरस्कार, नास्तिक, पुरातत्त्व, प्राक्कथन, सद्धर्म, उपहार, सम्वेदना।
(घ) प्रदर्शन, आहार, निर्गुण, अपशब्द, अनदेखी, कपूत, बेआबरू।

6. निम्नलिखित उपसर्गों से एक-एक नये शब्द-शब्द का निर्माण कीजिए—
(क) अनु, वि, अप, अन, आ, उप, अव, परा, दुर, अधि।
(ख) अभि, उद्, परि, प्र, प्रति, सु, प्राक्, तत्, सद्।

7. निम्नलिखित शब्दों में आये प्रत्यय बताइए—
(क) पाठक, उच्चतम, लकड़हारा, लुटिया, सरलता, सिरजनहार, श्रीमान्, पुष्पित।
(ख) लिखावट, प्रफुल्लता, स्वर्णकार, सुनार, बुनाई, ईमानदार, महिमा, धनिक
(ग) मानवता, स्त्रीत्व, लालची, नीलिमा, चमकीला, साहित्यिक पुजारी, निपुणता।
(घ) अच्छाई, नागरिक, महिमा, सहजपन, चिकनाहट, बुराई, लघुत्व, सतीत्व।
(ङ) मूर्खता, सामाजिक, लकड़हारा, एकता, कमाऊ, श्रद्धालु, गुरुतर, भारतीय।
(च) झाड़न, हर्षित, बचपन, खटिया, मोहरबंद, बागवान, पतंगबाज।

8. निम्नलिखित प्रत्ययों के प्रयोग से एक-एक शब्द बनाइए—
हारा, पन, वान्, क, ता, इक, त्व, इया, मान, आहट, आई।

9. निम्नलिखित विशेषण शब्दों से भाववाचक संज्ञायें बनाइए।
सरल, काला, लाल, युवा, शान्त, विद्वान्, कुरूप।

10. पाँच ऐसे शब्द लिखिए जिनमें एक से अधिक उपसर्ग लगे हुए हों।

24

विराम-चिन्ह

भाषा के प्रयोग में—बोलने और लिखने में, कहीं हम थोड़ा रुकते हैं, कहीं अधिक। कहीं हम आश्चर्य प्रकट करते हैं, तो कहीं प्रश्न। कहीं हम किसीकी कही बात बतलाते (उद्धृत करते) हैं। इन भिन्न-भिन्न स्थितियों को प्रकट करने के लिए प्रयुक्त चिह्नों को विराम-चिह्न कहा जाता है।

बहुप्रचलित विराम-चिह्न निम्नलिखित हैं—

1. **अल्पविराम** (,)—वाक्य में दो या अधिक समान शब्दों को भिन्न-भिन्न

दिखाने के लिए तथा समान उपवाक्यों को जोड़ने के लिए इनका प्रयोग होता है। जैसे—सीता, राम और लक्ष्मण वन को चले। युधिष्ठिर, भीम, अर्जुन, नकुल और सहदेव—ये पाँच पाण्डव थे। सूरदास ने 'सूरसागर' लिखकर कृष्णभक्ति का प्रचार किया, सगुण भक्ति का महत्त्व बताया और कृष्ण की बाल-लीला का वर्णन करके वात्सल्य की अप्रतिम कविता प्रस्तुत की।

2. अर्द्धविराम (;)—जब अल्प विराम से अधिक किन्तु पूर्णविराम से कम रुकना हो, तब अर्द्धविराम का प्रयोग किया जाता है। समान उपवाक्य में अथवा समान महत्त्वपूर्ण सहायक उपवाक्यों में इसका प्रयोग किया जाता है।

ध्यान दीजिए—

(क) मिश्रित वाक्यों में उपवाक्य यदि संयोजक रहित हो, तो अर्द्धविराम का प्रयोग किया जाता है। जैसे—

किसी भी कार्य की सफलता बुद्धिमत्ता तथा परिश्रम पर आश्रित होती है; यह सभी जानते हैं।

(ख) संयुक्त वाक्यों में संयोजक न हो तो अर्द्धविराम का प्रयोग किया जाता है। जैसे—

वह कब आयेगा; मैं नहीं जानता।

(ग) कई बार अर्थ को स्पष्ट करने तथा सन्देह को दूर करने के लिए भी अर्द्धविराम प्रयुक्त होता है। जैसे—

लता और कान्ता खोखो में प्रवीण हैं; और अशोक तथा अनिल हॉकी में।

(घ) लघु उपवाक्यों से बने दीर्घ उपवाक्य के अन्त में उचित ठहराव प्रकट करने के लिए भी अर्द्धविराम का प्रयोग किया जाता है। जैसे—

हट जा, जीणे जोगिए; हट जा, करमाँ वालिए; हट जा पुत्ताँ प्यारिए; बच जा, लम्बी उमरा वालिए।

3. पूर्ण विराम (।)—वाक्य की पूर्णता को प्रकट करने के लिए अर्थात् एक वाक्य से दूसरे वाक्य को पृथक् करने के लिए पूर्ण विराम का प्रयोग किया जाता है। हिन्दी में मूलतः इसके लिए एक खड़ी पाई का (।) चिह्न प्रचलित है; परन्तु कुछ पत्र-पत्रिकाओं में जिनमें 'नवभारत टाइम्स' तथा 'सरिता' मुख्य हैं; अंग्रेजी के पूर्ण विराम चिह्न बिन्दु (.) का प्रयोग किया जाने लगा है। फिर भी अभी तक खड़ी पाई (।) का चिह्न ही अधिक प्रचलित है। वाक्य सम्पूर्ण (समाप्त) होने पर पूर्ण विराम का प्रयोग होता है। जैसे—

कृष्ण ने कंस को मारा। रमेश कलकत्ता चला गया है।

4. विस्मयादिबोधक चिह्न (!)—विस्मय (आश्चर्य), भय, शोक, घृणा, हर्ष आदि को प्रकट करने के लिए कभी तो इसका प्रयोग विस्मयादिबोधक शब्द के बाद और कभी वाक्य के अन्त में किया जाता है। सम्बोधन पर बल देने के लिए भी इसका प्रयोग किया जाता है। जैसे—

हैं ! अशोक सारी दिल्ली में प्रथम आया !
भूकम्प ! कहाँ भूकम्प आया है ?
प्राणनाथ ! मैं अब बहुत थक गयी हूँ ।

5. प्रश्नचिह्न (?) प्रश्नवाचक वाक्यों के अन्त में इसका प्रयोग होता है । जैसे—

कौन कहता है कि भारत विज्ञान में पीछे है ?
अशोक, यह क्या कर रहे हो ?

6. संयोजक चिह्न (-)—समास को, समानाधिकरण पदों को मिलाने के लिए इसका प्रयोग होता है । जैसे—

मां-बाप, राम-लक्ष्मण, राधा-कृष्ण, पतित-पावन, साहित्य-समालोचना ।

7. निर्देशक चिह्न (—)—किसी वाक्य, वाक्यांश या पद की ओर ध्यान दिलाने के लिए; विशेष अर्थ सूचित करने के लिए; किसीकी उक्ति प्रकट करने के लिए अथवा नाटक में किसी पात्र का कथन प्रकट करने के लिए इसका प्रयोग होता है । जैसे—

(i) तुलसीदास—हिन्दी के विश्व प्रसिद्ध महाकवि—को कौन नहीं जानता ।
(ii) उसने कहा—मैं कल आऊँगा ।
(iii) सीता—प्राणनाथ ! मैं भी आपके साथ वन में चलूंगी ।

8. कोष्ठक चिह्न ( )—यदि किसी पद या वाक्यांश का अर्थ बोध कराना हो अथवा किसी अतिरिक्त पद या वाक्यांश की आवश्यकता हो, तो इसका प्रयोग किया जाता है। जैसे—

क्या आप राजा रवि वर्मा (प्रसिद्ध चित्रकार) के बारे में जानते हैं ?
व्यर्थ किसी से वैर या विवाद (बहस) हानिकारक है ।

9. उद्धरण (अवतरण) चिह्न (" ")— जिस स्थान पर किसीकी उक्ति को या किसी पुस्तक के एक स्थल को अविकल उद्धृत करना हो तो इसका प्रयोग होता है । जैसे—

जयशंकर प्रसाद ने ठीक ही लिखा, "महत्त्वाकांक्षा का मोती निष्ठुरता की सीपी में रहता है ।"

उद्धरण के भीतर यदि किसी अन्य के कथन का समावेश हो तो इकहरे उद्धरण चिह्न (' ') का प्रयोग होता है । जैसे—

चाणक्य ने कहा, "समाज और राष्ट्र की रक्षा का आधार राजनीति है 'शठे शाठ्यं समाचरेत्' राजनीतिज्ञ की विजय का मूल मंत्र है ।"

10. त्रुटि चिह्न अथवा हंस पद (‸)—यदि लेख में, पत्र में या किसी पत्रक (फार्म-दस्तावेज़) में कोई शब्द या वाक्य छूट जाये, तो चिह्न लगाकर उस वाक्य के

ऊपर वह छूटा हुआ अंश लिख दिया जाता है। जैसे—

जब

अब पछताए होत क्या, ‸ चिड़ियाँ चुग गई खेत।

11. लोप चिह्न (⋯)—भावावेश की दशा में वाक्य बीच में ही खण्डित हो जाता है, वहाँ लोप चिह्न ⋯ लगाया जाता है। जैसे —

सीता—लक्ष्मण ! प्राणनाथ से कहना⋯। परन्तु अब उन्हें प्राणनाथ कहने का मुझे क्या अधिकार है।

12. लाघवचिह्न (०) लाघव के लिए किसी बड़े शब्द का प्रथम अक्षर लिखकर उसके आगे शून्य लगा दिया जाता है। पढ़ने वाला उसे पूरा पढ़ लेता है। जैसे—

पं० = पण्डित, प्रो० = प्रोफेफर, भा० लो० द० = भारतीय लोकदल रा० स्व० सं० = राष्ट्रीय स्वयसेवक संघ, ए० आई० सी० सी० = आल इंडिया कांग्रेस कमेटी, ई० पू० = ईस्वी पूर्व, म० प्र० = मध्य-प्रदेश, डा० = डाक्टर।

अभ्यास

1. विराम-चिह्न की परिभाषा लिखकर उसके लाभ बताइए।
2. अल्पविराम, अर्द्धविराम तथा पूर्ण विराम के प्रयोग में क्या अन्तर है ? उदाहरण वाक्य लिखकर स्पष्ट कीजिए।
3. एक ऐसा अनुच्छेद (पैराग्राफ) लिखिए, जिसमें सभी विराम-चिह्नों का प्रयोग किया हो।
4. विराम-चिह्न कितने और कौन-कौनसे हैं ?
5. उचित विरामचिह्न लगाकर फिर से लिखिए—

(क) मैंने फिर संक्षेप में निवेदन किया देवी क्या आज्ञा है देवी ने क्षीण कण्ठ से कहा चलो।

(ख) उसने कहा तुम्हारे लिए कोई भूला नहीं है इस कहानी पर मेरा तो यही सर्वस्व है।

(ग) हे अमृतपुत्रो मृत्यु का भय मिथ्या है कर्तव्य में प्रमाद करना पाप है। निराशा संकोच और दुविधा अभिशाप हैं।

(घ) मैं तो ठहर गया बोल तू कब ठहरेगा गौतम बुद्ध ने कहा।

(ङ) हैं हमारी सेना हार गई राजा ने आश्चर्य से कहा जी हाँ यह सच है मन्त्री ने विनीत भाव से उत्तर दिया।

25

शब्द-ज्ञान

1. पर्यायवाची शब्द (समानार्थक शब्द)

ध्यान दीजिए—हिन्दी एक विशाल देश की भाषा है। इसे संस्कृत से विराट् शब्द-भण्डार मिला है। अन्य भाषाओं की तरह इसमें एक वस्तु के लिए एक ही नाम नहीं, अपितु अनेकों नाम हैं। अवसर के अनुसार उचित शब्द को चुनकर प्रयोग करने से भाषा सुन्दर और प्रभावशाली बनती है। 'जल पीजिए' और 'पानी पीजिए' और 'पानी पी' कहने में कितना अन्तर है; महिला, नारी, स्त्री, रमणी इत्यादि शब्दों में से किस शब्द का प्रयोग कहाँ सजेगा, यह जानना चाहिए। अँग्रेजी की तरह (वोमेन) शब्द से ही गुजारा नहीं करना पड़ता। अपनी भाषा को मधुर और रोचक बनाने के लिए पर्यायवाची शब्दों का ज्ञान अवश्य प्राप्त करना चाहिए। इसीलिए, परीक्षा में प्रायः पर्यायवाची शब्दों को पूछा जाता है। प्रसिद्ध परीक्षोपयोगी शब्द यहाँ दिये जा रहे हैं—

अक्षर—'अ' आदि वर्ण, हरफ।

अग्नि—पावक, वह्नि, हुताशन, आँच, दहन, ज्वलन, कृशानु, हुतभुक्, वैश्वानर, जातवेद, शिखी, अनल।

अङ्ग—अवयव, गात्र, भाग, हिस्सा, अंश।

अतिथि—अभ्यागत, पाहुना, आगन्तुक।

अधम—पतित, नीच, निकृष्ट।

अनार—दाड़िम, शुकप्रिय, शुकोदन, रामबीज।

अनी—कटक, सेना, दल, चमू, वाहिनी, अनीकिनी, फौज।

अनुपम—अनूप, अनोखा, अपूर्व, अद्‌भुत, अनूठा, अद्वितीय, अतुल, अभूतपूर्व, अतुलित, अतुलनीय।

अन्न—अनाज, शस्य, धान्य।

अपमान—तिरस्कार, अनादर, अवमान, अवज्ञा।

अमृत—पीयूष, सुधा, अमिय, अमी, सोम।

अरण्य—कानन, जंगल, विपिन, वन।

अर्थ—धन, द्रव्य, मुद्रा, वित्त, लक्ष्मी, दौलत।

असुर—निशाचर, निशिचर, रजनीचर, राक्षस, दानव, दनुज, नमीचर, मनुजाद, दैत्य।

अहंकार—घमण्ड, अभिमान, दर्प, दम्भ।

आकाश—आसमान, व्योम, अन्तरिक्ष, अम्बर, नभ, ख, गगन, अनन्त, द्यौ, वियत्।

आज्ञा—निर्देश, आदेश, हुक्म।

आत्मा—क्षेत्रज्ञ, चैतन्य, जीव, देव।

आनन्द—हर्ष, मोद, प्रसन्नता, आह्लाद, प्रसाद, प्रमोद, उल्लास, आमोद, सुख

आम—रसाल, सहकार, आम्र।

आभूषण—आभरण, भूषण, अलंकार, गहना, मण्डन।

आँख—चक्षु, नेत्र, नयन, लोचन, दृग, अक्षि, विलोचन।

इच्छा—चाह, कामना, मनोरथ, स्पृहा, आकांक्षा, लिप्सा, ईहा, अभिलाषा, लालसा।

इन्द्र—देवेन्द्र, मघवा, शक्र, शतक्रतु, सुरेन्द्र, देवराज, पुरन्दर, सुरपति, शचीपति, पाकशासन, विडौजा, देवेश।

इन्द्राणी—शची, इन्द्रवधू, ऐन्द्री, पुलोमजा, इन्दिरा।

ईश—प्रभु, परमेश्वर, हरि, ईश्वर, स्वामी, परमात्मा, जगदीश, जगदीश्वर, परब्रह्म, अन्तर्यामी।

उदय—उन्नति, आरोहण, प्रकट होना, चढ़ना, उद्‌गमन।

उद्दण्ड—दुष्ट, उच्छृंखल, अविनीत।

उदार—उच्चाशय, महान्, असंकीर्ण, दानशील।

उन्नति—उत्थान, उत्कर्ष, विकास, अभ्युदय।

उपवन—बाग, बगीचा, वाटिका, उद्यान, आराम।

ऊँट—उष्ट्र, क्रमेलक।

ऋषि—महामुनि, सन्त, मन्त्रद्रष्टा।

एकता—एका, संगठन, मेल, मेलजोल, मिलाप, ऐक्य।

ओष्ठ—ओठ, होंठ, अधर।

और—अन्य, दूसरा, भिन्न, तथा, एवं।

अन्ध—अन्धा, नेत्रहीन, चक्षु रहित, सूरदास।

कमल—पद्म, अम्बुज, जलज, नीरज, सरोज, वारिज, पंकज, सरसिज, सरसीरुह, सरोरुह, राजीव, अब्ज, अरविन्द, नलिन, उत्पल, पुण्डरीक, अम्भोज, महोत्पल, तामरस, इन्दीवर, कोकनद, शतदल।

कपट—छल, छलछिद्र, धोखा, धोखेबाजी, वंचना।

कपड़ा—वसन, वस्त्र, चीर, दुकूल, अम्बर, पट।

कला—हुनर, विद्या, कौशल।

कल्याण—शिव, शुभ, मंगल, क्षेम, श्रेय ।

कामदेव—पुष्पधन्वा, पुष्पसायक, अनंग, प्रद्युम्न, मीनकेतन, मदन, मन्मथ, मार, मनोज, मनसिज, रतिपति, कन्दर्प, पंचबाण ।

किरण—मयूख, मरीचि, अंशु, कर, रश्मि ।

कुबेर—धनपति, धनद, धनाधिप, यक्षराज ।

कुमारी—अविवाहिता, अनूढ़ा, कन्या, कुंआरी ।

कृपा—दया, अनुकम्पा, अनुग्रह, करुणा, मेहरबानी ।

कोकिल—कोयल, पिक, परभृत, कुहुकिनी, वनप्रिय ।

कोप—क्रोध, अमर्ष, मन्यु, रोष, गुस्सा ।

गङ्गा—भागीरथी, देवनदी, मन्दाकिनी, देवापगा, सुरसरिता, जह्नुतनया, जाह्नवी, सुरसरि, सुरधुनी ।

गणपति—गणेश, विनायक, गजानन, गजवदन, मूषकवाहन, लम्बोदर, एक-दन्त, विघ्ननाशक, शंकरसुवन, भवानीनन्दन, गिरिजानन्दन ।

गुरु—शिक्षक, आचार्य, अध्यापक ।

गृह—घर, भवन, सदन, धाम, निकेतन, आगार, अयन, आयतन, आलय, शाला मन्दिर, निलय, निवास, आवास, गेह, सद्म ।

घाटा—नुकसान, हानि, क्षति, टोटा ।

घी—हव्य, सर्पि, घृत, आज्य ।

घोड़ा—तुरग, तुरंगम, वाजि, हय, अश्व, घोटक, सैन्धव ।

चतुर—पटु, नागर, प्रवीण, सयाना, कुशल, होशियार, विज्ञ, दक्ष, चालाक, चंट, निपुण ।

चन्द्र—चाँद, निशानाथ, शशि, कलानाथ, अमृतनिधान, द्विजराज, सोम, विधु, निशाकर, क्षपाकर, मृगलांछन, सुधाकर, कलानिधि, हिमांशु, निशापति रजनीश, रजनीकर, मृगांक, शशांक, मयंक, राकेश, इन्दु ।

चन्द्रिका—कौमुदी, ज्योत्स्ना, चाँदनी, चन्द्रमरीचि, अमृत, तरंगिणी ।

चाँदी—रजत, जातरूप ।

चोर—तस्कर, मोषक, कुंभिल ।

छत्र—आतपत्र, छतरी, छाता ।

जमुना—यमुना, तरणितनूजा, तरणिजा, सूर्यसुता, कृष्णा, रविनन्दिनी ।

जल—वारि, पानी, अम्बु, तोय, नीर, पय, अम्भ, उदक, असृत, जीवन, सलिल, आप, रस ।

झष—मछली, माछ, मच्छ, मत्स्य, मीन ।

झूठ—असत्य, मृषा, सुधा, मिथ्या, अतथ्य, अवितथ, अनृत ।

तलवार—असि, कृपाण, करवाल, खड्ग, चन्द्रहास ।

ताल—तालाब, सर, सरोवर, ह्रद, तड़ाग, जलाशय ।

तारक—तारा, सितारा, नक्षत्र, उडु, नखत ।

तीर—शर, बाण, इषु, शिलीमुख, सायक ।

थन—स्तन, पयोधर, कुच, उरोज, वक्षोज ।

दास—नौकर, चाकर, भृत्य, किंकर, सेवक, अनुचर, परिचर, परिचारक, सेवादार (सर्वेण्ट) ।

दांत—दन्त, दशन, रद ।

दिवस—दिन, वासर, वार, अह्न ।

दीन—हीन, गरीब, बेचारा, निर्धन, मलिन ।

दुःख—वेदना, पीड़ा, यातना, खेद, यन्त्रणा, कष्ट, संकट, क्लेश, व्यथा, बिथा क्षोभ, विषाद, सन्ताप ।

दुर्गा—चण्डिका, सिंहवाहिनी, कालिका, शाम्भवी, कामाक्षी, चण्डी, चामुण्डा ।

देव—अमर, निर्जर, सुर, विबुध, देवता, गीर्वाण, त्रिदश ।

देह—शरीर, विग्रह, काय, वपु, तनु, तन, घट, काया, गात ।

द्रव्य—धन, दौलत, सम्पदा, समृद्धि, विभूति, वित, अर्थ ।

धनुष—चाप, कार्मुक, शरासन, कमान, कोदण्ड, धनु ।

धरती—धरित्री, धरणी, पृथ्वी, भूमि, मही, अचला, अवनि, क्षौणी, धरा, वसुधा, भुई, वसुन्धरा, वसुमति, भू, मेदिनी ।

नख—नाखून, कररुह ।

नदी—नदिया, सरिता, तटिनी, तरंगिणी, स्रोतस्विनी, सरित् ।

नमस्कार=नमस्ते, प्रणाम, अभिवादन, नमः, प्रणति ।

नरक—यमलोक, यमपुर, दुर्गति, रौरव ।

नारी—महिला, ललना, स्त्री, अबला, कामिनी, रमणी, वनिता, भामिनी, औरत, वामा ।

नाव—नौका, जलयान, तरणी, तरी, बेड़ी, पतंग ।

नाश—ध्वंस, क्षय, विनाश, प्रलय, अवसान ।

निर्मल—अमल, स्वच्छ, शुद्ध, पवित्र, पावन, विमल, निष्कलुष ।

पक्षी—पतंग, पखेरू, विहग, विहंगम, खग, शकुनि, अण्डज, शकुन्त, द्विज, नभचर, नभचारी, पंछी, परिन्दा ।

पण्डित—विद्वान्, बुद्धिमान्, मनीषी, प्राज्ञ, विचक्षण, सुधी, कोविद, बुध ।

पत्थर—प्रस्तर, पाहन, पाषाण, उपल ।

पति—भर्ता, स्वामी, अधिपति, बालम, मालिक, साईं ।

पत्नी—कलत्र, भार्या, दारा, वधू, वधूटी, बहू, अर्द्धांगिनी, नारी, गृहिणी ।

पराग—कुसुमरज, रज, पुष्परज, केशर, पुष्पधूलि ।

पवन—अनिल, वायु, वात, समीर, प्रभंजन, मारुत, समीरण, पवमान ।

पहाड़—पर्वत, गिरि, अचल, नग, शैल, महीधर, धरणीधर, भूधर, अद्रि ।

प्रकाश—ज्योति, प्रभा, विभा, दीप्ति, द्युति, आलोक, उजाला।

प्रतीक—चिह्न, निशान, निदर्शन।

पार्वती—गौरी, गिरिजा, ईश्वरी, शिवानी, भवानी, दुर्गा, अपर्णा, अम्बिका।

पुत्र—सुत, सूनु, तनय, आत्मज, नन्दन, पूत, बेटा, लड़का।

पुत्री—तनुजा, आत्मजा, नन्दिनी, दुहिता, तनया, बेटी, लड़की।

पुष्प—कुसुम, सुमन, प्रसून, फुल्ल, पुहुप, फूल।

पृथ्वी—(धरती) देखिए।

पेड़—वृक्ष, विटप, महीरुह, तरु, दरख्त, पादप।

बन्दर—कपि, वानर, शाखामृग, मर्कट, हरि, कपीश।

बिजली—चपला, चञ्चला, तड़ित्, अशनि, घनवल्ली, क्षणप्रभा, विद्युत्, सौदामिनी, दामिनी, घनदाम, बीजुरी।

बाण—शर, विशिख, इषु, आशुग, शिलीमुख, नाराच, तीर।

बुद्धि—मति, मनीषा, धिषणा, प्रज्ञा, शेमुषी।

ब्रह्मा—स्वयंभू, चतुरानन, आत्मभू, हिरण्यगर्भ, लोकेश, विधि, विधाता, स्रष्टा, प्रजापति, पद्मयोनि, कमलासन, अज, विरंचि, नाभिज।

ब्राह्मण—द्विज, भूदेव, भूसुर, विप्र, अग्रजन्मा।

भागीरथी—देवनदी, सुरधुनी, देवापगा, देवसरित, सुरसरिता, जाह्नवी।

भ्रमर—षट्पद, अलि, भृंग, मधुकर, भौंरा, भँवरा।

भ्राता—भैया, भाई, बन्धु, सहोदर।

महादेव—शिव, शम्भु, पशुपति, महेश्वर, शंकर, विधुशेखर, शशिशेखर, भूतेश, भव, गिरीश, हर, मदनरिपु, पिनाकी, नीलकण्ठ, त्रिनयन, त्रिलोचन, कैलाशपति, गिरिजापति, चन्द्रमौलि।

मित्र—सहचर, संगी, साथी, सुहृदय, वयस्य, सखा।

मुख—आनन्द, वदन, मुँह।

मूर्ख—अबोध, जड़, अज्ञ, बुद्धिहीन, मूढ़, बेवकूफ।

मेघ—जलद, पयोद, वारिद, जलधर, अम्बुद, तोयद, धन, धाराधर।

मैला—मलीन, म्लान, गंदा, अस्वच्छ, अपवित्र, अशुचि।

मोल—मूल्य, अर्थ, दाम, कीमत।

मोक्ष—मुक्ति, निर्वाण, कैवल्य, परमधाम, परमगति, परमपद।

यम—अंतक, यमराज, धर्मराज, कृतान्त, शमन, सूर्यपुत्र, जीवितेश' यमुना-भ्राता।

राजा—भूप, भूपति, भूमिपति, नृप, नृपति, महीपति, महीप, नरेन्द्र, नरेश, भूपाल, नरपति, अवनिप।

रात्रि—क्षपा, निशा, रजनी, विभावरी, तमिस्रा, यामिनी, निशीथ, शर्वरी, रैन, रात।

राम—दाशरथि, दशरथसुत, सीतापति, कौशलेन्द्र, रघुकुलतिलक, राघव, रघुनाथ।

लक्ष्मी—पद्मा, पद्मालया, कमला, पद्मासना, हरिप्रिया, इन्दिरा, लोकमाता, क्षीरोदतनया, अब्धिजा, चंचला, श्री।

लक्षण—चिह्न, लच्छन, निशान, पहचान के कारण।

लहर—तरंत, वीचि, ऊर्मि, लहरी।

वर्ष—वत्सर, शब्द, बरस, साल।

वर्षा—पावस, पावृट, मेह, बारिश।

वात्सल्य—स्नेह, लाड़-प्यार, लालन, शिशु, प्रेम।

विष्णु—जनार्दन, चक्रपाणि, गरुड़ध्वज, अच्युत, गोविन्द, चतुर्भुज, वनमाली, मधुरिपु, उपेन्द्र, शेषशायी, माधव, लक्ष्मीपति, नारायण, दामोदर, हृषीकेश, मुकुन्द, विठ्ठल, हरि।

श्रीकृष्ण—अच्युत, केशव, नारायण, दामोदर, वासुदेव, हरि, श्रीधर, माधव, गोपीवल्लभ, राधारमण, देवकीनन्दन, नन्दलाल, कंस-निकंदन।

शत्रु—अरि, वैरी, रिपु, अराति, विपक्षी, प्रतिपक्षी, वाम, दुश्मन।

शिखर—चोटी, वेणी, सीमन्त, गुत्त।

शिव—(देखिए) महादेव।

सर्व—समस्त, निखिल, अखिल, सकल, समग्र, सम्पूर्ण, सब।

सरस्वती—शारदा, इला, वीणापाणि, वीणाधारिणी, भारती, ब्राह्मी, वाक्, वाचा, वाणी, वागीश्वरी, महाश्वेता, ईश्वरी।

सर्प—अहि, पन्नग, भुजंग, फणी, व्याल, विषधर, नाग, उरग, सरट, सांप।

समुद्र—जलधि, उदधि, सागर, रत्नाकर, सिन्धु।

समूह—झुण्ड, जत्था, टोली, मण्डली, यूथ, दल, समुदाय, निकर, वृन्द, गण, पुंज, संघ, राशि, समुच्चय, जुट्ट।

संसार—संसृति, सृष्टि, जगत्, विश्व, लोक, दुनिया।

सन्तति—सन्तान, प्रजा, प्रकृति, अपत्य।

सिंह—शार्दूल, केशरी, केहरी, केशी, मृगेन्द्र, मृगराज, शेर, पञ्चानन, नाहर, वनराज।

सुरा—वारुणी, शराब, मद्य, मद, दारू।

सुन्दर—मनोहर, मनभावन, सुहावना, शोभन, कल, ललित, मंजुल, सुरम्य, रम्य, रमणीय, चित्ताकर्षक, चित्ताह्लादक, चारु, रुचिकर, ललाम, मन-भावन, सोहणा।

सेवक—सेवादार, भृत्य, दास, अनुचर, नौकर, चर, चाकर, किंकर।

सूर्य—आदित्य, अंशुमाली, दिनकर, दिनमणि, दिनेश, दिवाकर, प्रचंडांशु, भास्कर, प्रभाकर, मार्तण्ड, तरणि, सविता, सहस्रांशु, हरि, अर्क, भानु,

दिनपति, मरीचि-माली, सूरज, रवि, मित्र, पतंग।

स्वर्ग—नाक, द्युलोक, द्यौ, परमधाम, सुरलोक, स्वर्लोक, देवलोक, दिव।

स्वर्ण—सुवर्ण, हिरण्य, हेम, हाटक, कंचन, जातरूप, चामीकर, कनक।

हाथ—कर, हस्त, पाणि।

हाथी—गज, हस्ती, करी, दन्ती, कुंजर, कुंभी, द्विरद, वारण, मातंग, मतंगज, वितुण्ड, द्विप, नाग।

2. विलोम शब्द (विपरीतार्थक या विरुद्धार्थक शब्द)

ध्यान दीजिए—विपरीतार्थक या विरुद्धार्थक शब्दों के ज्ञान से हमें परस्पर विरुद्ध भावों तथा पदार्थों का ज्ञान होता है और इससे विचार करने में या वाद-विवाद में उन शब्दों का प्रयोग करने में सफलता प्राप्त होती है। विपरीतार्थक शब्दों का प्रयोग प्रायः साथ भी होता है, जैसे—सुख-दुख, दिन-रात आदि। परीक्षा में प्रायः हर बार विरुद्धार्थक शब्दों को पूछा जाता है। इनके अभ्यास से यथार्थ (Antonym) विरोधी, शब्द ध्यान में रहते हैं।

(क) प्रमुख विपरीतार्थक

शब्द	विलोम	शब्द	विलोम
अथ	इति	आदर	अनादर, निरादर
अनुकूल	प्रतिकूल	आदान	प्रदान
अनुज	अग्रज	आदि	अन्त
अनुरक्त	विरक्त	आभ्यन्तर	बाह्य
अधिक, प्रचुर	अल्प, न्यून	आयात	निर्यात
अपना	पराया	आर्य	अनार्य
अपेक्षा	उपेक्षा	आरोह	अवरोह
अस्त	उदय	आशा	निराशा
अन्धकार	प्रकाश	आगामी	गत
अनन्त	सान्त	आस्था-	अनास्था
अर्थ	अनर्थ	आस्तिक	नास्तिक
अभिज्ञ	अनभिज्ञ	आरम्भ	अन्त
अमृत	विष	इष्ट	अनिष्ट
अन्त	आदि	इहलोक	परलोक
अनिवार्य	ऐच्छिक	उऋण	ऋणी
	वैकल्पिक	उग्र	शान्त
अपराधी	निरपराध	उचित	अनुचित
अल्प	अधिक	उत्कर्ष	अपकर्ष

शब्द	विलोम	शब्द	विलोम
अल्पज्ञ	बहुज्ञ	चेतन	अचेतन, जड़
आकाश	पाताल	चेतना	मूर्च्छा
आगमन	गमन	कृतज्ञ	कृतघ्न
इति	अथ	कृत्रिम	स्वाभाविक
उत्थान	पतन	क्रय	विक्रय
उदय	अस्त	क्रिया	प्रतिक्रिया
उदार	संकीर्ण, अनुदार	कृश	स्थूल
उद्दण्ड, उद्धत	विनीत	कुरूप	सुन्दर
उद्यम	आलस्य	कुकर्म	सुकर्म
उन्नत	अवनत	कुटिल	ऋजु
उन्नति	अवनति	कोमल	कठोर
उपकार	अपकार	कंचन	माटी
उपत्यका	अधित्यका	क्षत	अक्षत
उपचय	अपचय	क्रोधी	शान्त
उपस्थित	अनुपस्थित	श्रुत	अश्रुत
उर्वर	अनुर्वर	क्षुद्र	महान्
उष्ण	शीत	खल	सज्जन
ऊँच	नीच	खुला	बन्द
ऋजु	कुटिल	गत	आगत
ऋत	अनृत	गमन	आगमन
ऋणी	उऋण	गरल	अमृत
ऐच्छिक	अनिवार्य	गरिमा	लघिमा
ऐश्वर्य	दारिद्र्य	गहरा	उथला, छिछला
औपचारिक	अनौपचारिक	गाढ़ा	पतला
कनिष्ठ	ज्येष्ठ	ग्राह्य	अग्राह्य, त्याज्य
कर्म	अकर्म	गुण	दोष
कल्पना	यथार्थ	गुरु	लघु, शिष्य
कीर्ति	अपकीर्ति, निन्दा	दानी	सूम, कृपण
गौण	मुख्य, प्रधान	दास	स्वामी
गौरव	लाघव	धनी	निर्धन
चर	अचर	धर्म	अधर्म
चल	अचल	धीर	अधीर
चंचल	स्थिर	धैर्य	अधैर्य
चिर	शीघ्र	नख	शिख

शब्द	विलोम	शब्द	विलोम
छल	निश्छल	नत	उन्नत
जटिल	सरल	नवीन, अर्वाचीन	प्राचीन
जड़	चेतन	नश्वर	अनश्वर
जय	पराजय	नागरिक	ग्रामीण
जरा	यौवन	निन्दा	स्तुति
जल	थल	निर्गुण	सगुण
जंगम	स्थावर	निद्रा	अनिद्रा
जीवन	मरण	निकट	दूर
ज्ञान	अज्ञान	निन्दा	प्रशंसा
ज्येष्ठ	कनिष्ठ	निरक्षर	साक्षर
ज्वार	शैथिल्य·	निर्यात	आयात
झीना	गाढ़ा	निरपेक्ष	सापेक्ष
तटस्थ	पक्षपाती	निरभिमानी	अभिमानी
तीक्ष्ण	कुंठित	नूतन	पुरातन
तीव्र	मन्द	पक्ष	विपक्ष
त्यागी	लोभी	पण्डित	मूर्ख
दक्षिण	वाम	पतिव्रता	कुलटा
दयालु	निर्दय	पराधीनता	स्वाधीनता
प्रसन्न	अप्रसन्न	परमार्थ	स्वार्थ
पश्चात्	पूर्व, पुरस्तात्	प्रत्यक्ष	अप्रत्यक्ष
पाप	पुण्य	मितव्ययता	अपव्यय
पाश्चात्य	पौरवात्य, पूर्वीय	मित्र	शत्र
पुण्यात्मा	पापात्मा	मितव्ययी	अपव्ययी
पुरातन	नूतन	मिथ्या	सत्य
पूर्ण	अपूर्व, रिक्त	मुख्य	गौण (अमुख्य)
प्रकाश	अन्धकार	मृत	अमृत
प्रत्यक्ष	परोक्ष	मृदु	कठोर
प्रवृत्ति	निवृत्ति	मौखिक	लिखित
प्रश्न	उत्तर	यश	अपयश
प्रसन्न	रुष्ट, अप्रसन्न	युगपद्	क्रमशः
प्रसाद	विषाद	युद्ध	शान्ति
फूल	काँटा	योगी	भोगी
बहुत	थोड़ा	योग्य	अयोग्य
भाग्य	दुर्भाग्य; अभाग्य	युक्त	अयुक्त

शब्द	विलोम	शब्द	विलोम
भाव	अभाव	रक्षक	भक्षक
भावी	अतीत	रचनात्मक	ध्वंसात्मक
भीत	निर्भय	रति	विरति
भीषण	सौम्य	राग	द्वेष
भूत	वर्तमान	राजा	रंक
भूरि	अल्प	रुग्ण	स्वस्थ
भूषण	दूषण	लघु	गुरु
मनुज	दनुज (राक्षस)	लाघव	गौरव
मान	अपमान	लालसा	अनिच्छा
मानव	दानव	लेन	देन
मान्य	अमान्य	सजीव	निर्जीव
मित	अमित	सत्	असत्
लोक	परलोक	सदाचार	दुराचार
वरदान	शाप	सन्धि	विग्रह
व्यय	आय	सफल	निष्फल, विफल
विधि	निषेध	सभ्य	असभ्य, बर्बर
विपदा	सम्पदा	सम	विषम
विष	अमृत	सम्मुख	विमुख
विक्रय	क्रय	सामान्य	विशेष
विजय	पराजय	स्तुति	निन्दा
विजेता	विजित	समष्टि	व्यष्टि
विधवा	सधवा	सुलभ	दुर्लभ
शकुन	अशकुन	सूक्ष्म	स्थूल
शयन	जागरण	सृजन	नाश, संहार
शिक्षित	अशिक्षित	सृष्टि	प्रलय
शान्त	अशान्त	सौभाग्य	दुर्भाग्य
शुद्ध	अशुद्ध	स्थिर	अस्थिर
शुभ	अशुभ	संकीर्ण	विस्तृत
शुभ्र	कृष्ण	संक्षेप	विस्तार
शुष्क	आर्द्र	संगठन	विघटन
शूरवीर	कायर	संपत्	विपद्
शोक	हर्ष	संयोग	वियोग
श्लाघा	निन्दा	संशय	निश्चय
श्रद्धा	अश्रद्धा	संदिग्ध	असंदिग्ध

शब्द	विलोम	शब्द	विलोम
श्वास	उच्छ्वास	संदेह	असंदेह
सकाम	निष्काम	स्वकीया	परकीया
सज्जन	दुर्जन	सार्थक	निरर्थक
साधर्म्य	वैधर्म्य	स्वतन्त्र	परतन्त्र
सुकर	दुष्कर	स्वाधीन	पराधीन
सुबोध	दुर्बोध	स्वार्थ	परमार्थ
सुमति	कुमति	हर्ष	शोक (विषाद)
सुरूप	कुरूप	हरा	सूखा
स्थावर	जंगम	हास	परिहास
स्थिर	अस्थिर	हेय	उपादेय
स्वर्ग	नरक	ह्रास	विकास
स्वकीय	परकीय	स्वच्छ	अस्वच्छ

(ख) साथ-साथ प्रयुक्त विलोम शब्द

हानि-लाभ	भाग-अभाग
सुख-दुख	जड़-चेतन
जय-पराजय	नूतन-पुरातन
आय-व्यय	फल-फूल
आदान-प्रदान	स्वर्ग-नरक
जीवन-मरण	धूप-छाया
राग-विराग	पात्र-कुपात्र
यश-अपयश	हँसना-रोना
लाभ-अलाभ	ह्रास-विकास
भद्र-अभद्र	हित-अहित
उचित-अनुचित	संयोग-वियोग
देव-दानव	उदय-अस्त
गुण-दोष	ऊँच-नीच
साक्षर-निरक्षर	मान-अपमान
मंगल-अमंगल	सर्दी-गर्मी
न्याय-अन्याय	धर्म-अधर्म
उत्थान-पतन	

(ग) 'अ' या 'अन्' पूर्व विरुद्धार्थक

चतुर	अचतुर	कर्म	अकर्म
होनी	अनहोनी	आर्ष	अनार्ष
न्याय	अन्याय	पवित्र	अपवित्र

पूर्ण	अपूर्ण	प्रधान	अप्रधान
लौकिक	अलौकिक	स्वीकृत	अस्वीकृत
फिट	अनफिट	सत्य	असत्य
आर्य	अनार्य	कृत्रिम	अकृत्रिम

स्वर से पूर्व 'अन्' तथा व्यञ्जन से पूर्व 'अ' जुड़ता है ।

3. तद्भव-तत्सम शब्द

तद्भव	तत्सम	तद्भव	तत्सम
अचरज	आश्चर्य	आँसू	अश्रु
अचारज	आचार्य	ईख	इक्षु
अजान	अज्ञ	ईंट	इष्टिका
अन्धा	अन्ध	ऊँट	उष्ट्र
पाधा	उपाध्याय	आठ, होंठ	ओष्ठ
अनजान	अज्ञानी	औसर	अवसर
अफीम	अहिफेन	कछुआ	कच्छप
अमी, अमिय	अमृत	कड़वा	कटु
असीस	आशिष	कपूर	कर्पूर
आग	अग्नि	कंधा	स्कंध
आज	अद्य	काग	काक
आठ	अष्ट	काज	कार्य
आधा	अर्द्ध	कान	कर्ण
आसरा	आश्रय	काम	कर्म
आँख	अक्षि	काँटा	कण्टक
कायर	कातर	दस	दश
किवाड़	कपाट	दही	दधि
कुम्हार	कुम्भकार	दीया	दीप
कुआं	कूप	दो	द्वि
कुल्हाड़ा	कुठार	धुआँ	धूम्र
कुंवारा	कुमार	नया	नव
कोयल	कोकिल	नंगा	नग्न
गधा	गर्दभ	निठुर	निष्ठुर
गीध	गृध्र	नींद	निद्रा
गोरा	गौर	नोन, लोन	लवण
घड़ा	घट	नेह	स्नेह
घर	गृह	नैन	नयन
धात	धातु	नौ	नव

तद्भव	तत्सम	तद्भव	तत्सम
घी	घृत	नया	नव, नवीन
घोड़ा	घोटक	पक्का	पक्व
चमार	चर्मकार	पछतावा	पश्चात्ताप
चाम	चर्म	पत्ता	पत्र
चाँद	चन्द्र	पत्थर	प्रस्तर
चिड़िया	चटका	पिरोत	पुरोहित
चून (आटा)	चूर्ण	पानी	पानीय
चूमना	चुम्बन	पाँव, पैर	पाद
छाता	छत्र	प्यास	पिपासा
जीभ	जिह्वा	फुर्ती	स्फूर्ति
झट	झटिति	बयार, बाय	वात
तुरन्त	त्वरित	बहिन	भगिनी
थन	स्तन	बहू	बधू
थल	स्थल	बात	वार्ता
बूंद	बिन्दु	रिस	रोष
ब्याह	विवाह	रूखा	रूक्ष
भतीजा	भ्रातृज	साँझ	सायम्
भीख	भिक्षा	ससुर	श्वसुर
भूखा	बुभुक्षित	साग	शाक
भौजाई	भ्रातृजाया	साई	स्वामी
भौंरा	भ्रमर	साँकल	शृंखला
मक्खी	मक्षिका	साँवला	श्यामल
मग	मार्ग	साँप	सर्प
माथा	मस्तक	सीख	शिक्षा
माँ	माता	सुग्गा	शुक
मिट्टी	मृत्तिका	सुहाग	सौभाग्य
मिताई	मित्रता	सूखा	शुष्क
मीठा	मिष्ट	सूत	सूत्र
मीत	मित्र	सौत	सपत्नी
मुंह	मुख	हाथ	हस्त
सच	सत्य	हाथी	हस्ती
सजन, साजन	सज्जन	हिय	हृदय

4. शब्द एक अर्थ अनेक

अक्षर—वर्ण अ (नहीं) + क्षर (नाशी) = परमात्मा, ब्रह्मा धर्म, विष्णु, तप।

अनन्त—आकाश, जिसका अन्त न हो।
अन्तर—भेद, फर्क, मध्य, अवसर अवधि, व्यवधान (बाधा)
अम्बर—वस्त्र, आकाश।
अंक—चिह्न, नाटक का एक भाग, गोद, नम्बर, गिनती।
अज—परमेश्वर, दशरथ का पिता, बकरा।
अर्क—सूर्य, आक का पौधा।
अर्थ—धन, ऐश्वर्य, मतलब (Meaning), प्रयोजन, हेतु, व्याख्या।
अपवाद—निन्दा, किसी नियम का विरोधी उदाहरण।
अरुण—सूर्य का सारथि, प्रभात का सूर्य, हल्का लाल रंग।
आराम—विश्राम, रोग दूर होना, शान्ति, बाग।
आम—एक फल, साधारण।
आलि—सखी, पंक्ति।
उत्तर—उत्तर दिशा, जवाब, बाद वाला।
और—योजक शब्द, तथा, दूसरा, अधिक।
कनक—धतूरा, सोना, गेहूँ (पंजाबी में)।
कर—हाथ, किरण, टैक्स, हाथी सूंड, करने की आशा।
कर्ण—कान, कुन्ती का सबसे पहला पुत्र।
कल—बीता दिन, आने वाला दिन, चैन, मशीन, सुन्दर, मधुर।
कला—आर्ट, सोलहवाँ भाग, चन्द्रकिरण।
काम—कार्य, कामदेव, मतलब, प्रयोजन, लालसा, लाभ।
कुल—समस्त, सब, वंश (खानदान)।
कृष्ण—काला, श्रीकृष्णचन्द्र।
कोष—शब्दकोश, खजाना।
ग्रहण—लेना, स्वीकार करना, सूर्य या चन्द्र का ग्रासन।
गिरा—वाणी, गिर पड़ा।
गुण—गुन (खूबी), स्वभाव, कौशल (चतुराई), रस्सी।
गुरु—भारी, उपदेश देने वाला, पढ़ाने वाला, दो मात्राओं वाला अक्षर (छन्द-शास्त्र में इसे गुरु कहते हैं), बृहस्पति ग्रह, भारी (बोझ वाला)।
गौ—गौ, बैल, भूमि, (गोलोक), वाणी, इन्द्रिय (जैसे—गोस्वामी)।
घट—शरीर, घड़ा, कम होना, हृदय।
घन—सघन, (घना गाढ़ा), बादल, हथौड़ा, दृढ़।
चक्र—एक अस्त्र, षड्यन्त्र, पहिया।
चपला—चंचल, स्त्री, बिजली, लक्ष्मी।
छत्र—छतरी, राजछत्र, कुकुरमुत्ता।
जड़—जड़, मूल, अचेतन, मूर्ख।

जलज—कमल, मोती, मछली, सेवार।

जीवन—जिंदगी, जल।

तनु—तन (शरीर), पतला, कृश।

तम—अँधेरा, पाप, तमोगुण, राहु।

तात—प्रिय (पिता, मित्र ज्येष्ठ भ्राता, लघु भ्राता, सबके लिए 'तात' प्रयुक्त होता है)।

ताल—तालाब, गीत का स्वर, ताली बजाना, ताड़ का पेड़।

तारा—सत्यवादी महाराज हरिश्चन्द्र की पत्नी का नाम, सितारा, आँख की पुतली।

दण्ड—डण्डा, सजा, एक व्यायाम।

दल—सेना, समूह (ग्रुप), पत्ता, पंखड़ी, पक्ष।

द्विज—पक्षी, ब्राह्मण, चन्द्रमा, द्विजन्मा।

धातृ—धाय, माँ, पृथ्वी।

नग—रत्न, नगीना, पहाड़, वृक्ष, सूर्य।

नव—नौ, नया।

नाक—स्वर्ग, नासिका, सम्मान।

नाग—साँप, हाथी, नागकेशर, मनुष्य की एक जाति।

निदेश—आज्ञा, निर्देश, कथा, अनुमति, उपदेश, पास।

निशाचर—राक्षस, उल्लू।

पक्ष—पंख, बल आधार, पन्द्रह दिन का समय, एक विशेष दल की तरफ के लोग।

पतंग—गुड्डी, सूर्य, पक्षी, कीट-पतंग।

पत्र—चिट्ठी, पत्ता, किसी धातु का पतरा।

पद—पदवी, पैर, स्थान, भाग, छन्द का एक चरण, उपाधि, शब्द (व्याकरण में) गीत (जैसे—सूरदास के पद)।

पय—पानी, दूध।

पयोधर—बादल, कुच (स्तन)।

पंच—निर्णय करने वाला, गाँव की पंचायत का पंच, पाँच की संख्या।

पृष्ठ—पीछे का भाग, पीठ, कापी या पुस्तक का पेज (सफा)।

पानी—जल, लाज, आब (फारसी), क्षार, तेजस्विता।

पूत—पवित्र, पुत्र।

पूर्व—पहले, एक दिशा (पूरब)।

पोत—पानी का जहाज, पक्षी का नन्हा बच्चा (शावक)।

फल—परिणाम, खाने का फल, चाकू या तलवार का फलका।

बल—ताकत, सेना, शक्ति, बलराज।

बलि—न्यौछावर, राजा बलि ।

बाल—बालक, केश, गेहूँ आदि की बालें ।

भव—शिव, संसार, जन्य, हेतु, बादल, कामदेव ।

भुवन—संसार, त्रिलोक ।

भूत—प्रेत (मरा प्राणी), बीता काल, पृथ्वी-जल-तेज-वायु-आकाश—ये पाँच महाभूत हैं । इन्हें पंच तत्त्व भी कहते हैं ।

मधु—मधुर, मीठा, शहद, मद (शराब), फूलों का रस (मकरन्द), मधुमास (चैत्र), वसन्त, अमृत, एक राक्षस (मधुकैटभ) ।

मन्त्र—सलाह, वेद की ऋचा, मोहनमन्त्र, जादू-मन्तर ।

मान—अभिमान, सम्मान, परिमाण (नाप-तौल), नक्षत्र के दिखाई देने का समय (दिनमान) ।

मित्र—सखा, सूर्य ।

मोद—प्रसन्नता, कस्तूरी, सुगन्ध ।

रस - फल या पेड़-पौधों का रस, कविता का आनन्द, सार, स्वाद, जल, पेय, रुचि, पारा, भक्ति ।

रक्त—लाल रंग, लाल रंग वाला, खून ।

राग—रंग, प्रेम, मोह, संगीत का रंग, लाली ।

वन—जल, जंगल ।

वर—श्रेष्ठ, दूल्हा, सुन्दर (जैसे—वर वितान) ।

विग्रह—शरीर, लड़ाई-झगड़ा, युद्ध ।

वर्ण—अक्षर, हरा-पीला-नीला आदि रंग, ब्राह्मण, क्षत्रिय, वैश्य, शूद्र—ये चार जातियाँ ।

वाम—बायाँ, उल्टा, स्त्री, बुरा, एक छन्द, कामदेव ।

वास—रहने का स्थान, रहना, कपड़ा, गन्ध ।

विधि—विधाता (ब्रह्मा), भाग्य, रीति (ढंग), कानून ।

ब्याज—छल, बहाना, सूद ।

शिखा—आग की लपट, चोटी, प्रकाश की किरण, नोक ।

सार—तत्त्व, फौलाद, खबर का निचोड़, सत ।

सारस—एक पक्षी, हंस, कमल ।

सारंग हिरण, साँप, मोर, बादल, कमल, हंस, घोड़ा, भौंरा, तालाब, एक राग का नाम ।

साल—वर्ष, घाव, शूल, एक वृक्ष ।

सूत—सारथि, (रथ हाँकने वाला), कर्ण (इसे सारथि ने पाला था), धागा ।

स्व—निज (अपना), धन ।

हरि—विष्णु, कृष्ण, राम, परमेश्वर, सूर्य, घोड़ा, चन्द्र, यम, वायु, सर्प,

मण्डूक, बन्दर, इन्द्र, शेर।

हंस—आत्मा, पक्षी की जाति, गुरु।

5. प्रायः समानाकार, सूक्ष्म भिन्नार्थक

अंश = भाग	अशु = किरण
अनल = आग	अनिल = वायु
अर्थ = धन, मतलब	अर्घ्य = जल चढ़ाना
अकार = 'अ' अक्षर	आकार = शक्ल, रूप-रेखा
अगम = जहाँ पहुँचा न जा सके	आगम = शास्त्र
अवधि = समय	अवधी = एक भाषा
अविराम = बिना रुके	अभिराम = मनोहर
अस्त्र = जो हथियार फेंककर मारा जाए	अस्त = छिपना
अवश्य = जरूरी	अवश = जिसका वश न चले
अपेक्षा = परवाह	उपेक्षा = लापरवाही
अलि = भ्रमर	आली = सखी
आदी = जिसे आदत हो	आदि = शुरू
आहत = घायल	आहुत = हवन किया
द्वीप = टापू	दीप = दीपक
कलि = कलियुग	कली = कलिका
पद = पदवी, स्थान, शब्द, गीत	पद्य = छन्द में बँधी वाक्य-रचना
पथ = मार्ग	पथ्य = परहेज
परिमाण = नाप-तौल	परिणाम = नतीजा
तुरंग = घोड़ा	तरंग = लहर
तरुणी = नौका	तरणि = सूर्य
पुरुष = मर्द	परुष = सूखा, कठोर
ग्रह = तारे आदि	गृह = घर
जलद = बादल	जलज = कमल
जामन = दूध जमाने की खटाई	जामिन = जमानती
प्रकार = ढंग, भेद	प्राकार = मुँडेरा
प्रतिज्ञा = प्रण	प्रतीक्षा = इन्तजार
प्रमाण = सबूत	प्रणाम = नमस्कार
पराभव = पराजय	प्रभाव = असर
प्रवर = श्रेष्ठ	प्रखर = तीव्र
प्रासाद = महल	प्रसाद = प्रसन्नता
पिछड़ा = पीछे रह गया	पिछला = बाद वाला, पीछे वाला

बदन =(उर्दू) शरीर	बदन =(संस्कृत) मुँह
बली =बलवान्	बलि =बलिदान, भेंद
बात =वार्ता	वात =पवन
बालू =रेत	भालू =रीछ
भ्रम =धोखा, भ्रान्ति	भ्रमण =घूमना, सैर करना
भुवन =संसार	भवन =घर
भाभी =भाई की स्त्री	भावी =भविष्य में होने वाली घटना
मंदर =पर्वत	मन्दिर =देवस्थान
मत =विचार, सलाह, सिद्धान्त	मति =बुद्धि
मध्य =बीच	मद्य =शराब
मातृ =माँ	मात्र =केवल
मूल्य =कीमत	मूल =जड़, मुख्य
मेल =मेल-जोल, एकता	मैल =मलिनता
यक्ष =एक योनि विशेष	यज्ञ =हवन
युगल =दो का जाड़ा	युग्म =जुड़वाँ
लक्ष्य =उद्देश्य, बिन्दु	लक्ष =लाख की संख्या
वध =हत्या	विधि =प्रकार, विधाता
वरण =स्वीकार करना, वर या वधू को चुनना	वर्ण =रंग, जाति, अक्षर
वस्तु =चीज	वस्तुतः =असल में, दरअसल
वहन =ले जाना या धारण करना	वाहन =सवारी, रथ आदि
व्यसन =ऐब, बुरी लत	वसन =वस्त्र
व्यजन =पंखा	व्यंजन =विशेष-खाद्य, क से ह तक वर्ण
विज्ञान =साइंस	विज्ञ =विशेष जानने वाला
विधान =अनुष्ठान, व्यवस्था	व्यवधान =रुकावट
विनियम =विशेष नियम	विनिमय =लेन-देन
व्यवहार =बर्ताव	विहार =घूमना, आनन्द मनाना
विद्या =ज्ञान, शिक्षा	विधा =प्रकार, भेद
विद्वत्तम =सबसे अधिक विद्वान्	विद्वत्ता =विद्यावान् होना
विधान =नियम	विधि =विधाता, कानून
विरुद =यश	विरुद्ध =खिलाफ
वृन्द =समूह	वृन्त =डंठल
शोक =अफसोस	शौक =रुचि
संकर =मिला-जुला, खिचड़ी	शंकर =शिवजी
सम्प्रति =अब	सम्प्राप्ति =प्राप्त होना

सकल=सारा, पूर्ण	शकल=टुकड़ा
समर=युद्ध	समीर=पवन
स्मर=कामदेव	स्मरण=याद करना
सर=तालाब	शर—बाण
शस्त्र=हथियार	शास्त्र=धर्मग्रन्थ
शुक्ल=सफेद	शुल्क=फीस
विस्मित=हैरान	स्मित=मुसकान
संग=संगति	संघ=समूह, संगठन
शौक=चाव	शोक=दुःख, अफसोस
सम्मान=आदर	समान=बराबर
सहित=समेत	स-हित=हित-सहित
सामान्य=मामूली, साधारण	सामान=वस्तुयें
स्मय—मुस्कान	विस्मय=आश्चर्य
स्वर्ग=देवलोक	सर्ग=सृष्टि-रचना
सुन=सुनना	सुन्न=सो गया
सुप्त=सोया हुआ	सप्त=सात
अनल=आग	अनिल=वायु
चर्म=चमड़ा	चरम=पराकाष्ठा (अन्तिम सीमा)
प्रकार=भेद	प्राकार=चारदीवारी
प्रसाद=कृपा	प्रासाद=महल
अवधि=सीमा	अवधी=एक भाषा
समिति=सभा	सम्मति=मत (राय)
चिर=देर	चीर=वस्त्र
व्यसन=आदत	वसन=वस्त्र
आधि=मानसिक रोग	व्याधि=शारीरिक रोग
तरणी=नौका	तरणि=सूर्य
भीति=भय	भित्ति=दीवार
उद्यत=तैयार	उद्धत=उद्दण्ड
पाप=धर्मविरुद्ध	अपराध=न्याय विरुद्ध
उदाहरण=मिसाल देना	उद्धरण=अंश
वित्त=धन	बीत=बीता हुआ
द्विप=हाथी	द्वीप=टापू
अनुक्त=अनुचित	आयुक्त=कमिश्नर
अभय=निडर=	उभय=दोनों
परिषद्=सभा	पार्षद=सभासद

सुर=स्वर	सूर=सूरदास (एक कवि)
सूत=सारथी, धागा	सुत=पुत्र
श्वेत=सफेद	स्वेद=पसीना
हरि=भगवान विष्णु	हरी=हरण की, हरे रंग वाली
हँस=हँसना	हंस=एक पक्षी

6. भिन्नाकार सूक्ष्म भिन्नार्थक

ध्यान दीजिए—कई शब्द समानार्थक प्रतीत होते हैं; किन्तु उनके प्रयोग में अन्तर रहता है। वह अन्तर सूक्ष्म होता है। उस पर ध्यान देने से प्रयोग अशुद्ध हो जाता है। नीचे कुछ ऐसे ही शब्द दिये गये हैं—

अबला-निर्बला—अबला स्त्री मात्र को कहते हैं, निर्बला केवल बलहीन नारी को कहा जाता है।

अभिमान-अहंकार—सच्चे गर्व को अभिमान कहते हैं, जैसे—हमें अपने देश पर अभिमान है; परन्तु अहंकार झूठे घमण्ड को कहते हैं, जैसे—मनुष्य को अहंकार नहीं करना चाहिए।

अवस्था-आयु—वर्तमान वय को अवस्था कहा जाता है, जैसे—पच्चीस वर्ष की अवस्था में उनका विवाह हुआ। आयु का अर्थ है किसी जीव, पक्षी या मनुष्य की पूर्ण आयु, जैसे—मनुष्य की अधिकतम आयु प्रायः सौ वर्ष है।

(**विशेष**—प्रायः व्यवहार में—'आपकी आयु कितनी है' ऐसा ही प्रयोग होता है।)

अलौकिक-अस्वाभाविक—किसी अद्‌भुत उत्तम वस्तु, गुण या व्यक्ति को अलौकिक कहते हैं, प्रकृति-विरुद्ध बात को अस्वाभाविक कहते हैं।

ईर्ष्या-द्वेष—किसी की उन्नति देखकर जलना ईर्ष्या है; किन्तु दूसरे के प्रति शत्रुता का भाव द्वेष है।

उद्योग-उपाय—परिश्रम या उद्यम को उद्योग कहते हैं; उपाय का अर्थ है किसी समस्या को हल करने की तरकीब या तरीका।

कृपा-दया-अनुग्रह—कृपा—दूसरों की सहायता; दया—दीन-दुःखियों पर हृदय पिघलना; अनुग्रह—प्रसन्न होने पर किसीका कोई बड़ा हित करना।

खेद-शोक-दुःख-कष्ट—खेद—साधारणतः मन अप्रसन्न होना। शोक—रोग मृत्यु आदि अति दुःखदायी घटना से दुःख होना। दुःख—किसी भी प्रकार शरीर, मन या आत्मा दुःखी होना। कष्ट—तकलीफ।

देखना-दर्शन करना—सामान्य व्यक्ति के या वस्तु के लिए 'देखना' कहा जाता है ? महानुभावों, बड़े-बूढ़ों, अफसरों, नेताओं, गुरुजनों और पवित्र स्थानों के लिए 'दर्शन करना' का प्रयोग होता है।

निर्णय-न्याय—निर्णय का अर्थ है फैसला (चाहे उसमें न्याय हुआ हो या नहीं)

न्याय का अर्थ है ठीक इंसाफ।

पाप-अपराध—ईश्वर, प्रकृति, समाज तथा धर्मशास्त्रों के विरुद्ध आचरण पाप है, राज्य-नियम या कानून का भंग करना अपराध है।

प्रेम-स्नेह-वात्सल्य—प्रेमी-प्रेमिका या पति-पत्नी के प्यार को प्रेम कहा जाता है; अपने से वय में छोटों के प्रति प्यार को स्नेह कहा जाता है; शिशुओं पर प्यार वात्सल्य कहलाता है।

श्रद्धा-भक्ति—सन्तों, महात्माओं, श्रेष्ठ जनों तथा धर्म-सम्प्रदाय आदि के प्रति सम्मान और विश्वास का भाव श्रद्धा कहलाता है; ईश्वर के प्रति विश्वास तथा पूजन-भजन भक्ति है।

भिन्न-विपरीत—भिन्न का अर्थ है अलग, और किसी वस्तु से समानता न होना; विपरीत का अर्थ है किसी वस्तु से बिलकुल उल्टा होना। जैसे—गुलाब चमेली से भिन्न प्रकार का फूल है; परन्तु काँटा फूल के विपरीत है—फूल कोमल है और काँटा कठोर।

भ्रम-सन्देह—रस्सी को देखकर उसे साँप समझना भ्रम है; किन्तु रस्सी को देखकर—'यह साँप' है या 'रस्सी'—इस तरह दुविधा में पड़े रहना सन्देह है, इसे संशय भी कहते हैं।

धर्म-मत—सत्य, न्याय, दया आदि मानवता के श्रेष्ठ और ऊँचे आदर्श तथा पूजा आदि धर्म है, मजहब, सम्प्रदाय या पंथ को 'मत' कहते हैं। मत बाहरी विधि-विधान और रिवाज आदि पर बल देता है।

मूर्ख-मूढ़-अनभिज्ञ—बुद्धिहीन व्यक्ति को मूर्ख कहा जाता है; जो कभी-कभी मूर्ख बन जाये उसे मूढ़ कहा जाता है; ज्ञानवान् को यदि किसी विशेष बात का पता न हो तो उसे अनभिज्ञ कहा जाता है। जैसे—नेहरूजी भी इस बात से अनभिज्ञ थे कि भारत-विभाजन के समय इतना रक्तपात होगा।

स्त्री-पत्नी—नारी मात्र के लिए स्त्री शब्द का प्रयोग होता है, किसीकी विवाहिता नारी को पत्नी कहते हैं।

लज्जा-ग्लानि—स्वभाव से ही किसी व्यक्ति के सम्मुख लजाना लज्जा है; किसी दोष या अपराध के कारण मन में बुरी तरह लज्जित होना ग्लानि है।

शंका-आशंका—कोई बात ठीक नहीं, यह भाव मन में आना शंका है, 'आशंका' शब्द वहीं प्रयुक्त होता है, जहाँ किसी आने वाले खतरे का भय हो।

भय-त्रास-आतंक—किसी अनिष्ट की आशंका भय है, किसी वस्तु या व्यक्ति से डर जाना त्रास है। जैसे—उसे साँप का त्रास सता रहा है। शत्रु या किसी बड़े अधिकारी का दबदबा आतंक कहलाता है। जैसे—पाकिस्तान को परास्त करने के बाद भारत का चीन पर भी आतंक बैठ गया है।

बहुमूल्य-अमूल्य—जो वस्तु साधारण से अधिक कीमती हो उसे बहुमूल्य कहते हैं और जिसके मूल्य का निश्चय न हो सके उसे अमूल्य कहते हैं।

यत्न-चेष्टा—कार्य के आरम्भ का प्रयत्न 'यत्न' है और कार्य के लिए आदि से अन्त तक प्रयत्न अर्थात् क्रिया 'चेष्टा' है।

वेदना-व्यथा-पीड़ा—शरीर सम्बन्धी या मानसिक तीव्र पीड़ा को 'वेदना' कहते हैं; विरह से या किसीकी अवज्ञा-अपमान आदि से 'व्यथा' होती है; साधारण शारीरिक कष्ट को 'पीड़ा' कहते हैं।

संवेदन-ज्ञान—इन्द्रियों द्वारा स्पर्श आदि की अनुभूति संवेदन है और किसी वस्तु, भाव, विचार आदि की मन को पूरी जानकारी 'ज्ञान' है।

तीर-तट—जल के पास किनारा तीर है। जल से दूर तक का विस्तृत भाग तट है।

सैकत-पुलिन—नदी-तट की रेतीली भूमि सैकत है। 'पुलिन' नदी-तट के पास की गीली भूमि को कहते हैं।

कलंक-अपयश—किसी कारण से अच्छे-भले चरित्र पर दोष लगाना कलंक है; कई कारणों से बदनामी फैल जाना अपयश है।

निवेदन-प्रार्थना-आवेदन—निवेदन प्रायः इच्छा से रहित होता है; प्रार्थना में कुछ-न-कुछ इच्छा रहती है; आवेदन अधिकारी या संस्था के सम्मुख नौकरी के लिए होता है, जिसे अंग्रेजी में (Application) कहते हैं।

प्रलाप-विलाप—प्रलाप का अर्थ है बकना, विलाप का अर्थ है किसीकी मृत्यु पर रोना-पीटना।

परिचर्या-सेवा-सुश्रूषा-पालना—परिचर्या रोगी की सेवा; सेवा साधारणतः हर प्रकार की हो सकती है; सुश्रूषा प्रायः अपने से बड़ी आयु वाले की होती है, पालना प्रायः अपने से छोटी आयु वाले की होती है।

मूल्यांकन-अवमूल्यन—किसीकी कीमत लगाना या महत्त्व जाँचना मूल्यांकन कहलाता है। विनिमय के सिक्कों की कीमत या दर घटाने को अवमूल्यन कहते हैं।

प्रतिदान-अनुदान—बदले में कुछ देने को प्रतिदान कहते हैं। अनुदान का अर्थ है आर्थिक सहायता (ग्रांट)।

7. एकार्थ भिन्नाकार सह-प्रयुक्त

(अ) एक ही अर्थ को बताने वाले भिन्नाकार शब्दों का एक साथ प्रयोग होता है। जैसे—

आमोद-प्रमोद	तर्क-वितर्क
कपड़ा-लत्ता	मार-पीट
काम-काज	डील-डौल
जीव-जन्तु	छान-बीन

चलना-फिरना	उछल-कूद
देख-भाल	काट-छांट
देख-रेख	रूप-रंग
दीन-हीन	तोड़-फोड़

(आ) कई बार एक ही अर्थ और आकार वाले शब्द का दो बार प्रयोग होता है। जैसे—

कातते-कातते	लिखते-लिखते
धीरे-धीरे	होते-होते
हौले-हौले	हँसते-हँसते
देखते-देखते	करते-करते
जाते-जाते	रोते-रोते
खाते-खाते	बोलते-बोलते

8. वाक्यांश सूचक शब्द

जो क्षमा न किया जा सके	**अक्षम्य**
जहाँ पहुँचा न जा सके	**अगम्य**
जिसे सबसे पहले गिनना उचित हो	**अग्रगण्य**
बड़ा भाई	**अग्रज**
जिसका जन्म न हो	**अजन्मा**
जिसका विश्वास न किया जा सके	**अविश्वसनीय**
छोटा भाई	**अनुज**
जिसकी उपमा न हो	**अनुपम**
ऐसी वस्तु जिसका कोई मूल्य न हो सके	**अमूल्य**
जो दूर की बात सोचे	**दूरदर्शी**
जो दूर की न सोचे	**अदूरदर्शी**
जिसका पार न हो	**अपार**
जो वस्तु या व्यक्ति दिखाई न दे	**अदृश्य**
जिसे किसीने देखा न हो	**अदृश्य**
जिसके समान कोई दूसरा न हो	**अद्वितीय**
जो थोड़ा जानता हो	**अल्पज्ञ**
ऐसे स्थान का वास जहाँ कोई पता न पा सके	**अज्ञातवास**
जो बहुत जानता हो	**बहुज्ञ**
जो सब कुछ जानता हो	**सर्वज्ञ**
जिसे बहुत ज्ञान हो	**ज्ञानी**
जो कभी बूढ़ा न हो	**अजर**

जो किसीसे ऋण ले	**अधमर्ण**
जो किसी को ऋण दे	**उत्तमर्ण**
जो सुधार करे	**सुधारक**
जो बिना वेतन काम करे	**अवैतनिक**
जो वेतन लेकर काम करे	**वैतनिक**
जो एक जाति से दूसरी जाति के बीच हो	**अन्तर्जातीय**
आशा से परे, आशा से कहीं बढ़कर	**आशातीत**
नीचे लिखा	**अधोलिखित या निम्नलिखित**
ऊपर कहा गया	**उपर्युक्त**
जिसकी बुद्धि कम हो	**अल्पबुद्धि**
ऊपर लिखा गया	**उपरिलिखित**
जिसका कोई आधार न हो	**निराधार**
आगे लिखा गया	**अग्रलिखित**
जो क्षीण न हो सके	**अक्षय**
चारों तरफ चक्कर काटना	**परिक्रमा**
जिसका कोई आसरा न हो	**निराश्रित**
श्रद्धा से जल पीना	**आचमन**
जो उचित समय पर न हो	**असामयिक**
जिसमें विष न हो	**निर्विष**
सहायक मन्त्री	**सह सचिव**
जिसका पति मर चुका हो	**विधवा**
जिसका पति जीवित हो	**सधवा**
जिसकी पत्नी मर चुकी हो	**विधुर**
बर्तन बेंचने वाला	**कसेरा**
जो सोचा भी न गया हो	**अतर्कित**
जिसे कर्त्तव्य न सूझ रहा हो	**किंकर्त्तव्यविमूढ़**
तीनों कालों की बात जानने वाला	**त्रिकालज्ञ**
पन्द्रह दिन का समूह	**पखवाड़ा**
जो उपकार को माने	**कृतज्ञ**
जो उपकार को न माने	**कृतघ्न**
जिसका उल्लंघन करना उचित नहीं	**अनुल्लंघनीय**
पढ़ने वाला	**पाठक**
जो सुने	**श्रावक, श्रोता**
जो पुस्तक या लेख आदि लिखे	**लेखक**

जिसकी चार भुजाएँ हों	**चतुर्भुज (विष्णु)**
लेख की नकल	**प्रतिलिपि**
जो संसार गें राबसे नढ़िया हो	**लोकातीत**
बर्षा के चार महीनों का समूह	**चौमासा**
जो सारे देश की हो	**सार्वदेशिक**
जो आँखों अथवा इन्द्रियों के सामने हो	**प्रत्यक्ष**
जो आँखों या इन्द्रियों के सामने न हो	**परोक्ष**
किसीको तुच्छ समझकर अनादर करना	**तिरस्कार**
किसी वस्तु या व्यक्ति को न अपनाना	**बहिष्कार**
जानने की इच्छा	**जिज्ञासा**
जो किसी वस्तु या घटना से डर गया हो	**भयभीत**
जिस व्यक्ति को जानने की इच्छा हो	**जिज्ञासु**
मीठा बोलने वाला	**मिठबोल, मधुरभाषी**
जिसे प्यास हो	**पिपासु**
जो एक प्रान्त से दूसरे प्रान्त के बीच में हो	**अन्तरप्रान्तीय**
जो प्यास से व्याकुल हो	**पिपासाकुल**
जो देर तक स्मरण करने योग्य हो	**चिरस्मरणीय**
विद्या पाने की इच्छा वाला	**विद्यार्थी**
समाज से सम्बन्ध रखने वाला	**सामाजिक**
केवल फल खाकर रहने वाला	**फलाहारी**
शाक-भाजी का भोजन करने वाला	**शाकाहारी**
माँस खाने वाला	**माँसाहारी**
जो साफ न किया गया हो	**अपरिमार्जित**
माँस न खाने वाला	**निरामिषभोजी**
आचार्य की पत्नी	**आचार्याणी**
जो स्वयं पढ़ाती हो	**आचार्या**
चार मुह वाला	**चतुरानन (ब्रह्मा)**
जो चिन्ता से घिरा हो	**चिन्ताग्रस्त**
जिसकी चिन्तायें दूर हो गयी हों	**चिन्तामुक्त**
दस आनन वाला	**दशानन (रावण)**
किसी देश पर राज्य चलाने के लिए नियम	**संविधान**
जो चाँदी जैसा सफेद हो	**रूपहला**
जो सोने जैसे रंग वाला हो	**सुनहला**
दस वर्षों का समूह	**दशाब्दी**
सौ वर्षों का समूह	**शताब्दी**

सात दिन का समूह	सप्ताह
पन्द्रह दिन का समूह	पखवाड़ा
छः महीनों का, या जो परीक्षा छः मास में दी जाती हो	षाण्मासिक
तीस दिनों का समूह	मास, महीना
महीने बाद होने वाली	मासिक
एक वर्ष बाद होने वाली	वार्षिक
लेने की इच्छा	लिप्सा
जो बातें बहुत कम करने वाली हो	मितभाषिणी
पति और पत्नी	दम्पती
नाप-तोलकर खर्च करने वाला	मितव्ययी
व्याकरण का विद्वान् या ग्रन्थकार	वैय्याकरण
तर्क-शास्त्र का ज्ञाता	तर्कशास्त्री
जो ईश्वर को माने	ग्रास्तिक
जो ईश्वर को न माने	नास्तिक
जो उचित रूप में लजाता हो	लज्जाशील
जिसे तनिक भी लज्जा न हो	निर्लज्ज
किसी साहित्य के ग्रन्थों का समूह	वाङ्मय
शिव का उपासक	शैव
विष्णु का उपासक	वैष्णव
शक्ति का उपासक	शाक्त
जैन मत (महावीर) को मानने वाला	जैनी
बुद्धमत को मानने वाला	बौद्ध
गांधीमत को मानने वाला	गांधीवादी
सबका उदय (उत्थान) चाहने वाला	सर्वोदयी
जिस बात का कोई वर्णन न हो सके	अवर्णनीय
साफ कहने वाला	स्पष्ट वक्ता
एक ही जाति के	सजातीय
दुबारा (अनुवाद करके) कहने वाला	दुभाषिया
इतिहास से सम्बन्ध रखने वाला	ऐतिहासिक
अर्थ (धन) से सम्बन्ध रखने वाला	आर्थिक
वित्त से सम्बन्ध रखने वाली	वित्तीय
जो किसीसे जीता न जाय	अजेय
जिसका कोई शत्रु पैदा न हुआ हो	अजातशत्रु
जिसकी समता (तुलना) न की जा सके	ग्रतुलनीय

जिसका आदि न हो	अनादि
जिसका अन्त न हो	अनन्त
जो परीक्षा में सफल हो	उत्तीर्ण
जो परीक्षा में सफल न हो	अनुत्तीर्ण
जिसे जवाब न सूझे	निरुत्तर
जिसपर मुकदमा हो	अभियुक्त
जिसे दण्ड देना उचित हो	दण्डनीय
जिसपर अपराध सिद्ध हो चुका हो	अपराधी
जिसे दण्ड दिया गया हो	दण्डित
जिसकी चिकित्सा कठिनता से हो	दु:साध्य
जिसकी चिकित्सा न हो सके	असाध्य
जिसकी चिकित्सा सुगमता से हो सके	सुसाध्य
जो किसीको मार डाले	हत्यारा
अपनी हत्या करनेवाला	आत्मघाती
जिसकी तीन भुजायें हों	त्रिभुज
जिसके चार पैर हों	चतुष्पाद (पशु)
जो दर्शनशास्त्र (फिलासफी) का विद्वान् हो	दार्शनिक
जिसका आचरण अच्छा हो	सदाचारी
जिसका आचरण अच्छा न हो	दुराचारी
जो व्यक्ति हरएक काम को देर से करे	दीर्घसूत्री
जो कार्य कठिनता से हो सके	दुष्कर
जो कार्य आसानी से हो सके	सुकर, सुगम
जो ग्राम में रहता हो	ग्रामीण
जो नगर में रहता हो	नागरिक, नगरवासी
जो किसी व्यक्ति या संस्था का प्रतिनिधित्व करता हो	प्रतिनिधि
जो अपने काम को जिम्मेदारी से सँभाले	उरत्तदायी
जिस पर विश्वास करना उचित हो	विश्वसनीय
जिसमें रस न हो	नीरस
जो दूसरों का उपकार करे	परोपकारी
जो देश से दगा करे	देशद्रोही
अवश्य करने योग्य कार्य	कर्त्तव्य
हाथ की लिखी हुई पुस्तक या लेख	पाण्डुलिपि
पूर्वी देशों से सम्बन्ध रखने वाला	पूर्वीय, पौरस्त्य. पौर्वात्य

पश्चिमी (योरुप के) देशों से सम्बन्ध रखने वाला	**पाश्चात्य**
बहुत तरह के रूप बना लेने वाला	**बहुरूपिया**
परिमित (सीमा) में बोलने वाला	**मितभाषी**
बहुत बोलने वाला	**वाचाल**
किसीकी ओर से बोलने वाला	**प्रवक्ता**
मुक्ति की इच्छा वाला	**मुमुक्षु**
शक्ति के अनुसार	**यथाशक्ति**
जो किसी काम की शक्ति न रखता हो	**असमर्थ**
दो कामों में से करने योग्य एक कार्य	**वैकल्पिक**
नष्ट होने से बची इमारत	**ध्वंसावशेष**
जो बोल न सके	**मूक**
जो सुन न सके	**बधिर**
जो लिखा-पढ़ा न हो	**अशिक्षित**
जो एक अक्षर न पढ़ा हो	**निरक्षर**
वीर पुत्रों को जन्म देने वाली	**वीरप्रसूता**
जिसके गर्भ में रत्न हो	**रत्नगर्भा**
जो सबको समान दृष्टि से देखता हो	**समदर्शी**
जो सब जगह मौजूद हो	**सर्वव्यापी**
जो रोग एक व्यक्ति से दूसरे को हो	**संक्रामक**
जिसका जन्म दो प्रकार से हो	**द्विजन्मा**
जो साथ पढ़ता हो	**सहपाठी**
जो आजकल का हो	**आधुनिक, अद्यतन**
जो सहनशक्ति रखता हो	**सहिष्णु**
जो अपनी इच्छा से सेवा करे	**स्वयंसेवक**
जो नगर में रहता हो	**नागरिक**
अपनी इच्छा से किया जा सकने वाला कार्य	**ऐच्छिक**
पिता से प्राप्त (सम्पत्ति) आदि	**पैतृक**
गोद लिया (पुत्र या पुत्री)	**दत्तक**
खरीदा गया गुलाम	**क्रीतदास**
भूगोल से सम्बन्ध रखने वाला	**भौगोलिक**
पृथ्वी से सम्बन्ध रखने वाला	**पार्थिव**
जिसकी कोई फीस न ली जाये	**निःशुल्क**
साधारण लोगों में कही जाने वाली बात	**किंवदन्ती**
जो व्यक्ति पहले किसी पद पर रह चुका हो	**भूतपूर्व**
जो बात पहले कभी न हुई हो	**अभूतपूर्व**

पलभर टिकने वाला	क्षणिक
कला (कविता, संगीत, नृत्य, मूर्ति, भवन आदि) का कर्त्ता	कलाकार
कलाकार की बनाई वस्तु	कलाकृति
रक्षा करने वाला	त्राता
भरण-पोषण करने वाला (पति)	भर्ता
लोगों में परम्परा से चली आयी कथा	दन्तकथा
नीति से सम्बन्ध रखने वाली बात	नैतिक
जिसका नाश अवश्यंभावी है	नश्वर
पुराणों से सम्बन्ध रखने वाला	पौराणिक
वेदों से सम्बन्ध रखने वाला	वैदिक
आयुर्वेद से सम्बन्ध रखने वाला	आयुर्वेदिक
अण्डे से पैदा होने वाला	अण्डज
जेर से पैदा होने वाला	जरायुज
जमीन फोड़कर पैदा होने वाला	उद्भिज
एक-दूसरे से सम्बन्ध रखने वाला	पारस्परिक
चारों ओर की	चतुर्मुखी
जिसका फल मिल गया हो	फलीभूत
भावना में बह जाने वाला	भावुक
दूसरे के मन की जानने वाला	अन्तर्यामी
दूसरे के मन की गहराई ताड़ने वाला	अन्तर्दर्शी
अनेक राष्ट्रों से आपस में सम्बन्ध रखने वाला	अन्तर्राष्ट्रीय
मन को प्रसन्न करने वाला	मनोरंजक
रक्षा करने वाला	रक्षक
खाने वाला	भक्षक
मारने वाला	संहारक
विमान चलाने वाला	वैमानिक
वन में पैदा होने वाला, रहने वाला	वन्य
सब जनता से सम्बन्ध रखने वाला	सार्वजनिक
सबके साथ मिलकर गाया जाने वाला	सहगान
अक्षर-अक्षर करके (हूबहू)	अक्षरशः
जिसका एक-एक शब्द मिलता हो	शब्दशः
जिसके आने की तिथि निश्चित न हो	अतिथि
जिसकी थाह (गहराई) न पता हो	अथाह
जिसका माँ-बाप या रक्षक न हो	अनाथ

जिसके स्वरूप का वर्णन न हो सके	अवर्णनीय
जिसे टाला न जा सके	अनिवार्य
जिसे काटा न जा सके	अकाट्य
जो अनुकरण (नकल) करने योग्य हो	अनुकरणीय
जिसका उदाहरण दिया गया हो	उदाहृत
जिसका उद्धरण दिया गया हो	उद्धृत
जो विश्वास अन्धाधुन्ध किया जाय	अन्धविश्वास
जो रीति बुरी हो	कुरीति
व्यापक या सामान्य नियम के विरुद्ध बात	अपवाद
जो कार्य मनुष्य के लिए उचित न हो या मनुष्य से न हो सके	अमानुषिक
जो काम मानवता के विरुद्ध हो	अमानवीय
जिसकी कल्पना भी न की जा सके	अकल्पित
बहुत अधिक नंगी शृंगार की बात	अश्लील
दूसरे के खाने के बाद बची वस्तु	उच्छिष्ट
जिसके खाने से बुद्धि बिगड़े	अमेध्य
जो बीत चुका हो	अतीत, गत
जो आने वाली है	भावी
'जो होगा देखा जायेगा' कहने वाला	यद्भविष्य
आने से पहले ही किसी बात को ताड़ने वाला	अनागत विधाता
बात को तुरन्त ताड़ लेने वाला	प्रत्युत्पन्नमति
जिसने ऋण ले रखा हो	ऋणी
जिसने ऋण चुका दिया हो	उऋण
जो काम से जी चुराये	कामचोर
जो दूसरों की निन्दा करे	चुगलखोर
जिस पर्वत की चोटी से ज्वाला निकलती हो	ज्वालामुखी
जो सत्य तीनों कालों में अकाट्य हो	त्रिकालबाधित
जो रचना या बात संसार के सब देशों तथा कालों में सबसे परे हो	देशकालातीत
समय पर काम चलाने वाला	कामचलाऊ
जिसके नीचे रेखा हो	रेखांकित
बात साफ-साफ कहने वाला	स्पष्टवादी, स्पष्टवक्ता
आकाश में विचरने वाला	नभचर
बुद्धि ही जिसकी आँखें हैं	प्रज्ञाचक्षु
बुरे मार्ग पर चलने वाला	कुमार्गगामी

जो काम मनुष्य से न हो सके	**अमानवीय**

9. सजीवों की ध्वनियाँ

कोयल—कू-कू, कहू-कहू	**कौआ**—कांव-कांव
गीदड़—हुआँ-हुआँ	**मोर**—कूकना, पैं-पैं
कबूतर—गुटरगूं	**मुर्गा**—कुकड़ कूं
घोड़ा—हिनहिनाना	**चिड़िया**—चहचहाना
बिल्ली—म्याऊँ	**सिंह**—गर्जना
मेढक—टर्राना	**झिल्ली**—झींझी
हाथी—चिंघाड़ना	**मक्खी**—भिनभिनाना
तोता—टैं-टैं करना	**भौंरा**—गुंजारना
गाय—रँभाना	**कुत्ता**—भौं-भौं करना
गधा—रेंकना	**सांप**- फुंकारना
भेड़-बकरी—मिमियाना	

10. निर्जीवों की ध्वनियाँ

चारपाई	चर्र-चर्र करती है।
बादल	गरजता है।
बिजली	कड़कती है।
घड़ी	टिक-टिक करती है।
घण्टी	टन-टन करती है।
वायु	सायँ-सायँ करती है।
रुपये	ठनकते हैं।
दांत	किटकिटाते हैं।
चिता	धू-धू करती है।
झरना	झर-झर करता है।
खड्ग	खनकते हैं।
खांडा	खड़कता है।
डमरू	डिमडिम बजता है।
ढोल	ढमढम बजता है।
नगाड़ा	ढमढम बजता है।
नदी	कल-कल करती है।
बूंदें	टपटप करती हैं।
गोली	सनसनाती है।
मोटर	पों-पों करती है।
रेल	छक्-छक् करती है।

इंजन	फक-फक करता है।
गाड़ी	धड़धड़ाती है।
कलियां	चट-चट चटकती हैं।
दिल	धड़कता है।
सूखा पत्ता	खड़खड़ाता है।
पंख	फड़फड़ाते हैं।
बन्दूक	धायँ-धायँ करती है।

11. विशेषणों की रचना

अंक	अंकित	अह्न	आह्निक
अंगीकार	अंगीकृत	अर्थ	आर्थिक
अंग्रेज	अंग्रेजी	आकाश	आकाशीय
अंश	आंशिक	आंचल	आंचलिक
अग्नि	आग्नेय	आत्मा	आत्मिक
अज्ञान	अज्ञात	आदर	आदरणीय, आदृत
अध्यात्म	आध्यात्मिक	इच्छा	इच्छुक, ऐच्छिक
अनुकरण	अनुकरणीय	इतिहास	ऐतिहासिक
अन्त	अन्तिम	ईश्वर	ईश्वरीय
अन्तर	आन्तरिक, अन्तरिम	ईर्ष्या	ईर्ष्यालु
अनादर	अनादृत	ऊँचाई	ऊँचा
अपमान	अपमानित	उद्योग	उद्योगी
अनुवाद	अनूदित, अनुवादित	उद्यान	औद्यानिक
अपेक्षा	अपेक्षित	उपकार	उपकारी
उपासना	उपास्य	घृणा	घृणित
उपेक्षा	उपेक्षित	चमक	चमकीला
उरु	औरस	चलना	चालू
ऋषि	आर्ष	चाचा	चचेरा
एक	एकाकी, अकेला	चिकित्सा	चिकित्सक
	ऐकिक	चौकसी	चौकस
ऐश्वर्य	ऐश्वर्यशाली	छेद	छिन्न
ओज	ओजस्वी	जर्मनी	जर्मन
कण्ठ	कण्ठ्य	जहर	जहरीला
कपट	कपटी	जागना	जागरूक
कर्म	कर्मठ	जिज्ञासा	जिज्ञासु
काम चलाना	कामचलाऊ	ज्ञान	ज्ञानी, ज्ञानवान्

काँटा	कँटीला	झगड़ा	झगड़ालू
क्रिया	क्रियात्मक	झूठ	झूठा
कुल	कुलीन	डर	डरा हुआ
क्रोध	क्रोधी, क्रुद्ध	ढलान	ढालू
कोढ़	कोढ़ी	तप	तपस्वी
खेद	खिन्न	तम	तामसी, तामसिक
खोज	खोजी	तालु	तालव्य
गान	गवैया	तीन	तीसरा
ग्राम	ग्राम्य, ग्रामीण	तेज	तेजस्वी, तपी
गुण	गुणी	दमन	दमनीय
गोप	गुप्त	दल	दलीय
घना	घनिष्ठ	दया	दयालु
घर	घरेलू	दान	दानी, दाता
घाव	घायल	दुष्ट	दुष्टता
दिन	दैनिक	नोक	नुकीला, नोकदार
दूध	दुधारू, दूधिया	नाद	नादित
देव	दिव्य, दैवी	पेच	पेचीदा, पेचदार
देश	देशी, देशीय	पेशा	पेशेवर, पेशेवाला
देह	दैहिक, देही	पेशावर	पेशावरी
देहली	देहलवी	प्रेम	प्रेमी
द्वेष	द्वेषी	पंक	पंकिल
दैव	दैविक, दैवी	पक्ष	पाक्षिक
द्रव	द्रवित	पल्लव	पल्लवित
धर्म	धार्मिक	प्रकृति	प्राकृतिक, प्रकृतिस्थ
ध्यान	ध्यानी	प्रदेश	प्रादेशिक
नगर	नागरिक	पश्चिम	पाश्चात्य, पश्चिमी
नमन	नमित	पहरा	पहरेदार
नमक	नमकीन	प्यास	प्यासा
नरक	नारकीय	प्रयत्न	प्रयत्नशील
नाम	नामी	प्रान्त	प्रान्तीय
न्याय	न्यायकारी, नैयायिक	पिता	पैतृक
अन्याय	अन्यायी	पिपासा	पिपासित, पिपासु
नाश	नाशवान्, नश्वर, नष्ट	पूजा	पुजारी
निर्णय	निर्णीत	पूर्व	पूर्वीय
निन्दा	निन्दित, निन्दनीय	पोषण	पोषक, पुष्ट

निन्दा	निन्द्य	लड़ना	लड़ाका, लड़ाकू
निर्वासन	निर्वासित	बाट	बटोही
नीच	निचला	फल	सफल, फलित
नीच	नीचल फलवान्	फँसना	फँसा
नीति	नैतिक	मोह	मोहित, मुग्ध
फ्रांस	फ्रांसीसी, फ्रैंच	यज्ञ	याज्ञिक
फूफा	फुफेरा, फुफेरी	यत्न	यत्नज, यत्नशील
बकवाद	बकवादी	यश	यशस्वी
बन	बनैला	युक्ति	युक्तियुक्त
बल	बलवान्	युग	युगीन
बहिर्	बाह्य	युद्धकाल	युद्धकालीन
बाहर	बाहरी	यूरोप	यूरोपीय, यूरोपियन
बाद	बादवाला	योजना	योजित
बुद्धि	बुद्ध, बुद्धिमान	योग	यौगिक
	बौद्धिक	रंग	रंगीला, रंगदार
बुभुक्षा	बुभुक्षित	प्रभाव	प्रभावशाली
विनय	विनयशील	रंज	रंजीदा (उर्दू)
बूझ	बुझक्कड़	रक्षा	रक्षक
भय	भयभीत, भयानक	रजोगुण	रजोगुणी
भागना	भगोड़ा	रस	रसिक, रसीला
भारत	भारतीय	राक्षस	राक्षसी (वृत्ति)
भूत	भौतिक	राज्य	राजकीय
भीगना	भीगा	राजा	राजसी
भेद	भिन्न	राष्ट्र	राष्ट्रीय
मंगल	मांगलिक	रिक्शा	रिक्शावाला
मन	मानसिक, मनस्वी	ऋजुता	ऋजु
मांस	मांसल	रूप	रूपवान
मास	मासिक	रूपा	रुपहला
मामा	ममेरा	रोष	रुष्ट
मुख	मुख्य, मुखिया	लक्ष	लक्षित
	मौखिक	लाभ	लाभान्वित
मूल्य	मूल्यवान	श्रद्धा	श्रद्धालु
लचक	लचकीला	श्रुति	श्रोतृ
लट्ठ	लठैत	श्लेष	श्लिष्ट, (जुड़ा, दो अर्थों वाला

लाल	लाली	शिष्टता	शिष्ट
लालच	लालची	शौर्य	शूर
लिप्सा	लिप्सु	षट्	षष्ठ
लोभ	लोभी, लुब्ध	षण्मास	षाण्मासिक
वर्चस्	वर्चस्वी	संकोच	संकुचित
वन	वन्य, वनैला	संचय	संचित
वध	वध्य	संश्लेष	संश्लिष्ट
वरण	वृणीत	सच	सच्चा
वर्ष	वार्षिक	स्तन	स्तन्य (दूध)
वायु	वायव्य	स्वर	स्वरीय
व्याकरण	वैयाकरण	भूलना	भुलक्कड़
हँसना	हँसोड़	स्थान	स्थानीय
व्याख्या	व्याख्याता	स्मरण	स्मरणीय
विदेश	विदेशी	सत्त्व	सात्त्विक
विद्या	बिद्यावान्,विद्वान्	स्वतन्त्रता	स्वतन्त्र
विधान	वैधानिक	स्वप्न	स्वप्निल
विपत्ति	विपन्न	सतोगुण	सतोगुणी
विमान	वैमानिक	सभा	सभ्य
विश्वजन	विश्वजनीन	संगति	संगत
विश्वास	विश्वासी, विश्वस्त	संपत्ति	संपन्न
विष	विषैला, विषाक्त	सर्वांग	सर्वांगीण
विस्मय	विस्मित	स्वर्ग	स्वर्गिक
शरद	शारदी, शारदीय	स्वर्ण	स्वर्णिम
शराफत	शरीफ	संसार	सांसारिक
शिव	शैव	स्नेह	स्नेही
शीत	शीतल	स्वाद	स्वादिष्ट
श्रम	श्रान्त	स्मर्	स्मरणीय
संध्या	सांध्य	हम	हमारा
संयम	संयमी	हत्या	हत्यारा
संध्याकाल	संध्याकालीन	हँसना	हँसोड़
सप्ताह	साप्ताहिक	हानि	हानिकारक
सर्वजन	सार्वजनिक,	हित	हितकारी
	सार्वजनीन	हिम	हिमवान
साँप	सँपेरा	हिंसा	हिंसक
सोना	सुनहरा	हिन्दुस्तान	हिन्दुतानी

12. भाववाचक संज्ञाओं का निर्माण

सर्वनाम शब्दों से—

मम	ममत्व, ममता	अहं	अहंकार
अपना	अपनत्व, अपनापन	तत्	तत्त्व
निज	निजत्व	स्व	स्वत्व

संज्ञा शब्दों से—

पंच	पंचायत	रंग	रंगत
सिंह	सिंहत्व	सज्जन	सज्जनता
शूर	शौर्य	वैद्य	वैद्यक
मनुष्य	मनुष्यता	लड़का	लड़कपन
ढंग	ढंगी	नृप	नृपत्व
मीत	मिताई	पुरुष	पुरुषत्व, पौरुष
साधु	साधुत्व	चोर	चोरी, चौर्य
ठाकुर	ठकुराई	कारीगर	कारीगरी
स्वामी	स्वामित्व	भ्राता	भ्रातृत्व, भ्रातृभाव
मित्र	मित्रता	मैत्री	सखा, सख्य
सुजन	सौजन्य	गुरु	गौरव, गरिमा
कुमार	कौमार्य		गुरुता
शिशु	शैशव, शिशुता	इनसान	इनसानियत
युवा	यौवन	नर	नरत्व
वकील	वकालत	नारी	नारीत्व
विद्वान्	विद्वत्ता	भार	भारीपन
बाल	बालपन	भाई	भाईचारा
चिकित्सक	चिकित्सा	अमर	अमरत्व
ब्राह्मण	ब्राह्मणत्व	इच्छा	ऐषणा
क्षत्रिय	क्षत्रियत्व	ईश्वर	ऐश्वर्य
डाकू	डाका, डकैती	देव	देवत्व
दास	दासता, दासत्व	प्रभु	प्रभुत्व, प्रभुता

विशेषण शब्दों से—

पण्डित	पाण्डित्य	चतुर	चतुरता, चतुराई
आलसी	आलस्य	चालाक	चालाकी
नीच	नीचता, निचाई	विधवा	वैधव्य
ऊँच	ऊँचाई	मीठा	मिठास
लम्बा	लम्बाई	खट्टा	खटास, खटाई

मोटा	मोटापा	खोटा	खुटाई
बूढ़ा	बुढ़ापा	वृद्ध	वृद्धत्व, वार्द्धक्य
राँड	रँडापा	राजकीय	राजस्व
मधुर	मधुरता, माधुर्य	सरल	सरलता
चरपरा	चरपरापन	साधु	साधुत्व, साधुता
तिक्त	तिक्तता	सुजान	सुजानता
धीर	धीरता, धैर्य	तीखा	तीखापन
ढीठ	ढिठाई	बाँका	बाँकापन
पतित	पतन	चिकना	चिकनाहट
बड़ा	बड़प्पन	बाँझ	बाँझपन
छोटा	छुटपन	गम्भीर	गाम्भीर्य, गम्भीरता
भला	भलाई	कातर	कातरता
बहुत	बहुतायत	कठिन	कठिनाई, काठिन्य
कम	कमी		कठिनता
मलिन	मलिनता, मालिन्य	कटु	कटुता
मम	ममत्व	एक	एकता, एकत्व
लघु	लघुता, लाघव	दो (द्वि)	द्वित्व
	लघुत्व	उचित	औचित्य
गुरु	गौरव	मूर्ख	मूर्खता
जंगली	जंगलीपन	मजदूर	मजदूरी
वंध्या	वंध्यत्व	स्वस्थ	स्वास्थ्य

क्रिया से—

अस्ति	अस्तित्व	चलना	चाल
उभारना	उभार	मारना	मार
पहचानना	पहचान	मिलना	मिलावट
पढ़ना	पढ़ाई	गाना	गान
दौड़ना	दौड़	कहना	कहावत, कहावत
लिखना	लिखाई, लिखावट	चमकना	चमक
झगड़ना	झगड़ा	चौंधियाना	चौंध
खेलना	खेल	कौंधना	कौंध
चुनना	चुनाव	बरसना	बारिश
उठना	उठान	पीसना	पिसाई
बैठना	बैठक	रोना	रुलाई
जलना	जलन	नहाना	नहान
चूकना	चूक	पालना	पालन

भूलना	भूल	पहनना	पहनावा, पहरावा
जागना	जागरण, जाग	गिरना	गिरावट
जाग्रत होना	जागृति	घबराना	घबराहट
सोना	स्वप्न	घुड़कना	घुड़की
कूदना	कूद, कुदान	धोना	धुलाई
बोना	बुवाई	मिलना	मिलाप, मेल
रँगना	रँगाई	कहना	कहावत
माँगना	माँग	मुकरना	मुकरी
ठगना	ठगी	भिड़ना	भिड़ाई, भिड़न्त
पीना	पान	थकान	थकावट
हारना	हार	चिल्लाना	चिल्लाहट
हँसना	हँसी	बौखलाना	बौखलाहट

अभ्यास

1. निम्नलिखित शब्दों के समानार्थक लिखिए—
पानी, पृथ्वी, वायु, समुद्र, कमल, नौकर, स्त्री।
2. नीचे लिखे शब्दों के विपरीतार्थक लिखिए—
सज्जन, साकार, आकाश, पुण्य, आदि, कुटिल, यश, हानि, आयात, दया, संशय, कृपण।
3. निम्नलिखित शब्दों के विशेषण बनाइए—
विष्णु (वैष्णव), ईर्ष्या, पुराण, सप्ताह, लूटना, व्याकरण, हृदय, मन, ग्राम, शहर।
4. निम्नलिखित शब्दों से भाववाचक संज्ञायें बनाइए—
काला, माता, समान, प्रचण्ड, ऊँचा, चढ़ना, पढ़ना।
5. 'तद्भव' की परिभाषा लिखकर निम्नलिखित शब्दों के 'तत्सम' लिखिए—
आम (आम्र), हाथ, मुँह, दूध, कोयल, साग, धरती, हाथी, दही, जीभ।
6. वाक्य बनाकर निम्नलिखित शब्द-युग्मों में अन्तर बताइए—
(क) अस्त्र-शस्त्र, आवश्यक-अनिवार्य।
(ख) ईर्ष्या-स्पर्धा, अभिज्ञ-अनभिज्ञ, अवस्था-आयु।
(ग) प्रमाण-परिमाण, विमर्श-विमर्ष।
7. नीचे लिखे वाक्यों में रिक्त स्थानों को कोष्ठक में दिये गये उचित शब्दों से भरिए—
(क) मोहन झूठ बोलने का……है। (आदि, आदी)

(ख) हमारे गाँव में राजनैतिक दल भेदभाव का········कर रहे हैं।
(प्रचार, प्रसार)

(ग) बीस रुपये एकत्रित करना मेरा·········है। (लक्ष्य, लक्ष)

(घ) यमुना के········पर कदम्ब का वृक्ष है। (कुल, कूल)

(ङ) चौदह वर्ष की·········समाप्त होने पर ही श्री रामचन्द्रजी अयोध्या लौटे। (अवधि, अवधी)

(च) छत्रपति शिवाजी सदैव·········पर सवार होकर युद्ध करते थे।
(तुरंग, तरंग)

(छ) चेतक·········की गति से दौड़ता था। (अनल, अनिल)

8. शब्द-युग्मों के अर्थों में अन्तर स्पष्ट कीजिए—
पुरुष-परुष, प्रमाण-परिमाण, कर्म-क्रम, अवधि-अवधी, आधि-आधी, शस्त्र-शास्त्र।

9. निम्नलिखित शब्दों का भिन्न-भिन्न अर्थों में प्रयोग करते हुए वाक्य बनाइए—
पक्ष, पत्र, गुरु, तनु, कर, द्विज, अर्थ, उत्तर।

10. इनके अर्थ में सूक्ष्म अन्तर बताइए—
पुत्र-बालक, स्त्री-पत्नी, पुरुष-पति, द्वेष-घृणा, अहंकार-आत्माभिमान।

11. निम्नलिखित शब्द-समूहों के लिए एक-एक शब्द दीजिए—

(1) जिस पर विश्वास न किया जा सके। जिसका भाग्य अच्छा न हो। जिसमें दया न हो। जिसके कोई सन्तान न हो। सब कुछ जानने वाला। काम से जी चुराने वाला। जो कभी न मरे। जो राजनीति जाने।

(2) जिसमें कोई विकार न हो। जिसमें सन्देह न हो। जो नष्ट न होने वाला हो। जो जानने की इच्छा रखता हो। जिसके समान कोई दूसरा न हो। जिसका ज्ञान थोड़ा हो। जो जाना न जा सके। जिसको भय न हो।

(3) जो दिखाई न दे। जिसके समान दूसरा न हो। पहले कहा गया। आँखों के सामने। जिसका पति जीवित हो। जहाँ पहुँचा न जा सके। जिसकी उपमा न हो। जो आँखों के सामने न हो। जिसमें विष हो। जिसका पति जीवित न हो।

(4) जिसकी तुलना न हो सके। गाँवों में रहने वाला। जिसका आकार न हो। जो विष्णु का भक्त हो। जिस पुरुष की पत्नी मर गयी हो। किये हुए उपकार को मानने वाला। जिसका वर्णन न हो सके। देखने ही योग्य। दूर की बात देखने वाला। शक्ति के अनुसार। जो प्राणी जल में रहे। जो उत्तर न दे सके। दुष्ट बुद्धि वाला।

(5) जिसके हाथ में चक्र हो। तीनों लोकों का स्वामी। जो सभी का प्रिय हो। जो लज्जा-विहीन हो। भ्रष्ट आचरण वाला। अत्यधिक बोलने वाला। जहाँ कोई मनुष्य न रहता हो। जो ईश्वर को न माने। जो सरलता से प्राप्त हो। जिसका अन्त न हो।

(6) जिसमें दया हो। जिसमें सन्देह हो। नगर में रहने वाला। साफ-साफ कहने वाला। बिना वेतन के कार्य करने वाला। थोड़ा बोलने वाला। जिसका कोई अर्थ न हो। वह पहाड़ जिससे आग निकलती हो। अपना मतलब पूरा करने वाला।

12. निम्नलिखित शब्दों के तीन-तीन पर्यायवाची लिखिए—

आदित्य, उदधि, मेघ, नेत्र, गज, पर्वत, भ्रमर, आकाश, पृथ्वी, जल, युद्ध, स्त्री, वायु, सूर्य, आग, चन्द्र, कमल, दूध, फूल, किरण, गंगा, किनारा, सेना, पर्वत, शेर, मनुष्य, धन, सौन्दर्य, माधुर्य, शिव, जंगल, मित्र, राजा, पक्षी, परमात्मा, दिन, समुद्र, नदी, पत्नी।

13. निम्नलिखित शब्दों के विलोम शब्द लिखिए—

सन्तोष, आस्तिक, निर्बल, प्राचीन, आयात, कटु, विनय, यश, सन्धि, प्रलय, हर्ष, सरस, आकर्षक, आदर, उन्नति, उदय, उदार, जंगम, कृपण, यौवन, निरर्थक, आदान, आय, कृत्रिम, प्रकट, कृष्ण, तरल, स्थावर, नूतन, विकास, सज्जन, उपकार, आदि, अमृत, स्वर्ग, देवता, सेवक, पण्डित, प्रशंसा, गुण, नर, जय, सत्य, प्रकाश, मानव, रात्रि, चेतन।

26

वाक्य-विचार

(वाक्य-रचना)

पदों का परस्पर ठीक सम्बन्ध रखने से ही शुद्ध वाक्य-रचना होती है। पदों का सम्बन्ध परस्पर ठीक रखने के लिए अन्वय, क्रम और वाक्य-प्रयोग को ध्यान में रखना आवश्यक है।

अन्वय

वाक्यगत शब्दों का परस्पर लिंग, वचन, पुरुष आदि के अनुसार जो सम्बन्ध होता है उसे अन्वय या मेल कहते है।

जैसे—राधा लिखती है। इस वाक्य में 'लिखना' क्रिया के लिंग, वचन, पुरुष राधा' कर्त्ता के अनुसार हैं, क्रिया और कर्त्ता का अन्वय है।

अन्वय और मेल क्रिया का कर्त्ता से, सर्वनाम का संज्ञा से, सम्बन्ध का सम्बन्धी से और विशेषण का विशेष्य से होता है।

(1) कर्त्ता विभक्त-रहित हो तो क्रिया कर्त्ता के अनुसार होती है। जैसे—मैं लिखता हूँ, तू लिखता है, रुद्र लिखता है, सरला लिखती है, विमला लिखेगी।

(2) एक से अधिक एकवचन के कर्त्ता होने पर क्रिया बहुवचन में आती है। जैसे—कान्ता और किशोरी पढ़ रही हैं।

अपवाद—अनेक शब्दों से यदि एक ही अर्थ प्रतीत होता हो तो क्रिया एकवचन में आती है। जैसे—इसमें भला और बुरा यही हे। मेरे पास धन और सम्पत्ति पर्याप्त है। गाय का रंग और रूप अच्छा है।

(3) विभक्ति-रहित अनेक कर्त्ताओं के बाद यदि समुदायवाचक शब्द आये तो क्रिया उसीके अनुसार आती है। जैसे—इस नगर के बाल, युवा, वृद्ध पुरुष सबके-सब बलवान् हैं। कुबड़े, लँगड़े, अन्धे, बहरे, कोढ़ी समुदाय-का-समुदाय आगे बढ़ रहा था। साधु-संन्यासी, यति, तपस्वी, ब्रह्मचारी, वानप्रस्थी, भीड़-की-भीड़ यज्ञमण्डप की ओर जा रही थी।

(4) आदर के लिए बहुवचन की क्रिया आती है। जैसे—कालिदास कहते हैं कि···।

(5) एक वाक्य में अनेक कर्त्ता बहुवचन में हों अथवा मिश्रित हों तो क्रिया के लिग, वचन, पुरुष अन्तिम कर्त्ता के अनुसार होते हैं। जैसे—एक बालक, पाँच पुरुष और सात बालिकाएँ रामायण पढ़ रही हैं। यदि वाक्य में अनेक कर्त्ता एकवचन में हो तो क्रिया पुँल्लिग और बहुवचन में आती है। जैसे—जुलाहा, बनिया, सँपेरा, घसियारा और धोबिन गाँव को जा रहे हैं।

(6) तीनों पुरुषों के मेल में, उत्तमपुरुष और मध्यम पुरुष के मेल में, तथा उत्तमपुरुष और अन्य पुरुष के मेल में, क्रिया उत्तम पुरुष में आती है। जैसे—हम, तुम और वे जाते हैं। हम और तुम चलेंगे। हम और वे बैठेंगे। मध्यम पुरुष और अन्य पुरुष के मेल में क्रिया मध्यम पुरुष में आती है, जैसे—वे और तुम जाओगे।

(7) अनेक क्रियाओं का यदि एक ही कर्त्ता हो तो वह एक ही बार आता है और यदि उन क्रियाओं में लगे हुए सहायक क्रिया के रूप समान हों तो वे अन्तिम क्रिया के ही साथ लगाये जाते हैं। जैसे—सुरेश, पत्र लिखता, पान चबाता, नौकर को डाँटता और पैर पटकता था। मोहन गाता-बजाता और नाचता-कूदता भी है। असमान सहायक क्रिया के रूप भी अपनी-अपनी क्रिया के साथ लगते हैं। जैसे रुद्र किसी से भी नहीं डरता था; पर अब कालू कुम्हार के सामने काँप रहा है और सम्भवतः भविष्य में और भी कायर हो जाये।

(8) कर्त्ता विभक्तिरहित होने पर ही क्रिया कर्त्ता के अनुसार आती है, जैसे—लता जाती है, प्रेमचन्द्र लिखता है। अन्यत्र नहीं, जैसे—रमेश ने पत्र लिखा (देखिए वाच्य और प्रयोग)।

क्रिया और कर्म का अन्वय

क्रिया कर्मणि प्रयोग में कर्म के अनुसार और भावे प्रयोग में पुंल्लिग, एकवचन, अन्य पुरुष में आती है। जैसे—मैंने रोटी खाई, मुझसे दूध पिया गया। मुझसे दवाई पी गई। मैंने पत्र को पढ़ा, मुझसे लिखा नहीं जाता। (देखिए क्रिया प्रकरण में वाच्य और प्रयोग)।

संज्ञा और सर्वनाम का अन्वय

सर्वनाम के लिंग वचन उसी संज्ञा के समान होते हैं, जिसके बदले वह आता है। जैसे—जिस धोबिन को आपने बुलाया था, वह आयी है। देवेन्द्र अनुत्तीर्ण हो जायेगा, क्योंकि वह पढ़ता-लिखता कुछ नहीं।

सम्बन्ध और सम्बन्धी का अन्वय

(1) सम्बन्धी के जो लिंग-वचन हैं, सम्बन्ध कारक के रूप भी उसी लिंग-वचन में आते हैं, परन्तु यदि सम्बन्धी सविभक्तिक हो तो एकवचन में भी सम्बन्ध कारक के रूपों के अन्तिम 'आ' को 'ए' हो जाता है। जैसे—मेरी घोड़ी। आपका घोड़ा। उसके रूप। मेरे कोट में से घड़ी ले आना, उसके कुत्ते ने काट खाया।

(2) अपने सम्बन्धी होने पर सम्बन्ध कारक के रूप पहले सम्बन्धी के अनुसार होते हैं। जैसे—उनकी पगड़ी और कोट उठा लाओ। मेरा पत्र और घड़ी लेते आना। हमारे नौकरों को और दासी को कुछ भी पता नहीं।

विशेष्य और विशेषण का अन्वय

(1) विशेषण के लिंग, वचन विशेष्य के अनुसार होते हैं। जैसे—गीली चादर। पीले धागे। (देखिए विशेषण-प्रकरण)। अच्छा भोजन के बिना अशुद्ध है। अच्छे भोजन के बिना शुद्ध है।

(2) एक विशेषण के अनेक विशेष्य हों तो विशेषण के रूप उसके समीप वाले विशेष्य के अनुसार होते हैं। जैसे—पीले कपड़े और चादरें। पुरानी चिट्ठियाँ और लेख।

क्रम

वाक्य द्वारा विवक्षित अर्थ को ठीक-ठीक प्रकट करने के लिए शब्दों को जो यथा-स्थात रखा जाता है उसे क्रम कहते हैं। जैसे—वह चावल पका रहा है। इस वाक्य में कर्त्ता आदि यथास्थान रखे हुए हैं, इसलिए इस वाक्य का विवक्षित सामान्य अर्थ ठीक प्रकट हो रहा है।

(1) सामान्य वाक्य में पहले कर्त्ता, फिर कर्म या पूरक और अन्त में क्रिया रखी जाती है। जैसे—छात्रा पत्र पढ़ती है। वह बालक योग्य है। द्विकर्मक क्रियाओं में गौण कर्म पहले और प्रधान कर्म पीछे अग्ता है। जैसे—उसने मुझे बात बताई। (व्यक्ति गौण कर्म होता है और वस्तु मुख्य कर्म)।

(2) सम्बोधन वाक्य के आरम्भ में आता है, परन्तु कभी-कभी अन्त में भी

आता है। जैसे—पिताजी ! मुझ धनुष ले दो। पढ़ो बच्चो !

(3) सम्बन्ध सम्बन्धी से पहले, विशेषण विशेष्य से पहले, क्रिया विशेषण क्रिया से पहले और पूरक भी क्रिया से पहले आता है। जैसे—साधु की माला। कड़वी औषधि। धीरे लिखो। तुग न गाने, वह नहीं चलता, वह विद्वान् है। उसने मुझे चतुर बनाया।

(4) नहीं और मत क्रिया-विशेषण क्रिया के पीछे भी आते हैं। जैसे वह चखता नहीं, बोलो मत।

(5) प्रश्नवाचक सर्वनाम जिसके विषय में प्रश्न किया गया हो, उससे पहले आते हैं अन्यथा वाक्य के अर्थ में भिन्नता हो जाती है। जैसे—तुम क्या लिख रहे थे ? क्या तुम लिख रहे थे ? कभी-कभी वाक्य के अन्त में भी आते हैं। जैसे—आप लिख रहे थे ? वह था कौन ?

(6) सम्बन्धबोधक अव्यय सम्बन्धी शब्द के अन्त में आते हैं। जैसे—पाठशाला के सामने। कार्य के अनुसार। सामने पाठशाला के अशुद्ध है।

(7) केवल, विशेषतः, प्रधानतः आदि शब्द जिनका अवधारण प्रकट करते हैं उनसे पहले आते हैं, अन्यथा वाक्यार्थ में भिन्नता हो जाती है। जैसे—केवल मोहन दौड़ रहा था। मोहन केवल दौड़ रहा था। पहले वाक्य का अर्थ यह है कि मोहन के अतिक्ति और कोई नहीं दौड़ रहा था। दूसरे वाक्य का अर्थ यह है कि मोहन दौड़ने अतिरिक्त और कुछ नहीं कर रहा था।

(8) ही, भी, तो, मात्र, तक, आदि शब्द जिनका अवधारण प्रकट करते हैं उन्हीं के अन्त में आते हैं, अन्यथा वाक्यार्थ में उलट-फेर हो जाता है। जैसे—मैं भी पत्र लिखूंगा, (तुतने भी लिखा है)। मैं पत्र लिखूंगा भी, (फाड़ूँगा भी)।

(9) जब-तब, जहाँ-वहाँ आदि सम्बन्धवाचक क्रियाविशेषण वाक्य के आरम्भ में आते हैं। जब तुम आओगे तब मैं यहाँ से चलूँगा। जहाँ बुरे व्यक्ति हों वहाँ भूलकर भी न जाना।

(10) पूर्वकालिक क्रिया मुख्य क्रिया से पहले आती है। जैसे—तू लेटकर पढ़ता है। वागीश डरकर भाग गया।

(11) योजक अव्यय जिन शब्दों या वाक्यों को जोड़ते हैं, उनके बीच में आते हैं। जैसे—तुम और हम चलेंगे। घर के भीतर और घर के बाहर उनका एक-सा व्यवहार है। वे प्रस्ताव पढ़ते जाते थे और हम लिखते जाते थे।

(12) द्योतक अव्यय वाक्य के आरम्भ में आते हैं, परन्तु कभी-कभी अन्त में भी आ जाते हैं। जैसे—छिः, तुम तो रोने लगे ! बहुत पीड़ा है, आह !

वाक्य-प्रयोग

शब्दों को वाक्य में रोजमर्रा, मुहावरे, लोकोक्ति, के अनुसार प्रयुक्त करने को

वाक्य-प्रयोग कहते हैं।

रोजमर्रा

अपनी रोज की बोलचाल के अनुसार पदों का प्रयोग रोजमर्रा कहलाता है। जैसे—सात-आठ रुपये दे दीजिए। बारह-तेरह दिनों में छुट्टियाँ होंगी। रोज की बोलचाल में सात-आठ, बारह-तेरह, पाँच-सात आदि प्रयुक्त होते हैं, छः-आठ, ग्यारह-तेरह, सात-दस, चार-सात आदि नही प्रयुक्त होते।

मुहावरे

जो वाक्यांश अपने सामान्य अर्थ को न बताकर किसी विशेष अर्थ को बतलाता है और प्रायः क्रिया का काम देता है उसे वाग्धारा या मुहावरा कहते हैं। जैसे—डण्डा हाथ में देखकर उसने सब कुछ उगल दिया। ज़रा-सा रुपया पाकर वह आसमान पर चढ़ गया है। इन वाक्यों में 'उगल दिया' और 'आसमान पर चढ़ना' ये दोनों मुहावरे हैं। इनके सामान्य अर्थ उलटी कर देना और आकाश के ऊपर पहुँचना है, परन्तु इनके अर्थ 'भेद कह देना' और 'घमण्ड करना' लिये जाते हैं। मुहावारे जिस प्रकार प्रसिद्ध हैं उसी प्रकार प्रयुक्त होते हैं, अन्यथा नहीं। 'उगल देना' के स्थान पर 'उल्टी कर देना' नहीं प्रयुक्त होता। मुहावरे प्रायः स्वतन्त्र रूप से प्रयुक्त नहीं होते।

लोकोक्तियाँ

मनुष्य-समाज के प्रसिद्ध अनुभव के सार को लोकोक्तियाँ या कहावत कहते हैं। यह थोड़े से शब्दों का एक स्वतन्त्र वाक्य होता है। मुहावरा स्वतन्त्र वाक्य नहीं होता। लोकक्ति का अर्थ गम्भीर, रोचक और प्रभावोत्पादक होता है। जैसे—आ बैल मुझे मार। जहाँ 'जानबूझकर आपत्ति सिर पर लेना' यह अर्थ दिखाना हो वहाँ इस लोकोक्ति का प्रयोग होता है। (मुहावरों और लोकोक्तियों के रचना-खण्ड देखें)।

अभ्यास

1. अन्वय किसे कहते हैं ? उदाहरण सहित समझाइए।
2. क्रिया और कर्त्ता के अन्वय के क्या नियम हैं ?
3. क्रम से क्या अभिप्राय है ? क्रम का ध्यान न रखा जाय तो वाक्य-रचना में क्या-क्या त्रुटियाँ आ सकती हैं ?
4. वाक्य-प्रयोग और रोजमर्रा किसे कहते हैं ?
5. मुहावरा और लोकोक्ति किसे कहते हैं ? इनका क्या प्रयोजन है ? मुहावरे और लोकोक्ति में क्या भेद है ?
6. निम्नलिखित वाक्यों को शुद्ध कीजिए—

(क) इस मुहल्ले के पुरुष और स्त्रियाँ प्रतिदिन नदी पर जाती हैं। (ख) एक बालक, बीस स्त्रियाँ और सात बालिकायें रामायण पढ़ रहे हैं। (ग) माताजी, आप

कहाँ जा रहे हैं। (घ) यह लोग कहाँ रहते हैं। (ङ) हम और तुम चलोगे। (च) बिना अच्छा भोजन के स्वास्थ्य ठीक नहीं रहता। (छ) उसने इधर-उधर देखा और बोला। (ज) मेरी कोट में से घड़ी ले आना। (झ) पुरानी चिट्ठयाँ और लेख आजकल हम नहीं पढ़ता। (ञ) वह मत चलता है, अभी नहीं बोलें।

7. नीचे लिखे वाक्यों में भेद बताओ—

(क) सुरेश भी पत्र पढ़ता है। (ख) सुरेश पत्र भी पढ़ता है। (ग) सुरेश पत्र पढ़ता भी है।

8. नीचे लिखे वाक्यों को शुद्ध रूप में लिखिए तथा कारण भी बताइए—

(क) जब आप बोले तो हम नहीं सुने। (ख) साहित्य और जीवन का घोर सम्बन्ध है। (ग) मैं यह समय आनन्दपूर्वक हूँ। (घ) शत्रु मैदान से दौड़ खड़ा हुआ। (ङ) सभी श्रेणी के लोग वहाँ आये थे। (च) वह दण्ड देने के योग्य है। (छ) वह मुझको रुपया माँगता है। (ज) इसके बाद वे वापिस लौट आये। (झ) आप कब जायेगा। (ञ) आटे भाव बहुत गम्भीर रूप धारण कर रहा है। (ट) मेरे को इसमें कोई हानि नहीं। (ठ) आपकी पुस्तक धन्यवाद सहित लौटाता हूँ। (ड) अनेकों बालक तैर रहे हैं। (ढ) यदि आपका कृपा कर आ सकें तो बहुत अच्छा होता। (ण) उसकी सौन्दर्यता देख कर मुग्ध मैं हो गया। (त) उनसे भिड़ना तलवार की नोक पर चलना है। (थ) प्रतिदिन में स्नान करना चाहिए। (द) उसका आकर्षण जादू की सा था। (ध) प्रत्येक बालकों को शक्त्यानुसार कार्य करना चाहिए। (न) हमारे शास्त्रों में लिखा है कि दवाइयों का अत्यधिक प्रयोग शरीर को बिगाड़ देता है, यह कोई अति उक्ति नहीं रिषी मुनि सदा निरोग रहते थे। क्योंकि वह प्रकृति के नियमों के अनुसार अपना जीवन बिताता था। हाय ! हमारे छात्र विद्यार्थी जीवन समाप्त होने के पहले ही विरिद्ध हो जाते हैं क्या कारण है (प) रानी ने अपनी दासी को एक दर्पण दिया और कहने लगी कि अभी जाकर इसे मेज पर रख आ। (फ) यह सदा पढ़ते रहते हैं। वह कहाँ जाते हैं। (ब) वह वहाँ जाकर बैठ गया और कहा। (भ) वहाँ पाँच स्त्रियाँ और एक बालक की मृत्यु हो गयी। (म) प्रत्येक ग्राहकों को मासिक पत्रिका पहुँच चुकी है। (य) यह बहुत देर तक आपकी प्रतीक्षा देखकर वापिस चला गया। (र) स्वतन्त्रता इतने मूल्य से नहीं मिल सकती। (ल) पश्चिमोत्तर पंजाब में ऐसा अत्याचार हुआ जितना कि नादिर खाँ ने भी नहीं किया था। (व) तुम्हारा बात सुनते-सुनते, मेरा कान पक गया, परन्तु तुम चुप नहीं हुआ। (श) आदर्श हिन्दू नारी का जीवन पती के चरण में ही उज्ज्वल होती है, इसीलिए उसका स्थान संसार में सबसे ऊँची है। (ष) मुझका इससे कोई सम्बन्ध नहीं। (स) आप घर वालों के कुशल होने की सूचना देना। (ह) ऐसी एकाध बातें देखने में आती हैं।

9. रिक्त स्थानों की पूर्ति करिए—

(क) मेघनाद···शक्ति···लक्ष्मण मूर्छित कर दिया। (ख) आज···नियमपूर्वक सैर करो (ग) उपेन्द्र···जगदीश···पुस्तक दी। (घ) देवेन्द्र···पुस्तक नगेन्द्र···उठाई

है। (ङ) परीक्षा···तैयारी करते समय प्रत्येक···को योजना बनानी चाहिए। (च) पढ़ते···नये शब्दों···सीखना बहुत महत्त्वपूर्ण···।' (छ) पुस्तक··जल्दी··समाप्त··· करने···उतावली···कीजिए। (ज) स्मृति के खजाने···ही ज्ञान···रहता है। (झ) सदा यह···कि हमने अब तक क्या पढ़ा···।

10. शुद्ध करिए—साथ के साहस बड़े किया का मुकाबला असाफखाँ ने दुर्गावती रानि। में तोड़ भीमसेन अन्त में पीठ टेककर घुटना की राक्षस पर दी कमर उसकी। बहुत से मनुष्य और पशु घू रही थीं, किन्तु प्रभु की ध्यान में मग्न ध्रुव रुका नहीं। पुस्तक अच्छी बहुत है। अन्त में यदि आप सादर निवेदन करें तो मैं इतनी आज्ञा कृपया अवश्य करूँगा। रुपये का नोट गोल और रुपया लम्बा होता है।

27
वाक्य-खण्ड

वाक्य के दो खण्ड होते हैं—**उद्देश्य** और **विधेय**। जिसके सम्बन्ध में कुछ कहा जाय उसे **उद्देश्य** कहते हैं। उद्देश्य के विषय में जो कुछ कहा जाय उसे **विधेय** कहते हैं। जैसे—बालक खेलता है। इस वाक्य में '**बालक**' उद्देश्य है और बालक के सम्बन्ध में कहा गया '**खेलता है**' विधेय है।

उद्देश्य

उद्देश्य में कर्त्ता और कर्त्ता का विस्तार होता है। संज्ञा या संज्ञा के स्थान में प्रयुक्त होने वाले शब्द कर्त्ता होते हैं। जैसे—

संज्ञा—'लक्ष्मण' दौड़ता है।

सर्वनाम—'वह' गाता है।

विशेषण—'भले' किसीका बुरा नहीं करते।

क्रिया का सामान्य रूप—'पढ़ना' आवश्यक काम है।

कर्त्ता को स्पष्ट करने वाले विशेषण आदि कर्त्ता-विस्तार कहलाते हैं। जैसे—

चंचल बालक गिर पड़ा—इस वाक्य में 'चंचल'; दशरथ के पुत्र राम ने रावण को मारा—इस वाक्य में 'दशरथ के पुत्र', कुरुवंशी महाराज युधिष्ठिर के प्यारे भतीजे और अर्जुन के प्राणों की तरह प्यारे पुत्र षोडष वर्षीय वीर अभिमन्यु ने चक्रव्यूह तोड़ दिया—इस वाक्य में 'कुरुवंशी' महाराज युधिष्ठिर के प्यारे भतीजे और अर्जुन के प्राणों की तरह प्यारे पुत्र षोडशवर्षीय 'वीर' कर्त्ता-विस्तार है।

विधेय

वाक्य में क्रिया, पूरक, कर्म, कर्मविस्तार, क्रिया-विशेषण आदि विधेय विस्तारक होते हैं। जैसे—

क्रिया—वह 'पढ़ता' है।

पूरक—मैंने उसे 'अपना' समझा।

कर्म—तू 'गोली' चलाता है।

कर्म विस्तार—राम ने 'तीक्ष्ण' बाण मारे।

क्रिया-विशेषण आदि—'आह' ! दुष्ट ने 'धीरे-धीरे और तड़पा-तड़पा कर' मारा।

निष्कर्ष यह कि कर्त्ता तथा कर्त्ता-विस्तार उद्देश्य होता है और शेष सब कुछ बिधेय होता है।

28

रचना के अनुसार वाक्य-भेद

रचना के अनुसार वाक्य तीन प्रकार के होते हैं—1. साधारण, 2. मिश्रित, 3. संयुक्त।

1. साधारण वाक्य

जिस वाक्य में केवल एक उद्देश्य और एक ही विधेय होता है, उसे साधारण वाक्य कहते हैं। साधारण वाक्य छोटा और कर्त्ता-विस्तार तथा विधेयक-विस्तार के कारण बड़ा भी होता है। जैसे—मैं जाता हूँ। पंजाब यूनीवर्सिटी के प्रधान की संरक्षकता में संगठित लाहौर के संस्कृत साहित्य मंडल ने 1 अगस्त, 1940 ई० को सायंकाल 5 बजे, विद्याभवन में, लाहौर की प्राय: सभी सभाओं के प्रतिनिधियों को बुलाकर एक बहुत बड़ा निबन्ध-सम्मेलन किया था।

2. मिश्रित वाक्य

जिस वाक्य में एक प्रधान वाक्य और एक या एक से अधिक अंग-वाक्य होते हैं उसे मिश्रित वाक्य कहते हैं। जैसे—उसने कहा कि मैं आज बम्बई जाऊँगा। इस वाक्य में 'उसने कहा' प्रधान वाक्य है और 'मैं आज बम्बई जाऊँगा' अंग वाक्य है।

अंगवाक्य तीन प्रकार के होते हैं—

(क) संज्ञा वाक्य,

(ख) विशेषण वाक्य,

(ग) क्रिया-विशेषण वाक्य।

(क) संज्ञा वाक्य

संज्ञा वाक्य संज्ञा के समान क्रिया के कर्त्ता, कर्म और पूरक आदि के रूप में आते हैं— जैसे—तुम जानते न थे, यह झूठ है—इसमें 'तुम जानते न थे' वह अंगवाक्य 'झूठ है' क्रिया के कर्त्ता के रूप में आया है। वह लिखता है कि मरहठे बड़े वीर थे—इसमें 'मरहठे बड़े वीर थे' यह अंगवाक्य 'लिखता है' क्रिया के कर्म के रूप में आया है। मेरा विचार है कि युद्ध समाप्त हो चुका होगा—इसमें 'युद्ध समाप्त हो चुका होगा' यह अंगवाक्य 'विचार है' क्रिया के पूरक के रूप में आया है।

(ख) विशेषण वाक्य

विशेषण वाक्य विशेषण का काम देते हैं। जैसे—जो गरजते हैं वे बरसते नहीं। जिस बालिका की ओर बहिन जी उँगली उठाती थीं उसे ही सब पकड़ने चल देती थीं। इन वाक्यों में 'जो गरते हैं' और 'जिस बालिका की ओर बहिन जी उँगली उठाती थीं' ये अंगवाक्य क्रमशः कर्त्ता और कर्म के विशेषण का काम देते हैं, अतः दोनों विशेषण वाक्य हैं।

(ग) क्रिया-विशेषण वाक्य

क्रिया-विशेपण वाक्य क्रिया-विशेषण का काम देते हैं। जैसे—जहाँ नदी बहती थी वहाँ अब सूखी रेत पड़ी है। जितना वह खीझता है उतना ही लड़के उसे तंग करते हैं। जब तुम परीक्षा दोगे, तब मैं पढ़ना आरम्भ करूँगा। इन वाक्यों में 'जहाँ', 'जितना' और 'जब' से आरम्भ होने वाले अंगवाक्य क्रमशः स्थानवाचक परिमाण-वाचक और कालवाचक क्रिया-विशेषण का काम देते हैं, अतः ये क्रिया-विशेषण वाक्य हैं।

3. संयुक्त वाक्य

जिस वाक्य में दो या अधिक साधारण या मिश्रित वाक्य होते हैं, उसे संयुक्त वाक्य कहते हैं। संयुक्त वाक्य में एक प्रधान वाक्य और शेष समानाधिकरण वाक्य होते हैं। समानाधिकरण वाक्य चार प्रकार के होते हैं—(i) संयोजक वाक्य, (ii) विभाजन वाक्य, (iii) विकल्पदर्शक वाक्य, (iv) परिणामबोधक वाक्य।

(i) संयोजक वाक्य

संयोजक वाक्य से वाक्यों का आपस में मेल प्रकट होता है। जैसे—एक पढ़ रहा और दूसरा लिख रहा है। तुम जाते हो और वे आते हैं।

(ii) विभाजक वाक्य

विभाजक वाक्यों से वाक्यों का आपस में विभाग या विरोध प्रकट होता है। जैसे—तुम्हें बहुत समझाया, परन्तु तुमने एक न मानी। प्रधान मैं था, न कि आप।

(iii) विकलपदर्शक वाक्य

विकल्पदर्शक वाक्य से वाक्यों में विकल्प प्रकट होता है। जैसे—चुप रहो या

कमरे से बाहर चले जओ। तुम आ जाना अथवा मैं ही आऊँगा। भाग जाओ, नहीं तो मार पड़ेगी।

(iv) **परिणामबोधक वाक्य**

परिणामबोधक वाक्य से फल का बोध होता है। जैसे—तुम मेरे कहने पर चलते रहे, इसलिए उत्तीर्ण हो गये। तुमने क्षमा माँग ली है, अतः मैं तुम्हें छोड़ देता हूँ।

अभ्यास

1. वाक्य के कितने खण्ड हैं? उद्देश्य और विधेय किसे कहते हैं?
2. कर्त्ता-विस्तार किसे कहते हैं? विधेय में क्या-क्या होता है?
3. वाक्य कितने प्रकार के होते हैं?
4. मिश्रित वाक्य और संयुक्त वाक्य के उपवाक्यों को क्या कहते हैं? उनके भेद सोदाहरण लिखिए।
5. निम्नलिखित वाक्य किस-किस भेद के हैं?
   (क) हमारी और तुम्हारी इतनी लम्बी यात्रा का पूरा समाचार कानपुर से निकलने वाले साप्ताहिक में परसों ही अक्षरशः छप गया था।
   (ख) कमला की परीक्षा सिर पर थी, तभी तो वह आ नहीं सकी।
   (ग) इसे मत मरो, इतना कहकर वह भाग गया।
   (घ) रमेश, भोला, कुन्दन और मोहन को छोड़कर बाकी सब खड़े हो जाओ।

29

अर्थ के अनुसार वाक्य-भेद

अर्थ के अनुसार वाक्य आठ प्रकार के होते हैं—

(1) **साधारणार्थक या विधानवाचक**—रमेश पढ़ता है।
(2) **प्रश्नवाचक**—क्या रमेश पढ़ता है?
(3) **निषेधवाचक**—रमेश नहीं पढ़ता।
(4) **आज्ञावाचक**—रमेश पढ़।
(5) **इच्छावाचक**—रमेश पढ़ा करे।
(6) **संदेहवाचक**—नहीं रमेश पढ़ता है या नहीं, शायद रमेश पढ़ता होगा।
(7) **संकेतवाचक**—यदि रमेश पढ़े तो पास हो जाये।
(8) **विस्मयादिवाचक**—हैं! रमेश पढ़ा करता है।

अभ्यास

नीचे लिखे वाक्य अर्थ के अनुसार किस-किस भेद के हैं ?

राम कहाँ है ? क्या तुम मेरे साथ चलोगे ? मोहन कब आया था ? जाओ । बैठिए । मुझे आने दीजिए । हे नाथ ! मेरा बेटा मुझे मिल जाये ! ईश्वर उसका भला करे । अन्यायी का नाश हो । आम मीठा है । कल रात को पानी गिरा । मेरा भाई काशी से आयेगा । हम वहाँ नहीं थे । घर में कोई नहीं है । वह सदा सच नहीं बोलता । अच्छा ! वह सदा सच नहीं बोलता—यदि वह सच बोलेगा तो उसके साथी सच बोलेंगे ।

30
वाक्य-परिवर्तन

एक वाक्य को दूसरे प्रकार के वाक्य में बदल देने को वाक्य-परिवर्तन कहते हैं । वाक्यों का परिवर्तन मुख्यतः तीन प्रकार से होता है—

(1) वाच्य के अनुसार, (2) रचना के अनुसार, (3) अर्थ के अनुसार । वाक्य के अनुसार परिवर्तन वाच्य-परिवर्तन में दे चुके हैं ।

रचना के अनुसार जैसे—

साधारण	**मिश्रित**	**संयुक्त**
बालक खेलता है ।	माता देखती है कि बालक खेलता है !	माता भोजन पकाती है और बालक खेलता है ।

अर्थ के अनुसार जैसे—

(साधारणार्थक)	(प्रश्नार्थक)	(निषेधार्थक)
मोहन लिखता है ।	क्या मोहन लिखता है ?	मोहन नहीं लिखता ।
(आज्ञार्थक)	(इच्छार्थक)	(संदेहार्थक)
मोहन, लिखो	मोहन लिखे तो अच्छा हो ।	कदाचित् मोहन लिखता होगा ।
(संकेतार्थक)		(विस्मयार्थक)
यदि मोहन लिखे तो काम बन सकता है ।		वाह-वाह मोहन लिखने लगा है ।

अभ्यास

1. आगे लिखे साधारण वाक्यों का परिवर्तन करें (मिश्रित या संयुक्त

वाक्य बनाइए)—

राम गया। उसने एक सुन्दर पुस्तक पढ़ी। वह लेख लिखता है। रामायण अच्छी पुस्तक है। यह सुरम्य उद्यान है।

2. नीचे लिखे मिश्रित और सयुक्त वाक्यों का परिवर्तन करिए।

(साधारण वाक्य बनाइए)—

उसने कहा कि मोहन परिश्रम कर सकता है। ये वीर रामचन्द्र हैं जो राक्षसों का संहार कर डालेंगे। अध्यापक ने कहा कि रमेश अवश्य परीक्षा में उत्तीर्ण होगा। यह अत्याचारी राज्य है, अतः विनष्ट होगा। यह कलिकाल है, जो बड़ा दुःखदायक है।

3. नीचे लिखे वाक्यों का भिन्न-अर्थों में परिवर्तन करिए—

(क) क्या तुम कल वहाँ रामायण पढ़ रहे थे ? (साधारणार्थक, निषेधार्थक, संकेतार्थक, विस्मयार्थक में बदलो।)

(ख) तुमने आज ही पत्र लिखा है। (प्रश्नार्थक, निषेधार्थक, आज्ञार्थक, इच्छार्थक में बदलो।)

(ग) तुम अवश्य सफल हो जाओगे। (इच्छार्थक, सन्देहार्थक, निषेधार्थक, प्रश्नार्थक में बदलो।)

(घ) उसने यह काम नहीं किया। (सन्देहार्थक, प्रश्नार्थक, विस्मयार्थक में बदलो।)

(ङ) कान्ता ने पतिव्रत धर्म निभाया। (विस्मयार्थक, संदेहार्थक, आज्ञार्थक, निषेधार्थक में बदलो।)

(च) क्या तुम कल बाग में खेल रहे थे ? (साधारणार्थक, आज्ञार्थक, संकेतार्थकमें बदलो।)

(छ) वह अति वीर पुरुष है। (प्रश्नार्थक, निषेधार्थक, सन्देहार्थक में बदलो।)

31
वाक्य-विग्रह

वाक्यगत शब्दों को पृथक् करके दिखलाने की रीति को वाक्य-विग्रह या वाक्य-विश्लेषण कहते हैं।

वाक्य-विश्लेषण करते हुए सबसे पहले वाक्य-भेद बताना आवश्यक होता है।

वाक्य-विग्रह की रीति निम्निलिखित है—

साधारण वाक्य का विग्रह

साधारण वाक्य के विग्रह में क्रमशः उद्देश्य में कर्त्ता और कर्त्ता-विस्तार तथा

विधेय में क्रिया, पूरक, कर्मविस्तार और क्रिया-विशेषण आदि दिखाये जाते हैं। जैसे —

(1) कपिलदेव बालकों को भली भाँति पढ़ाता है।

(2) अर्जुन-पुत्र अभिमन्यु ने दुर्योधन-पुत्र लक्ष्मण को क्षणभर में मार गिराया।

(3) मुझे मेरे गुरु ने विद्वान् बनाया।

मिश्रित वाक्य का विग्रह

मिश्रित वाक्य के विग्रह में क्रमशः वाक्यभेद, उपवाक्य, उपवाक्य का नाम, योजक और शेष साधारण वाक्य की तरह दिखाया जाता है। जैसे—

(1) गीता में यह लिखा है कि कर्म करना ही मनुष्य का कर्तव्य है।

(2) जो बात मैंने तुम्हें बतलाई थी, वह तुम इन्हें बतला दो।

(3) जब-जब धर्म की हानि होती है, तब-तब कोई महापुरुष प्रकट होता है।

संयुक्त वाक्य का विग्रह

संयुक्त वाक्य के विग्रह में वाक्य-भेद, उपवाक्य, उपवाक्य का नाम आदि मिश्रित वाक्य के विग्रह की तरह सारी बातें दिखाई जाती हैं। जैसे—

(1) प्रातःकाल का उठना अत्यन्त ही लाभप्रद है और शीघ्र सोना उत्तम औषधि है।

(2) सब बालक चुपचाप पढ़ते हैं, पर तुम इधर-उधर खेलते हो।

(3) वह यों ही दुःखी है, अथवा तुमने उसे समय पर सहायता नहीं दी?

साधारण वाक्य का विग्रह

वाक्य भेद	उद्देश्य		विधेय				
	कर्त्ता	कर्त्ता विस्तार	क्रिया	पूरक	कर्म	कर्म विस्तार	क्रिया विशेषण आदि
(1) साधारण	कपिलदेव		पढ़ाता है		बालकों को		भली भाँति
(2) साधारण	अभिमन्यु ने	अर्जुन पुत्र	मार गिराया		लक्ष्मण को	दुर्योधन पुत्र	क्षण भर में
(3) साधारण	गुरु ने	मेरे	बनाया	विद्वान्	मुझे		

मिश्रित वाक्य का विग्रह

वाक्य भेद	उपवाक्य	उपवाक्य नाम	योजक	उद्देश्य		विधेय				
				कर्त्ता	कर्त्ता विस्तार	क्रिया	पूरक	कर्म	कर्म-विस्तार	क्रिया-विशेषण आदि
(1) मिश्रित वाक्य	(1) (क) गीता में यह लिखा है।	(क) प्रधान वाक्य		यह		लिखा है।				गीता में
	(ख) कि कर्म करना ही मनुष्य का कर्त्तव्य है।	(ख) संज्ञा अंगवाक्य	कि	करना	कर्म ही	है	कर्त्तव्य			मनुष्य का
(2) मिश्रित वाक्य	(2) (क) वह तुम इन्हें बता दो।	(क) प्रधान वाक्य	वह	तुम		बता दो		इन्हें वह		
	(ख) जो बात मैंने तुम्हें बतलाई थी।	(ख) क्रिया विशेषण अंगवाक्य	जो	मैंने		बतलाई थी		बात तुम्हें	जो	
(3) मिश्रित वाक्य	(3) (क) तब तक कोई महापुरुष प्रकट होता है।	(क) प्रधान वाक्य	तब तब	महापुरुष	कोई	होता है	प्रकट			
	(ख) जब-जब धर्म की हानि होती है।	(ख) क्रिया विशेषण अंगवाक्य	जब जब	हानि	धर्म की	होती है				

संयुक्त वाक्य का विच्छेद

वाक्य भेद	उपवाक्य	उपवाक्य नाम	योजक	उद्देश्य		विधेय				
				कर्त्ता	कर्त्ता विस्तार	क्रिया	पूरक	कर्म	कर्म विस्तार	क्रिया विशेषण आदि
(1) संयुक्त वाक्य	(1) (क) प्रातःकाल का उठना अत्यन्त ही लाभप्रद है।	(क) प्रधान वाक्य		उठना	प्रातःकाल	है	लाभप्रद			अत्यन्त ही
	(ख) और शीघ्र ही सोना उत्तम औषधि है।	(ख) संयोजक समानाधिकरण वाक्य	और	सोना	का शीघ्र	है	औषधि			उत्तम
(2) संयुक्त वाक्य	(2) (क) सब बालक चुपचाप पढ़ते हैं।	(क) प्रधान वाक्य		बालक	सब	पढ़ते हैं				चुपचाप
	(ख) पर तुम इधर-उधर खेलते हो।	(ख) विभाजक समानाधिकार वाक्य	पर	तुम		खेलते हो				इधर-उधर
(3) संयुक्त वाक्य	(3) (क) वह यों ही दुःखी है।	(क) प्रधान वाक्य		वह		है	दुःखी			यों ही
	(ख) अथवा तुमने उसे समय पर सहायता नहीं दी।	(ख) विकल्प दर्शक समानाधिकार वाक्य	अथवा	तुमने		दी		उसे सहा-यता		नहीं समय पर

अभ्यास

1. निम्नलिखित वाक्यों का विश्लेषण कीजिए—

   (क) इस बात को सुनकर अतुल ने कहा कि यदि गुरुजी आयें, तो उनका पूर्ण सत्कार किया जायेगा।

   (ख) पुत्र ! मेरे लिए इससे अधिक सुख की बात क्या हो सकती है कि तुम्हें सेना में काम करने का सुअवसर प्राप्त हो।

   (ग) शब्दों के सम्बन्ध में यह स्मरण रखना चाहिए कि जब तक वे वाक्यों में नहीं पिरोये जाते, तब तक निरर्थक हैं।

2. नीचे लिखे हुए मिश्रित और संयुक्त वाक्यों को साधारण वाक्यों में बदलिए—

   (क) मेरा विचार है कि आज घूमने चलें।

   (ख) वह घूसखोर है, शीघ्र ही पकड़ा जायेगा।

   (ग) अच्छे विद्यार्थी सदा पढ़ने के समय पढ़ते हैं और खेलने के समय खेलते हैं।

   (घ) मैंने एक व्यक्ति देखा, जो बहुत लम्बा था।

   (ङ) अध्यापक चाहता है कि उसके सभी शिष्य अच्छे बनें।

   (च) हमें चाहिए कि केवल बातें न बनायें, कुछ करके भी दिखलायें।

   (छ) बालिकायें गा रही हैं और नाच रही हैं।

   (ज) जब शाम होती है, बस्ती के सारे बच्चे इस मैदान में खेलने के लिए आते हैं।

   (झ) अध्यापक उन विद्यार्थियों को दण्ड देते हैं जो समय पर नहीं आते और पाठ याद नहीं करते तथा आपस में झगड़ते हैं।

3. निम्नलिखित वाक्यों को सामने दिये संकेत के अनुसार बदलिए—

   (क) मेरी चिट्ठी आयी है। (प्रश्नवाचक)

   (ख) बच्चे लाइन में जायेंगे। (प्रश्नवाचक)

   (ग) लड़के घर में आराम कर रहे हैं। (आज्ञावाचक)

   (घ) कृपया पत्र लिख दीजिए। (आज्ञावाचक)

   (ङ) राम घर पर है। (सन्देहवाचक)

   (च) बच्चा स्कूल नहीं जायेगा। (संकेतवाचक)

(छ) रोगी उठ-बैठ सकता है। (निषेधवाचक)

(ज) यह काम कर दीजिए। (निषेधवाचक)

(झ) वाह ! क्या सुन्दर दृश्य है ! (विधानवाचक)

(ञ) क्या आज स्कूल में छुट्टी है ? (विधानवाचक)

(ट) अभी बाजार से फल लाओ। (इच्छावाचक)

(ठ) गीता गा रही है। (विस्मयादिवाचक)

(ड) अच्छी वर्षा से अच्छी फसल होती है। (संकेतवाचक)

भाग : दो

रचना-खण्ड

1

लेखन-कला के गुण

रचना करने में अर्थात् लिखने में विशेषता प्राप्त करने के लिए भ्रमण करना, पढ़ना-लिखना, मनन करना और अभ्यास करना उपयोगी होता है।

लेखन-कला के गुण-दोष जानकर अभ्यास करने से व्यक्ति अच्छा लेखक बन सकता है।

लेखन-कला के कई गुण हैं। जैसे—शुद्ध लेख, सुलेख, मौलिकता, सरलता, मधुरता, रोचकता, लाघव, कल्पना, चमत्कार, व्यंग्य, भावों की प्रबलता, विराम-चिह्नों का उचित प्रयोग करना आदि।

शुद्ध लेख—वर्तनी (स्पैलिंग) अर्थात् अक्षर-विन्यास शुद्ध होना चाहिए तथा वाक्य व्याकरण आदि के अनुसार शुद्ध हों।

सुलेख—इसका अर्थ है सुन्दर लेख।

मौलिकता—इसका तात्पर्य है अपनी बुद्धि से लिखना। लेख में अपनापन होना चाहिए। किसीकी नकल करना ठीक नहीं रहता।

सरलता—यह एक विशेष गुण है। भाषा बनावट से रहित और सरल अच्छी रहती है।

मधुरता—शब्दों में मिठास चाहिए। कानों को कड़वे और खुरदरे लगने वाले शब्द लेख की शोभा बिगाड़ देते हैं।

रोचकता—दूसरे को अपनी ओर आकर्षित करने का गुण लेख में जान डाल देता है।

लाघव— व्यर्थ का विस्तार नहीं होना चाहिए। थोड़े शब्दों में अधिक बात कहने से लेख प्रभावी होता है।

कल्पना—कई बातें कल्पना से भी लिखनी चाहिए। जिसमें कल्पनाशक्ति है, वही लेखक और कवि बन सकता है।

चमत्कार—अलंकार, मुहावरे, लोकोक्ति आदि का पुट देने से लेख में चमत्कार पैदा हो जाता है।

व्यंग्य—कोई बात सीधे-सादे शब्दों में न लिखकर व्यंग्य से लिखी जाये तो लेख उत्तम बन जाता है।

भावों की प्रबलता—भाव प्रभावशाली होने आवश्यक हैं।

विराम-चिह्नों का उचित प्रयोग—इसके बिना रचना कभी भी अच्छी नहीं समझी जा सकती।

लेखन-कला के अनेक दोष भी हैं, उनसे बचना चाहिए। जैसे—

(1) वर्तनी (स्पैलिंग) की अशुद्धियाँ, (2) कठिनता, (3) रूखापन, (4) व्यर्थ विस्तार, (5) पुनरक्ति अर्थात् एक बात को या शब्द को बार-बार लिखना, (6) किन्तु, परन्तु आदि शब्दों का अधिक प्रयोग, (7) अश्लीलता अर्थात् गन्दे शब्दों और भावों का प्रयोग, (8) अविशेषता अर्थात् साधारण-सी बात लिखना, (9) अपूर्णता, (10) अस्पष्टता, (11) विदेशी शब्दों की भरमार, (12) प्रकृति-विरोध जैसे—दिन के समय तारों की सुन्दरता का वर्णन, (13) प्रकरणान्तर, अर्थात् एक बात को लिखते हुए किसी और ही बात को लिख देना, (14) अपनी बात का आप ही खण्डन, (15) हेत्वाभास, अर्थात् ऊटपटाँग हेतु देना, (16) दुःसमता, अर्थात् अच्छे व्यक्ति, पदार्थ या भाव की बुरे व्यक्ति, पदार्थ या भाव से उपमा देना।

2

मुहावरे और लोकोक्तियाँ

मुहावरे, उनके अर्थ तथा वाक्यों में प्रयोग

अंगार उगलना—गुस्से में कठोर बचन बोलना। लक्ष्मण ने परशुराम से कहा, आप बोल रहे हैं या कि अंगार उगल रहे हैं?

अँगूठा दिखाना—वस्तु देने या काम करने से साफ इनकार करना। रमेश से कोई वस्तु माँगो, वह झट अँगूठा दिखा देता है।

अन्त पाना—रहस्य समझ लेना, तत्त्व जानना। प्रभु का सच्चा भक्त प्रभु का अन्त पा लेता है।

अन्धे की लकड़ी—एकमात्र सहारा। श्रवण ने दशरथ से कहा—तूने मुझे तीर मारकर मेरे माता-पिता की अन्धे की लकड़ी को तोड़ दिया है।

अक्ल पर पत्थर पड़ना—बुद्धि नष्ट होना। जिस शाखा पर बैठे हो उसे ही काट रहे हो। तुम्हारी अक्ल पर पत्थर तो नहीं पड़ गये?

अगर-मगर करना—टालमटोल करना। मोहन मेरी पुस्तक देने की बजाय अगर-मगर करने लगा।

अपना उल्लू सीधा करना—अपना मतलब निकालना। देश की भलाई का किसे ध्यान है, सब अपना उल्लू सीधा करते हैं।

अपना राग अलापना—अपनी ही बात कहते जाना या अपनी ही बड़ाई करते जाना। सभा में असली बात कोई भी न बतला सका, सब अपना ही राग अलापने लगे।

अपना-सा मुंह लेकर रह जाना—लज्जित होना, निराश होना। महेन्द्र, जो परीक्षा में अच्छे अंक लाने का दम्भ भरा करता था, परीक्षा में फेल होने पर अपना-सा मुंह लेकर रह गया।

अपनी खिचड़ी अलग पकाना—सबसे अलग कोई काम करना या रहना। रवीन्द्र किसीके साथ मिलकर काम नहीं करता, वह तो सदा अपनी खिचड़ी अलग पकाता है।

अपने पांव पर कुल्हाड़ी मारना—अपनी हानि अपने आप करना। जो लोग धन का अपव्यय (फिजूल-खर्च) करते हैं, वे अपने पाँव पर आप कुल्हाड़ी मारते हैं।

अपने मुंह मियां मिट्ठू बनना—अपनी बड़ाई आप करना। अंगद ने रावण से कहा—अपने मुँह मियाँ मिट्ठू बनने से क्या लाभ ?

आंख उठाना—हानि पहुँचाने के लिए सोचना या यत्न करना। यदि हम संगठित होते तो विदेशी हमारी ओर आँख न उठा सकते थे।

आंख खुलना—जागना। आधी रात को मेरी आँख खुल गयी।

आंखें खुलना—सावधान होना। उसकी दुष्टता जब मुझे मालूम हुई, तो मेरी आँखें खुलीं।

आंख चुराना—सामने आने पर एक तरफ हो जाना या न मिलना। राकेश कभी इधर से आता भी है तो आँख चुराकर निकल जाता है।

आंच न आने देना—कुछ भी हानि या बदनामी न होने देना। श्रीकृष्ण ने अर्जुन से कहा— तुम मुझे आत्म-समर्पण कर दो, मैं तुम पर आँच न आने दूंगा।

आंखें दिखाना—क्रोध से देखना या डांटना। मैंने आपका कुछ अपकार नहीं किया, क्यों आँखें दिखाते हो ?

आंखें नीची होना—लज्जित होना। सामने आने पर झूठे मनुष्य की आँखें नीची हो जाती हैं।

आंखें बिछाना—बहुत स्वागत करना। जनता ने मदनमोहन मालवीय के स्वागत में आँखें बिछा दीं।

आंखें फेर लेना—बदल जाना। स्वार्थ-सिद्धि के बाद कृतघ्न लोग मित्रों से आँखें फेर लेते हैं।

आंखों के तारे—बहुत प्यारे। चारों बालक दशरथ की आँखों के तारे थे।

आंखों पर परदा पड़ना—ठीक ज्ञान न होना, भले बुरे की परख न होना। कैकेयी की आँखों पर परदा पड़ा हुआ था जो राम को वनवास दिया।

आँखों में समाना—अच्छे लगना, सदा ध्यान में रहना। जो विद्यार्थी अपने शिक्षक की आँखों में समा जाते हैं, वे ही योग्य बनते हैं।

आँसू पीना—दुःख सहना। बेचारी अबला आँसू पीकर रह गयी।

आँसू पोंछना—ढाढस बँधाना। शिवाजी ने ब्राह्मणों के आँसू पोंछे और कहा कि मैं दुष्टों को कठोर दण्ड दूंगा।

आकाश (आसमान) पर चढ़ना—बहुत घमण्ड करना। देवदत्त जब से एम० एल० ए० बना है, आकाश पर चढ़ गया है।

आकाश-पाताल एक करना—बहुत अधिक प्रयत्न करना। अतुल यों ही परीक्षा में प्रथम नहीं आ गया, तैयारी करते समय उसने आकाश-पाताल एक कर दिया था।

आकाश-पाताल का अन्तर—बहुत अधिक भेद। रावण और विभीषण थे तो सगे भाई, पर उनके स्वभाव में आकाश-पाताल का अन्तर था।

आकाश से बातें करना—बहुत ऊँचा होना। द्वारिकापुरी के महल आकाश से बातें करते थे।

आगा-पीछा सोचना—अच्छी तरह सोचना-विचारना। पहले तो आगा-पीछा न सोचकर गालियाँ दी हैं, अब क्षमा माँगते हो।

आगे-पीछे फिरना—चापलूसी करना। खुशामदी क्लर्क सदा अफसरों के आगे-पीछे घूमते फिरते हैं।

आटे-दाल का भाव मालूम होना—कठिनाई का अनुभव होना। अपने पिताजी के आगे तो रमेश खूब गुलछर्रे उड़ाता था; किन्तु उनका साया उठ जाने के बाद अब उसे आटे-दाल का भाव मालूम हुआ।

आपे से बाहर होना—क्रोध में आना, काबू में न रहना। परशुराम ने आपे से बाहर होकर लक्ष्मण को खरी-खरी सुनायी।

आव देखा न ताव—भला-बुरा सोचे बिना काम करना। सन्तराम ने आव देखा न ताव, अपने छोटे भाई को बुरी तरह पीटना आरम्भ कर दिया।

इधर-उधर की हाँकना—गप्पें मारना। जब उससे हमने पूछा कि कलकत्ता में क्या करते हो तो चन्द्रप्रकाश इधर-उधर की हाँकने लगा।

इने-गिने—थोड़े से। धर्म में दृढ़ रहने वाले इने-गिने ही होते हैं।

ईंट से ईंट बजाना—नष्ट कर देना। बानरों ने लंका की ईंट से ईंट बजा दी।

ईद का चाँद होना—बहुत देर बाद दर्शन देना। चिरकाल बाद पृथ्वीनाथ को देखकर सब कहने लगे तुम तो ईद के चाँद हो गये हो।

उँगली उठाना—निन्दा करना। देवराज ने बुढ़ापे में विवाह किया है, इसलिए सब लोग उस पर उँगली उठा रहे हैं।

उँगली पर नचाना—किसीको अपनी इच्छानुसार चलाना। मोहन कल ही कोषाध्यक्ष बना है, परन्तु प्रधानजी को उँगली पर नचाता है।

उँगली पर नाचना—किसीके इशारे पर चलना। देशद्रोही लोग अंग्रेजों की उँगली पर नाचते थे।

उगल देना—सब भेद कह देना। पुलिस का डण्डा देखकर चोर ने सारी बातें उगल दीं।

उड़ती चिड़िया पहचानना—किसीके हृदय की असली बात को ताड़ लेना। हमारे सामने बहुत मत बनिए, हम उड़ती चिड़िया पहचानते हैं।

उधार खाये बैठना—अवसर के लिए तत्पर रहना। मोहन तो उधार खाये बैठा था, वह देव की भरपेट निन्दा करने लगा।

उधेड़बुन—चिन्ता, सोच, यत्न। मोहन आजकल इसी उधेड़बुन में है कि किसी प्रकार मुकदमा जीत जाये।

उलटी गंगा बहाना—लोक-व्यवहार से उलटा काम करना। रमेश ने मास्टरजी की गलतियाँ निकालकर उलटी गंगा बहा दी।

एड़ी से चोटी तक—पूरी तरह। सुन्दरसिंह ने एड़ी से छोटी तक जोर लगा लिया, पर वह मुकदमा जीत न सका।

एड़ी-चोटी का पसीना एक करना—बहुत अधिक परिश्रम करना। एड़ी-चोटी का पसीना एक करके आज रामायण समाप्त कर सका हूँ।

कट जाना—खीझ जाना। राणा प्रताप के वचन सुनकर मानसिंह कट गया।

कमर कसना—तैयार होना, दृढ़ निश्चय करना। वीरो, वेश की स्वतन्त्रता की रक्षा करने के लिए कमर कस लो।

कमर टूटना—बड़े सहायक का अभाव हो जाना, हिम्मत न रहना। भीष्म पितामह के गिर पड़ने से कौरव-सेना की कमर टूट गयी।

कमर बाँधना/कसना—पूरी तरह तैयार होना। महात्मा गांधी ने देश को स्वतन्त्र कराने के लिए कमर बाँध,कस ली।

कलेजे पर साँप लोटना—ईर्ष्या से जलना। राम का राजतिलक होगा, यह समाचार सुनकर मंथरा के कलेजे पर साँप लोटने लगा।

काँटा दूर करना—बाधक या शत्रु को दूर करना या नष्ट करना। शिवाजी ने सोचा कि अफजलखाँ रूपी काँटा दूर करना ही होगा।

काँटे बिछाना—हानि पहुँचाने का यत्न करना। जो दूसरों के रास्ते में काँटे बिछाते हैं, वे स्वयं दुःख उठाते हैं।

कान कतरना—बढ़-चढ़कर चालाक होना। वीरेन्द्र अभी बालक ही है, पर बातें करने में बड़े-बड़ों के कान कतरता है।

कान पकड़ना—पश्चात्ताप करना, फिर कुकर्म न करने की प्रतिज्ञा करना। मैं कान पकड़ता हूँ कि फिर कभी चोरी नहीं करूँगा।

कान पर जूँ तक न रेंगना—कुछ भी ध्यान न देना, कुछ भी असर न होना।

विदुर ने दुर्योधन को बहुत समझाया, किन्तु उसके कान पर जूं तक न रेंगी।

कान भरना—चुगली करना। इन्द्र सदा विद्यार्थियों के विरुद्ध अध्यापकों के कान भरता रहता है।

काम आना—मारे जाना, मदद करना। महाभारत के युद्ध में लाखों वीर काम आये। दूसरों की मदद करो, वे भी समय पर तुम्हारे काम आयेंगे।

काला अक्षर भैंस बराबर—अनपढ़ होना। जिनके लिए काला अक्षर भैंस बराबर है, वे भी इन दिनों गुरु बने बैठे हैं।

किस चक्की का पिसा खाना—जैसा भोजन करना, वैसा स्वभाव बनना। तुम किस चक्की का पिसा खाते हो कि तुम पर गरीबों की आह का जरा भी असर नहीं होता।

कुआँ खोदना—किसी की हानि करने का यत्न करना। जो दूसरों के लिए कुआँ खोदते हैं, वे आप ही उसमें गिर जाते हैं।

कुछ क्षण का मेहमान—कुछ क्षणों में मरने वाला या समाप्त होने वाला। डाक्टर ने कह दिया कि यह रोगी कुछ क्षण का मेहमान है।

कोल्हू का बैल—बहुत मेहनत करने वाला। शिवनाथ तो कोल्हू का बैल बना रहता है, दफ्तर में सब काम उसे ही करने पड़ते हैं।

खटाई में पड़ना— काम होने में देरी या सन्देह होना। मकान बनाने का विचार अभी तो खटाई में पड़ा हुआ है।

खरी-खरी सुनाना—साफ-साफ बात कहना। अपने पर लगाये गए आरोपों का उत्तर देते हुए मन्त्रीजी ने आरोप लगाने वालों को खरी-खरी सुनाईं।

खरी-खोटी कहना—भला-बुरा कहना। बुढ़िया जोश में थी, उसने मुहल्ले वालों को खूब खरी-खोटी कही।

खाक उड़ाना (मिट्टी उड़ाना)—बेइज्जती करना। पिता ने कहा—अरे मूर्ख, अपने कुल की खाक उड़ाना अच्छा नहीं होता।

खाक छानना—मारे-मारे फिरना, ढूंढ़ना। सच्चे गुरु की खोज में स्वामी दयानन्द ने अनेक साधु-महात्माओं के आश्रमों की खाक छानी, तब उन्हें विरजानन्द जैसे गुरु प्राप्त हुए।

खालाजी का घर—सहज काम। इन दिनों नौकरी पाना खालाजी का घर नहीं है।

खिचड़ी पकाना—गुप्त सलाह करना। पता नहीं चीन और पाकिस्तान हर समय क्या खिचड़ी पकाया करते हैं।

खेत रहना—लड़ाई में मारे जाना। कुरुक्षेत्र के युद्ध में लाखों वीर खेत रहे।

गड़े मुर्दे उखाड़ना—बीती हुई बातों को छेड़ना। पुरानी बातों को भूल जाओ, गड़े मुर्दे उखाड़ने से क्या लाभ ?

गत बनाना—पीटना, बुरी हालत करना, हँसी उड़ाकर लज्जित करना। उस दिन भीम ने दुर्योधन की खूब गत बनायी।

गर्म होना—गुस्सा होना, क्रोध में आना। अपनी निन्दा सुनकर रमेश गर्म हो गया।

गले का हार होना—बहुत प्यारा बनना। चापलूस मंथरा कैकेयी के गले का हार बनी थी। लाखों साधु भारतीय जनता के गले का हार बने हुए हैं।

गागर में सागर—थोड़े में बहुत। गीता में सारा तत्त्व-ज्ञान विद्यमान है, मानो गागर में सागर भरा हुआ है।

गाल बजाना—अपनी व्यर्थ बड़ाई करना। अंगद ने रावण से कहा—इस तरह गाल बजाने से कोई वीर नहीं हो सकता।

गाँठ बाँधना—अच्छी तरह स्मरण रखना। गांधीजी की बात गाँठ बाँध लो कि दस्तकारियों से ही गरीबों के दुःख दूर होंगे।

गुड़ गोबर कर देना—आनन्द में विघ्न डाल देना, बना-बनाया काम (या बनी बनाई बात) बिगाड़ देना। अरे भाई, तुम पेट्रोल तो लाये ही नहीं, तुमने तो गुड़ गोबर कर दिया। अब कार कैसे चलेगी और मैच देखने कैसे जायेंगे ?

गुदड़ी का लाल—अप्रसिद्ध, पर गुणी व्यक्ति। कृष्णकुमार तो गुदड़ी का लाल निकला, वह एम० ए० में सर्वप्रथम आया है।

घड़ियाँ गिनना—प्रतीक्षा करना। हनुमान ने राम से कहा कि सीताजी सदा आपके आने की घड़ियाँ गिनती रहती हैं।

घर में गंगा बहना—बिना यत्न के ही घर में इष्ट वस्तु का मिलना या घर में ही योग्य व्यक्ति का होना। तुम्हारे भाई तो संस्कृत के विद्वान् हैं, घर में ही गंगा बहती है, उन्हींसे संस्कृत पढ़ लो।

घाव पर नमक छिड़कना—दुःखी को और सताना। इस दुःख के समय पाण्डवों की निन्दा करके उनके घाव पर नमक न छिड़को।

घाव हरा करना—दुःख बढ़ा देना। तुमने तो देश-विभाजन के दिनों की चर्चा छेड़कर हमारे घाव हरे कर दिये।

घी के दीये जलाना—बहुत खुशियाँ मनाना। लक्ष्मण के मूर्च्छित होने पर राक्षसों ने घी के दीये जलाये।

चम्पत होना—चुपचाप खिसक जाना। पता नहीं कौन मेरी पुस्तक लेकर चम्पत हो गया है।

चल बसना—मर जाना। भारतेन्दु छोटी आयु में ही चल बसे।

चलती गाड़ी में रोड़ा अटकाना—हो रहे काम में बाधा डालना। रुद्रदत्त कविता सुनाने लगा था, पर तुमने उसकी आलोचना करके चलती गाड़ी में रोड़ा अटका दिया।

चादर से बाहर पैर फैलाना—आय से, सामर्थ्य से अधिक खर्च करना। सोच-समझकर खर्च करो, चादर से बाहर पैर फैलाना अच्छा नहीं।

चाँदी होना—खूब लाभ होना। ठेकेदारी के काम में तो उनकी चाँदी हो गयी है।

चिकना घड़ा—जिस पर कुछ असर न हो। आजकल के लोग चिकने घड़े हो गये हैं, सैकड़ों उपदेश सुनते हैं, पर कोई असर नहीं होता।

चूड़ियाँ पहनना—कायर बनना। तानाजी ने कहा—हमने क्या चूड़ियाँ पहन रखीं हैं। तलवार के एक ही वार से शत्रु के दो टुकड़े कर दूँगा।

चेहरे पर हवाइयाँ उड़ना—डर जाना, भयभीत होना। हनुमान को अपनी ओर आते देखकर राक्षसों के चेहरों पर हवाइयाँ उड़ने लगीं।

छक्के छूटना—बुरी तरह हारना, घबरा जाना। नमक सत्याग्रह के समय अंग्रेज सरकार के छक्के छूट गये।

छक्के छुड़ाना—बुरी तरह हराना। महाराणा प्रताप के वीर सैनिकों ने अकबर की सेना के छक्के छुड़ा दिये।

छठी का दूध याद आना—घोर संकट या कठिनाई का अनुभव होना। भीम की गदा की चोट से दु:शासन को छठी तक का दूध याद आ गया।

छाती गजभर की होना—खूब प्रसन्न होना। पुत्र की प्रशंसा सुनकर पिता की छाती गजभर की हो गयी।

छाती पर साँप लोटना—किसीकी खुशी या किसीका लाभ देखकर जलना। जब मन्थरा ने राम के राजतिलक का समाचार सुना तो उसकी छाती पर साँप लोटने लगा।

छाती पर मूँग दलना—दु:ख देना; किसीके सामने ही स्पष्ट रूप से उस पर अत्याचार करना। रावण ने विभीषण से कहा—तू लंका में रहता हुआ राम की प्रशंसा करके मेरी छाती पर मूँग दलता है।

जलती आग में घी डालना—क्रुद्ध व्यक्ति का क्रोध बढ़ाना, लड़ाई बढ़ाना। परशुराम ने लक्ष्मण से कहा—तुम उलटे-सीधे वचन वोलकर जलती आग में घी डाल रहे हो।

जल-भुनकर राख हो जाना—बहुत ईर्ष्या करना। अंगद के व्यंग्य भरे वचन सुनकर रावण जल-भुनकर राख हो गया। दुष्ट लोग अपने साथियों की उन्नति देखकर जल-भुनकर राख हो जाते हैं।

जान हथेली पर रखना—मरने की भी कुछ परवाह न करना। राजपूत लोग सदा जान हथेली पर रखे घूमते थे।

जूतियाँ चाटना, जूती चाटना—खुशामद करना। तुम ही धनवानों की जूतियाँ चाटो, हम तो परमात्मा की कृपा और अपने पुरुषार्थ पर ही भरोसा रखते हैं।

टक्कर लेना—मुकाबला करना। शिवाजी ने औरंगजेब से खूब टक्कर ली।

टपक पड़ना—अकस्मात् आ जाना। अरे, अचानक कहाँ से टपक पड़े !

टाँग अड़ाना—रुकावट डालना; अयोग्य होते हुए भी किसी काम में दखल देना। तुम्हें संस्कृत का ज्ञान तो है नहीं, फिर क्यों विद्वानों की बातों में टाँग अड़ाते हो।

टेढ़ी उँगली से घी निकालना—चालाकी से काम निकालना। सतीश आसानी से रुपये नही लौटायेगा, टेढ़ी उँगली से घी निकालना पड़ेगा।

टेढ़ी खीर—कठिन काम। सुनो औरंगजेब ! मरहठों का मुकाबला करना तुम्हारे लिए टेढ़ी खीर है।

टोपी उछालना—अपमान करना। बड़ों की टोपी उछालना अच्छा नहीं होता।

ठिकाने लगाना—मारना, नष्ट करना। अमरसिंह राठौर ने कितने ही शत्रुओं को ठिकाने लगा दिया।

ठोक-बजाना—भली प्रकार जाँच करना। हमने ठोक-बजाकर देख लिया, इस संसार में कोई किसीका नहीं।

डंका बजना—प्रभाव होना, विजय पाना, प्रसिद्ध होना। सारे संसार में अर्जुन की वीरता का डंका बज गया।

डींग मारना—व्यर्थ की बड़ाई करना, शेखी मारना। असली योद्धा डींग नहीं मारते, युद्ध में अपनी शक्ति दिखाते हैं।

डूबती नैया पार लगाना—आपत्ति से छुड़ाना। द्रौपदी ने मन ही मन भगवान से प्रार्थना की कि मेरी डूबती नैया पार लगा दो।

ढेर करना—मार गिराना। शिवाजी ने अफजलखाँ को बघनखे से पलभर में ढेर कर दिया।

तलवे चाटना—खुशामद करना। अब तो अफसरों के तलवे चाटने से कुछ नहीं हो सकता, जो ठीक काम करेगा उसीकी तरक्की होगी।

तवे की बूंद होना—प्रभावहीन होना, शीघ्र समाप्त होना। ऋण बहुत बढ़ गया था, इसलिए पचास रुपये तो तवे की बूँद होकर रह गये।

तार टूटना—चलता काम रुकना; पढ़ाई रुक जाना। तब अचानक तार टूटने से मैं एम० ए० न कर सका।

तिल धरने की जगह न होना—बहुत भीड़ होना। आज सभा में तिल धरने की जगह न थी।

तिलों में तेल न होना—काम की या कुछ मिलने की आशा न होना। मोहन एक भी पैसा न देगा, इन तिलों में तेल नहीं है।

तीन-पांच करना—(सात-पांच करना)—हील हुज्जत करना। यदि तीन-पांच करोगे तो पिट जाओगे।

तुल जाना—पूरी तरह तत्पर होना; डट जाना। महारानी लक्ष्मीबाई की प्रेरणा से सब स्त्रियाँ किले की रक्षा के लिए जान देने पर तुल गयीं।

तूती बोलना—प्रभाव होना, बात मानी जाना। सदा बलवान या धनवान की ही तूती बोलती है।

तेवर बदलना—गुस्से में होने के कारण मुंह की आकृति बदलना। प्रधानाध्यापक को तेवर बदलते देखकर सारे विद्यार्थी डर गये।

थाह लेना—भेद लेना; पता लगाना। पहले शत्रुओं की थाह लो, फिर लड़ाई छेड़ो।

दम भरना—पक्ष करना, जिम्मेवारी लेना। आजकल गरीबों का दम भरने वाला कोई दिखाई नहीं देता।

दांत खट्टे करना—हराना, नीचा दिखाना। युद्ध में शिवाजी ने औरंगजेब के दाँत खट्टे कर दिये।

दांतों तले उँगली दबाना—आश्चर्यचकित होना। पार्वती की कठोर तपस्या देखकर बड़े-वड़े ऋषि-मुनि भी दाँतों तले उँगली दबाते थे।

दाल न गलना—कुछ पेश न चलना, काम न बनना। कान्ता ने अपने पति तथा देवर को लड़ाने का प्रयत्न किया, पर उसकी दाल न गली।

दाहिना हाथ—बहुत सहायक व्यक्ति। लंका के युद्ध में हनुमानजी श्री रामचन्द्रजी का दाहिना हाथ थे।

दिन में तारे नजर आना—कोई अनहोनी बात होना, किसी घटना से घबरा जाना। शिवाजी को अपनी ओर लपकता देखकर औरंगजेब को दिन में तारे नजर आ गये।

दूज का चाँद होना—देर बाद या कठिनाई से दर्शन देना। तुम तो दूज के चाँद हो गये हो, कभी मिलते ही नहीं।

दो कौड़ी का आदमी—तुच्छ व्यक्ति। जिसको तुम दो कौड़ी का आदमी समझते थे, वही समय पर काम आया है।

दो टूक उत्तर—(कोरा जवाब)—स्पष्ट इनकार। मैंने तो चाचाजी को दो टूक उत्तर दे दिया है कि मैं अभी विवाह नहीं करूँगा।

दो नावों पर पैर रखना—दो तरफ ध्यान देना, दो कामों में हाथ डालना। तुम देशभक्त भी बनते हो और अंग्रेजों की चापलूसी भी करते हो। इस तरह दो नावों पर पैर रखना ठीक नहीं।

धज्जियाँ उड़ाना—बिलकुल खण्डन करना। शास्त्रीजी ने नास्तिकों की निस्सार बातों की धज्जियाँ उड़ा दीं।

धाक जमाना—रोब जमाना। आतंक जमाना। शिवाजी ने अफजलखाँ की

सार बातों की धज्जियाँ उड़ा दीं।

धूप में बाल सफेद न करना—अनुभवशून्य न होना। विदुरजी ने दुनिया देखी थी, धूप में बाल सफेद नहीं किये थे।

धूल-भरा हीरा – खेलने-कूदने वाला बच्चा, प्रिय पुत्र। मातृभूमि की मिट्टी में लोट-लोटकर ही बालक धूल-भरे हीरे कहलाते हैं।

नमक-मिर्च लगाना—बात को बढ़ा-चढ़ाकर कहना। राजा मानसिंह ने अकबर को खूब नमक-मिर्च लगाकर राणा प्रताप की शिकायत की।

नाक कटना—मान नष्ट होना। चोखेलाल ने यह सोचा कि यदि लड़की का विवाह धूमधाम से न किया तो बिरादरी में नाक कट जायेगी।

नाक रखना—इज्जत बचा लेना। रमेश ने छात्रवृत्ति प्राप्त करके स्कूल की नाक रख ली।

नाकों चने चबाना—खूब तंग करना। छत्रसाल ने दिन-रात हमले करके यवन सूबेदार को नाकों चने चबा दिये।

निन्यानवे का फेर—जोड़ने की चिन्ता, रुपये की चिन्ता। जितेन्द्र ऐसा निन्यानवे के फेर में पड़ा है कि वह दिनोदिन सूखता जाता है।

नीचा दिखाना—अपमानित करना। कौरवों ने पाण्डवों को अनेक बार नीचा दिखाने की कोशिश की।

नौ-दो ग्यारह होना—भाग जाना। पुलिस को देखकर चोर नौ-दो ग्यारह हो गया।

पगड़ी उछालना, पगड़ी उतारना—अपमान करना। देखो जी, बड़ों की पगड़ी मत उछालो।

पगड़ी सम्भालना—आत्माभिमान की रक्षा करना। राजपूतों ने अपने प्राण न्योछावर करके भी पगड़ी को सँभाले रखा।

पट्टी पढ़ाना—उलटी सलाह देकर सहमत कर लेना, बहका लेना। मंथरा ने कैकेयी को ऐसी पट्टी पढ़ाई कि उसने दो वर माँग ही लिये।

पतलून आपे से बाहर होना—आपे से बाहर होना—क्रोध में आना। सिपाही ने साईकिल वाले से कहा—तुम व्यर्थ ही पतलून से बाहर हुए जाते हो।

पर लगना—चालाक होना। जो मोहन कल तक बड़ी सादगी और विनम्रता से रहता था उसे अत्यधिक खर्च करते हुए और बड़ी-बड़ी बातें बनाते देखकर रमेश ने उससे कहा—अच्छा, अब तुम्हें भी पर लग गये हैं।

पसीना-पसीना होना—घबरा जाना, बहुत थक जाना। सेंध लगाते समय ही मौके पर पुलिस के पहुँच जाने से चोर पसीना-पसीना हो गया। कुछ दूर चलने पर शान्ता पसीना-पसीना हो गयी।

पहाड़ से टक्कर लेना—बहुत शक्तिशाली का मुकाबला करना। उन दिनों अंग्रेजों से मुकाबला करना मानो पहाड़ से टक्कर लेना था।

पाँचों उंगली घी में होना—बहुत लाभ होना। बाजार में चीनी का भाव दो रुपये तेज हो गया। बस, फिर क्या था, चोखेलाल की पाँचों उंगली घी में हो गयीं।

रुपया पानी की तरह बहाना—लापरवाही से या बहुत अधिक खर्च करना। चुनाव जीतने के लिए रुपया पानी की तरह बहाना पड़ता है।

पानी-पानी होना—लज्जित होना। भरत की फटकार सुनकर कैकेयी पानी-पानी हो गयी।

पानी में आग लगाना—क्रुद्ध न होने वाले को भी व्यर्थ में भड़काकर क्रुद्ध कर देना। विश्वामित्र ने वसिष्ठ की कामधेनु चुराकर पानी में आग लगा दी।

पापड़ बेलना—निर्वाह के लिए विवश हो कई तरह के कष्टपूर्ण काम करना। साधुसिंह ने अपने जीवन में अनेक पापड़ बेले हैं।

पिष्टपेषण करना—अच्छी तरह कही हुई बात को फिर कहना। अध्यापक ने कहा—पिष्ट-पेषण करने का कोई लाभ नहीं, जितना तुम्हें बतलाया है उतना ही पर्याप्त है।

पीठ ठोंकना—साहस बँधाना। राजपूत सरदार ने पुत्र की पीठ ठोंककर कहा—जाओ, तुम्हारी जीत होगी।

पीठ दिखाना—हारकर भाग जाना। सिंहगढ़ के युद्ध में यवन-सेना ने पीठ दिखा दी।

पेट का हलका—बात को छिपाकर न रखने वाला। कुमार को रहस्य की बात न बतलाया करो, वह पेट का हलका है।

पौ बारह होना—बहुत लाभ। कपड़े का परमिट मिलने से बाबूलाल के पौ-बारह हो गये।

फूंक-फूंककर कदम रखना—बहुत सावधानी से काम लेना। युद्ध के दिनों में सेना की अग्रिम टूकड़ी फूंक-फूंककर कदम रख आगे बढ़ती है।

फूला न समाना—बहुत प्रसन्न होना। भाषण-प्रतियोगिता में कान्ता जीत गयी तो उसकी अध्यापिका फूली न समायी।

बगलें झांकना—कुछ उत्तर न बन पड़ना। सेठ ने जब आभूषणों की पिटारी के बारे में पूछा तो नौकर बगलें झाँकने लगा।

बड़े घर की हवा खाना—कैद होना, जेल जाना। फिर चोरी करोगे तो बड़े घर की हवा खाओगे।

बन्दर-घुड़की—दिखावे की धमकी। स्वाधीनता के पुजारी अंग्रेज सरकार की बन्दर-घुड़कियों से डरने वाले न थे।

बबूल बोकर आमों की आशा करना—बुरा काम करके अच्छे फल की आशा करना। जो व्यक्ति दूसरों की निन्दा करते हैं और यह चाहते हैं कि लोग उनकी प्रशंसा करें, वे बबूल बोकर आमों की आशा करते हैं।

बरस पड़ना—क्रुद्ध होकर डाँटना। बहू की अनुचित बात सुनकर सास उस पर बरस पड़ी।

बायें हाथ का खेल—साधारण बात, आसान काम। समुद्र को पार कर जाना हनुमान के लिए बायें हाथ का खेल था।

बहती गंगा में हाथ धोना—मौके से लाभ उठाना। यहाँ उपनिषदों की कथा होती है, तुम भी बहती गंगा में हाथ धो लो।

बाल की खाल निकालना—(उतारना)—बहुत अधिक तर्क करना। वकील लोग तो बाल की खाल उतारा करते हैं।

बीड़ा उठाना—जिम्मेवारी लेना। छत्रसाल ने स्वतन्त्र राज्य स्थापित करने का बीड़ा उठा लिया।

बोलबाला होना—प्रसिद्धि, सम्मान या प्रभाव होना। सारे भारत में कांग्रेस का ही बोलबाला है।

भंडा फोड़ना—रहस्य प्रकट कर देना। कोई असली बात बतलाता नहीं था; किन्तु सुधीर ने भंडा फोड़ दिया।

भाड़ झोंकना—व्यर्थ समय खोना। तुम व्याकरण पढ़ते रहे हो या भाड़ झोंकते रहे हो ! तुम्हें तो संज्ञा और क्रिया के भेद का भी पता नहीं।

भाड़े का टट्टू—पैसे लेकर या खाने की वस्तु खाकर काम करने वाला। इनमें सच्चा देशभक्त कोई भी नहीं, सब भाड़े के टट्टू हैं।

मक्खियाँ मारना—निकम्मा रहना। कुछ काम भी किया करो, सारा दिन मक्खियाँ मारकर मत बिता दिया करो।

मन के लड्डू (मोदक) खाना—मनोरथ बनाना। अच्छी तरह तैयारी करो, मन के लड्डू खाने से पास नहीं हो जाओगे।

मन मारना—मन को काबू में करना; इच्छा रोकना; निराश होना। मन के मारे बिना कोई सच्चा साधु नहीं हो सकता।

माथा ठनकना—आशंका होना। घर के लोगों का पहले ही माथा ठनक गया था कि जगदीश विवाह के लिए नहीं मानेगा।

मिट्टी का माधो—निरा मूर्ख। सारे अध्यापक अमरसिंह को मिट्टी का माधो समझते थे।

मुंह की खाना—हारना। औरंगजेब ने शिवाजी पर कई बार चढ़ाई की, पर सदा मुँह की खायी।

मुंह ताकना—मुंह देखना; किसीका सहारा लेना। प्रत्येक काम में दूसरों का मुँह ताकना अच्छा नहीं होता।

मुंह पर हवाइयां उड़ना—भय या लज्जा के कारण मुँह की रंगत बदल जाना, डरना। मोहन नकल कर रहा था, जब सुपरिण्टेण्डेण्ट ने उसे देख लिया तो उसके मुँह पर हवाइयाँ उड़ने लगीं।

मुंह फिरना—हारना; मुंह टेढ़ा होना। हिन्दू सेना के एक ही हमले से शत्रु की सेना का मुंह फिर गया। पक्षाघात के कारण उसका मुँह फिर गया है।

मुंह में पानी भर आना– ललचाना। इस रिश्वत के युग में ऐसा कोई बिरला ही होगा, पैसा देखकर जिसके मुँह में पानी न भर आता हो।

मुंह लगाना—ढील देकर उद्दण्ड बनाना। जो लोग नौकरों को मुंह लगा लेते हैं उन्हें बाद में कठिनाई होती है।

मुट्ठी गरम करना—रिश्वत देना। कचहरी में क्लर्कों की मुट्ठी गरम किये बिना कोई काम नहीं बनता।

रंग उड़ना—हैरान होना; डर लगना। शेर को देखते ही उसके चेहरे का रंग उड़ गया।

रंग चढ़ना—असर होना। उन दिनों लाखों लोगों पर संघ का रंग चढ़ गया।

रंग में भंग पड़ना—अच्छी या खुशी की बात में विघ्न पड़ना। हाकी का मैच शुरू ही था कि कप्तान के गिरकर बेहोश हो जाने से रंग में भंग पड़ गया।

राई का पहाड़ बनाना—ज़रा सी बात को बहुत बढ़ा देना। अतुल तो हँसी कर रहा था, किन्तु सतीश ने राई का पहाड़ बना दिया।

रास्ता नापना—चले जाना; भाग चलना। तुम यहाँ क्यों खड़े हो? अपना रास्ता नापो।

रुपया पानी में डालना—निकम्मी वस्तु मोल लेना; व्यर्थ खर्च करना। टूटा-फूटा मकान खरीदकर तुमने रुपया पानी में डाल दिया है।

रोड़ा अटकाना—बाधा डालना। शान्ता को नौकरी मिल जाती, पर सरला ने रोड़ा अटका दिया।

लंका-दाह (लंका कांड) होना—सब कुछ नष्ट होना; जल जाना। राजेन्द्रा प्लेस में बहु-मंजिले भवन की आग में हमारा सारा धन लंकादाह हो गया है।

लकीर का फकीर होना—किसीकी बताई बात को पूरी तरह करना; पुराने रीति-रिवाज को पूरी तरह अपनाना। बिहारीलाल लकीर का फकीर है, वह अपने पुत्र के विवाह में सारी पुरानी रस्में करेगा।

लम्बी तानकर सोना—निश्चिन्त होकर सोना। परीक्षा सिर पर है और तू लम्बी तानकर सो रहा है।

लहू का घूंट पीकर रह जाना—गुस्से को दबाकर रह जाना। द्रौपदी का अपमान होते देखकर भीमसेन लहू का घूंट पीकर रह गया।

लहू-पसीना एक करना—बहुत परिश्रम करना। ओंकार ने इतना धन लहू-पसीना एक करके कमाया है।

लंगोटिया यार—बचपन का साथी। कलकत्ता में कल अचानक मुझे मेरा एक पुराना लंगोटिया यार मिल गया।

लाल-पीला होना—क्रुद्ध होना। यह तुम्हारी अपनी गलती है, फिर क्यों व्यर्थ लाल-पीले होते हो।

लुटिया डुबोना—सारा काम बिगाड़ देना, अयोग्य सिद्ध होना। हमने तो समझा था कि सरला तैराकी में जीतकर आयेगी, पर उसने तो लुटिया डुबो दी।

लेने के देने पड़ जाना—लाभ के बदले हानि होना। द्वितीय महायुद्ध में रूस पर आक्रमण करके हिटलर को लेने के देने पड़ गये।

लोहा मानना—बलवान मानना। कौरव सेना अर्जुन का लोहा मानती थी।

लोहा लेना—युद्ध करना। हरिसिंह नलवा से लोहा लेने वाले योद्धा बहुत थोड़े थे।

लोहे के चने चबाना—बहुत कठिन काम करना। शास्त्री परीक्षा पास करना मानो लोहे के चने चबाना है।

विष उगलना—कठोर वचन बोलना। सास का ताना सुनकर बहू ने भी विष उगलना आरम्भ कर दिया।

शेर के कान कतरना—शैतान के कान काटना, बहुत चालाक होना। जितेन्द्र को कौन धोखा दे सकता है, वह तो शेर के कान कतरता है।

श्रीगणेश करना—आरम्भ करना। हमें आज से ही दुकान का श्रीगणेश करना है।

सफेद हाथी होना—खर्च की दृष्टि से बहुत बोझा होना, पर उपयोग कुछ न होना। आजकल इस विभाग में कई अफसर सफेद हाथी सिद्ध हो रहे हैं।

सात घाट का पानी पीना—बहुत अनुभवी या चालाक होना। इस बुढ़िया ने सात घाट का पानी पिया हुआ है, वह तुम्हारी बातों में नहीं आयेगी।

सिक्का बैठाना—प्रभाव या धाक जमाना। कश्मीर के युद्ध में हमारे सैनिकों ने शत्रु सेना पर अपना सिक्का बैठा दिया।

सितारा चमकना—भाग्य अच्छा होना। पहली जीत होते ही रणजीतसिंह का सितारा चमक उठा।

सिर-आंखों पर उठाना—बहुत आदर-मान, आवभगत या स्नेह करना। जनकपुरी के लोगों ने राम-लक्ष्मण को सिर-आँखों पर उठा लिया।

सिर उठाना—विरोध में उठना। सरदार पटेल ने कहा—जिस देशद्रोही ने सिर उठाया, उसे ही कुचल दिया जायेगा।

सिर ऊँचा रहना—जीत होना, सम्मान होना। ओलम्पिक में लगातार कई वर्षों तक हॉकी में भारत का सिर ऊंचा रहा। सत्यवादी का सिर सदा ऊँचा रहता है।

सिर खाना—अनेक बातें करके या शोर करके तंग करना। किशोरी ने साड़ी लाने के लिए सुबह से सिर खा रखा है।

सिर चढ़ाना, सिर पर चढ़ाना—उद्दण्डता के लिए खुली छूट देना, गुस्ताख बनाना। दादी ने कान्ता को बहुत सिर चढ़ा रखा है।

सिर पटकना—प्रयत्न करना। महेन्द्र ने फार्म भरने के लिए लाख सिर पटका, किन्तु प्रिंसिपल ने कुछ ध्यान नहीं दिया।

सिर पर भूत सवार होना—अधिक क्रोध में आना, आपे में न होना। कल्लू के सिर पर भूत सवार था, लड़के को पीटने के बाद वह अपनी स्त्री का भी गला घोंटने लगा।

सिर हथेली पर धरना (रखना)—मरने की परवाह न करना। रानी लक्ष्मीबाई सिर हथेली पर धरकर युद्ध के लिए चल पड़ी।

सूरज को दीपक दिखाना—प्रसिद्ध व्यक्ति का परिचय देना, ज्ञानवान् को शिक्षा। महात्मा गांधी का परिचय देना तो सूरज को दीपक दिखाना है।

स्वाहा करना—नष्ट करना, जलाना। सुन्दरसिंह ने अपनी सारी सम्पत्ति जुए में स्वाहा कर दी।

हक्का-बक्का रहना—हैरान होना। लव-कुश की अनोखी वीरता देखकर लक्ष्मण और भरत हक्के-बक्के रह गये।

हजामत करना—ठगना। वह समय बीत गया जब कि तीर्थों के पण्डे यात्रियों की हजामत कर लिया करते थे।

हवा उड़ाना—अफवाह फैलाना, खबर फैलाना। पाण्डव पक्ष ने कौरवों की सेना में हवा उड़ा दी कि अश्वत्थामा मारा गया।

हवा पलटना—समय बदलना, दशा बदलना।

गुड़ का व्यापार शुरू करते ही सेठ रामनारायण की हवा पलटने लगी।

हवा लगना—संगति या वातावरण का असर पड़ना। आजकल के बच्चों को कलियुग की हवा लग गयी है।

हवा होना—भाग जाना, तेजी से दौड़ना। माली को देखकर सब बालक हवा हो गये।

हवा से बातें करना—बहुत तेजी से दौड़ना, तेज गति होना। अर्जुन का रथ हवा से बातें करने लगा।

हाथ उठाना—मारपीट करना। स्त्री पर हाथ उठाना अच्छा नहीं।

हाथ कटाना—लिखकर दे देना और बाध्य हो जाना। पिता ने लड़कों से

कहा कि मैं हाथ कटा चुका हूँ। अब मकान हमारा नहीं रहा।

हाथ धोकर पीछे पड़ना—पूरी तरह आग्रह करना। हाथ धोकर पीछे पड़े बिना पिताजी नये कपड़े लेकर नहीं देते।

हाथ धो बैठना—गँवा देना। जिनमें एकता नहीं, वे जातियाँ स्वाधीनता से हाथ धो बैठती हैं।

हाथ पर हाथ रखकर बैठना—निकम्मे या खाली रहना, खाली बैठना। आजकल प्रायः सभी व्यापारी हाथ पर हाथ रखे बैठे हैं।

हाथ-पाँव फूल जाना—घबरा जाना। राणा प्रताप की हुंकार सुनते ही शत्रुओं के हाथ-पाँव फूल गये।

हाथ-पैर (हाथ-पाँव) मारना—कोशिश करना। कहीं हाथ-पैर (हाथ-पांव) मारो, खाली बैठे रहने से निर्वाह कैसे होगा?

हाथ फैलाना—माँगना। प्रत्येक के आगे हाथ फैलाना उचित नहीं।

हाथ बँटाना—सहायता देना। यदि मेरे भाई मेरे काम में हाथ न बँटाते तो मुझ अकेले से यह काम होना सम्भव नहीं था।

हाथ मलना—पछताना। बाद में कैकेयी हाथ मलती थी कि उसने राम को वन में क्यों भिजवाया।

हाथ रँगना—खूब धन प्राप्त करना। किसीने लोहे के काम में हाथ रँग लिये हैं, तो किसीने सीमेंट के काम में।

हाथ साफ करना—मारना, खूब खाना, बेईमानी से कोई वस्तु लेना। अमर सिंह ने तलवार निकालकर यवनों पर हाथ साफ किया। बारातियों ने मिठाई पर खूब हाथ साफ किये। इस दुष्ट ने कइयों पर हाथ साफ किये हैं।

हाथों के तोते उड़ जाना—होश उड़ना; बहुत घबरा जाना। मेघनाद की कटी हुई भुजा देखकर सुलोचना के हाथों के तोते उड़ गये।

हुक्का-पानी बन्द करना—मेल-जोल या व्यवहार बन्द करना। उन दिनों लोग बिरादरी की बात न मानने वाले का हुक्का-पानी बन्द कर देते थे।

मुहावरे अर्थ सहित

अंग-अंग ढीला होना—थक जाना।

अंग-अंग मुस्कराना—बहुत प्रसन्न होना।

अंग छूना—सौगन्ध खाना।

अंट-संट बकना—ऊटपटाँग जो जी में आये, कह देना।

अन्त करना—मार डालना, समाप्त करना।

अन्त बनाना—परलोक सुधारना।

अन्त बिगाड़ना—परलोक बिगाड़ना।

अंधेरे घर का उजाला—एकमात्र पुत्र।

अक्ल के घोड़े दौड़ाना—कई प्रकार की कल्पना करना।

अच्छे दिन आना—दुर्भाग्य दूर होना।

अठखेलियाँ करना—खेलना-कूदना।

अड़चन डालना—रुकावट डालना।

अड्डा जमाना—प्रतिदिन रहने लगना। **अड़ियल टट्टू होना**—हठी होना।

अपने आपको सँभालना—बुरे कामों से बचना।

अपना घर समझना—संकोच न करना।

अबे-तबे करना—अनादर से बुलाना।

आँख उठाना—हानि पहुँचाने का यत्न करना।

आँख मारना—इशारा करना।

आँख लगाना—प्रेम करना।

आँख लगना—सो जाना; प्रेम होना।

आँखें खुली रह जाना—मृत्यु होना।

आँखें चार होना—देखा-देखी होना।

आँखें नीची होना—लज्जित होना।

आँखों में धूल झोंकना—धोखा देना।

आँखों में चरबी छा जाना—बहुत घमण्ड होना।

आँखों में रात काटना—सारी रात जागते रहना।

आँखों में गिरना—आदर कम होना।

आँच न आने देना—हानि न होने देना।

आकाश पर थूकना—अच्छे व्यक्ति को अपमानित करने का प्रयत्न करना, पर उसका कुछ बिगाड़ न सकना, स्वयं ही हानि उठाना।

आटा गीला होना—कठिनाई में फँसना।

आड़े हाथों लेना—खरी-खोटी सुनाना (खरी-खरी सुनाना)।

आपा-धापी करना—अपनी-अपनी फिक्र करने लगना; खलबली मचना।

आसमान पर चढ़ाना—किसी की आवश्यकता से अधिक प्रशंसा करना।

आसमान सिर पर उठाना—बहुत शोर करना।

उँगली उठना—निन्दा या प्रशंसा होना।

उठ जाना—मर जाना।

उगल देना—भेद कह देना।

उठना-बैठना—मिलना।

उलटे छुरे से मूंड़ना—दूसरे को बुद्धू बनाकर स्वार्थ साधना।

ऊँट के मुंह में जीरा—बड़े प्राणी के लिए छोटी-सी वस्तु

कंचन बरसना—बहुत लाभ होना।

करवट बदलना—शय्या पर चैन न पड़ना।

कलेजा मुँह को आना—अत्यन्त दुःखी होना।

कसौटी पर कसना—खूब जाँचना।

कहीं का न छोड़ना—अपमानित करना, भ्रष्ट करना।

काँटा दूर होना—रुकावट दूर होना।

काँटे बोना—पाप करना, अनिष्ट करना, बाधा डालना।

किंकर्तव्यविमूढ़—क्या करना चाहिए क्या नहीं, समझ में न आना।

कान खाना—एक ही बात की रट लगाना। कोलाहल करना।

कान खुलना—होश आना।

कान न देना—ध्यान न देना।

कान में तेल (रुई) डालना—किसीकी बात या शिक्षा न सुनना।

काफूर होना—लुप्त होना, चले जाना।

काया पलटना—भारी परिवर्तन होना।

किनारा करना—पृथक् होना।

कोरा उत्तर देना—साफ इनकार करना।

कूड़े पर फुलेल उड़ेलना—अयोग्य व्यक्ति का सम्मान करना।

कोसों दूर रहना—बचकर रहना।

कौड़ी को न पूछना—कुछ भी इज्जत न करना।

खरी-खोटी सुनाना—बुरे वचन कहना।

खाने को पड़ना, खाने दौड़ना—क्रुद्ध होकर बोलना।

खालाजी का घर—सहज काम।

खून का प्यासा—मारने के लिए सदा तत्पर।

खून का घूँट पीना—क्रोध को मन में दबा लेना।

खून खौलना—जोश आना, बहुत क्रुद्ध होना।

खून-पसीना एक करना—कठिन उद्योग करना।

गड़े मुर्दे उखाड़ना—बीती हुई बातों को छेड़ना।

गत बनाना—बहुत हँसी उड़ाकर लज्जित करना, बहुत पीटना।

गर्दन पर सवार होना—बुरी तरह पीछे पड़ना।

गर्म होना—क्रुद्ध होकर कठोर वचन बोलना।

गला घोंटना—जबरदस्ती करना, गला दबाकर मार डालना।

गला फँसाना—बन्धन में पड़ना।

गले पड़ना—गला पकड़ना, हठ करना।

गले मढ़ना—जबरदस्ती देना या बेचना।

गहरी छानना—इकट्ठे हँसना-खेलना और खाना-पीना।

गिन-गिनकर पैर रखना—धीरे-धीरे चलना, देख-भालकर व्यवहार करना।

गिरगिट की तरह रंग बदलना—एक बात पर पक्का न रहना।
गुरुघंटाल—बहुत चालाक।
गूंगे का गुड़—ऐसा सुख जिसका वर्णन न हो सके।
घड़ों पानी पड़ जाना—बहुत लज्जित होना।
घर सिर पर उठा लेना—अत्यन्त कोलाहल करना।
घाट-घाट का पानी पीना—स्थान-स्थान पर जाकर अनुभव प्राप्त करना।
घात में रहना—किसीका बुरा करने के लिए मौका ढूंढ़ते रहना।
घास काटना—निकम्मा रहना, बेगार टालना।
घास खोदना—व्यर्थ समय गँवाना, बेकार का काम करना।
घुमा-फिराकर बात करना—फेर से बातें करना।
घोड़े बेचकर सोना—निश्चिन्त होकर सोना।
चकमा देना—धोखा देना।
चट कर जाना—समाप्त कर जाना, खा जाना।
चल निकलना—काम में सफल होने लगना।
चलता करना—टालकर भगा देना।
चार पैसे होना—कुछ धन होना।
चाल चलना—धोखा देने का यत्न करना।
चाल सुधारना—आचरण ठीक करना।
चिकनी-चुपड़ी बातें करना—धोखा देने के लिए मीठी-मीठी बातें करना।
चंगुल में फँसना—किसीकी बातों में आना, काबू में आना।
चुल्लूभर पानी में डूब मरना—बहुत लज्जित होना।
चूं तक न करना—विरोध में कुछ भी न करना।
चोटी से एड़ी तक पसीना बहाना—बहुत यत्न करना।
चोली-दामन का साथ होना सदा साथ रहना।
छक्के छूटना—घबरा जाना।
छाती ठोंकना—उत्साहित होना, जिम्मेदारी निभाने का विश्वास दिलाना।
जल-भुनकर कोयला होना—बहुत ईर्ष्या होना।
जले पर नमक छिड़कना—दुःखी को अपनी बातों से और दुःखी करना।
जान देना—प्राण निछावर करना, बहुत अधिक चाहना।
जान पर खेलना—मृत्यु की परवाह न करते हुए संकट से जूझना।
जी उचाट होना—मन न लगना।
जी छोटा होना—तंगदिल होना।
जीती मक्खी निगलना—जान-बूझकर सह लेना।
जूतियां चटकाते फिरना—व्यर्थ घूमना।
टका-सा जवाब देना—स्पष्ट इनकार करना।

टका-सा मुंह लेकर रह जाना—लज्जित हो जाना।

टट्टी की ओट में शिकार खेलना—किसी बहाने से काम सिद्ध कर लेना।

टस से मस न होना—ज़रा भी न हिलना।

टांग तोड़ना—जो काम पूरी तरह न आता हो, उसे अपनी खूब जानकारी दिखाते हुए करना।

टांग पसारकर सोना—निश्चिन्त होकर रहना।

टोह लगाना—पता लगाना।

ठंडा होना—मर जाना, उत्साह भंग होना।

ठोकरें खाना—कष्ट झेलना।

ठन-ठन गोपाल होना—कुछ प्राप्त न होना, निराश।

डकार न लेना—चुपचाप हजम कर जाना।

डूबते को तिनके का सहारा—आपत्ति में सहायताप्रद, वस्तु या व्यक्ति।

ढपोरशंख——गप्पी, केवल कहने वाला और कुछ न करने वाला।

तानकर सोना—निश्चिन्त होकर सोना।

तारे तोड़ लाना—कठिन कार्य कर दिखाना।

तिल का ताड़ बनाना—ज़रा-सी बात को बहुत बढ़ा देना।

तीन-तेरह होना—भाग जाना।

तीन-पांच करना—हुज्जत करना।

तू-तू मैं-मैं—ज़बानी लड़ाई।

तोते की तरह रटना—अर्थ समझे बिना कण्ठस्थ करना।

थूककर चाटना—अपने वचन से फिरना।

दंग रह जाना—चकित रह जाना।

दबे पाँव निकल जाना—चुपचाप निकल जाना या चले जाना।

दम के दम में—बहुत जल्दी।

दम घुटना—साँस न आना।

दम मारना—परिश्रम करना, सुल्फे-हुक्के आदि को पीना।

दम में दम आना—आराम की साँस आना, आराम मिलना।

दम लेना—धैर्य रखना, आराम से साँस लेना।

दम सूखना—डर जाना।

दाँत गड़ाना—प्राप्ति करने की ताक में रहना।

दाँत निकालना—व्यर्थ हँसना, गिड़गिड़ाना।

दाँत पीसकर रह जाना—क्रोध करके चुप हो जाना।

दाँत से दाँत बजना—बहुत सर्दी पड़ना।

दाई से पेट छिपाना—जानकार से बात छिपाना।

दाने-दाने को तरसना—बहुत गरीब होना।

दाल में काला होना—कोई रहस्य की बात होना।

दिन फिरना—भाग्य अच्छा होना।

दिया (चिराग) लेकर ढूंढ़ना अच्छी तरह खोज करना।

दुनिया की हवा लगना—संसार के भले-बुरे कामों में चालाक होना।

दुम दबाकर भागना—डरकर भागना।

दूध का दूध पानी का पानी—सच-झूठ का ठीक न्याय।

दूध की मक्खी—त्यागने योग्य।

दूध के दाँत न टूटना—अबोध बालक होना।

दो टूक बात कहना—थोड़े शब्दों में साफ बात करना।

दौड़-धूप करना—खूब परिश्रम करना।

धन स्वाहा करना—धन उजाड़ना।

धता बताना—डाँट देना।

धाँधली करना—गड़बड़ी करना (मचाना)।

धोखे की टट्टी—कपट की बात या बस्तु।

नया गुल खिलना—नयी घटना घटना।

नाक कटाना—इज्जत गँवाना।

नाक-भौं सिकोड़ना—अप्रसन्नता प्रकट करना, नापसन्द करना।

नाक पर मक्खी न बैठने देना—अपने पर ज़रा-सी बात न आने देना।

नाक में दम करना—बहुत तंग करना।

नाक रगड़ना—दीन बनना।

नाक का बाल होना—खटकना।

नाच नचाना—इच्छानुसार काम लेना।

नानी याद आना—घबराना।

नाम कमाना या पाना—प्रसिद्ध होना।

नाम करना—बहुत ज़रा-सा काम करना।

नाम पैदा करना—कीर्ति प्राप्त करना।

निन्यानवे के फेर में पड़ना—रुपये जोड़ने की चिन्ता में पड़ना।

नीला-पीला या लाल-पीला होना क्रोध में आना।

पते की कहना—दूरदर्शिता की बात कहना।

पत्थर की लकीर होना—अमिट होना।

परछाईं से डरना—बहुत अधिक डरना।

परदा डालना—छिपाना।

पसीना-पसीना होना—घबरा जाना, लज्जित होना।

पहाड़ टूट पड़ना—आपत्ति आना।

पाँव धो-धोकर पीना—बहुत सत्कार करना।

पांव भारी होना—गर्भिणी होना।

पांव में बेड़ी पड़ना—स्वतन्त्रता जाती रहना।

पानी का बुलबुला—शीघ्र नष्ट होने वाला, क्षणभंगुर।

पानी की तरह बहाना—लापरवाही से खर्च करना।

पानी पीकर घर (जात) पूछना—स्वार्थ पूरा करके फिर बात पूछना।

पानी पी-पीकर कोसना—हर समय कोसना।

पानी भरना—चाकरी करना।

पाप काटना—बन्धन दूर करना।

पार पाना—भेद जानना।

पाला पड़ना—मुकाबला होना, वास्ता पड़ना।

पिण्ड छुड़ाना—पीछा छुड़ाना।

पीठ पर होना—सहायक होना।

पीठ पर सवार होना—पीछा न छोड़ना।

पेट में चूहे दौड़ना—बहुत भूख लगना।

पैंतरे बदलना—चाल बदलना, चालाकी चलना।

पैरों के नीचे से जमीन खिसकना—बहुत हैरान होना या घबराना।

पोल खोलना—भेद प्रकट करना।

फूटी आंखों न देख सकना—बिल्कुल न चाहना।

बगल (गिरेबान) में मुंह डालना—शरमाना, अपने आपको परखना।

बगला भगत—कपटी आदमी।

बढ़-चढ़कर बात करना—डींग मारना।

बहती गंगा में हाथ धोना—मौके से लाभ उठाना।

बांह देना, बांह पकड़ना—सहायता देना।

बाग-बाग होना—बहुत प्रसन्न होना।

बात का धनी होना—प्रण (वचन) का पक्का होना।

बातों में उड़ाना—हँसी में टालना।

बाल पकना—बूढ़ा हो जाना।

बाल बाँका न कर सकना—हानि न पहुंचा सकना।

बाल-बाल बचना—हानि होने का पर्याप्त कारण होते हुए भी उससे पूरी तरह बच जाना।

बालू की भीत—जल्दी नष्ट होने वाली, कच्ची वस्तु।

बे पेंदे का लोटा—जिसका कोई निश्चित सिद्धान्त न हो, अस्थिर मति वाला।

बोली मारना—ताना देना।

भाण्डा फूटना—रहस्य (भेद) खुलना।

भनक पड़ना—थोड़ी-सी सूचना मिलना।

भाँजी मारना—रुकावट डालना, काम बिगाड़ने के लिए चुगली करना।

भिड़ के छत्ते को छेड़ना—झगड़ालू व्यक्ति को छेड़ना, शक्ति-सम्पन्न परिवार टोली, ग्रुप, समूह या दल के किसी व्यक्ति से झगड़ा कर बैठना।

भीगी बिल्ली बनना—डरपोक बनना।

भेड़चाल, भेड़ाचाल, भेड़ियाधसान—परिणाम सोचे बिना नकल करना।

मक्खी पर मक्खी मारना—लिखे की पूरी नकल उतारना।

मन खट्टा होना—मन खिन्न होना।

माथापच्ची करना—व्यर्थ दिमाग खर्च करना।

मारे-मारे फिरना—व्यर्थ घूमना, इधर-उधर घूमना।

मीठी छुरी होना—ऊपर से मित्र और भीतर से शत्रु होना।

मुँहतोड़ उत्तर देना—खरा उत्तर देना।

मुँह धोना—आशा न रखना।

मुँहफट होना—प्रत्येक बात स्पष्ट कहे बिना न रहना।

मुट्ठी में करना—वश में करना।

मैदान मारना—जीतना।

मोम होना—नर्म होना।

रंग-ढंग बदलना—परिवर्तन आना।

रंग लाना—असर दिखाना।

रंगा सियार—ढोंगी, पाखण्डी, ठग।

रफूचक्कर होना—भाग जाना।

लट्टू होना—मुग्ध होना।

लपेट में आना—घिर जाना, वश में आना।

लम्बी-चौड़ी हाँकना—बहुत लाड़-प्यार करना, लाड़ लड़ाना।

सटपटाते फिरना—घबराये हुए फिरना।

समझ पर पत्थर पड़ना—बुद्धि नष्ट होना।

सात-पाँच करना—हील-हुज्जत करना।

सिर ऊँचा होना—जीत या किसी कार्य में सफल होने पर अपने को आदर-योग्य अनुभव करना।

सिर हथेली पर धरना—अपने प्राणों की परवाह न करना।

सिर धुनना—पछताना।

सिर पर आना—समीप आना।

सिर से पाँव तक आग लगना—बहुत क्रुद्ध होना।

सोने की चिड़िया होना—बहुत लाभ देने वाली वस्तु होना।

सोने में सुगन्ध होना—उत्तम वस्तु या व्यक्ति में और अधिक गुण होना।

हँसी में उड़ाना—ध्यान न देना।

हड़प कर लेना—दूसरे की वस्तु हजम कर जाना।

हथियार डाल देना—पराजय स्वीकार कर लेना।

हवा से लड़ना—बिना बात के लड़ना।

हवा हो जाना—तेजी से भाग जाना।

हाँ में हाँ मिलाना—चाटुकारितापूर्वक समर्थन करना।

हाथ खींचना—सहायता बन्द करना, आर्थिक सहायता रोक देना।

हाथ डालना—शुरू करना।

हाथ तंग होना—आवश्यक खर्चों के लिए भी धनाभाव होना।

हाथ धोकर पीछे पड़ना—बुरी तरह पीछे पड़ना।

हाथ धो बैठना—गँवा देना।

हाथ पकड़ना—सहायता देना।

हाथ साफ करना—चोरी करना, हथियाना।

हाथों का मैल—तुच्छ वस्तु।

हाथोंहाथ—उसी समय।

होम करते हाथ जलना—अच्छा कम करते हुए हानि होना।

होश सँभालना—सयाना होना।

लोकोक्तियाँ, उनके अर्थ तथा प्रयोग

अटका बनिया देय उधार—जो व्यक्ति दबाव पड़ने पर या काबू आने पर काम करता है। रमेश ने मोहन की पुस्तक छिपाकर पैसे माँगे तो उसने झट से दे दिये। सच है, अटका बनिया दे उधार।

अधजल गगरी छलकत जाय—जिसके पास विद्या, धन-सम्पत्ति आदि थोड़ी हो वह दिखावा बहुत करता है। सतीश को अभी तीन ताल का भी ज्ञान नहीं, फिर भी वह जहाँ-तहाँ संगीतज्ञ होने का दम भरता है। कहा भी है कि अधजल गगरी छलकत जाय।

अन्धी पीसे कुत्ता खाय (चाटे)—मूर्ख या सीधे-सादे की कमाई धूर्त लोग खाते हैं। रामदास की दुकान पर तो 'अन्धी पीसे कुत्ता चाटे' वाली लोकोक्ति चरितार्थ हो रही है, कोई-न-कोई उससे रुपया ऐंठकर ले ही जाता है।

अंधों में काना राजा—साधारण या गुणहीन लोगों में ज़रा-सी विशेषता वाले का भी महत्त्व होता है। कल्लू चौधरी पाँचवीं तक पढ़ा हुआ है। उसके गाँव में बाकी सभी अनपढ़ हैं। इसलिए वही अंधों में काना राजा बना हुआ है।

अपना लाल गँवाय के दर-दर माँगे भीख—अपनी अमूल्य या अच्छी वस्तु त्यागकर या खोकर दूसरों के आगे हाथ फैला रहा है। विद्यालय के योग्य

अनुभवी अध्यापक को अकारण ही निकालकर अब प्रबन्ध-समिति वाले किसी और पण्डित को बुलाने के लिए स्थान-स्थान पर पत्र लिख रहे हैं। सच है 'अपना लाल गँवाय के दर-दर माँगे भीख'।

अपनी-अपनी ढपली अपना-अपना राग—सब का भिन्न-भिन्न मत। वहाँ तो सबकी अपनी-अपनी ढपली अपना-अपना राग था, मुख्य मन्त्री की कोई सुनता ही न था।

अपनी करनी पार उतरनी—स्वयं पुरुषार्थ करने पर ही सफलता मिलती है। अरे भाई, पास होने के लिए तुम्हें स्वयं ही परिश्रम करना पड़ेगा, तुम जानने ही हो कि अपनी करनी पार उतरनी।

आँख के अन्धे गाँठ के पूरे—बुद्धिहीन परन्तु धन-सम्पन्न। तीर्थों के पण्डे-पुजारी प्राय: ऐसे ही यजमानों की खोज में रहते हैं जो आँख के अन्धे और गाँठ के पूरे हों।

आँखों के अंधे नाम-नैनसुख—नाम अच्छा पर काम बुरा। शान्ता जैसी झगड़ालू लड़की से मिलकर आँखों के अन्धे नाम नैनसुख वाली लोकोक्ति याद आ जाती है।

आधा तीतर आधा बटेर—डाँवाँडोल हालत। बैंक में सतीश की दशा तो आधा तीतर आधा बटेर वाली हो रही है। उसे क्लर्क का काम भी करना पड़ता है और मैनेजर का भी।

आ बैल मुझे मार—जान-बूझकर अकारण ही आपत्ति मोल लेना। मोहन की नौकरी सुरक्षित है, सोहन को नौकरी से पृथक् कर दिया गया है। अब मोहन यों ही अधिकारियों से उलझकर 'आ बैल मुझे मार' वाली लोकोक्ति चरितार्थ कर रहा है।

ओखली में सिर दिया तो मूसलों का क्या डर—जब कठिन काम करना आरम्भ कर दिया तो संकट से क्या डरना। सत्याग्रहियों को पुलिस की मार-पीट की शिकायत करते देखकर नेता ने कहा—भाइयो, धीरज रखो। जब ओखली में सिर दिया तो मूसलों का क्या डर?

उतर गई लोई तो क्या करेगा कोई—एक बार मान नष्ट होने पर या लज्जा छोड़ने पर मनुष्य ढीठ हो जाता है। बंतासिंह अब तो सब के सामने शराब पीने लगा है, सच है 'उतर गई लोई तो क्या करेगा कोई।'

उलटा चोर कोतवाल को डाँटे—अपराधी अपना अपराध तो स्वीकार करता नहीं, उलटा पूछने वाले से झगड़ता है। ताँगे वाले ने एक तो गौरव की साइकिल का पहिया तोड़ दिया, अब ताँगा खराब होने का झगड़ा कर रहा है। इसीको कहते हैं कि उलटा चोर कोतवाल को डाँटे।

ऊँची दुकान फीका पकवान—केवल ऊपरी दिखावा, तत्त्व कुछ नहीं। साइन बोर्ड पर 'वेद-विद्यालय' लिखा है, पर पढ़ाई हितोपदेश की भी नहीं

होती। इसीका नाम हैं 'ऊँची दुकान फीका पकवान'।

एक तो करेला कड़वा, दूसरे नीम चढ़ा—एक दोष के होते हुए दूसरा दोष साथ-साथ में लग जाना। नवीनचन्द्र पहले ही पढ़ता-लिखता कुछ न था, अब कालू जुआरिये की संगति से और भी चौपट हो गया है। कहा भी है 'एक तो करेला कड़वा दूसरे नीम चढा'।

ओस चाटे प्यास नहीं बुझती--थोड़ी वस्तु से काम नहीं चल सकता। देखो, कहीं नौकरी करो या कोई व्यापार करो। आज भाई के घर रोटी खा ली, कल मामाजी के अतिथि बन गये, परसों ताऊजी का दरवाजा खट खटाया। इस तरह ओस चाटे प्यास नहीं बुझती।

करघा छोड़ तमाशा जाय, नाहक चोट जुलाहा खाय—अपना काम छोड़कर ऐश्वर्य भोगने की ओर जाने या बड़ी बातों में लगने से व्यर्थ ही हानि उठानी पड़ती है। बिहारी नाई उस दिन बड़ी उमंग में व्याख्यान देने लगा, लोगों ने 'सी-सी' (हूट) करना आरम्भ कर दिया। कहा भी है कि 'करघा छोड़ तमाशा जाय, नाहक चोट जुलाहा खाय'।

कहाँ राजा भोज, कहाँ गंगू तेली—एक अत्यन्त उत्तम और दूसरा बिल्कुल निकृष्ट, दोनों में बहुत अन्तर। जब वे उस तुकबन्द की कालिदास से तुलना करने लगे तो मुझसे न रहा गया, मैंने तो साफ कह दिया कि 'कहाँ राजा भोज और कहाँ गंगू तेली'।

खूंटे के बल बछड़ा नाचे—अपने ठिकाने या केन्द्र स्थान के आश्रित रहकर व्यक्ति उछल-कूद करता है। उदयभानु जब से दफ्तर से निकाल दिया गया है तब से उसका मुँह सूख गया है, आँखें अन्दर धँस गयी हैं, पहले तो बहुत गर्व किया करता था। ठीक है, 'खूंटे के बल बछड़ा नाचे'।

गधा खेत खाय, जुलाहा मारा जाय—दुष्ट आदमी दुष्टता करे, किन्तु पास वाले भले आदमी को भुगतना पड़े। परीक्षा-भवन में कान्ता ने नकल की; परन्तु सरला को बाहर निकाल दिया। यह तो वही हुआ कि 'गधा खेत खाय, जुलाहा मारा जाय'।

गोद में बैठकर आँख में उँगली—जिसका आश्रय लिया हो उसे ही हानि पहुँचाना। देसू तो 'गोद में बैठकर आँख में उँगली' वाली कहावत चरितार्थ कर रहा है। विश्वनाथजी ने उसे अपने पास रखा है, वह उन्हीं की निन्दा करता फिरता है।

चमड़ी जाय, पर दमड़ी न जाय—कंजूस व्यक्ति शारीरिक हानि उठा लेता है, किन्तु पैसा खर्च नहीं करता। सेठ मुसद्दीलाल जेल चला गया, पर उसने युद्धकोष में एक रुपया भी देना स्वीकार न किया। कुछ लोगों का यही स्वभाव होता है कि 'चमड़ी जाय पर दमड़ी न जाय'।

जहाँ न पहुँचे रवि, वहाँ पहुँचे कवि—कवि बड़ी दूर की कल्पना कर लेते हैं।

सुमित्रानन्दन पन्त ने 'छाया' का बड़ा अद्भुत वर्णन किया है। सच है 'जहाँ न पहुँचे रवि, वहाँ पहुँचे कवि'।

जैसी बहे बयार पीठ तब तैसी दीजे—समय के अनुसार व्यवहार करना चाहिए। पिता ने पुत्र को समझाया कि इस युग में चालाक बनना चाहिए। क्या तुमने सुना नहीं कि 'जैसी बहे बयार पीठ तब तैसी दीजे'।

तेते पाँव पसारिये जेती लाँबी सौर—सामर्थ्य के अनुसार काम या खर्च करना चाहिए। अपनी आमदनी से अधिक खर्च करना बुरा है। रामू ने अपनी सामर्थ्य से अधिक खर्चे बढ़ा लिये जिससे वह कर्ज में दब गया जबकि मोहन 'तेते पाँव पसारिये जेते लाँबी सौर' के अनुसार अपनी आमदनी के हिसाब से ही चलकर अच्छा गुजारा कर रहा है।

दीये तले अँधेरा—पास ही वस्तु या कार्य के होने पर भी ज्ञान न होना, अपराध रोकने वाला समीप होने पर भी अपराध होना। प्रधानाचार्य की कुर्सी के पास वाले विद्यार्थी नकल कर रहे थे। वहाँ तो 'दीये तले अंधेरा' वाली बात हो रही थी।

दूध का दूध, पानी का पानी—सच-झूठ का ठीक निर्णय। महाराज को अपराधी घोषित करके राम शास्त्री ने 'दूध का दूध, पानी का पानी कर दिया'।

दूर के ढोल सुहावने—कई वस्तुयें असल में अच्छी नहीं होतीं, केवल दूर से अच्छी लगती हैं। हमने तो 'योग-आश्रम' की बड़ी प्रशंसा सुनी थी। पर अब पता लगा कि सब ढोंग है, सच है 'दूर के ढोल सुहावने'।

देखें ऊँट किस करवट बैठता है—देखें क्या परिणाम निकलता है। पाकिस्तान अमरीका से अंधाधुंध शास्त्रास्त्र ले रहा है। इस समय वह जोश में आया हुआ है, 'देखें ऊँट किस करवट बैठता है'।

धोबी का कुत्ता (न) घर का न घाट का—दो तरफ टाँग अड़ाने वाला; अस्थिर चित्त व्यक्ति कहीं का नहीं रहता। मनोहर अपने माता-पिता से लड़कर ससुराल चला गया, वहाँ उसकी सास ने उसे अपने यहाँ रखने से इनकार कर दिया। उसकी तो वही दशा हुई कि 'धोबी का कुत्ता (न) घर का न घाट का'।

न नौ मन तेल होगा न राधा नाचेगी—न शर्त पूरी होगी न कार्य होगा। गाना सुनाने के लिए सब लड़कों के बार-बार आग्रह ने पर ललित कहने लगा—यदि इस समय वर्षा होने लगे तो मैं गाना सुना सकता हूँ। मैंने कहा छोड़ो भी इसे, 'न नौ मन तेल होगा न राधा नाचेगी'।

नाक कटी पर घी तो चाटा—चाहे अपमानित हुए, दुख उठाया, पर जिद पूरी करके छोड़ी। घसीटा ने वृक्ष पर चढ़कर शहद तो उतार लिया; परन्तु उसे मक्खियाँ चिपट गयीं। क्या हुआ—'नाक कटी पर घी तो

चाटा'।

नाच न जाने आँगन टेढ़ा—कुछ न होने पर बहाने बनाना। जब मोहन से कहा कि व्याकरण पढ़ाओ, तो वह कहने लगा—आज शुभ दिन नहीं है, मुहूर्त ठीक नहीं है, मुझे कुछ जुकाम है, तुम लोग समझ नहीं सकते। इसी को कहते हैं कि 'नाच न जाने आँगन टेढ़ा।

नौ नकद न तेरह उधार—उधार में (या वाद में) अधिक पाने की आशा करने की अपेक्षा हमें नकद दाम मिलें तो वे कुछ थोड़े भी अच्छे हैं। हम उधार का व्यवहार नहीं रखते, न ही ब्याज लेने की हमारी इच्छा है, हमारा तो नियम यही हैं कि 'नौ नकद न तेरह उधार'।

बन्दर क्या जाने अदरक का स्वाद—मूर्ख क्या जाने विद्या की बातें। उस दिन वह प्रसादजी की कविता का अर्थ करने लगा, पर 'बन्दर क्या जाने अदरक का स्वाद ?'

भेड़ पूँछ भादों नदी, को गहि उतरे पार—अत्यन्त विपत्ति में एक तुच्छ व्यक्ति या तुच्छ वस्तु की सहायता से किसीको क्या लाभ ? मुकदमे में सामना सरकार से है और वकील क्या है दो सौ रुपये वाला एक भोंदू। श्रीमान्जी ! आप कोई अच्छा-सा वकील कर लीजिए। क्या आपने नहीं सुना कि 'भेड़ पूंछ भादों नदी को गहि उतरे पार'।

भौंर न छांड़े केतकी तीखे कंटक जान—अनेक विघ्न-बाधाओं के होते हुए भी सच्चा प्रेमी अपने प्यारे को नहीं छोड़ता। हिरण्यकशिपु ने प्रह्लाद को अनेकों कष्ट दिये, परन्तु उसने प्रभु-भक्ति से मुँह नहीं मोड़ा, सच है 'भौंर न छाँड़े केतकी तीखे कंटक जान'।

मन के हारे हार है मन के जीते जीत—मन बलवान होने से मनुष्य बलवान रहता है, मन के दुर्बल होने पर निर्बल हो जाता है। राणा प्रताप ने अनेकों विपत्तियाँ आने पर भी साहस न [illegible], क्योंकि उन्हें पता था कि 'मन के हारे हार है मन के जीते जीत.

मर्ज बढ़ता गया ज्योंज्यों दवा की—उन्नति की चेष्टा करने पर भी अवनति ही होती गयी। तुम्हें हजार समझाता हूँ कि ध्यान से पढ़ा-लिखा करो और पतंगबाजी के ध्यान को छोड़ दो। परन्तु जहाँ तुम पहले केवल एकाध घंटे के लिए ही पतंग उड़ाया करते थे, अब सारा दिन ही उसमें लगे रहते हो। अर्थात् हमारे समझाने का उलटा असर हुआ। इसे ही कहते हैं कि 'मर्ज बढ़ता गया ज्यों-ज्यों दवा की'।

मान न मान, मैं तेरा मेहमान—जबरदस्ती किसीका अतिथि बनना। 'मान न मान मैं तेरा मेहमान' इस लोकोक्ति के अनुसार देवेश ने बिना जान-पहचान के ही हमारे यहाँ पन्द्रह दिन से डेरा जमा रखा है।

रस्सी जल गयी पर बल न गया—नुकसान बहुत हो गया, पर गर्व न छूटा।

शास्त्रार्थ में हारने के बावजूद रामकिशन अब भी किसी-न-किसीसे उलझता ही रहता है। इसीको कहते हैं कि 'रस्सी जल गयी पर बल न गया'।

रातों रोई एक ही मूआ—अधिक समझाने पर भी थोड़ा ही समझ में आया। अध्यापिका ने कान्ता को एक सप्ताह तक प्रतिदिन करण और अपादान कारक का भेद समझाया, परन्तु 'रातों रोई एक ही मूआ'। कान्ता केवल इतना ही समझ सकी कि करण भी एक कारक है।

लातों के भूत बातों से नहीं मानते—दुष्ट लोग सरल उपायों से वश में नहीं आते, उनके लिए कठोर दण्ड ही उचित है। श्रीकृष्ण ने दुर्योधन को बहुत समझाया, पर दुर्योधन ने पाण्डवों को एक इंच भूमि भी देना स्वीकार न किया, तब अन्त में पाण्डवों को युद्ध करना ही पड़ा। सच है 'लातों के भूत बातों से नहीं मानते'।

वा सोने को जारिए जासों टूटे कान—उस सुन्दर और बहुमूल्य वस्तु को भी छोड़ देना उचित है जो हानिकारक हो। भीष्म पितामह ने दुर्योधन को समझाते हुए कहा, 'तू इस कर्ण की मित्रता छोड़ दे, यद्यपि यह वीर है और तेरा शुभचिन्तक भी है, फिर भी इसमें ईर्ष्या, द्वेष, अभिमान आदि कुछ ऐसे दोष हैं कि यह अपने साथ तुझे भी ले डूबेगा। तुमने नहीं सुना कि 'वा सोने को जारिए जासों टूटे कान'।

विधि का लिखा को मेटनहारा—भाग्य की बात कोई टाल नहीं सकता। पाण्डवों का जुए में हारना और जंगलों में भटकते फिरना देखकर हम तो इसी परिणाम पर पहुंचे हैं कि 'विधि का लिखा को मेटनहारा'।

सहज पके सो मीठा होय—धीरे-धीरे किया जाने वाला कार्य दृढ़ और फलदायी होता है। धीरे-धीरे बन्दूक चलाना सीखो, तभी अच्छी तरह सीख पाओगे। जानते ही हो कि 'सहज पके सो मीठा होय'।

सांप मरे न लाठी टूटे—अपनी किसी प्रकार की हानि भी न हो और अपना कार्य भी हो जाये। 'साँप मरे, न लाठी टूटे' इस लोकोक्ति के अनुसार अंग्रेजों ने रूस से सन्धि करके उसे हिटलर से भिड़ा दिया।

सो सुनार की, एक लुहार की—कमजोर के सैकड़ों प्रहारों का मुकाबला बलवान केवल एक प्रहार से कर लेता है। देखो, तुम सदा मुझ तंग करते रहते हो, समझ रखो, 'सौ सुनार की, एक लुहार की' होती है। किसी दिन इतना पीटूँगा कि तुम्हें नानी याद आ जायेगी।

होनहार बिरवान के होत चीकने पात—भविष्य में महान् बनने वाले के लक्षण पहले ही प्रकट हो जाते हैं। सिद्धार्थ अभी बालक ही थे कि जीवन और मृत्यु के रहस्य को जानने के चिन्तन में घण्टों एकान्त में बैठे रहते थे। कहा भी है—'होनहार बिरवान के होत चीकने पात'।

लोकोक्तियाँ अर्थ सहित

अण्डा सिखावे बच्चे को कि चीं-चीं मत कर—छोटा बड़े को उपदेश दे।

अन्त भला सो भला—जो परिणाम में अच्छा हो, वही अच्छा है।

अन्त भले का भला—भले व्यक्ति की अन्त में भलाई होती है।

अन्धा क्या चाहे, दो आँखें—आवश्यकता वाले को मनचाही वस्तु अपने आप मिल रही हो तो और क्या चाहिए।

अन्धेर नगरी चौपट राजा, टके सेर भाजी टके सेर खाजा—प्रबन्धकर्ता के अयोग्य होने पर सब बातों में गड़बड़ी होती है।

अधेला न दे अधेली दे—थोड़ी वस्तु नहीं देता, पर फँसने पर अधिक देता है।

अपनी आँख का शहतीर किसीको नहीं सूझता—अपनी बुराई या भूल किसी को नहीं सूझती।

अब पछताए होत क्या जब चिड़िया चुग गयी खेत—समय बीत जाने पर पछ-ताने से क्या लाभ।

आंख का उठना-बैठना दोनों बुरे हैं—किसी दुष्ट का प्रसन्न होना और रूठना दोनों हानिकारक हैं।

आंख और कान में चार अंगुल का फर्क है- देखी-सुनी हुई बात में अन्तर होता है।

आँधी के आम—सस्ती चीज।

आगे कुआँ, पीछे खाई - सब ओर विपत्ति है।

आग लगे तब खोदे कुआँ—पहले से कुछ उपाय न करके विपत्ति आने पर उपाय आरम्भ करने का प्रयत्न करना, जिससे लाभ हो सके।

आटे का चिराग, घर रखूं तो चूहा ले जाय, बाहर रखूं तो कौवा ले जाय—दुर्बल का किसी प्रकार भी बचाव नहीं हो सकता।

आधी छोड़ सारी को धावे, आधी रहे न सारी पावे—अधिक लोभ से हानि होती है।

अंधा बाँटे रेवड़ी फिर फिर अपने को देय—घोर पक्षपात।

आप काज महाकाज—अपने करने पर ही ठीक तरह काम होता है; अपने हाथ से काम करने का बहुत महत्त्व होता है।

आम के आम गुठलियों के दाम—दूना लाभ।

आये थे हरि भजन को ओटन लगे कपास—कोई अच्छा काम करने आये थे, व्यर्थ का काम करने लगे।

उतावला सो बावला—शीघ्रता से मनुष्य घबरा जाता है और गलत काम कर बैठता है।

ऊँट के मुह में जीरा—बड़े आदमी के लिए छोटी-सी वस्तु की कोई महत्ता नहीं होती।

एक अकेला, दो का मेला—एक से अधिक व्यक्ति होने पर ही समय आनन्द से बीतता है।

एक अनार, सौ बीमार—चीज थोड़ी, किन्तु लेने वाले अधिक।

एक पंथ दो काज—परिश्रम एक और फल दो।

एक मछली सारे तालाब को गंदा कर देती है—एक बुरा व्यक्ति सारे कुटुम्ब, समाज या साथियों को बुरा बना देता है।

एक हाथ से ताली नहीं बजती—झगड़ा या प्रेम दोनों ओर से होता है।

कंगाली में आटा गीला—गरीबी में और हानि।

कढ़ाई से निकला चूल्हे में गिरा—एक आपत्ति से बचकर दूसरी आपत्ति में फँस गया।

कभी नाव गाड़ी पर, कभी गाड़ी नाव पर—समय-समय पर एक-दूसरे की सहायता करना।

कम्बली ओढ़ने से फकीर नहीं होता—वेष बदलने से स्वभाव नहीं बदलता।

काठ का उल्लू—सहज ही दूसरे के बहकावे में आने वाला।

काठ की हांडी बार-बार नहीं चढ़ती—एक बार विश्वास नष्ट होने पर फिर कोई विश्वास नहीं करता।

काम जो आवे कामरी का ले करे कुमांच—साधारण वस्तु से काम चल जाये तो विशेष वस्तु का क्या करना।

काला अक्षर भैंस बराबर—बिल्कुल अनपढ़।

का वर्षा जब कृषि सुखावे—समय बीतने पर सहायता देने से क्या लाभ।

किस बिर्ते पर तत्ता पानी—किस आश्रय, विश्वास या सामर्थ्य पर ऐंठ दिखाते हो?

कुएँ की मिट्टी कुएँ में ही लग जाती है—जहाँ से आय होती है, वहीं खर्च हो जाती है।

कुत्ते को घी नहीं हजम होता—छोटा आदमी सम्पति पाकर घमण्ड छिपा नहीं सकता।

कुम्हारी अपना ही भाण्डा सराहती है—लोग अपनी ही वस्तु को सबसे अच्छा कहते हैं।

कोयलों की दलाली में मुँह काला—कुसंगति से कलंक लगता है।

कौवा चला हंस की चाल—बुरा व्यक्ति अच्छा बनने का दिखावा करने लगा।

खग ही जाने खग की भाषा—जो जिनके साथ रहता है, वही उसका हाल जानता है।

खरी मजूरी, चोखा काम—झंझट रहित परिश्रम तथा उसका फल भी अधिक।

खाइए मनभाता, पहनिए जगभाता—भोजन जो अच्छा लगे करना चाहिए, परन्तु वस्त्र लोकाचार के अनुसार पहनने चाहिए।

खिसयानी बिल्ली खम्भा नोचे—लज्जित व्यक्ति इधर-उधर की चीजों या व्यक्तियों को कोसता है।

खोदा पहाड़ निकली चुहिया—परिश्रम बहुत, लाभ थोड़ा।

गये ऊन को लेने पर आये बाल मुंड़ाय—लाभ के लिए यत्न किया था, उलटी हानि हो गयी।

गंगा गये गंगादास, जमुना गये जमुनादास—कच्चे विचारों वाला व्यक्ति।

गाडर पाली ऊन को लागी चरन कपास किसीको रक्षा या लाभ के लिए रखा था, पर वह उलटा हानि पहुँचाने लगा।

गाय न बच्छी, नींद आवे अच्छी—जिसके पास कुछ न हो, वह निश्चिन्त रहता है।

गुड़ न दे गुड़ की बात तो करे—कुछ न दे, पर मीठा तो बोले।

गेहू के साथ घुन भी पिस जाता है—बड़े व्यक्ति के साथ छोटे व्यक्ति की भी हानि होती है।

गोद में बैठकर आँख में उँगली—भलाई करने वाले से बुराई।

घर का जोगी जोगना, आन गांव का सिद्ध—घर के योग्य व्यक्ति का उतना मान नहीं होता जितना बाहर के साधारण व्यक्ति का।

घर का भेदी लंका ढावे—फूट से हानि होती है।

चना कूदेगा तो क्या भाड़ फोड़ेगा—तुच्छ व्यक्ति बल दिखाकर शक्तिशाली को हानि नहीं पहुँचा सकता।

चार दिन की चाँदनी फिर अँधेरी रात—जवानी, घर का ऐश्वर्य थोड़े दिन रहकर समाप्त हो जाता है।

चिकने घड़े पर पानी नहीं ठहरता—निर्लज्ज और अगुणग्राही पर असर नहीं होता।

चोर की दाढ़ी में तिनका—अपराधी व्यक्ति कुछ अन्य बातों को भी अपनी समझ लेता है और उसका भेद प्रकट हो जाता है।

छछूंदर के सिर पर चमेली का तेल—अयोग्य व्यक्ति को उत्तम वस्तु देना।

छोटा मुंह बड़ी बात—आस्था या पद से बढ़कर बात बनाना।

जब तक साँस तब तक आस—जीने तक आशा बँधी रहती है।

जल में रहकर मगर से वैर—एक स्थान पर रहते हुए वहाँ के अधिकारी से ही शत्रुता।

जस दूल्हा तस बनी बराता—जैसे मुखिया वैसे ही साथी।

जहाँ गुड़ होगा वहीं मक्खियाँ होंगी—गुणी के पास ही लोग आते हैं अथवा जहाँ लाभ हो लोग वहीं जाते हैं।

जंगल में मोर नाचा किसने देखा—आश्चर्यजनक या गुप्त बात का पता नहीं चलता।

जाकी रही भावना जैसी प्रभु मूरत देखी तिन तैसी—जिसके जैसे विचार होते हैं वह प्रभु को या दूसरों को वैसा ही समझता है।

जाके पांव (पैर) न फटी बिवाई, वह क्या जाने पीर पराई—जिसने कभी कष्ट न सहा वह दूसरों के कष्टों को क्या जाने।

जाको राखे साइयाँ मार न सकिहैं कोय—प्रभु रक्षक हों तो कोई कुछ नहीं बिगाड़ सकता।

जादू वह जो सिर चढ़ बोले—किसी बात की विशेषता उसके प्रभाव से प्रकट होती है।

जितने मुंह उतनी बातें—अनेक अफवाहें।

जिन खोजा तिन पाइयाँ गहरे पानी पैठि—जो विशेष प्रयत्न करते हैं वे मन-चाही वस्तु पा लेने हैं।

जिसकी लाठी उसकी भैंस—बलवान ही अधिकार जमाता है।

जिसके हाथ डोई, उसीका सब कोई—सब दाता के ही पक्ष में होते हैं।

जैसी करनी वैसी भरनी—कर्म के अनुसार फल मिलता है।

जैसी तेरी तूमड़ी वैसा मेरा गीत—जैसा तू साधन बरतता है, वैसा ही मैं कार्य करता हूँ।

जो गरजते हैं, वे बरसते नहीं—डींग मारने वाले कुछ नहीं करते।

जो तोको काँटा बुवे, ताहि बोव तू फूल—बुरा करने वाले के साथ भी भलाई करनी चाहिए।

ठोकर लगी पहाड़ से, तोड़े घर की सिल—नुकसान किसी बाहर के व्यक्ति ने किया, गुस्सा घरवालों पर उतरने लगा।

तबले की बला बन्दर के सिर—दोषी कोई, फँसा कोई।

तीन में न तेरह में, मृदंग बजावे डेरे में—किसी भी पक्ष में नहीं, इसलिए निश्चिन्त है।

तू डार-डार, मैं पात-पात—एक चालाक है तो दूसरा उससे भी अधिक चालाक है।

थोथा चना बाजे घना—जिसमें सार कुछ न हो वह दिखावा अधिक करता है।

दान की बछिया के दाँत नहीं गिने जाते—मुफ्त की वस्तु की जाँच-पड़ताल नहीं की जाती।

दूध का जला छाछ को फूंक-फूंककर पीता है—एक बार हानि उठाने पर अति सावधान रहना या शंका न करने योग्य व्यक्ति या वस्तु से भी शंकित रहना।

नया नौ दिन, पुराना सौ दिन—पुरानी वस्तु या पुराना व्यक्ति ही अच्छा होता है।

न रहेगा बांस, न बजेगी बाँसुरी—न कारण रहेगा, न कार्य होगा।

नदी किनारे रूखड़ा जब तब होए बिनास—भयानक या दुष्ट आदमी के पास बसने पर नष्ट होने की सम्भावना रहती है।

नदी में रहकर मगरमच्छ से बैर—आश्रयदाता से शत्रुता उचित नहीं।

नानी के आगे ननिहाल की बातें—जानकार को जानकारी देना।

नाम बड़े दर्शन छोटे—प्रसिद्ध वस्तु पर तत्त्व कुछ भी नहीं।

नौ सौ चूहे खाय के बिलारी बैठी तप को—अनेक पाप या अपराध करके पुण्य का दिखावा करने लगा।

पराधीन सपनेहुँ सुख नाहीं—परतन्त्र व्यक्ति सदा दुःखी रहता है।

पानी पी घर पूछनो, नाहीं भलो विचार—मतलब निकालकर फिर शंकित होकर परिचय पूछना उचित नहीं।

बगल में छुरी, मुंह में राम-राम—ऊपर से मित्र, भीतर से शत्रु।

बाप न मारे पीदड़ी, बेटा तीरन्दाज—अपने वंश के स्वभाव के विरुद्ध वीरता की डींग मारना।

बाप (दादा) बड़ा न भैया, सबसे बड़ा रुपैया—धनी व्यक्ति ही बड़ा माना जाता है।

बिन माँगे मोती मिले, माँगे मिले न भीख—बिना माँगे अच्छी वस्तु या बहुत-सा धन मिल जाता है, माँगने पर भीख या ज़रा-सा धन भी नहीं मिलता।

बिल्ली के भागों छिक्का टूटा—अचानक काम बन गया।

भई गति साँप छछूंदर केरी—काम करे या न करे, हानि ही होगी, दोनों तरह हानि।

भागते चोर (भूत) की लँगोटी ही सही—सारी हानि होते समय जो कुछ मिल जाय या बच जाय वही अच्छा है।

भूखा सिंह न तिनका खाय—शक्तिशाली व्यक्ति आपत्ति में होने पर भी तुच्छ वस्तु को नहीं लेता।

भेड़ जहाँ जायगी, वहीं मुड़ेगी—सीधा-सादा व्यक्ति सब जगह ठगा जाता है।

मथुरा तीन लोक से न्यारी—सबसे अलग या विचित्र।

मन चंगा तो कठौती में गंगा—मन में पवित्रता हो तो घर में ही प्रभु-प्राप्ति तथा अच्छे काम हो सकते हैं।

मरता क्या न करता—अत्यन्त आपत्ति आने पर मनुष्य सब कुछ कर बैठता है।

मानो तो देव, नहीं तो पत्थर (भीत) का लेव—मन की भावना से ही किसी

को प्रभु या विशेष व्यक्ति माना जाता है।

मेरी ही बिल्ली और मुझे ही म्याऊँ—अपने आश्रयदाता या स्वामी को ही आँख दिखाना।

यह मुंह और मसूर की दाल—योग्यता से अधिक वस्तु पाने की इच्छा।

राई से पर्वत करे, पर्वत राई माँहि—भगवान तुच्छ को महान् बना देता है और महान् को तुच्छ में बदल देता है, श्रेष्ठ प्रभु में अनन्त सामर्थ्य है।

लकड़ी के बल बन्दर नाचे—दण्ड से धूर्त लोग भी वश में हो जाते हैं।

विष निकलो अतिमथन ते रत्नाकर हूं माँहि—बहुत संघर्ष या खींचातानी से हानिकारक परिणाम निकलता है।

समय पाय तरुवर फले केतिक सींचो नीर—चाहे कितना प्रयत्न किया जाय, समय आने पर ही काम पूरा होता है।

समरथ को नहिं दोष गुसाईं—शक्तिशाली या समर्थ व्यक्ति बुराई का काम करे तो भी उसे दोष नहीं होता।

संत हंस गुन गहहिं पय परिहरि वारि विकार—साधु-संत लोग गुणों को ग्रहण करते हैं, दुर्गुणों को छोड़ देते हैं।

सावन हरे न भादों सूखे (हाड़ हरे न भादों सूखे)—सदा एक-सी दशा रहना।

सिर मुंडाते ओले पड़े— कार्य आरम्भ करते ही विघ्न आ पड़ा।

सीधी उँगली से घी नहीं निकलता—सीधे तथा सरल ढंग से काम नहीं बनता।

सूरदास खल कारी कामरि चढ़े न दूजो रंग—दुष्ट व्यक्ति को चाहे कितना समझाओ, वह अपनी दुष्टता नहीं छोड़ता।

सौ सयाने एको मत, मूरख आपो आपनी—बुद्धिमान अनेक हों तो भी उनमें मेल होता है या उनका एक मत होता है, मूर्खों में मेल या एकता नहीं होती।

हाथ कंगन को आरसी क्या—प्रत्यक्ष चीज के लिए प्रमाण की क्या आवश्यकता?

हाथी के दाँत खाने के और दिखाने के और—प्रकट कुछ करना, परन्तु करना कुछ और ही।

अभ्यास

1. मुहावरे का क्या अर्थ है और उसका प्रयोग क्यों किया जाता है?
2. लोकोक्ति के प्रयोग का क्या लाभ है?
3. मुहावरे और लोकोक्ति में क्या अन्तर है? उदाहरण देकर समझाइए।
4. आगे लिखे मुहावरों के अर्थ लिखकर इनका अपने वाक्यों में प्रयोग कीजिए—

अपना उल्लू सीधा करना। आँखें चार होना। आटे-दाल का भाव मालूम होना। चकमा देना। ईद का चाँद होना।

5. निम्नलिखित मुहावरों का अपने वाक्यों में प्रयोग कीजिए—
हाथ मलना, मैदान छोड़ना, लुटिया डुबोना, पीठ दिखाना, खाक छानना, ताक में रहना।

6. निम्नलिखित लोकोक्तियों के अर्थ लिखिए तथा इनका अपने वाक्यों में प्रयोग कीजिए—
(क) अधजल गगरी छलकत जाय।
(ख) घर का भेदी लंका ढाये।
(ग) आम के आम, गुठलियों के दाम।
(घ) न इधर के रहे, न उधर के रहे।

7. निम्नलिखित वाक्यों को मुहावरों द्वारा पूरा कीजिए—
(1) काम निकलते उसने 'आँखें……'।
(2) सिपाही को देखते ही चोर 'नौ……'।
(3) हिमालय की चोटियाँ तो 'आकाश……'।
(4) न्यायाधीश ने फैसला सुनाते हुए 'दूध……'।

8. निम्नलिखित मुहावरों से अनुपयुक्त शब्द काटकर उपयुक्त शब्द लिखिए—
(i) अपनी रोटी अलग पकाना। (ii) अंधे का डंडा।
(iii) गुदड़ी का लाल। (iv) जले पर मिर्च छिड़कना।

9. निम्नलिखित वाक्यों को उपयुक्त मुहावरों से पूरा कीजिए—
(क) मैं तुझे ऐसा पीटूंगा कि 'छठी……'।
(ख) ये दोनों जुड़वाँ भाई हैं। इनमें 'उन्नीस……'।
(ग) उसकी हरकतों को देखकर मैं पहले ही समझ गया था कि 'दाल…'।
(घ) नौजवान बेटे के मरते ही बूढ़े बाप पर 'पहाड़……'।
(ङ) पुलिस के पहुँचते ही अपराधी 'नौ……'।
(च) ज्योंही उसके माता-पिता के सामने उसकी पोल खुली, वह 'पसीना……'।
(छ) तुम तो व्यर्थ में उसे समझाकर अपना समय नष्ट करते हो, 'वह तो……'।
(ज) एक तो कुर्सी तोड़ दी, ऊपर से 'आँखें……'।
(झ) मोहन जैसा आज्ञाकारी पुत्र तो 'चिराग……'।
(ञ) वह फेल हो गया तो उसका मजाक उड़ाकर क्यों उसके 'घाव……'।
(ट) क्रूर-हृदय व्यक्ति करुण-से-करुण परिस्थिति में भी 'टस……'।
(ठ) आजकल सैकड़ों पढ़े-लिखे नौजवान 'जूतियाँ……'।
(ड) राम का विश्वास करो। उसकी बात 'पत्थर की……'।

10. निम्नलिखित वाक्यों के लिए उपयुक्त लोकोक्तियाँ लिखिए—

(1) आफत के समय थोड़ी-सी सहायता भी बहुत होती है।

(2) बलवान की ही जीत होती है।

(3) जिसका भगवान रक्षक है, उसका कोई कुछ नहीं बिगाड़ सकता।

(4) जो जैसा करता है, उसीके अनुसार उसे फल भोगना पड़ता है।

(5) वह एक सिद्धान्त पर स्थिर नहीं रहता।

(6) ऊपर से मित्रता और मन में प्यार।

(7) दण्ड से सभी डरते हैं।

(8) काम प्रारम्भ करते ही विघ्न पड़ गया।

(9) सोचने मात्र से कोई काम नहीं चलता।

(10) दूर की बातें अच्छी लगती हैं।

11. निम्नलिखित शब्द-समूह के लिए उचित मुहावरे लिखिए—

(क) तनिक ध्यान न देना। (ख) रुकावट डालना।

(ग) कठोर परिश्रम करना। (घ) बहुत कम दिखाई देना।

(ङ) अन्धाधुन्ध खर्च करना। (च) बहुत तंग करना।

(छ) भेद खुलना। (ज) धीरे-धीरे बातें करना।

(झ) कोरा उत्तर देना। (ञ) खुशामद करना।

3

पत्र-रचना

दूर रहने वाले लोगों से हम अपनी बात दूरभाष (टेलीफोन) द्वारा कर सकते हैं। परन्तु टेलीफोन की सुविधा हर किसी स्थान व व्यक्ति को नहीं। यद्यपि तुरन्त सम्पर्क (संचार) साधन के लिए टेलीफोन सर्वोत्तम है, किन्तु टेलीफोन पर इतनी देर बात नहीं की जा सकती कि पूरे विचार प्रकट किए जा सकें। ऐसी दशा में हमें **पत्र** (चिट्ठी) द्वारा ही अपना काम चलाना पड़ता है।

जब से मनुष्य ने पढ़ना-लिखना सीखा है तब से ही पत्र लिखने की प्रथा चल पड़ी थी। पहले डाक को लाने-लेजाने की इतनी सुविधा नहीं थी, जितनी आज है। पत्र भेजने पर, पहले व्यय भी बहुत होता था। फिर भी लोग पत्र लिखते ही थे।

आज पत्र के क्षेत्र में पारिवारिक पत्र, आवेदनपत्र, प्रार्थनापत्र, अभिनन्दन पत्र, शिकायती पत्र, सम्पादक के नाम पत्र, व्यापारिक-व्यावसायिक पत्र, सरकारी पत्रआदि पत्र के अनेक प्रकार व्यवहार में आते हैं। विदेशों में स्थित सम्बन्धियों, इष्ट मित्रों, व्यापारियों या विशेषज्ञों को पत्र लिखकर लोग ऐसा अनुभव करते हैं, मानो उस

व्यक्ति से मिल लिया गया हो। जिसका पत्र हमें मिलता है, मानो वह स्वयं हमें मिल जाता है। कई बार प्रियजनों के पत्र की प्रतीक्षा कैसी व्याकुल करने वाली होती है, इसे भुक्तभोगी ही जान सकते हैं।

आज भाषा-ज्ञान की कुशलता में पत्र-रचना का भी बहुत महत्त्व स्वीकार किया जाता है। पत्र-लेखन एक कला है। इनके महत्त्व को सूक्ष्मता से समझ लिया जाय, तो पत्र-लेखन कठिन नहीं रह जाता।

पत्र-लेखन के प्रकार

पत्र-लेखन के मुख्य दो प्रकार हैं—

1. वैयक्तिक पत्र
2. सरकारी या कार्यालय पत्र

1. वैयक्तिक पत्र सात प्रकार के होते हैं—

(1) पारिवारिक पत्र
(2) आवेदन पत्र या (प्रार्थना पत्र)
(3) पदाधिकारियों के नाम पत्र
(4) व्यावसायिक पत्र
(5) सम्पादक के नाम पत्र
(6) निमन्त्रण-पत्र
(7) अभिनन्दन या विदाई पत्र

वैयक्तिक पत्र लिखते समय निम्नलिखित बातों का ध्यान रखना चाहिए।

(क) पत्र की भाषा सरल तथा रोचक हो।
(ख) वाक्य छोटे-छोटे तथा प्रभावशाली हों।
(ग) केवल प्रसंग की बातें लिखी जायें, व्यर्थ की अप्रासंगिक बातें उसमें न आयें।
(घ) कठिन भाषा से, लम्बे वाक्यों से तथा अनावश्यक विस्तार से पत्र रस-हीन (खुश्क) हो जाता है।
(ङ) पत्र में भाषा-शुद्धि तथा विराम-चिह्नों का ध्यान रखना चाहिए। जिन शब्दों की वर्तनी (स्पैलिंग) या अर्थ के बारे में सन्देह हो, उन्हें नहीं लिखना चाहिए।
(च) वैयक्तिक पत्रों में से जो पारिवारिक हो, उसमें आत्मीयता प्रकट होनी चाहिए (उसमें बनावट की बू नहीं होनी चाहिए)।

वैयक्तिक पत्र के भाग

वैयक्तिक (व्यक्तिगत) पत्र के आठ भाग होते हैं—

(i) लिखने वाले के स्थान का पता, (ii) दिनांक,
(iii) सम्बोधन, (iv) अभिवादन,

(v) पत्र के विषय का आरम्भ, (vi) पत्र का कलेवर,
(vii) उपसंहार या समाप्ति, (viii) पत्र-लेखक का अपना परिचय

वैयक्तिक पत्र की रूप-रेखा

(1) कोठी नं० 9, मार्ग नं० 44
पंजाबी बाग,
नई दिल्ली-26

(2) दिनांक 4-4-1986

(3) प्रिय मित्र अमोल,

(4) सस्नेह नमस्ते।

(5) तुम्हारा दिनांक···का पत्र मिला। पढ़कर प्रसन्नता हुई !

———————————————————————

———————————————————————

(6) (पत्र का कलेवर)

———————————————————————

———————————————————————

———————————————————————

———————————————————————

(7) इसलिए मैंने तुम्हें लिख दिया है, ताकि तुम स्टेशन पर आकर मुझे अपने घर ले जाओ। मैंने पहले कभी बंगलौर की यात्रा नहीं की।

(8) तुम्हारा अभिन्न
अतुल

सम्बोधन-अभिवादन तथा पत्र-लेखक परिचय की तालिका

1. अपने से बड़ों को

सम्बोधन	अभिवादन	पत्र-लेखक
पूज्य, मान्यवर,	नमस्कार, प्रणाम	आज्ञाकारी, कृपाभिलाषी
आदरणीय आदि	नमस्ते	स्नेहाभिलाषी
2. अपने से छोटों को		
प्रिय, प्रियवर, चिरंजीव	सानन्द रहो,	शुभाभिलाषी, शुभचिन्तक
आयुष्मान्	खुश रहो, आशीर्वाद	हितेच्छु
3. मित्रों को		
(क) मित्रवर, प्रियवर	जयहिन्द, नमस्ते	तुम्हारा मित्र, तुम्हारा ही
अभिन्न···	मधुर स्मरण	अभिन्न
(ख) प्रिय सखि,	नमस्ते	तुम्हारी अभिन्न, तुम्हारी
प्यारी सखि	प्यार, स्नेहभरा नमस्ते	स्नेहपात्रा, आपकी अपनी

4. **व्यापारिक पत्रों में**

प्रिय महोदय, श्रीमन्	नमस्कार, जयहिन्द	भवदीय
श्रीमानजी, महोदय	वन्देमातरम्	आपका हितचिन्तक

5. **व्यापारिक फर्मों के व्यवस्थापकों को**

व्यवस्थापक महोदय	नमस्ते	भवदीय
(फर्म का नाम)		
श्रीमान् प्रबन्धक		
महोदय, फर्म का नाम	जयहिन्द	भवदीय, कृपाकांक्षी
सम्पादक महोदय (पत्र-पत्रिका का नाम)	नमस्कार	

6. **पत्नी की ओर से पति को**

प्राणेश्वर, प्राणप्रिय	सप्रेम नमस्ते	तुम्हारी ही,
मेरे देवता, मेरे आराध्य,	मधुरमिलन	प्रेमाभिलाषिणी,
प्यारे आदि		अभिन्न हृदया

7. **पति की ओर से पत्नी को**

प्रियतमे, प्रिये	सप्रेम नमस्ते,	तुम्हारा ही,
मेरी हृदयेश्वरी	मधुर मिलन	तुम्हारा अभिन्न

8. **अधिकारी को पत्र**

अधिकारी के नाम/पद	नमस्ते	भवदीय
प्रिय महोदय		
महोदय		

पत्र आरम्भ करने के कुछ वाक्य—

1. आपका कृपापत्र प्राप्त हुआ। धन्यवाद।
2. आपने कोई पत्र नहीं लिखा। कारण समझ में नहीं आया।
3. आपका पत्र पाकर कृतज्ञ हूँ कि आप मुझे अभी तक नहीं भूले।
4. एक मास से आपका पत्र नहीं आया। आप सदय हृदय हैं, फिर ऐसा क्यों ? मैं समझ नहीं सकी।
5. आपको यह जानकर प्रसन्नता होगी कि—
6. यह जानकर हार्दिक हर्ष हुआ कि—
7. शोक के साथ लिखना पड़ता है कि—
8. यह जानकर अत्यन्त दुःख हुआ कि—
9. आपको एक कष्ट देना चाहता हूँ, आशा है आप क्षमा करेंगे।
10. एक प्रार्थना है, आशा है आप उस पर सहानुभूतिपूर्वक विचार करेंगे।

पत्र के वृत्तान्त के अन्त में लिखने योग्य बातें—

1. कृपया पत्रोत्तर यथाशीघ्र देने का कष्ट करें।
2. कृपा भाव बनाये रहें।
3. शेष पुनः।
4. भेंट होने पर विशेष बातचीत होगी।
5. आप अपने आने के दिनांक, समय तथा गाड़ी से सूचित करें।
6. आशा है, तुम मुझे भूलोगी नहीं।
7. कभी-कभी पत्र लिखते रहिए।
8. मित्र, यदि तुम पत्र नहीं लिख सकते, तो साफ लिखो कि पत्र नहीं लिखना।
9. अपने पूज्य पिताजी तथा माताजी को नमस्कार कहिए तथा बच्चों को प्यार।
10. कृपया आगे से माल भेजने से पूर्व जांच अवश्य कर लिया करें।
11. उसके लिए मैं आपका सदा आभारी रहूँगा।
12. आपके उत्तर की प्रतीक्षा में हूँ।
13. यदि तुरन्त उत्तर न दे सकें, तो कृपया इस पत्र की पावती भेजिएगा।

पत्रों के कुछ नमूने

परीक्षा में सर्वप्रथम आने पर अपनी प्रसन्नता की पत्र के माध्यम से एक वाक्य में अभिव्यक्ति

30 डोई वाला,
दिनांक 13-6-86

प्रिय राकेश,

बोर्ड की दसवीं की परीक्षा में तुम्हारे सर्वश्रेष्ठ आने पर मेरी प्रसन्नता का वारापार नहीं रहा।

तुम्हारा अभिन्न
अमित

प्रधानाचार्य को छात्रवृत्ति के लिए आवेदन

श्रीमान् प्रधानाचार्य,
हंसराज मॉडल स्कूल, नई दिल्ली-26

मान्यवर महोदय,

सविनय निवेदन है कि मैं आरम्भिक कक्षा से ही आपके विद्यालय का छात्र

रहा हूँ। मैं विद्यालय में प्रत्येक कक्षा में, सदा सर्वप्रथम आता रहा हूँ।

आठवीं कक्षा तक बराबर मुझे योग्यता+आवश्यकता के आधार पर छात्र-वृत्ति मिलती रही है।

इस पत्र द्वारा मैं आपसे निवेदन करना चाहता हूँ कि कृपया मुझे नवम तथा दशम कक्षाओं में भी छात्रवृत्ति प्रदान की जाये। हम चार भाई-बहन हैं और पिताजी को केवल आठ सौ रुपये मासिक वेतन मिलता है। इसमें से तीन सौ रुपये तो केवल मकान किराये में ही चले जाते हैं। ऐसी दशा में हमारे परिवार का निर्वाह कठिनता से ही होता है।

निवेदन है कि योग्यता+आवश्यकता के आधार पर, मेरे इस आवेदन-पत्र पर सहानुभूतिपूर्वक विचार किया जाये।

सधन्यवाद।

आपका आज्ञाकारी शिष्य
मदनमोहन शर्मा

दिनांक 7 अगस्त, 1986

छात्रावास रहने का आनन्द

छात्रवास कमरा नं० 29,
सेंट जेवियर स्कूल छात्रावास,
माल रोड, नई,दिल्ली
दिनांक 28 जुलाई, 1986

प्रिय अशोक,

सस्नेह नमस्ते।

तुम्हारा पत्र मिला। इतनी प्रसन्नता हुई, मानो तुम स्वयं मिल गये। तुमने छात्रावास का हालचाल पूछा है। मित्रवर ! छात्रावास में रहने का आनन्द कुछ और ही है। इस आनन्द को शब्दों में व्यक्त करना कठिन है। फिर भी कुछ वर्णन कर दूँ।

हमारे छात्रावास के कमरे सुन्दर तथा हवादार हैं, प्रकाश का पूरा प्रबन्ध है, खिड़कियाँ काफी हैं। कमरे के बाहर बालकनी है। यहाँ भी प्रकाश का प्रबन्ध है। यहाँ पढ़ने में बहुत आनन्द आता है।

अतुल मेरा सहपाठी है, जो मेरे ही कमरे में रहता है। सभी कमरों में दो-दो छात्र रहते हैं। हम आपस में मिलकर और अलग-अलग भी खुद पढ़ते हैं। यहाँ सब काम ठीक समय पर नियमित ढंग से होता है।

खाने की भी यहाँ खूब अच्छी व्यवस्था है। स्वच्छ तथा पौष्टिक भोजन से थोड़े ही दिनों में मेरा रंग लाल हो गया है। शनिवार की रात्रि को हमारे छात्रावास में **'मनोरंजन सभा'** होती है। हास्य-व्यंग्य आदि की रचनाएँ सुनकर छात्र लोटपोट हो जाते हैं। हम सब पूरे अनुशासन से रहते हैं तथा एक-दूसरे से गहरी सहानुभूति रखते हैं।

मेरा परिचय भी बहुत-से छात्रों से हो गया है, जो छात्रावास में न रहने से संभव न होता। हमारे यहाँ की सफाई देखकर तुम दंग रह जाओगे।

अच्छा, शेष पुनः लिखूंगा। इस समय हॉकी खेलने जाना है।

तुम्हारा स्नेही
मदनपाल शर्मा

प्रधानाचार्य, पिताजी, मित्र, खेल अधिकारी को पत्र लिखते समय प्रारम्भिक संबोधन

प्रधानाचार्य को—मान्यवर प्रधानाचार्य (या—प्रधानाचार्य महोदय)।

पिताजी को—पूज्य, पिताजी (या—पूजनीय पिताजी)।

मित्र को—प्रिय मित्र (या—अभिन्न मित्र—[मित्र का नाम])।

खेल अधिकारी को—खेल अधिकारी महोदय।

...विद्यालय, दिल्ली।

छोटे भाई को पत्र—उसकी पढ़ाई के बारे में उसे कुछ सलाह

सरला भवन, पटेल नगर, नई दिल्ली-15
दिनांक 31 जुलाई, 1986

प्रिय भाई अनूप,

चिरंजीवी हो,

अभी-अभी पिताजी तुम्हारी पढ़ाई के बारे में पूछ रहे थे। परन्तु मुझे स्वयं जानकारी नहीं थी, अतः मैं क्या उत्तर देता?

प्रिय भाई, तुम मुझे स्पष्ट लिखो कि तुम्हारी पढ़ाई कैसी चल रही है? क्या तुमने अपनी अंग्रेजी की कमजोरी दूर कर ली है? क्या तुमने अपने लेख को सुधारकर सुन्दर बना लिया है? क्या तुम स्कूल में पढ़े पाठ को छात्रावास में लौटकर प्रतिदिन नियम से दोहराते हो?

बुरा मत मानना, मैं तुम्हें कुछ सलाह दे रहा हूँ। मुझे तुम्हारी समझदारी में कोई सन्देह नहीं। फिर भी तुम्हें चेतावनी देना मैं अपना कर्त्तव्य समझता हूँ।

भैया, कुसंगति का ज्वर बहुत भयानक होता है। इससे बचकर रहना। जो कुसंग में पड़कर समय व्यर्थ गँवाते हैं, उन्हें पीछे पछताना पड़ता है।

तुम कक्षा में पाठ पढ़ते समय अध्यापक जी के मुख की ओर देखो। एकाग्रचित्त से उनका एक-एक शब्द हृदयंगम करो। इसके बाद छात्रावास में आकर पढ़े हुए पाठ को दोहराओ। प्रतिदिन नियमपूर्वक लिखने का अभ्यास करो। इन तीन बातों को पूर्ण कर लो तो तुम्हारी विजय ही विजय है।

तुम्हारा शुभाकांक्षी
मदनमोहन शर्मा

तुम्हें प्रिय सखी के वायुयान-दुर्घटना से बच निकलने का सुखद समाचार मिलता है। अपने आनन्द को पत्र के माध्यम से एक वाक्य में व्यक्त करो।

सी—34, ग्रीन पार्क नई दिल्ली।
3-8-86

प्रिय सखि,

सप्रेम नमस्ते।

उस भीषण वायुयान दुर्घटना में तुम्हारे बाल-बाल बचने का समाचार पाकर मेरा हृदय आनन्द से विह्वल हो गया।

तुम्हारी ही (क. ख. ग.)

विदेशी मित्र का पत्र मिलने पर अपनी आनन्दानुभूति—एक वाक्य में

प्रिय मित्र अ,

सस्नेह जयहिन्द !

वर्षों बाद एकाएक तुम्हारा पत्र पाकर मेरा हृदय खुशी से बल्लियों उछल पड़ा।

तुम्हारा अभिन्न (क)

राखी पाकर बड़े भाई द्वारा खुशी का एक वाक्य

प्रिय बहन कमला,

सस्नेह नमस्ते।

मेरी बहन ! राखी पाकर मुझे इतनी खुशी हुई कि मेरे पास शब्द नहीं कि मैं हृदय की दशा व्यक्त कर सकूं।

तुम्हारा भाई
घनश्याम

बैंक प्रबन्धक को चैकबुक खो जाने पर सूचनार्थ लघु पत्र

प्रबन्धक महोदय,
युनाइटेड कर्मशियल बैंक लि०, पंजाबी बाग,
रिंग रोड, नई दिल्ली-26

महोदय,

खेद है कि 10-4-86 को मेरे नाम जारी की गयी चैकबुक खो गई है। मेरे बचत बैंक खाते की संख्या 3675 है। खेद है कि उक्त चैकबुक में जो चैक थे उनके नम्बर मैंने कहीं नोट नहीं किए, कृपया आप अपने यहाँ के रजिस्टर में देख लें।

सूचनार्थ निवेदन कर दिया है, ताकि कोई उस चैकबुक में मौजूद चेकों से अनुचित लाभ उठाने का साहस न कर सके। इस पत्र की प्रतिलिपि रख ली है।

सोबती भवन 40/34 पंजाबी बाग,
नई दिल्ली-26

भवदीय
नरेश सोबती

मोहल्ले की गन्दगी दूर करने के लिए स्वास्थ्य अधिकारी को पत्र

सेवा में,

स्वास्थ्य अधिकारी महोदय,
दिल्ली नगर निगम, दिल्ली

महोदय,

निवेदन है कि हमारी बस्ती में इन दिनों सफाई कर्मचारी बिल्कुल नही आ रहे। गलियों में जगह-जगह कूड़े के ढेर लगे हुए हैं, जिनमें सूअर आपस में लड़ते या गधे रेंगते दिखाई पड़ते हैं। नालियों का पानी बाहर बहने लगा है, जिससे आने-जाने वालों को भारी असुविधा होती है। गन्दगी के कारण मच्छर भी बहुत बढ़ गये हैं, जिससे रात को सोना कठिन हो गया है। शायद ही कोई घर होगा, जिसमें विषम ज्वर (मलेरिया) से पीड़ित एक-न-एक व्यक्ति न हो।

ऐसी दशा में आपसे निवेदन है कि हमारे मोहल्ले की गन्दगी दूर करने की तुरन्त ही अच्छी व्यवस्था कीजिए। यदि हैजा आदि कोई महामारी फैल गयी तो उसके लिए दिल्ली नगर निगम का स्वास्थ्य विभाग ही उत्तरदायी होगा।

मैं मोहल्ले की सुधार-समिति के मंत्री की हैसियत से, सफाई के काम में मोहल्ले वालों के पूर्ण सहयोग का आश्वासन देता हूँ। इस पत्र की एक प्रतिलिपि मुख्य कार्यकारी पार्षद तथा एक प्रतिलिपि महापौर महोदय की सेवा में भी प्रेषित की गयी है।

आशा है, आप तुरन्त कार्यवाही करके मोहल्ले के धन्यवाद के भागी बनेंगे।

मंत्री, मोहल्ला सुधार-समिति,

भवदीय

उत्तम नगर, नई दिल्ली
छंगामल

परीक्षा में प्रथम आने पर मित्र सखी को बधाई का पत्र

प्रिय सखि शशि,

सप्रेम नमस्ते।

आज प्रातः 'नवभारत टाइम्स' हाथ में लेते ही प्रथम पृष्ठ पर आपका चित्र देखा। जब यह पढ़ा कि आप दिल्ली की शिक्षा बोर्ड की दशम कक्षा में प्रथम आयी हैं, तो हृदय हर्ष से गद्गद् हो गया। तुम्हारी इस असाधारण सफलता का श्रेय तुम्हारे परिश्रम तथा एकाग्रता को है।

मेरी तथा मेरे परिवार की ओर से हार्दिक बधाई।

अभिन्नहृदया (लता)

सम्पादक महोदय के नाम पत्र अपनी बस्ती में डाकघर खोलने के लिए

श्री सम्पादक महोदय,
नवभारत टाइम्स, नई दिल्ली-1

महोदय आपके लोकप्रिय पत्र द्वारा मैं अपनी बस्ती की एक कठिनाई अधि-

कारियों तक पहुँचाना चाहता हूँ। मेरा यह पत्र यथाशीघ्र प्रकाशित करवा देने की कृपा करें।

भवदीय

चन्द्रप्रकाश

मैं डाक-तार विभाग का ध्यान इस ओर आकर्षित करना चाहता हूँ कि पंजाबी बाग एक्सटेंशन में एक डाकघर खोलने की तुरन्त आवश्यकता है। पंजाबी बाग एक्सटेंशन में 750 घर हैं। इसके पास ही पश्चिमपुरी जनता क्वार्टर्स हैं इन्हें पंजाबी बाग का डाकघर कोई एक किलोमीटर दूर पड़ता है। दूसरे, वहाँ भीड़ भी बहुत रहने से काफी समय नष्ट होता है। निवेदन है कि पंजाबी बाग एक्सटेंशन में अतिशीघ्र एक अलग डाकघर खोला जाये, ताकि जनता को असुविधा न हो।

मैं इससे पूर्व उप महाडाकपाल दिल्ली (पश्चिम क्षेत्र) को दो पत्र लिख चुका हूँ, परन्तु खेद है कि मुझे उनका कोई उत्तर प्राप्त नहीं हुआ। क्या अधिकारी इस ओर ध्यान देंगे?

चन्द्रप्रकाश

मंत्री, पंजाबी बाग एक्स०

दिनांक : 26-5-1986

जन-कल्याण समिति

अध्यापिका के रिक्त स्थान के लिए प्रधानाध्यापिका को आवेदन पत्र (प्रार्थना पत्र)

माननीय प्रधानाध्यापिका महोदया,

सनातन धर्म उच्च माध्यमिक स्कूल,

मलकागंज, दिल्ली-6

मान्य महोदया,

मुझे विश्वस्त सूत्र से विदित हुआ है कि कुछ अध्यापिकाओं के सेवा-निवृत्त होने के कारश आपके स्कूल में कुछ रिक्तियाँ हुई हैं। उनमें एक स्थान हिन्दी-संस्कृत अध्यापिका का भी है। मैं तदर्थ अपनी सेवायें अर्पित करना चाहती हूँ।

मेरी योग्यता निम्नलिखित है—

मैंने सन् 1975 में दिल्ली विश्वविद्यालय से हिन्दी एम० ए० परीक्षा उत्तीर्ण की थी। मैं विश्वविद्यायय भर में सातवें नम्वर पर रही थी। यह परीक्षा मैंने प्रथम श्रेणी में उत्तीर्ण की थी। तदनन्तर मुझे दिल्ली पब्लिक स्कूल में हिन्दी अध्यापिका का अस्थायी पद प्राप्त हुआ। इसकेअनन्तर मैंने 1977 में प्राइवेट रूप से पंजाब विश्वविद्यालय चंडीगढ़ से संस्कृत में एम० ए० द्वितीय श्रेणी में उत्तीर्ण की। चंडीगढ़ में रहकर मैंने 1978 में बी० एड० परीक्षा पास की। इसके अनन्तर मैं पंजाब में आर्य बालिका विद्यालय गढ़शंकर में हिन्दी अध्यापिका के अवकाश रिक्ति पद पर नियुक्त रही।

योग्यता तथा प्रशंसा-पत्रों की प्रतिलिपियाँ इसी पत्र के साथ संलग्न हैं।

मैं 26 वर्ष की उत्साही, परिश्रमी तथा अनुसाशनप्रिय युवती हूँ।

यदि मुझे सेवा का अवसर प्रदान किया गया, तो मुझे पूर्ण विश्वास है कि मैं

अपने कार्य से आपको पूर्णतया सन्तुष्ट कर सकूँगी।

दिनांक 6-6-1986

भवदीय

पुष्पाकुमारी खन्ना

जेड० ए० 4752, अहाता किदारा,

सदर बाजार, दिल्ली-6

'सरिता' पत्रिका के व्यवस्थापक को ग्राहक बनने के लिए पत्र

37, पत्थर वाला, चाँदनी चौक, दिल्ली

दि० 30-5-1986

सेवा में,

व्यवस्थापक महोदय,

'सरिता'

रानी झाँसी रोड,

नई दिल्ली-55

प्रिय महोदय,

मैं आपकी संस्था द्वारा प्रकाशित 'सरिता' पत्रिका के लेखों से प्रभावित होकर उसकी ग्राहक बनना चाहती हूँ। कृपया मेरा नाम अपने ग्राहकों की सूची में लिख लीजिए तथा इस मास का 'सरिता' अंक पूरे एक वर्ष के चंदे की राशि की वी० पी० करवाकर ऊपर लिखे पते पर मुझे भेज दीजिए।

सधन्यवाद

निवेदिका

सुरेखा मल्होत्रा

वी० पी० पी० द्वारा पुस्तकें भेजने के लिए पुस्तक-विक्रेता को पत्र

सेवा में,

व्यवस्थापक, 'प्रभात प्रकाशन'

चावड़ी बाजार, दिल्ली-6

श्रीमान् महोदय,

नमस्ते।

कृपया यथाशीघ्र निम्नलिखित पुस्तकें रेल पार्सल (पैंजेंजर) द्वारा भेजकर उसकी बिल्टी वी० पी० एल० द्वारा निम्नलिखित पते पर भेज दीजिए। भेजने से पूर्व पुस्तकों की जाँच कर लीजिए कि वे कटी-फटी न हों। बीस रुपये (20.00) धनादेश द्वारा आपकी सेवा में, अग्रिम भेज दिये हैं। कृपया इन्हें कुल मूल्य में से काटना न भूलिएगा। इसके अतिरिक्त अपने नियमानुसार कमीशन भी काटिएगा।

(1) एक सेट स्वामी रामतीर्थ जी आपके द्वारा प्रकाशित सभी पुस्तकें

(2) सूरसागर पाँच प्रतियाँ

(3) सुखसागर भाषा पाँच प्रतियाँ

(4) अभिनव निबन्धमाला 50 प्रतियाँ

दिनांक 5-5-1986

निवेदक
सोहनलाल गुप्त
व्यवस्थापक
सहकारी भंडार, आर्य हाई स्कूल,
लुधियाना (पंजाब)

परीक्षा में असफल होने पर छोटे भाई को पत्र

34, रेलवे रोड, रोहतक
दिनांक 15 जून, 1986

प्रिय रमेश,

सस्नेह आशीर्वाद।

आज के समाचारपत्र में दिल्ली बोर्ड की दशम कक्षा का परिणाम देखा। उत्तीर्ण छात्रों में तुम्हारा रोल नम्बर न देखकर दुःख हुआ।

तुमने परिश्रम में कोई कसर न छोड़ी थी। फिर भी भाग्य ने साथ न दिया।

बुरा मत मानना। इस बार तुम जिन सहपाठियों की संगति में रहे, वे पढ़ने के उतने शौकीन न थे, जितने सिनेमा के। तुमने मेरी चेतावनी की ओर ध्यान न दिया और परिणाम सामने है।

मेरे प्यारे भाई ! हतोत्साह होने की आवश्यकता नहीं। परीक्षा में बड़े-बड़े असफल हो जाते हैं। जो निरुत्साह न होकर, दुगने वेग से परिश्रम करते हैं, वे ही अन्त में विजयी होते हैं।

तुम आज से पहले कभी अनुत्तीर्ण नहीं हुए थे। इससे स्पष्ट पता चलता है कि तुममें बुद्धि पर्याप्त है। केवल सतर्क रहने की आवश्यकता है। तब तुम्हें कभी भी पछताना नहीं पड़ेगा। मेरी ओर से शुभ आशीर्वाद।

तुम्हारा अग्रज
गोपालदास नीरव

अभ्यास

1. निम्नलिखित व्यक्तियों को पत्र लिखते समय प्रारम्भ में किस प्रकार के सम्बोधनों का प्रयोग करेंगे—

   (क) प्रधानाचार्य को। (ख) पिता जी को।

   (ग) मित्र को। (घ) प्रधानमंत्री को।

   (ङ) पुस्तक विक्रेता को। (च) बड़ी बहन को।

2. छोटे भाई को प्रथम आने के लिए उत्साहित करते हुए पत्र लिखिए।

3. दिल्ली विद्युत संस्थान को बार-बार बिजली जाने की शिकायत करते हुए एक पत्र लिखिए।
4. नगर निगम के स्वास्थ्याधिकारी ने उस पत्र पर ध्यान नहीं दिया जिसमें आपने मोहल्ले की गन्दगी के बारे में शिकायत की थी। अब इस बात की शिकायत करते हुए महापौर को पत्र लिखिए।
5. पिताजी को पत्र लिखकर रुपये मँगवाइए।
6. किसी पुस्तक-विक्रेता को पत्र लिखकर पुस्तकें मँगवाइए।
7. गृहमंत्री को एक पत्र लिखकर राहजनी के प्रति रोष प्रकट कीजिए तथा कानून एवं व्यस्था की स्थिति सुधारने के विषय में सुझाव दीजिए।

4

अनुच्छेद-लेखन

अनुच्छेद का अर्थ है पैराग्राफ। एक अनुच्छेद में किसी विषय पर संक्षेप में अपने विचार प्रकट किये जाते हैं। इसके लिए परीक्षा में प्राय: 100 शब्दों की सीमा परीक्षक की ओर से निर्धारित होती है। इसमें 10-15 शब्द बढ़ भी जायें तो कोई आपत्ति की बात नहीं होगी।

सफल अनुच्छेद-लेखन ही निबन्ध-लेखन की पहली सीढ़ी है। कारण, एक निबन्ध में कई अनुच्छेद होते हैं। अनुच्छेद-लेखन में भाषा की शुद्धता तथा शब्दों के चयन पर बहुत ध्यान देना चाहिए। थोड़े से शब्दों में अधिक-से-अधिक विचार या भाव प्रकट करना ही अनुच्छेद की विशेषता होती है।

अनुच्छेद-लेखन में न विद्यार्थी से सम्पूर्ण ज्ञान की अपेक्षा की जाती है, न विवेचन की, बल्कि वहाँ तो अनुभूति ही प्रधान होती है। इसमें **बिवेचन** की अपेक्षा **चित्रण** की प्रधानता होती है। इसमें थोड़े शब्दों में एक सजीव चित्र प्रस्तुत करना होता है।

कुछ आदर्श अनुच्छेद यहाँ प्रस्तुत किये जा रहे हैं, जिनकी शैली को हृदयंगम करके विद्यार्थी अच्छे अनुच्छेद की रचना कर सकते हैं।

इंगलिश चैनल के उस पार

इधर अँधेरा बढ़ने लगा। साथ-ही-साथ हवाओं की तूफानी रफ्तार भी बढ़ती गयी। ऐसे में ठण्ड का तो कहना ही क्या! मगर मिहिरसेन इन कठिनाइयों से ज़रा भी विचलित हुए बगैर तैरते रहे। यहाँ तक कि फ्रांस का समुद्री किनारा सिर्फ तीन मील दूर रह गया। अब एक बारगी उन्हें लगा कि और आगे न बढ़ सकेंगे। भयंकर ठण्ड,

तूफानी लहरें, तेज हवाएँ। तिस पर अब तक की थकान से टूटता शरीर! उन्हें लगा शायद उन्हें इस बार भी निराश होना पड़ेगा; लेकिन फिर उन्होंने अपने भीतर सोये साहस को जगाया। वे आगे बढ़े। हालाँकि आगे का रास्ता और भी भयानक था। जगह-जगह पर समुद्री किनारे के पास खतरनाक चट्टानें थीं। हर कदम पर भयंकर शार्क मछलियों का डर था। लेकिन इस बार मिहिरसेर ने जान लिया था कि···और नतीजा यह हुआ, उनके पाँव फ्रांस के समुद्री किनारे पर जा लगे और सफलता ने उनके चरण चूम लिये।

रोग-कीटाणु

सर्दी और जुकाम जैसे साधारण रोगों से लेकर क्षय, चेचक, हैजा जैसे भयंकर रोगों तक सबकी उत्पत्ति के लिए अलग-अलग जाति के कीटाणु हुआ करते हैं—कोई पहिये की तरह गोलाकार, कोई डंडी की तरह लम्बे, कोई लहरियेदार या उमेठनदार शक्ल में। ये कीटाणु केवल सूक्ष्मदर्शक यन्त्र से ही देखे जा सकते हैं। इन कीटाणुओं में अपनी संख्या बढ़ाने की बड़ी विचित्र शक्ति हुआ करती है। हरएक कीटाणु अपने शरीर को बढ़ाकर दो टुकड़े कर देता है, जिससे एक की जगह दो कीटाणु बन जाते हैं। इस प्रकार क्षणभर में ही इनकी संख्या दुगनी हो जाती है। हमारे शरीर में यदि इनमें से एक भी कीटाणु किसी तरह प्रवेश कर जाये और उसकी बाढ़ के लिए परि-स्थिति अनुकूल हो तो इसी तरह एक से दो, दो से चार और चार से आठ होते हुए कुछ ही समय में करोड़ों कीटाणु पैदा हो जायेंगे और हमारे शरीर के अन्दर उनकी एक भारी बस्ती तैयार हो जायेगी।

प्रकाश-स्तम्भ

समुद्र में बहुत जगहों पर ऐसी चट्टाने या छोटे पर्वत होते हैं जो जल से ऊपर दिखाई नहीं पड़ते। पानी में चलने वाले जहाज इनसे टकरा जायें, तो टुकड़े-टुकड़े हो जायें। ऐसी चट्टानों पर बहुत ऊँचा खम्भा मीनार जैसा बना दिया जाता है। रात के अँधेरे में भी जहाज चटटान कहाँ है, यह जान जायें और उससे बचे रहें, इसके लिए उस खम्भे के ऊपरी भाग में रात को तीव्र प्रकाश किया जाता है। ऐसे खम्भों को प्रकाश-स्तम्भ कहते हैं। खम्भे के निचले भाग में रहने की कोठरियाँ होती हैं, जिनमें प्रकाश-स्तम्भ के कर्मचारी रहा करते हैं।

रेडक्रास

पीड़ितों, घायलों, रोगियों तथा दुखी मनुष्यों की सेवा करने वाली और उन्हें आराम पहुँचाने वाली संस्था रेडक्रास है। यह संस्था अन्तर्राष्ट्रीय और अत्यन्त व्यापक है। यह भेद-विभेद की भावना से परे, मनुष्य मात्र की सेवा करने के लिए प्रत्येक स्थान में, प्रत्येक समय उद्यत रहती है। शान्तिकाल में यह संस्था मनुष्य जाति की दशा सुधारने और रोग आदि व्यथाओं के निवारण के लिए प्रयत्न करती है, परन्तु युद्धकाल में इसका कार्य महान् और अत्यन्त गौरवशाली होता है। जहाँ पाशविकता—

ईर्ष्या, लोभ और घृणा से प्रेरित होकर मनुष्य एक-दूसरे के कट्टर शत्रु हो रहे हों, और रुधिरपात करके भीषण हत्याकाण्ड का दृश्य उपस्थित कर रहे हों, वहाँ इन आसुरी कृत्यों के बीच रेडक्रास संस्था पीड़ितों के यन्त्रणामय जीवन में सुख और आनन्द का समावेश करने के लिए प्रयत्नशील रहती है।

अध्ययन

अध्ययन, ज्ञान की वृद्धि और आनन्द की प्राप्ति का एक प्रधान साधन है। वह आत्मसंस्कार के विधान का भी एक अंग है। किसी जाति के साहित्य में गति प्राप्ति करने का और कोई द्वार नहीं है। किसी जाति के भाव और विचार साहित्य में ही व्यक्त रहते हैं तथा उसीमें संसार के प्रतिभा-सम्पन्न लोगों ने जो सिद्धान्त स्थिर किये हैं, उन्हें जानने का साधन स्वाध्याय ही है। जो पढ़ता नहीं उसे इसकी खबर नहीं रहती कि मनुष्य की ज्ञान-परम्परा किस सीमा तक पहुँच चुकी है। वह अन्धकार में गिरता-पड़ता है, टेढ़ी-मेढ़ी पगडंडियों में भटकता फिरता है और यह जानता ही नहीं कि मनुष्यों के श्रम से एक प्रशस्त मार्ग तैयार हो चुका है।

मेरी लाटरी खुली

मेरा भाग्य जागा ! भाग्य नहीं तो क्या पुरुषार्थ है ? हा हा हा ! पर हाय ! इतना कम क्यों जागा ? पूरा जागता तो एक लाख रुपये मिलते ! एक लाख ! दस बार दस हजार ! पर मेरी किस्मत में एक हजार ही लिखा था। अब इस एक हजार का क्या करूँ ? इससे तो एक स्कूटर भी नहीं आता—पुराना स्कूटर भी नहीं। बाइसकिलें दो आ सकती हैं, परन्तु बाइसिकल तो पहले से ही मेरे पास है। एक हजार रुपये जमा करूँ—बैंक में—ब्याज आता रहेगा—पैंतालिस रुपये प्रतिवर्ष ! उनसे क्या होगा ? हाय ! लाटरी निकली भी तो इतनी कम कि किसीको बता नहीं सकता। मित्र कहेंगे, 'पार्टी हो जाए'। बहन कहेगी, 'मुझे कपड़े सिलवा दो।' दादी कहेगी, 'हरिद्वार की यात्रा करवा दो।' पिताजी कहेंगे, 'लाओ, मुसद्दीलाल का कर्ज चुका दूं।' मैं तो एक गरम सूट सिलवाता हूँ और एक एच० एम० टी० घड़ी लेता हूँ। इनके लिए सदा तरसता रहा हूँ। आज अपनी चिरकाल की इच्छा पूरी करूँगा।

अभ्यास

निम्नलिखित विषयों में से किसी एक पर सौ शब्दों में एक अनुच्छेद लिखिए—

(अ) मैं बस स्टाप पर खड़ा था कि अचानक···
(आ) मैं चौपाल में खड़ा नीम का पेड़ हूँ
(इ) मेरा विचित्र पड़ोसी
(ई) बसन्त ऋतु में गाँव की भोर
(उ) दीपावली पर प्रकाश का दृश्य
(ऊ) मेले की एक साँझ

(ए) मेरा विचित्र मित्र

(ऐ) जेठ की एक दोपहरी

(ओ) हम पिकनिक पर जा रहे थे कि—

(औ) बरसों बाद सहेली आ मिली तो—

5

अपठित गद्यांश (अवतरण) सार-लेखन तथा प्रश्नोत्तर

अपठित गद्यांश के प्रश्न तीन भागों में विभक्त किये जा सकते हैं—

1. गद्यांश का सार (सारांश)
2. उपयुक्त शीर्षक
3. पूछे गए प्रश्नों के उत्तर

इनके लिए नीचे लिखे निर्देशों को ध्यान में रखिए—

(1) गद्यांश (अवतरण) को तीन बार ध्यान से पढ़ जाइए। उसका अर्थ एवं भाव हृदयंगम कीजिए।

(2) गद्यांश के मुख्य विचारांशों (मुद्दों अर्थात् प्वाइंट्स) को रेखांकित कीजिए। फिर इसे अपने शब्दों में लिखिए। गद्यांश का मूल भाव ज्यों का त्यों बना रहना चाहिए।

(3) सार का आकार मूल गद्यांश का $\frac{1}{3}$ (तृतीयांश) होना चाहिए। यदि परीक्षक ने शब्द संख्या बताई हो, तो उतने ही शब्दों में सारांश लिखना चाहिए।

(4) शीर्षक उचित, छोटा तथा गद्यांश के तत्त्व को प्रकट करने वाला होना चाहिए।

(5) गद्यांश पर जो प्रश्न पूछे गए हों, उनके उत्तर गद्यांश के आधार पर ही देने चाहिए, अपने विचार प्रकट करने की आवश्यकता नहीं। हाँ, यदि परीक्षक ने अपने विचार पूछे हों, तो लिखने चाहिए।

(6) प्रश्नों के उत्तर सरल भाषा में दीजिए, वाक्य छोटे-छोटे बनाइए। संक्षेप का ध्यान रखिए। उत्तर व्यर्थ बढ़ाये हुए न हों।

अपठित गद्यांश 1

प्रत्येक राष्ट्र की अपनी एक सांस्कृतिक धरोहर होती है, जिसके बल पर वह प्रगति के पथ पर अग्रसर होता रहता है। मानव युग-युग से अपने जीवन को अधिक

सुखमय, उपयोगी, शान्तिपूर्ण एवं आनन्दपूर्ण बनाने का प्रयास करता रहा है। इस प्रयास का आधार वह सांस्कृतिक धरोहर होती है जो प्रत्येक मानव को विरासत में मिलती है। और इस प्रयास के फलस्वरूप मानव अपना विकास करता है। यह विकास-क्रम सांस्कृतिक आधार के बिना सम्भव नहीं होता। कुछ लोग संस्कृति एवं सभ्यता का एक ही अर्थ लेते हैं। यह उनकी भूल है। यों तो संस्कृति एवं सभ्यता में घनिष्ठ सम्बन्ध है, किन्तु संस्कृति मानव-जीवन को श्रेष्ठ एवं उन्नत बनाने की साधनाओं का नाम है। और सभ्यता उन साधनाओं के फलस्वरूप उपलब्ध हुई जीवन-प्रणाली का नाम है। सभ्यता के अन्तस् में बहने वाली विचारधारा में जिस युग-युग के विकास का क्रम अंकित है, उसे हम संस्कृति कहते हैं। संस्कृति अच्छी अथवा बुरी हो सकती है। किसी राष्ट्र की सभ्यता का मूल्यांकन हम उसकी संस्कृति के आधार पर कर सकते हैं। प्रत्येक राष्ट्र की संस्कृति वहाँ की भौगोलिक परिस्थितियों पर भी निर्भर होती है। प्रकृति का मानव-जीवन को प्रभावित करने में बड़ा महत्त्वपूर्ण हाथ रहता है।

प्रश्न—1. उपरलिखित अवतरण का सारांश लिखिए।

2. इसका उपयुक्त शीर्षक दीजिये।

3. राष्ट्र किस वस्तु के बल पर प्रगति करते हैं?

4. संस्कृति और सभ्यता में क्या अन्तर है?

उत्तर—

1. हरएक राष्ट्र अपनी संस्कृति के बल पर ही प्रगति करता है। सांस्कृतिक धरोहर के माध्यम से ही वह अपना जीवन सुखी, उपयोगी, शान्त तथा आनन्दमय बना सकता है। सभ्यता और संस्कृति में घनिष्ठ सम्बन्ध होते हुए भी अन्तर है। जीवन को श्रेष्ठ तथा उन्नत बनाने की साधनाओं का नाम संस्कृति है और उन साधनाओं से प्राप्त जीवन-प्रणाली का नाम सभ्यता है। किसी राष्ट्र की भौगोलिक परिस्थितियों का भी उसकी संस्कृति पर प्रभाव पड़ता है।

2. **शीर्षक—'राष्ट्र के विकास में संस्कृति का योगदान।'**

3. राष्ट्र युग-युग से विरासत में प्राप्त संस्कृति के बल पर प्रगति करते हैं।

4. जीवन को श्रेष्ठ तथा उन्नत बनाने की साधनाओं का नाम संस्कृति है, जबकि उन साधनाओं के फलस्वरूप प्राप्त जीवन-प्रणाली सभ्यता है।

अभ्यास

निम्नलिखित गद्यांशों के प्रश्नों के उत्तर लिखें तथा अभ्यास करें—

अपठित गद्यांश 2

जानवरों में गधा सबसे बुद्धिहीन समझा जाता है। हम सब किसी आदमी को पहले दर्जे का बेवकूफ कहना चाहते हैं तो उसे गधा कहते हैं। गधा सचमुच बेवकूफ

है, या उसके सीधेपन, उसकी निरापद सहिष्णुता ने उसे यह पदवी दे दी है, इसका निश्चय नहीं किया जा सकता। गायें सींग मारती हैं, ब्यायी हुई गाय तो अनायास ही सिंहनी का रूप धारण कर लेती है। कुत्ता भी बहुत गरीब जानवर है, लेकिन कभी-कभी उसे भी क्रोध आ जाता है, लेकिन गधे को कभी क्रोध करते नहीं देखा, न सुना। जितना चाहो, उसे मारो, चाहे जैसी खराब सड़ी हुई घास सामने डाल दो, उसके चेहरे पर कभी असन्तोष की छाया भी दिखायी न देगी। बैसाख में चाहे एक बार कुलेल कर लेता हो, पर हमने तो उसे कभी खुश होते नहीं देखा। उसके चेहरे पर विषाद स्थायी रूप में छाया रहता है। सुख-दुख, हानि-लाभ किसी दशा में भी बदलते नहीं देखा। ऋषियों-मुनियों के जितने गुण हैं, वे सभी उसमें पराकाष्ठा को पहुँच गये हैं। पर आदमी उसे बेवकूफ कहता है। सद्गुणों का इतना अनादर कहीं नहीं देखा।

प्रश्न—1. उपरिलिखित गद्यांश का सार लिखिए।

2. गधे को बेवकूफ की पदवी क्यों दी गई है ?
3. क्या अधिक सद्गुणों का भी संसार में अनादर होता है ?
4. इस गद्यांश का उपयुक्त शीर्षक दीजिए।

अपठित गद्यांश 3

विद्यार्थी जीवन हँसने-हँसाने का समय है। खेल-खेल में पढ़ाई का अभ्यास इसी उम्र में होता है। माता-पिता लाड़-प्यार करते हैं। परिवार वाले स्नेह की वर्षा से अबोध मन को गुदगुदाते हैं। नित्य नये मित्र बनते हैं, छेड़-छाड़ चलती है, नोक-झोंक भी होती है। कभी-कभी लड़ने-झगड़ने, चुगली करने, मारपीट या अन्य मन-मुटाव का भी अवसर आ जाता है। परन्तु सारा द्वेष, समस्त क्रोध, सारी कड़वाहट दूसरे पल ही नष्ट हो जाती है। आज जिससे लड़े, कल उसीके साथ बैठ मीठी-मीठी बातें करने का दृश्य दिखाई देता है, खाने-पीने और मौज उड़ाने का यह मस्ताना मौसम चाहे कितना छोटा क्यों न हो, लुभावना और सुहावना होता है।

प्रश्न —1. विद्यार्थी जीवन किस बात का समय है ?

2. इस काल में विद्यार्थी से घर के लोग कैसा बर्ताव करते हैं ?
3. विद्यार्थी जीवन में आपस का लड़ाई-झगड़ा जल्दी क्यों समाप्त हो जाता है ?
4. इस गद्यांश का उपयुक्त शीर्षक दीजिए।
5. अर्थ स्पष्ट कीजिए—अबोध, मनमुटाव, नोक-झोंक।

6
निबन्ध-रचना

निबन्ध एक ऐसी गद्य रचना है जिसमें सीमित आकार के भीतर किसी विषय का प्रतिपादन विशेष निजीपन से, स्वछन्दता से तथा सजीवता से किया गया हो ।

अथवा

जब मनुष्य किसी वस्तु, स्थान, घटना, व्यक्ति, विचार आदि पर क्रमबद्ध तथा सुरुचिपूर्ण गद्य में अपने विचार प्रकट करता है, तो उस रचना को निबन्ध कहते हैं ।

निबन्ध के तत्त्व

एकसूत्रता—निबन्ध में वर्णित सभी बातें एकसूत्रता में आबद्ध होनी चाहिए ।

व्यक्तित्व की छाप— विषय चाहे कोई भी हो—गम्भीर से गम्भीर या साधारण से साधारण—उसकी अभिव्यक्ति पर लेखक के व्यक्तित्व की छाप अवश्य होनी चाहिए । व्यक्तित्व-प्रकाशन एवं व्यंजना-कौशल के अभाव में निबन्ध पठनीय नहीं बनता ।

आत्मीयता—निबन्ध में लेखक की प्रधानता होती है, विषय की नहीं । किसी विषय का लेखक के मन-मस्तिष्क पर कैसा बिम्ब विद्यमान है इसका प्रतिबिम्ब ही निबन्ध में रहता है । जब विषय तथा लेखक में एकरूपता आती है, तभी निबन्ध लेखक का साहचर्य पाठक को उपलब्ध होता है और तभी निबन्ध सराहनीय बनता है । पाठक को आनन्दानुभूति कराने के लिए, निबन्ध में आत्मीयता का गुण आवश्यक है ।

कलात्मकता—इसके अन्तर्गत शब्द-चयन, वाक्य-विन्यास, विषय-प्रतिपादन, अनुच्छेद-रचना तथा भाषा-शैली आदि का समावेश होता है । कलात्मकता का अर्थ यहाँ कृत्रिमता अथवा पच्चीकारी नहीं, अपितु सहज स्वच्छन्दता तथा आद्योपान्त उत्साह की एकरसता निबन्ध की अभीष्ट कला है ।

निबन्ध के अंग

प्रस्तावना, विवेचन, शैली, अभिव्यंजना एवं परिणाम (उपसंहार)—ये निबन्ध के अंग हैं । इनका कोई क्रम निर्धारित करना निबन्ध को सीमित तथा रूढ़िबद्ध करना होगा । फिर भी प्रायः प्रत्येक निबन्ध में आगे-पीछे ये अंग अवश्य विद्यमान रहते हैं ।

निबन्ध-लेखक को यह अवश्य ध्यान में रखना चाहिए कि उसकी भाषा जहाँ समीचीन हो, वहाँ वह सरल, सुबोध, विषयानुकूल तथा प्रवाहमय हो ।

मुख्य विषय से सम्बन्धित विचारों का भिन्न-भिन्न अनुच्छेदों में प्रस्तुत करना आवश्यक होता है । अनुच्छेदों के आकार को सीमाबद्ध नहीं किया जा सकता—विषयानुसार ही इसका औचित्य होता है । विद्यार्थियों से 300 से 500 शब्दों तक के निबन्ध की अपेक्षा की जाती है ।

निबन्ध के सभी अनुच्छेदों में पूर्वापर सम्बन्ध तथा संगति की विद्यमानता आवश्यक होती है, अन्यथा निबन्ध 'असंगत' हो जाने की आशंका होती है।

विचार यदि निबन्ध के प्राण हैं, तो भाषा एवं शैली उसके शरीर हैं।

निबन्ध के प्रकार

निबन्धों का कई प्रकार से वर्गीकरण किया जाता है। हमारे विचार में इसके पांच प्रकार हैं—

1. वर्णनात्मक—इसमें किसी वस्तु, स्थान, दृश्य, त्यौहार आदि का सरल, आकर्षक तथा रोचक शैली में वर्णन रहता है।

2. आख्यानात्मक—इसमें किसी व्यक्ति के जीवन का संक्षिप्त किन्तु प्रभावोत्पादक विवरण रहता है।

3. विचारात्मक—इस प्रकार के निबन्ध में बुद्धि तत्त्व, तर्क-वितर्क तथा चिन्तन की प्रधानता रहती है। यह प्रायः गम्भीर विषय को लेकर लिखा जाता है।

4. विवरणात्मक—इसमें देश-काल के क्रम से किसी घटना, यात्रा, प्रदर्शनी, साम्मुख्य (मैच) आदि का हुबहू विवरण प्रस्तुत किया जाता है।

5. ललित—इसे रम्य-रचना भी कह सकते हैं। इस प्रकार के निबन्ध में लालित्य, भावात्मकता तथा लेखक की हृद्गत भावावेश की प्रधानता रहती है।

वर्षा की वह भयंकर रात

हम उन दिनों रेलवे क्वार्टरों में रहते थे। शहर में रामलीला बड़ी धूमधाम से होती थी। उसे देखने के लिए मैं अपने एक-दो मित्रों के साथ जाया करता था। उस दिन सीता-हरण का दृश्य था। इसमें काफी देर लग गयी। रामलीला समाप्त होते-होते ग्यारह बज गये।

मैं और केशव घर की ओर चले। शहर से रेलवे क्वार्टर दो मील की दूरी पर थे। आकाश में काले बादल घिर आये थे। बीच-बीच में बिजली चमक उठती थी। बादल गरज-गरज आपस में टकराते थे, तो दिल दहल उठता था।

एकाएक हवा तेज़ चलने लगी। शीघ्र ही इसने अन्धड़ का रूप ले लिया। मैं अपने मित्र केशव के साथ घर की ओर चला जा रहा था। एकाएक शहर की बिजली चली गयी। इसके साथ ही रेलवे रोड पर घोर अन्धकार छा गया। अंधकार इतना था कि हाथ को हाथ नहीं सूझता था। केशव मुझसे पाँच-छः मीटर आगे चल रहा था, परन्तु वह मुझे दिखाई नहीं देता था। बीच-बीच में उसकी आवाज अवश्य गूंज उठती थी—"धीरज धरकर चले आओ।"

अचानक कड़कड़-धड़ाम करता हुआ एक बहुत विशाल शीशम-वृक्ष गिर पड़ा। केशव बाल-बाल बचा। मैंने उसे बाँहों में थाम लिया और उससे कहा—"अब मेरा हाथ

पकड़कर चलो, मरेंगे तो इकट्ठे मरेंगे।" परन्तु केशव का धैर्य अटूट था। उसने कहा—"अभी तो हमें बहुत काम करने हैं, मरें हमारे दुश्मन !"

अब हम दोनों फिर आगे बढ़े। इतने में टप-टप-कण-कण घन बरसने लगा। पवन प्रचण्ड हो गया। उसीके साथ वर्षा भी तेज़ होने लगी। हम दोनों के कपड़े पूरी तरह भीग गये। हम उन्हें कुछ निचोड़ते, तो वे उतने ही फिर भीग जाते। भारी वर्षा और तेज हवा ने अन्धड़ और तूफान का रूप धारण कर लिया।

मुझे माताजी की बात याद आ रही थी। आज चलते हुए उन्होंने कहा था—"बेटा, आज न जाओ। देखो आकाश में कैसे काले बादल घिर आये हैं।" परन्तु मैंने माँ की बात हँसकर टाल दी थी और ज्यों ही केशव की आवाज आयी मैं उसके साथ हो लिया था। परन्तु इस समय मैं पछता रहा था।

आँधी-पानी में हम छप-छप चले जा रहे थे। एक ओर हम भय से और दूसरी ओर ठण्ड से काँप रहे थे। पेड़ एक के बाद एक धड़ाम-धड़ाम गिर रहे थे। ज्योंही बिजली चमकती त्योंही हम 'एक-दो-तीन' कहते दौड़ते और कुछ पेड़ों के नीचे से होकर पेड़-रहित स्थान पर जाकर रुक जाते थे।

जब हमें रेलवे क्वार्टर दिखाई देने लगे, तो हमारी जान में जान आयी। अब तक पवन का वेग भी कुछ कम हो गया था और वर्षा भी धीरे-धीरे कम होने लगी थी।

केशव का घर पहले पड़ता था। उसके पिताजी छाता लेकर घर के पास, उसकी प्रतीक्षा में बेचैन खड़े थे। केशव के गीले कपड़ों की परवाह न करके उन्होंने उसे गले से लगा लिया।

जब मैं अपने घर पहुँचा, तो माँ पिताजी को कोस रही थीं—"तुम्हीं ने अशोक को सिर पर चढ़ा रखा है। मेरे मना करने पर भी वह आज नहीं रुका।" पिताजी तुनककर कह रहे थे—"तुमने एक थप्पड़ क्यों नहीं दिया ? उसे बरबस क्यों न रोका ?" जब मैंने बराम्दे में प्रवेश किया, तो माता-पिता के मुखड़े खिल गये।

वर्षा की वह रात मैं कभी नहीं भूल सकूँगा।

श्री जवाहरलाल नेहरू

जवाहरलाल नेहरू विश्व के उन इने-गिने महापुरुषों में से एक थे जिन्होंने संसार को युद्ध की आग से बचाये रखा। राष्ट्रीय अथवा अन्तर्राष्ट्रीय, किसी भी दृष्टि से विचार करें तो नेहरूजी ही प्रतिष्ठा के उस महान् गगन को छू सके, जिसे सम्भवतः गांधीजी के अतिरिक्त और दूसरा कोई नहीं छू सका। यही कारण है कि नेहरूजी तीसरी बार प्रधान मन्त्री के उच्च आसन पर आसीन हुए थे।

इनका जन्म 14 नवम्बर 1889 ई० को एक अत्यन्त समृद्ध परिवार में हुआ। इनके पिता पण्डित मोतीलाल नेहरू एक प्रभावशाली वकील तथा भारत के प्रतिष्ठित

नेताओं में से एक थे। जवाहरलाल की माता का नाम स्वरूपरानी था। 15 वर्ष की अवस्था में जवाहरलाल ने शिक्षा के लिए इंग्लैंड जाकर कैम्ब्रिज विश्वविद्यालय में पढ़ना आरम्भ किया। वहाँ से एम० ए० पास करके उन्होंने कानून की उच्च शिक्षा प्राप्त की।

जब बैरिस्टर बनकर वह भारत आये, उस समय भारत का वातावरण बड़ा अशान्त था। जलियाँवाला बाग का काण्ड, रोलेट ऐक्ट और इस पर भी अंग्रेजों का भारतीयों से दुर्व्यवहार—सारी बातें जवाहरलाल के सामने आयीं। पिता ने चाहा था कि पुत्र भी उनकी तरह वकील बने; परन्तु उसके भाग्य में कुछ और ही लिखा था। महात्मा गांधी का प्रभाव जवाहरलाल पर पड़ा। बस फिर क्या था, 1921 में असहयोग आन्दोलन में पिता और पुत्र दोनों जेल के यात्री बने। इस आन्दोलन में इन्होंने बड़ा काम किया। विदेशी वस्त्रों का बहिष्कार और खद्दर का प्रचार किया, अंग्रेजों के अन्याय के विरुद्ध आवाज उठायी, निर्धनों, मजदूरों और किसानों की अवस्था को सुधारने की आवाज उठायी।

1918 में इनका विवाह कमला देवी से हुआ था। कमला भी पति के साथ राष्ट्र के कार्यों में जुट गयीं। इनके एक पुत्री हुई जिसका नाम इन्दिरा रखा गया। एक पुत्र भी हुआ, परन्तु अकाल ही काल-कवलित हो गया। अधिक काम करने के कारण कमला नेहरू को राज्यक्ष्मा हो गया। बहुत इलाज किया, फिर भी उनका स्वास्थ्य सुधर न सका। आखिर अकेले नेहरू के कन्धों पर समस्त भार रखकर वह स्वर्ग सिधार गयीं।

1930 में लाहौर कांग्रेस का वार्षिक अधिवेशन हुआ। अध्यक्ष पद पाते ही जवाहरलाल ने रावी नदी के किनारे भारत की पूर्ण स्वतन्त्रता की घोषणा कर दी। और तभी से इन्होंने कांग्रेस में एक नयी जान फूँक दी। इसके पश्चात् उनको कई बार जेल जाना पड़ा। सन् 1942 में भारत में 'अंग्रेजो भारत छोड़ो' का नारा लगाया। सरकार ने दमनचक्र चलाया; किन्तु अन्त में साम्राज्यवादी शक्ति को भारत की शक्ति के आगे झुकना पड़ा। परिणामस्वरूप 2 दिसम्बर, 1946 को अन्तरिम सरकार के प्रधानमन्त्री जवाहरलाल नेहरू ही बने। 15 अगस्त, 1947 को सारे देश की बागडोर अपने हाथ में आयी। यह बड़ा भारी बोझ था। किन्तु नेहरूजी ने बड़ी योग्यता से इस भार को सँभाला।

भारत स्वतन्त्र हुआ। स्वतन्ता के साथ अनेक आपत्तियाँ देश पर आ पड़ीं। चारों ओर रक्तपात, खून-खराबा हुआ। दुर्भिक्ष मुँह बाये खड़ा था। देश पर शत्रु आँख गड़ाये बैठा था। कभी कश्मीर की भीतरी शक्तियाँ उलझनें पैदा कर रही थीं। किंतु भारत का साहसिक नेता इन ऊँचाइयों और गहराइयों को पार करता हुआ आगे बढ़ता रहा।

1962 में समय ने पलटा खाया जबकि चीन ने हिमालय पार करके इस देश

पर एकाएक आक्रमण कर दिया। यह अप्रत्याशित था; क्योंकि चीन मित्रता का दम भरता था। नेहरूजी इस धक्के को सह न सके। इस विश्वासघात के कारण दुखी रहने लगे और परिणामस्वरूप उस परमपिता परमात्मा ने 27 मई, 1964 को अपनी इस धरोहर को हमसे वापस ले लिया।

यद्यपि अभी पं० नेहरू की छत्रछाया में रहकर हम भारतवासी भारत के नव-निर्माण के स्वप्न पूरे होते देखना चाहते थे; किन्तु प्रभु की लीला के सामने किसका वश चलता है ?

पं० जवाहरलाल नेहरू नेता ही नहीं, एक लेखक भी थे। अपने समय में वे विश्व में अंग्रेजी के सबसे श्रेष्ठ पाँच लेखकों में गिने जाते थे। व्यस्त जीवन में भी उन्होंने—मेरी कहानी, विश्व इतिहास की झलक, हिन्दुस्तान की कहानी, पिता के पत्र पुत्री के नाम—आदि कई पुस्तकें अंग्रेजी में लिखीं।

नेहरू विश्व में शांतिदूत के नाम से प्रसिद्ध थे। अमरीका में उनका सम्मान था, रूस उन्हें प्यार करता था, यूगोस्लाविया उनका दोस्त था, इण्डोनेशिया उनका मित्र। मिस्र का नासिर उन्हें अपना राजनीतिक गुरु मानता था। अफ्रीका के नेता उन्हें अपना मार्गदर्शक समझते थे।

द्वितीय महायुद्ध के बाद एक ओर अमरीकी गुट ने तथा दूसरी ओर रूसी गुट (कम्युनिस्ट कैंप) ने अपनी-अपनी गुटबंदी मजबूत करके घोर महायुद्ध की तैयारियाँ कर ली थीं। ऐसे में तटस्थ राष्ट्रों के सम्मेलन में पंचशील के पाँच सूत्र रखकर नेहरूजी ने शक्ति-सन्तुलन का काम किया और विश्व को महायुद्ध से बचाए रखा। विश्वशान्ति के लिए नेहरू जी की यह सबसे बड़ी देन थी।

वसन्त ऋतु

वर्ष में 12 महीने और 6 ऋतुयें होती हैं। इस प्रकार दो-दो महीनों की एक-एक ऋतु होती है। चैत-बैसाख में वसन्त, ज्येष्ठ-आषाढ़ में ग्रीष्म, श्रावण-भाद्रपद में वर्षा, आश्विन-कार्तिक में शरद्, मार्गशीर्ष-पौष में हेमन्त, माघ-फाल्गुन में शिशिर, यह छः ऋतुओं का काल-विभाग है। प्रत्येक ऋतु में हमें अपने जीवन को भिन्न-भिन्न प्रकार से व्यतीत करना चाहिए। इसे ऋतुचर्या कहते हैं। प्रत्येक ऋतु में हमें कैसी ऋतुचर्या का पालन करना चाहिए। यह बात आयुर्वेद शास्त्र से भलीभांति जानी जा सकती है।

वसन्त ऋतु का समय चैत्र-बैसाख के महीने हैं। वसन्त को ऋतुराज भी कहते हैं और यह है भी सभी ऋतुओं का राजा, सब ऋतुओं से सुन्दर, सुहावना, अद्भुत, आकर्षक तथा मनमोहक। इस ऋतु में सब वृक्ष-लतायें; आदि नवीन पत्ते और नवीन पुष्प धारण करते हैं। चारों ओर फूल ही फूल दिखाई देते हैं। सुगन्धित रंग-बिरंगे फूलों पर भौंरे गुंजार करते हुए अतीव कर्णप्रिय मधुर गाना गाते हैं। उसे सुन-

कर हृदय प्रफुल्लित हो जाता है। कोयल की 'कुहू-कुहू' ध्वनि तो ऐसी प्रतीत होती है मानो सम्पूर्ण संसार पंचम स्वर में गा रहा हो।

इस ऋतु में वायु की गति दक्षिण से उत्तर की ओर रहती है। दक्षिण पवन में एक विशेष प्रकार की स्निग्धता, सुरभि और मोहकता रहती है। यही कारण है कि इस ऋतु में स्त्री-पुरुष, बालक-बालिकाओं, बच्चे-बूढ़ों, यहाँ तक कि पशु-पक्षियों को भी अपने अन्दर एक विशेष प्रकार की मादकता और खुशी का स्वाभाविक अनुभव होने लगता है।

बसन्त में सूर्य की गति भी हमारे अनुकूल होती है। दिन और रात लगभग एक समान होते हैं। इसी कारण सर्दी और गर्मी भी समान ही रहती है। न बहुत सर्दी न बहुत गर्मी, जलवायु उत्तम, सर्वत्र स्वच्छता, सर्वत्र प्रकाश, सर्वत्र नवीनता, नया जोश, नयी उमंगें, नया उत्साह, नव स्फूर्ति, नयी इच्छायें, नया बल। इन्हीं सब लोकोत्तर गुणों के कारण संस्कृत भाषा के कवियों ने तथा अन्य भाषाओं के कवियों ने भी ऋतुराज वसन्त का विशेष रूप से वर्णन किया है। भगवान श्रीकृष्णजी ने भी कहा है—

"ऋतूनां कुसुमाकर:"

अर्थात् मैं ऋतुओं में वसन्त ऋतु हूं।

वसन्त ऋतु में बाहर खुले स्थानों में, जंगलों, पर्वतों और मैदानों में पैदल घूमना स्वास्थ्य के लिए बहुत आवश्यक और उपयोगी है। दातुन करना तो सदैव बहुत अच्छा है। परन्तु बसन्त ऋतु में तो स्वास्थ्य-रक्षा के लिए दातुन बहुत ही उपयोगी है।

इस ऋतु में मीठे गरिष्ठ भोजन अधिक नहीं खाने चाहिए, खट्टे और नमकीन पदार्थों का विशेष सेवन करना चाहिए। कषैले, कटु पदार्थों, अर्थात् आँवला, काली मिर्च आदि का सेवन बहुत हितकारी होता है।

प्राचीन आर्यों का वर्ष, सौर वर्ष, इस ऋतु में आरम्भ होता है। चन्द्र वर्ष का आरंभ भी इसी ऋतु में होता है। होली का त्यौहार, जो हँसते-खेलते और खुशियाँ मनाने का त्यौहार है, इस ऋतु के आरम्भ में पड़ता है। बैशाखी का पर्व भी इसी बसन्त ऋतु में ही आता है।

गणतन्त्र दिवस

31 दिसम्बर, 1928 को श्री जवाहरलाल नेहरू ने अंग्रेज शासकों को चुनौती दे दी थी, "यदि ब्रिटिश सरकार हमें औपनिवेशिक स्वराज्य देना चाहे, तो 31 दिसम्बर 1929 तक दे दे।"

परन्तु ब्रिटिश सरकार ने भारतीयों की इस इच्छा की पूर्ण अवहेलना कर दी।

सन् 1930 में लाहौर में कांग्रेस का वार्षिक अधिवेशन हुआ। श्री जवाहरलाल नेहरू इसके अध्यक्ष थे। रावी नदी के तट पर बहुत विशाल पंडाल बनाया गया। उस अधिवेशन में 26 जनवरी, 1930 की रात को श्री नेहरू ने घोषणा की थी—"अब हमारी माँग पूर्ण स्वतन्त्रता है और हम स्वतन्त्र होकर रहेंगे।"

उस दिन भारत के गाँव-गाँव और नगर-नगर में स्वतन्त्रता की शपथ ली गयी। जगह-जगह सभायें की गयीं, जलूस निकाले गए, करोड़ों भारतीयों के कण्ठों से एक साथ गर्जना हुई—"आज से हमारा लक्ष्य है पूर्ण स्वाधीनता। जब तक हम पूर्ण स्वाधीन न हो जायेंगे, तब तक निरन्तर बलिदान देते रहेंगे।"

इधर भारतीयों ने पूर्ण स्वाधीनता की प्रतिज्ञा ली, उधर अंग्रेज सरकार ने दमनचक्र भी जोरदार ढंग से चला दिया। लाठी से स्वाधीनता-प्रेमियों के सिर तोड़े जाने लगे। कई जगह गोलियाँ चलायी गयीं और देशप्रेमियों को गोलियों से भून दिया गया। जेलें भरी जाने लगीं।

26 जनवरी, 1930 के बाद प्रतिवर्ष 26 जनवरी का दिन राष्ट्रीय पर्व के रूप में मनाया जाने लगा। इस दिन स्थान-स्थान पर सभायें करके लाहौर में रावी नदी के तट पर की गयी पूर्ण स्वाधीनता की प्रतिज्ञा दोहराई जाती है। यही कारण है कि स्वाधीनता के बाद जब भारत गणतन्त्र (रिपब्लिक) बनने लगा, तो उसके लिए 26 जनवरी, का दिन ही सबसे शुभ माना गया।

उत्सव और त्यौहार जातियों के जीवन होते हैं। इनसे जाति के शरीर में नये रक्त का संचार होता है। स्वतन्त्र भारत में दो नये उत्सव बड़ी धूमधाम (समारोह) से मनाये जाते हैं। 26 जनवरी और 15 अगस्त।

26 जनवरी को भारत का गणतन्त्र-दिवस भी कहा जाता है। इस दिन हमारे देश में जनता का राज्य — प्रजातन्त्र स्थापित हुआ। यद्यपि अंग्रेजों का शासन 15 अगस्त 1947 के दिन समाप्त हुआ, क्योंकि इसी दिन भारत का नया संविधान (कांस्टीट्यूशन) लागू हुआ। इसके बाद भारत के सबसे बड़े प्रशासक का नाम प्रधान या प्रेजीडेंट हुआ।

26 जनवरी के दिन नयी दिल्ली में प्रभातकाल से ही लोग एकत्र होने लगते हैं। लाखों की संख्या में बाल, वृद्ध, स्त्री-पुरुष इण्डिया गेट के पास एकत्र होते हैं। सुन्दर-सुन्दर वस्त्र पहने किलकारियाँ मारते बच्चे, हँसती-गाती स्त्रियाँ, उत्साह से भरे नवयुवक और स्वतन्त्रता के सुख में मग्न पुरुष, राष्ट्रपति की सवारी की प्रतीक्षा करते हैं।

आठ बजे के लगभग राजकीय बग्घी में राष्ट्रपति की सवारी निकलती है। जल, थल तथा वायु सेना के सैनिक मार्च करते हुए उनके पीछे-पीछे चलते हैं। तब तोपों से राष्ट्रपति को सलामी दी जाती है। फिर तीनों सेनाओं की कई टुकड़ियाँ, पुलिस और एन० सी० सी० के कैडेटों की टुकड़ियाँ भी राष्ट्रपति को सलामी देते हुए और मार्च

पास्ट करते हुए लाल किले तक जाती हैं। उसके अनन्तर पंजाब, राजस्थान, मध्य-प्रदेश, बम्बई, तमिलनाडु, आंध्रप्रदेश, जम्मू-कश्मीर, बंगाल आदि प्रदेशों की झांकियाँ निकलती हैं। इनसे उन प्रान्तों की सभ्यता, कला-कौशल, वेश-भूषा, रहन-सहन आदि का परिचय दिया जाता है।

रात्रि के समय केन्द्रीय सचिवालय, राष्ट्रपति भवन तथा संसद भवन पर दीपमाला की जाती है। यह दिन हमारे देशवासियों के लिए बड़ा पवित्र, महत्त्वपूर्ण और उत्साहवर्द्धक है।

इस प्रकार के पर्व या त्यौहार देश-जाति एवं युवक-युवतियों में उत्साह भरने के लिए होते हैं। ऐसे ही पर्वों से समय-समय पर अपने पूर्वजों का इतिहास भी स्मरण हो आता है।

नदी-तट का प्रातःकालीन दृश्य

एक दिन मैं अपने बड़े भैया के साथ प्रातः पाँच बजे यमुना स्नान के लिए चला। तिलकनगर से हम अन्तर्राज्यीय बस अड्डे के लिए सवार हुए। सड़क पर ट्रैफिक कम था; अतः हमारी बस तेजी से बस अड्डे की ओर दौड़ने लगी। जखीरे के बाद सब्जीमण्डी, बर्फखाना होकर बस बस अड्डे पर पहुँच गयी। बस से उतरकर हम यमुना की ओर चले।

आगे एक बाग आया। भैया ने बतलाया कि यह कुदसिया बाग है। इस बाग की शोभा क्या वर्णन करूँ? चारों ओर ऊँचे-ऊँचे छायादार पेड़ हैं। स्थान-स्थान पर पौधे लगे हुए हैं, जिन पर रंग-बिरंगे फूल खिले हुए हैं। लान में मखमल जैसी घास बिछी है। शीतल, मन्द, सुगन्ध पवन चल रही है। पवन से लतायें डोल रही हैं। फूलों पर भौंरे गूँज रहे हैं और तितलियाँ मँडरा रही हैं। सम्पूर्ण वातावरण सुगन्ध से पूरित है। भैया ने बताया शीतल पवन के झोंके यमुना की ओर से आ रहे हैं और पास ही कुदसिया घाट है।

कुदसिया बाग को पार करने की एक बड़ी चौड़ी सड़क आ गयी। भैया ने बताया कि यह बेला रोड है। इसे पार करके हम कुछ सीढ़ियाँ उतरे और सामने ही कुदसिया घाट दिखाई दे रहा था।

यमुना में जल तो अधिक न था, किन्तु था स्वच्छ। तट पर अनेक आश्रम और छोटे-छोटे मन्दिर बने हुए हैं। एक ओर अखाड़ा है जहाँ पहलवान कुश्ती लड़ रहे थे। प्रत्येक आश्रम से नीचे की ओर पक्की सीढ़ियाँ बनी हुई हैं। इनसे होकर लोग यमुना-जल में उतर रहे थे। कोई वस्त्र उतार रहा था, कोई पहन रहा था। कोई तेल की मालिश कर रहा था, कोई दण्ड-बैठक निकाल रहा था। कहीं बड़ी-बूढ़ियाँ राम-राम, जय-जय कृष्ण कह रही थीं, कहीं बच्चे किलकारियाँ मार रहे थे। उधर जनाना घाट था, जहाँ नन्हीं बालिकायें नानी-दादी के साथ जा रही थीं। कुछ पुरानी

प्रथाओं की पुजारिन घूंघट काढ़े और कुछ आधुनिकाएँ नये फैशन में सजी-धजी जा रही थीं।

कितना पवित्र जल था। केवल अनुभव की बात है। उधर सूर्य भगवान अपनी रश्मियों से जल-तरंगों को सजा रहे थे। उस सुन्दर जलधारा में कोई स्नान कर रहा था, कोई पूजा कर रहा था। मैं मन्त्रमुग्ध होकर एकटक उस प्रभु की लीला को देखने लगा। इतने में दूर से एक नाव आती दिखाई दी और सुनहरी जल-राशि को चीरती हुई आगे जाने लगी। उस एकान्त तथा मौन वातावरण में जल भी चुपचाप उस आघात को सहन करता रहा। यदि चंचल हो उठता तो प्रकृति का चित्र बिगड़ जाता। यही सोचकर जल भी मग्न रहा—उस ध्यान में मस्त व्यक्ति की तरह जो एक ओर बैठकर सन्ध्या कर रहा था।

नदी-तट पर कुछ पण्डे छाता ताने बैठे थे। स्नानार्थी अपने वस्त्र, धन आदि उन्हें सौंपकर निश्चिन्त स्नान करते और तैरते हैं या जल-क्रीड़ा करते हैं। स्नान के बाद वे आकर अपने वस्त्र पहनते हैं। तब पण्डे उनके मस्तक पर चन्दन का टीका लगाते हैं। लोग पण्डों को पैसे देते हैं और फिर घर की ओर चल पड़ते हैं।

प्रातःकाल का समय बहुत सुहावना समय होता है। उस समय वातावरण शुद्ध तथा वायु सुगन्धित होती है। इस पर किसी नदी-तट पर चले जाओ तो उस समय का दृश्य सचमुच चित्ताकर्षक होता है। उस समय, प्रकृति-नटी अपने रंगमंच को सजा रही होती है। नदी-तट पर जः जल-कणों से मिश्रित वायु आकर स्पर्श करती है, ऐसा लगता है कि किसी लम्बी मूर्च्छा को हटाने के लिए जल के छींटे आ रहे हों। नदी-तट पर खड़े होकर जल को देखें जो दूर तक, न जाने कहाँ तक चला गया है—तो हृदय में विशालता के भाव उठने लगते हैं। नदी न जाने किस उद्देश्य की प्राप्ति के लिए बिना सुने अग्रसर हो रही है—कदाचित् समुद्र में मिल जाने को। मनुष्य उस समय यह सीख सकता है कि वह भी ब्रह्म को पाने के लिए सदा नदी की तरह चुपचाप अग्रसर होता रहे।

आदर्श विद्यार्थी

महात्मा कबीर के शब्दों में 'गुरु कुम्हार है और शिष्य कुम्भ है' अर्थात् आदर्श विद्यार्थी तभी बनेंगे, जब आदर्श अध्यापक होंगे। अध्यापक बाग के उस माली के समान हैं, जिसे बाग की प्रत्येक कोंपल और प्रत्येक कली का समुचित ध्यान रहता है। विद्यार्थीगण उसी बाग की फुलवाड़ी हैं, जिसकी काट-छाँट अध्यापक-रूपी माली को करनी है। यदि माली ही बागवानी में कुशल नहीं होगा, तो अच्छे फूल और अच्छे फल कैसे प्राप्त हो सकते हैं ?

यदि हमारे देश में गुरु द्रोणाचार्य जैसे गुरु न होते तो अर्जुन जैसे धनुर्धारी भी न होते। यदि चाणक्य जैसे कूटनीतिज्ञ न होते तो चन्द्रगुप्त जैसे सम्राट् भी न होते।

यदि समर्थ गुरु रामदास जैसे विद्वान् न होते तो शिवाजी जैसे सूरमा भी न होते। यदि स्वामी रामकृष्ण परमहंस जैसे सिद्ध न होते तो स्वामी विवेकानन्द जैसे वेदान्ती भी न होते।

किसी भी देश की सम्पत्ति उस देश के आदर्श विद्यार्थी ही हैं। विद्यार्थियों का चरित्र ही राष्ट्र की सम्पत्ति होता है। विद्यार्थी-जीवन में ही शारीरिक, मानसिक, आध्यात्मिक, आधिदैविक एवं आधिभौतिक विकास सम्भव है। विद्यार्थी-जीवन मनुष्य-जीवन की नींव है। जैसे अच्छी नींव के बिना अच्छी इमारत तैयार नहीं हो सकती वैसे ही अच्छे विद्यार्थी-जीवन के बिना कोई भी व्यक्ति महापुरुष नहीं बन सकता। जवाहरलाल नेहरू हैरो स्कूल में एक आदर्श विद्यार्थी थे, इसी कारण वे आदर्श नेता बनने में सफल हुए। शास्त्रों में कहा है—क्षणशः कणशौ चैव विद्यामर्थं च चिन्तयेत्'—क्षण-क्षण करके विद्या की तथा कण-कण करके धन की प्राप्ति करे।

आदर्श विद्यार्थी समय का मूल्यांकन करना जानता है। वह बोटिंग, सिनेमा एवं अन्य मनोरंजनों में आवश्यकता से अधिक लिप्त नहीं होता। उसके सामने सदा मंजिल रहती है और उसे ज्ञात है कि इन प्रलोभनों के वश में न होकर परिश्रम, तप, त्याग और साधना के कंटकाकीर्ण पथ पर चलकर ही वह कुछ बन सकता है। परिवार के लिए, समाज के लिए, राष्ट्र के लिए एवं समूचे विश्व के लिए वह तभी कुछ करने की क्षमता प्राप्त कर सकता है जबकि अपनी सर्वांगीण उन्नति के करने की सामर्थ्य रखता हो।

वह विद्यारूपी समुद्र का मन्थन करके ऐसे मोती प्राप्त कर सकता है जो आज तक अनबिद्ध रहे हों। किसी कवि ने कहा है :—

'जिन खोजा तिन पाइयाँ गहरे पानी पैठ।"

आदर्श विद्यार्थी अपने रास्ते में आने वाली विपत्तियों से डगमगाता नहीं। एक कुशल विद्यार्थी कभी भी विद्याध्ययन में शिथिलता नहीं दिखलाता। आर्थिक, मानसिक एवं शारीरिक कष्ट उसे सरस्वती का प्रसाद पाने से नहीं रोक सकते, क्योंकि उसके सिर पर देवी का वरद हस्त होता है। आदर्श विद्यार्थी आवश्यकता पड़ने पर किसी भी काम को छोटा नहीं समझता। ऐसे-ऐसे विद्यार्थी हुए हैं जिन्होंने रात्रि में रिक्शा चलाकर दिन में विद्या ग्रहण की है। वास्तव में विद्या का आदर वह अधिक कर सकता है जिसने कुछ कष्ट सहकर विद्या प्राप्त की हो। अनायास जिसे कोई वस्तु मिल जाये; भले ही वह बहुमूल्य ही क्यों न हो, वह उसकी उतनी क़द्र नहीं कर सकता, जितनी कि कठोर परिश्रम, तप, त्याग एवं साधना द्वारा प्राप्त करने वाला।

आज जब भारत स्वतन्त्र है, तो इसके विद्यार्थियों को अपना उत्तरदायित्व समझना चाहिए एवं राष्ट्रपिता गांधी तथा नेहरू के चरण-चिह्नों पर चलकर देश का भविष्य उज्ज्वल बनाने का सतत प्रयत्न करना चाहिए।

मनोरंजन के आधुनिक साधन

जीवन में मनोरंजन अर्थात् दिलबहलाव का भी उतना ही महत्त्व है, जितना अध्ययन, कर्म अर्थात् उद्योग का। संसार के झंझटों से अकु याया हुआ व्यक्ति मनोरंजन के साधनों द्वारा अपनी थकान दूर करता है और मन को आनन्दित करता है।

मनोरंजन के साधनों का उपयोग करने से चिन्ताओं का बोझ हल्का हो जाता है। शरीर स्वस्थ हो जाता है तथा मन हल्का हो जाता है। इससे व्यक्ति पुनः तरोताजा होकर नये उत्साह तथा नयी उमंग से अपने दैनिक कार्य में संलग्न होता है।

जो व्यक्ति अपना मनोरंजन नहीं करते, दूसरे शब्दों में मनोरंजन के साधनों का उपयोग नहीं करते, वे सिड़ी, जिद्दी, तुनकमिजाज या अड़ियल हो जाते हैं। थोड़े ही समय में पुनः उत्साह प्राप्त करने का सबसे सर्वोत्तम साधन है मनोरंजन।

मनोरंजन के आधुनिक साधन हैं—थियेटर, सिनेमा, सर्कस, कार्निवल, ताश, चौपड़, शतरंज, कैरम, हॉकी, फुटबाल, क्रिकेट, टैनिस, बैडमिंटन, टेबुलटैनिस, बिलियर्ड, तैराकी, प्रदर्शनी, नाच, गाने वायलिन आदि वाद्य, रेडियो, ग्रामोफोन, दूरदर्शन, रेस, घुड़दौड़ इत्यादि। इनके अतिरिक्त पिकनिक, ऐतिहासिक स्थानों की सैर, वन-विहार (पिकनिक) आदि भी मनोरंजन के अच्छे साधन हैं। फिल्मी गीतों, कविताओं, ग्राम-गीतों की अंत्याक्षरी भी मनोरंजन का एक साधन है।

आजकल धनी, निर्धन, किसान, मजदूर, क्लर्क, अधिकारी, राजनीतिज्ञ, बालक-बालिका, स्त्री-पुरुष सभी किसी न किसी साधन से अपना मनोरंजन अवश्य करते हैं।

योरोपीय देशों में मनोरंजन का बहुत महत्त्व समझा जाता है। वहाँ बड़ी आयु के अर्थात् प्रौढ़ और वृद्ध लोग भी मनोरंजन के कार्यों में भाग लेते नहीं सकुचाते। परन्तु भारत और प्रायः एशिया के सभी देशों के निवासी मनोरंजन के साधनों को केवल एक आयु-सीमा तक ही उचित मानते हैं। यही कारण है कि इन देशों के लोग प्रायः विवाह के बाद मनोरंजन के लिए बहुत ही कम समय निकाल पाते हैं। उन्हें मनोरंजन के कार्यों में सम्मिलित होते हुए संकोच भी होता है। वे समझते हैं कि उनके लिए गम्भीर होना अच्छा है। परन्तु इससे वे अति गम्भीर, अस्वस्थ और चिड़चिड़े हो जाते हैं।

स्फूर्ति, ताजगी, चुस्ती और गतिशीलता के लाभ को प्राप्त करना हो, उदासी और सुस्ती को दूर करना हो, मित्रता और स्नेह का क्षेत्र बढ़ाना हो, तो मनोरंजन के साधनों से बढ़कर कोई उपाय नहीं है।

मनोरंजन करने से मानसिक संकीर्णता दूर होती है। हँसी से शरीर में नये रक्त का संचार होता है। चिन्तायें कम से कम तब तक तो पास नहीं फटकतीं, जब तक मनुष्य मनोरंजन में हिस्सा लेता है।

मनुष्य जब एकाकी हो, तब भी कुछ मनोरंजन कर सकता है। इसके साधन हैं—गाना, वाद्य बजाना, डाक टिकटों का संग्रह करना, कवितायें-कहानियाँ, नाटक-उपन्यास पढ़ना, चित्रकारी करना, तुकबन्दी करना या कविता, रचना, कहानी-लेखन आदि।

चौपाल, चायघर, होटल आदि में अल्पाहार के साथ गपशप में जो मनोरंजन होता है, उसका मजा वही जान सकता है, जिसने कभी इनमें से किसीमें भाग लिया हो।

हास्य सर्वथा मानवीय वृत्ति है। हास्य एक सामाजिक वृत्ति भी है। विकृत आकार, वाणी, वेश, चेष्टा आदि से कुछ लोग दूसरों को खूब हँसाया करते हैं। कुछ लोग भिन्न-भिन्न पशु-पक्षियों या निर्जीव वस्तुओं (रेलगाड़ी, चक्की, मशीन आदि) की ध्वनि का अनुकरण करके भी दूसरों के लिए मनोरंजन का आनन्द प्रस्तुत करते हैं। कई लोग परस्पर चुटकुले सुनाकर भी मनोरंजन किया करते हैं।

आधुनिक मनोरंजन के साधनों में सबसे मुख्य स्थान ले लिया है—रेडियो, ट्रांजिस्टर तथा दूरदर्शन और सिनेमा ने।

जीवन में अनुशासन का महत्त्व

किसी काम को व्यवस्था के साथ किया जाये तो उसमें कोई भी परेशानी नहीं होती। यदि हमारे कामों में व्यवस्था की थोड़ी-सी भी त्रुटि हो जाये, तो हमारे काम बिगड़ जाते हैं और हम उन्नति नहीं कर सकते।

सभी बड़ी-बड़ी संस्थायें नियमानुसार ही चल रही हैं। बिना नियम और अनुशासन के न तो कोई व्यवसाय चल सकता है और न सामाजिक उन्नति ही की जा सकती है। क्या व्यापारी और क्या नेता, सभी को नियमपूर्वक कार्य करने से ही सफलता प्राप्त होती है। व्यवसाय में तो विशेष तौर पर नियम तथा व्यवस्था अत्यन्त आवश्यक है। बिना किसी दक्ष प्रबन्धक के, और अनियमितता दूर किये बिना व्यवसाय में सफलता प्राप्त कर पाना असम्भव है।

किसी भी बड़े कारखाने को देख लीजिए, नियमपूर्वक काम कर पाने से ही वह उन्नत हो सका है। यदि नियम में थोड़ी-सी भी गड़बड़ी हो जाये तो सारा व्यवसाय ही चौपट हो जाये। यही नहीं, कोई भी और कितना ही जटिल व्यवसाय हो, व्यवस्था से ही सुचारु रूप से चल सकता है। कई अव्यवस्थित व्यक्ति यह सोचते हैं कि मुख्य लक्ष्य की ओर देखना ही आवश्यक है। सम्बन्धित बातों की विशेष व्यवस्था करने की आवश्यकता नहीं, परन्तु वास्तविकता यह है कि लक्ष्य से सम्बन्धित छोटी-छोटी बातों की व्यवस्था परमावश्यक है। जो व्यक्ति छोटी-छोटी बातों को ध्यान में नहीं रखता, उससे यह आशा कैसे की जा सकती है कि वह बड़ी एवं जटिल बातों को सँभाल लेगा? यदि छोटी-छोटी बातों की ओर ध्यान न दिया जाए तो सारा व्यवसाय

ही चौपट हो जाये।

यदि व्यवस्था न की जाये तो व्यक्तियों का बहुत-सा समय और धन नष्ट हो जाये। उचित व्यवस्था करके ही शक्ति और समय की बचत की जा सकती है। नियम पर चलते रहने से समय और शक्ति दोनों की बचत होती है। नियमित व्यक्ति अपनी वस्तुओं को इधर-उधर नहीं फेंकते, बल्कि एक नियत स्थान पर रखते हैं, जिससे उन्हें ढूंढ़ने में समय या शक्ति नष्ट नहीं करनी पड़ती। इस प्रकार उनकी शक्ति और समय अन्य लाभप्रद कार्यों में लगते हैं।

नियम-पालन करते अर्थात् व्यवस्था में रहने से ऐसी बुद्धि स्फुटित होती है, जिसकी सहायता से बड़े से बड़े काम बहुत आसानी से हो सकते हैं। व्यवस्था के कारण नियमित व्यक्ति थोड़े समय में इतना अधिक काम कर लेता है कि लोगों को आश्चर्य होने लगता है। व्यवस्थित होने के कारण उसे सफलता-ही-सफलता मिलती जाती है। जबकि अनियमित व्यक्ति असफल ही होता है। अतः यह आवश्यक है कि नियमों का पालन दृढ़तापूर्वक किया जाये। तब उद्देश्य पूर्ण हो सकता है अन्यथा नहीं।

समाज की उन्नति भी नियम और अनुशासन पर ही आश्रित है। यदि नियमों के क्रम को समाप्त कर दिया जाये तो उन्नति रुक जायेगी। क्या साहित्य, क्या समाज, और क्या धर्म, सभी की उन्नति नियमों का कड़ाई के साथ पालन करने के कारण ही हो सकती है। जिस साहित्य, समाज और जिस धर्म के नियमों का पालन दृढ़ता से नहीं हो सका, वह साहित्य, समाज और धर्म नष्ट हो गया। केवल दस अंकों की व्यवस्था के आधार पर ही गणित में आशातीत उन्नति प्राप्त की जा सकती है।

वर्तमान समय की बड़ी से बड़ी मशीनें व्यवस्था के कारण ही सफलतापूर्वक काम कर रही हैं। उनकी व्यवस्था के कुछ आधारभूत नियम हैं। उन्हींके अनुसार वे अपना कार्य कर रही हैं। यदि उनके नियमों अथवा व्यवस्था में थोड़ी-सी भी कमी की जाए या ढील दे दी जाये, तो वे मशीनें काम करना बन्द कर दें और सब बेकार ही पड़ी रह जायें।

नियम द्वारा कठिन से कठिन एवं पेचीदा काम भी सरल हो जाता है। आकाश के तारे तथा अन्य ग्रह कितनी व्यवस्था से और नियमपूर्वक अपने-अपने मार्ग पर चल रहे हैं। इनमें तनिक-सी भी गड़बड़ी नहीं हो पाती। यदि हो जाये तो सारे संसार में प्रलय हो जाये और संसार समाप्त हो जाये। वैज्ञानिक लोग संसार के असंख्य पदार्थों को दूरबीन की सहायता से देखते रहते हैं और आवश्यकता के समय वे उनके बारे में सब कुछ बता देते हैं। ऐसा इसलिए सम्भव हो पाता है कि वैज्ञानिक उन पदार्थों का अध्ययन करते समय उनके नियमों का भी अध्ययन करते हैं। तब ही उनके बारे में कुछ बता देते हैं। हम धर्म, राजनीति, व्यापार, शिक्षा, यात्रा और सरकार आदि की बातें करते हैं, पर क्या हम यह भी जानते हैं कि इन बातों के बारे में हमने ज्ञान कैसे

प्राप्त किया और उसे नियमबद्ध करके पुस्तकों में लिपिबद्ध किया। इस सबके लिए नियमानुसार कार्य करना अपेक्षित रहा है।

सफलता प्राप्त करने के लिए नियम पालन करने की अत्यन्त आवश्यकता है। नियमों ने ही समाज, देश, राष्ट्र एवं संसार के लोगों को एक सूत्र में बाँध रखा है, यद्यपि हमारे विचार, स्वार्थ तथा उद्देश्य भिन्न-भिन्न हैं। इसमें कोई संदेह नहीं कि संसार में ऐसे व्यक्ति भी हैं जो किसी नियम, व्यवस्था अथवा अनुशासन को नहीं मानते। पर उनकी संख्या बहुत ही कम है। कुछ थोड़े से लोग नियमों के आधार पर समाज को एकता के सूत्र में बाँध देते हैं।

व्यवसाय, राजनीति, धर्म और विज्ञान—सभी में एकता लाने के लिए नियम-पालन करना अत्यन्त आवश्यक है। भिन्न प्रकृति वाली दो जातियाँ आपस में मिलने पर एक व्यवस्था बना लेती हैं और उसके आधार पर अपना काम करने लगती हैं। ऐसा इसलिए सम्भव हो पाता है कि वे अपने को किन्हीं नियमों से अनुशासित कर देती हैं। नियम-पालन और अनुशासन ही सब प्रकार की उन्नति का मूल आधार है।

दिल्ली की आत्मकथा

मैं दिल्ली हूँ। विश्व की सबसे प्रसिद्ध नगरियों में से एक। मैं संसार के सबसे बड़े जनतन्त्र—भारत की राजधानी हूँ। मैं दिल्ली हूँ। इटली की राजधानी रोम की तरह मैं भी कई बार उजाड़ी गयी और कई बार फिर से बसाई गयी। इतिहास में ऐसे बहुत कम नगर हैं जो मेरी तरह प्राचीन हैं और फिर कई बातों में दर्शनीय, वर्णनीय तथा स्पृहणीय।

मेरे प्राचीन खँडहर, आश्चर्यजनक भवन, ऊँची मीनारें, भग्न दुर्ग, ढहती प्राचीरें और गिरते तोरण बतलाते हैं कि मैंने अनेक राज्य-क्रान्तियाँ देखी हैं।

सबसे पहले पाण्डवों ने मुझे बसाया और नाम रखा—इन्द्रप्रस्थ। वास्तव में मेरा सौन्दर्य इन्द्र की अलकापुरी के समान था। युग बदला। मैं गुप्तवंश के आधीन हुई। उन्होंने लौह स्तम्भ गड़वाया। राजपूत शासक बने। उन्होंने महान् यज्ञ किया। मुझे पुनः बसाया। नाम रखा ढिल्ली। उसीसे बिगड़कर दिल्ली शब्द बना। अनंगपाल ने मुझे पृथ्वीराज के हाथों सौंपा। उसने यहीं पृथ्वी लाट बनवाई, जिसका रूप बाद में बदलकर कुतबुद्दीन ने उसे कुतुबमीनार बना दिया।

पठानों के शासन में मेरा महत्त्व बहुत बढ़ा। उनके किले, मीनारें, मस्जिदें और मकबरे अब भी बताते हैं कि उन्होंने भी अपने ढंग से मुझे सजाने-सँवारने का प्रयत्न किया।

पठानों के बाद मुगल आये। वे राजधानी तो आगरा ले गये, फिर भी मेरा महत्त्व कम न हुआ। शाहजहाँ ने मेरे यहाँ लालकिला बनवाया। वह भी नया-सा दिखाई

देता है। शाहजहाँ ने जामा मस्जिद बनवाई, जो विश्व की सर्वश्रेष्ठ मस्जिदों में गिनी जाती है।

मेरी सम्पन्नता और सुन्दरता को देखकर कई आक्रमणकारी समय-समय पर चढ़ाई करते रहे। मेरे यहाँ कई बार खून की नदियाँ बहीं, जिनमें नादिरशाह द्वारा कराया गया कत्ले-आम इतिहास में खून के अक्षरों से लिखा है।

मुगलों का अन्तिम बादशाह था बहादुरशाह जफर। वह कवि था। भारत से उसे प्यार था। उसने मुझे अंग्रेजों के चंगुल से एक बार फिर छुड़ा लिया।

अंग्रेजों को भी मैं ही सबसे अधिक प्रिय हुई। इसलिए वे कलकत्ता से अपने शासन के मुख्य कार्यालयों को मेरे यहाँ ही ले आये। उन्होंने भी मुझे ही राजधानी बनाया। कुछ समय तक भारत का शासन उस भवन से होता रहा, जिसे पुराना सचिवालय (ओल्ड सैक्रेटेरिएट) कहा जाता है।

सन् 1911 में नई दिल्ली का निर्माण-कार्य आरम्भ हुआ। जब मेरा नया रूप संसार ने देखा तो, उसके मुख से निकला—यह संसार की सबसे सुन्दर नगरी है। अंग्रेजों के शासन की मुझे यह सबसे बड़ी देन है—वर्तमान राष्ट्रपति भवन, केन्द्रीय सचिवालय, संसद भवन आदि भी उसी निर्माण का भाग है।

मेरे यहाँ ही उत्तरी भारत में रेलवे का सबसे बड़ा जंक्शन है। दो हवाई अड्डे हैं—पालम और सफदरगंज। केन्द्रीय सरकार के मन्त्रालय मेरे यहाँ ही हैं। मन्त्रियों तथा विदेशी राजदूतों के भव्य कार्यालय भी मेरी ही गोद में हैं।

मेरे यहाँ तीन विश्वविद्यालय हैं—दिल्ली विश्वविद्यालय, जामिया मिलिया और जवाहरलाल नेहरू यूनिवर्सिटी। पचासों कालेज, सैंकड़ों स्कूल, अनेकों होटल, सिनेमाघर, उद्यान, चिड़ियाघर, राष्ट्रीय संग्रहालय मेरे यहाँ मौजूद हैं। मन्दिर, मस्जिद, गुरुद्वारे, गिरजाघर अनेक हैं। चाँदनी चौक में इन्हें पास-पास देखकर लोग कहते हैं—वह सर्वधर्मसमभाव वाली नगरी है। हजारों छोटे-बड़े कारखानों के कारण मैं उद्योगों का केन्द्र हूँ, रोजगार का आधार हूँ, व्यापार की मण्डी हूँ।

मेरी बायीं ओर यमुना की शीतल धारा बह रही है। इसके तट पर बाग, घाट, मन्दिर, अखाड़े आदि दर्शनीय हैं। प्रातःकाल लोग यमुना में स्नान करने आते हैं और 'जय मैया', 'जय यमुना मैया' पुकारते हैं।

दिल्ली दरवाजे के बाहर की ओर थोड़ी ही दूर पर राजघाट है। यह उस महामानव की समाधि है, जिसने मानव-समता के लिए, भारत की आजादी के लिए, सत्य और अहिंसा के प्रचार के लिए सारा जीवन लगा दिया। पास ही जवाहरलाल तथा लालबहादुर शास्त्री की समाधियाँ हैं।

सभ्यता, कला, तरीके-सलीके और सुन्दरता की मैं खान हूँ। मैं दिल्ली हूँ।

साहस जहाँ सिद्धि तहँ होई

अथवा

परिश्रम ही सफलता की कुंजो है

अथवा

परिश्रम के सिवा कोई रास्ता नहीं है

यदि किसी कीमती वस्तु को सँभालकर रखना हो तो उसके लिए ताले का होना आवश्यक है और ताले का तब तक कोई लाभ नहीं जब तक उस ताले को खोलने वाली कुंजी न हो। कुंजी पास होने से मनुष्य जिस चीज को चाहे सँभालकर रख सकता है और जिसे चाहे बाहर निकाल सकता है। इस अनन्त विश्व में प्रभु ने मनुष्य क्या, प्राणिमात्र के कल्याण के लिए नाना प्रकार के ज्ञान रूपी खजाने भर रखे हैं। मनुष्य को मस्तिष्क दिया है कि वह अपनी बुद्धि और परिश्रम के द्वारा कुंजी लगाकर जो खजाना चाहे खोल ले और उस अमूल्य निधि को पाकर जहाँ तक चाहे उन्नति के शिखर पर पहुँच जाये। परिश्रम उसके अपने हाथ की बात है। यदि वह परिश्रम करे तो सफलता रूपी देवी स्वयमेव उसके पास हाथ बाँधे आ खड़ी होगी।

एक साधारण किसान से लेकर बड़े-बड़े विज्ञान-वेत्ताओं तक की सफलता का मूल कारण परिश्रम ही है। जो कार्य बड़े कठोर, भयंकर दिखाई देते हैं, परिश्रम रूपी मन्त्र उन सबको आगे सफलता का भूत टिक ही नहीं सकता। जो परिश्रम के लिए कमर कस लेता है, उसकी विजय होने में कोई सन्देह नहीं रह सकता। सफलता रूपी विजय-शक्ति चाहे कहीं छिपी हो, उसे परिश्रमी व्यक्ति के पास आना ही पड़ता है। प्रभु भी तो परिश्रमी की ही सहायता करता है।

पूरे मनोयोग से किया हुआ परिश्रम मनुष्य को अपने ध्येय तक पहुँचा देता है। गेहूँ आदि उपजाने के लिए किसान को कितना कठोर परिश्रम करना पड़ता है। कड़ी सर्दी के दिनों में जब कि लोग आराम से शयनागारों में गद्दे बिछाकर लेटे हुए सुख की नींद ले रहे होते हैं, किसान अपनी नींद और सुख-आराम छोड़कर अपने खेत में पहुँचता है। उसे कठोर परिश्रम करना पड़ता है। उसे अनाज की पूरी देखभाल करनी पड़ती है। फिर जब गेहूँ काटने का समय आता है तो तपती दोहरी में, जबकि लोग गर्म लू से बचने के लिए अपने-अपने घरों में विश्राम कर रहे होते हैं, वह किसान इन तपी हुई हवाओं को अपने कठोर बदन से सहता हुआ गेहूँ काटने के कार्य में कितना आनन्द ले रहा होता है। उसीके कठोर परिश्रम का यह फल है कि भूमि, अनाज और दानों से भर जाती है।

इसी प्रकार ज्ञान और विज्ञान के कार्यों में भी परिश्रम का ही पूरा हाथ है। एक विज्ञानवेत्ता को नयी खोज करने के लिए कितना परिश्रम करना पड़ता है। न रात का पता, न दिन का। न भूख है, न प्यास। हर समय ध्यान उसी ओर लगा है। जब उसे अपने कार्य में सफलता मिल जाती है तो उसके आनन्द का ठिकाना नहीं रहता।

विद्यार्थी-जीवन की ओर दृष्टि दौड़ायें तो उसमें भी यही सार है। परीक्षा सिर पर आती है। परीक्षार्थी को कुछ नहीं सूझता। वह अपना सारा आराम और सुख की नींद छोड़कर मस्तिष्क के द्वार खोलकर कठोर परिश्रम के लिए कटिबद्ध हो जाता है। पूरे दिल से परिश्रम करके परीक्षा दे चुकता है तो उसे अपने कार्य के परिणाम की उत्सुकता रहती है। स्कूल या कालिज जाता है। परीक्षा परिणाम के समय अपना नम्बर सबसे पहला जानकर छात्रवृत्ति आदि का पारितोषिक प्राप्त करके उसे कितना आह्लाद होता है, यह अनुभव की ही बात है। उसे आत्मविश्वास होता है कि उसके पास एक ऐसी कुंजी है जिसके द्वारा उसने सफलता रूपी मन्दिर का द्वार खोलकर उस अक्षय भण्डार के दर्शन कर लिये हैं जो कि कभी कम नहीं होता। परिश्रम करने से उसमें से न जाने कितने अमूल्य रत्न प्राप्त हो सकते हैं।

मनुष्य को जीवन का अन्तिम लक्ष्य पूरा करने के लिए भी इसी परिश्रम का सहारा लेना पड़ता है। उस प्रभु को पाने के बड़े-बड़े ऋषि-मुनियों ने कठोर तपस्या की भट्टी में तपकर अपने आपको स्वर्ण बनाया और उस दिव्य प्रतिमा के दर्शन किये। सचमुच इसी परिश्रम रूपी कुंजी को लेकर मनुष्य उस भव्य प्रासाद के ताले खोल सकता है, जिसमें न जाने कितनी अमूल्य निधियाँ भरी पड़ी हैं।

मेरी कश्मीर यात्रा

रात को दस बजे दिल्ली के जंकशन से हम कश्मीर मेल में सवार हुए। गाड़ी खचाखच भरी थी। हमने सीट सुरक्षित करबा ली थी; अतः कोई कष्ट न हुआ। यार्ड से बाहर आकर गाड़ी तीव्र वेग से दौड़ने लगी। धीरे-धीरे बिजली की बत्तियाँ दूर होती गयीं और अन्धकार में खड़े प्रेत जैसे पेड़ और तार के खम्भे दिखाई देने लगे, जो तीव्र वेग से पीछे की ओर दौड़ते प्रतीत होते थे। थोड़ी देर बाद मैं तो सो गया, मेरे दो साथियों को नींद आयी या नहीं, यह मैंने नहीं देखा। मेरी नींद तब खुली जब प्रातः-काल के छः बजे थे और पठानकोट का स्टेशन आ गया था। कुली से सामान उठवाकर हम कम्पार्टमेंट से बाहर आये। हाथ-मुँह धोकर हमने जलपान किया और फिर हम जम्मू जाने वाली गाड़ी पर सवार हुए।

जम्मू हम शाम को पहुँच गये। वहाँ हम रघुनाथ मन्दिर में सामान रखकर रघुनाथ बाजार में घूमने गये। रास्ते में एक साफ से होटल में हमने खाना खाया और कुछ आवश्यक वस्तुएँ भी मोल लीं। चारों ओर पर्वतों का मनोहर दृश्य दिखाई दे रहा था। स्वर्गभूमि कश्मीर पहुँचने के लिए हम लालायित थे। रात को हम रघुनाथ मन्दिर की आरती में शामिल हुए। फिर हम जहाँ ठहरे थे, उस कमरे में जाकर सो गये।

प्रातःकाल हमने चाय पीने के बाद अपने बिस्तर कस लिये। टैक्सी में सामान रखकर हम बैठ गये और चले बस अडडे को ओर। बस में सवार हुए। बस चल पड़ी। हमारे हृदय में प्रसन्नता की लहरें ठाठें मार रही थीं। हमारी बस रात को एक जगह ठहरी। सवेरे हमारी बस पुनः श्रीनगर की ओर बढ़ी।

श्रीनगर पहुँचने पर हमें लगा कि वास्तव में हम स्वर्ग के एक कोने में पहुँच गए हैं। मुझे श्रीधर पाठक की वह कविता रह-रहकर स्मरण हो आती थी, जिसमें उन्होंने कश्मीर की सुषमा का अत्यन्त मनोहारी वर्णन किया है। विशेषतः इस पद्य को तो मैंने बीसियों बार दोहराया :

प्रकृति यहाँ एकान्त बैठि निज रूप सँवारति ।
पल-पल पलटति भेष, छिनक छिन-छिन छवि धारति ।।
विमल-अम्बु-सर, मुकुरन महँ निज बिम्ब निहारति ।
अपनी छवि पै मोहि आप ही तन मन वारति ।।

श्रीनगर में हम नाव पर सवार होकर बद्रिकाश्रम में ठहरे। यहाँ अनेक प्रदेशों के लोग ठहरे हुए थे—कहीं पंजाबी युवती गर्व से उन्नत मस्तक किये, कहीं उत्तर प्रदेश की प्राचीना घूँघट काढ़े, कहीं कोई महाराष्ट्रीय सज्जन शिखा धारण किये, कही चंचल युवतियाँ और शरारती नवयुवक।

कश्मीर के वास्तविक जीवन का परिचय तो हमें हाउस बोट में ही जाकर मिल सका। नीले आकाश की छाया से नील वर्ण हुए झेलम जल में तैरते हुए वे रंग-बिरंगे जलयान (जिन्हें हाऊस बोट कहा जाता है) वर्षा से धुले आकाश में इन्द्रधनुष की स्मृति दिलाते थे।

जिस बोट हाउस में हम ठहरे, उसमें सुख-साधनों से युक्त दो शयनागार, एक स्नानागार तथा एक भोजनालय था। हमारा माझी सुलताना, उसकी पत्नी तथा उसके दो बच्चे फूल की तरह खिले हुए चेहरे वाले हमें भले प्रतीत हुए।

कश्मीर में हजारों प्रकार के फूल खिलते रहते हैं। उनमें मजारपोश तथा लालपोश बहुत ही प्रिय दिखाई देते हैं। चारों ओर ऊँचे पहाड़ खड़े हैं और बीचोबीच मैदान है, जिसमें श्रीनगर बसा हुआ है और उस नगर के बीचोबीच झेलम (जेहलम) नदी बहती है, जिस पर से जाने के लिए कई पुल बने हुए हैं।

कश्मीर के बालकों की आँखें मजारपोश जैसी, होंठ, लालपोश जैसे, रंग बर्फ जैसा है। सामने आते ही वे 'सलाम जनाब पासा' कहकर अभिवादन करते हैं। कश्मीरी स्त्रियाँ भी हँसती-हँसती मिलती हैं। कश्मीर में सफाई की कमी है। छोटे घर हैं; परन्तु चित्र-लिखित जैसे।

कश्मीर में हमने शालीमार बाग और विशाल बाग देखने का आनन्द लूटा। शालीमार के चिनार के पेड़, ऊँचे उठते फव्वारे, मखमल जैसी घास से ढके 'लान' एक समाँ बाँध रहे थे। इस झील की दूसरी ओर निशात बाग है।

हम चंदनवाड़ी, गुलमर्ग, परशुराम मन्दिर आदि भी देखने गये। प्रतिदिन कहीं न कहीं घूमने का कार्यक्रम बनता था। हमें पता भी न चला कि एक महीना कैसे बीत गया और हमें वापस लौटना पड़ा।

आधुनिक वैज्ञानिक आविष्कार

आज की वैज्ञानिक उन्नति का श्रेय पश्चिम को है। यदि तीन-चार सौ वर्ष पूर्व के जमाने का कोई व्यक्ति आज अकस्मात् किसी प्रकार जी उठे तो वह इस वर्तमान संसार को देखकर एकदम आश्चर्यचकित रह जाये। भला चार सौ वर्ष पहले क्या कोई कल्पना भी कर सकता था कि सैकड़ों यात्रियों को लेकर रेलगाड़ी 100 किलोमीटर की गति से दौड़ सकती है। बिजली का एक बटन दबाते ही सारे कमरे में प्रकाश हो जायेगा और पंखे चलने लगेंगे। रेडियो द्वारा संगीत तथा समाचार एक ही समय में संसार-भर में सुने जा सकेंगे। लोग समुद्र पार बैठे हुए व्यक्ति से वार्तालाप भी कर सकेंगे।

विज्ञान की सहायता से मनुष्य ने प्रकृति पर विजय प्राप्त की है। संसार देशकृत तथा कालकृत दूरी की असुविधाओं से छूटकर समीप अति समीप होता जा रहा है। जल, अग्नि, विद्युत् आदि प्राकृतिक पदार्थ मानो मनुष्य के दास हो गये हैं।

विज्ञान के मुख्य आविष्कार है :

छापाखाना—इसे प्रेस या मुद्रणयन्त्र भी कहते हैं।

इंजन और रेलगाड़ी—फ्रांस के कुगनों ने सन्। 1769 में भाप से चलने वाली गाड़ी बनाई। इंगलैंड के रिचर्ड टैकेंकिक ने भाप का इंजन बनाया, इसकी रफ्तार 6 मील प्रति घण्टा थी। फिर इंग्लैंड के स्टीफेंसन ने क्रमशः भाप से चलने वाले अच्छे इंजन का आविष्कार किया और रेलगाड़ियाँ चलने लगीं।

मोटरकार और बस—फिर तेल और पैट्रोल से चलने वाली मोटरें तथा बसें बनीं।

ट्राम और ट्यूब-ट्रेन—उन्नति होते-होते बिजली की शक्ति से गाड़ियाँ चलने लगीं। इंगलैंड आदि में जमींन के नीचे सुरंगों में गाड़ियाँ चलती हैं।

ग्रामोफोन— संगीत आदि भरकर रेकार्डों द्वारा फिर से बजाये जाते हैं।

समुद्री जहाज—छोटे-बड़े तो पहले भी चलते थे। फिर स्पेन, फ्रांस, अमरीका आदि ने भाप से चलने वाले बड़े-बड़े जहाज बनाये।

जंगी जहाज— युद्ध के लिए बहुत बड़े जंगी जहाज चलाये हैं, इनमें से क्रूजर डेस्ट्रायर आदि प्रसिद्ध हैं।

जेप्लिन हवाई जहाज—पहले-पहल चीन, फ्रांस आदि में गुब्बारे और बेलून बनाकर हवा में उड़ने का प्रयत्न किया गया। 1900 में काउंट जेप्लिन ने जहाज बनाया, जो जेलिन नाम से प्रसिद्ध हुआ। पर इसकी गति बहुत ही मन्द थी और इसके फट जाने का डर था।

विज्ञान (ऐरोप्लेन)—फिर ओरविल राइट और विलबर राइट ने हवाई जहाज का आविष्कार किया। आजकल लड़ने वाले, बम्बवर्षक, रक्षक, खोज लगाने वाले, आग लगाने वाले आदि कई तरह के विमान दिखाई पड़ते हैं।

राकेट हजारों मील प्रति घण्टा की रफ्तार से ऊपर की ओर जाने के लिए 'राकेट' बनाकर परीक्षण किये जा रहे हैं।

हेलिकोप्टर—इसका परीक्षण हो रहा है। ये पक्षियों की तरह सीधे ऊपर उठेंगे और जमीन पर उतरेंगे। वायु में एक स्थान पर खड़े भी रह सकेंगे।

बम—अनेक तरह के विनाशकारी बम बनाये गये हैं। यथा जहरीली गैसों वाले, अश्रु गैस पैदा करने वाले, श्वासावरोध, विषैला जल बरसाने वाले, आग लगाने वाले। इनसे रक्षा करने के लिए नकावे इत्यादि बनाई गयी हैं।

माइन्स—बढ़ते हुए शत्रुओं को नष्ट करने के लिए रास्ते में फटने वाली सुरंगें बिछायी जाती हैं, जिन्हें माइन्स कहते हैं।

गुब्बारों का जाल—बड़े-बड़े गुब्बारों को तारों से बाँधकर आकाश में छोड़ दिया जाता है। शत्रु के विमान इनसे टकराकर नष्ट हो जाते हैं।

एटम बम—इसे अणुबम कहते हैं। यह बहुत विनाशकारी बम है।

हाइड्रोजन बम—यह एटम बम से भी अधिक शक्तिशाली है और बहुत अधिक भयंकर है।

कोबाल्ट बम—हाइड्रोजन बम से भी विनाशक है।

विमानबेधी तोप—यह विमानों को गिरा लेती है।

दूरबीन—इससे दूर की वस्तुयें देखी जा सकती हैं।

अणुवीक्षण यन्त्र—इससे कीटाणु आदि देखे जा सकते हैं।

शब्द सुनने वाला यन्त्र—इससे विमान का शब्द दूर से ही सुन सकते हैं।

डुबकनी किश्ती, यू बोट—ये समुद्र के अन्दर चलती हैं और बड़े-बड़े जहाजों को तारपीडो (एक प्रकार का बम) से नष्ट कर देती हैं।

डेप्थ चार्ज—डुबकनी किश्ती को नष्ट करने के लिए एक प्रकार का तारपीडो बनाया गया है।

समुद्री माइन्स—ये सुरंगें पानी में छोड़ दी जाती हैं। जहाज इनसे टकराते हैं तो ये फट जाती हैं और जहाज नष्ट हो जाते हैं।

टैंक—बड़े भयानक होते हैं। ऐंटि टैंक तोपों से इन्हें नष्ट किया जाता है।

तार, टेलीफोन—1835 में तार का, 1876 में टेलीफोन का आविष्कार हुआ। इसका मूल कारण बिजली का आविष्कार है।

बेतार का तार—रेडियो—इसका आविष्कार 1896 में इटली के मारकोनी ने किया। इसमें ट्रांसमीटर, रेडियो, रिसीवर आदि का उपयोग होता है। रेडियाफोन भी बना लिया गया है, इससे बातचीत हो सकती है।

टेलीविजन—इससे दूर के व्यक्तियों और वस्तुओं का स्वरूप भी देख सकते और उनकी आवाज भी सुन सकते हैं।

टेलिप्रिंटर—इससे तार द्वारा एक स्थान से दूसरे स्थान पर समाचार अपने आप छपते जाते हैं।

चलचित्र—सवाक्‌चित्र—इसका प्रसार बहुत बढ़ रहा है।

बिजली के अन्य चमत्कार—बिजली से बहुत बड़ी-बड़ी मशीनें चलती हैं, भट्टियाँ जलती हैं, बादलों से वर्षा की जाती है।

फोटो कैमरा—इससे चित्र लिये जाते हैं। इसका विकसित रूप 'फिल्म-कैमरा' है।

एक्सरे—इससे शरीर के अन्दर की हड्डी आदि का चित्र लेकर विकृत अंग का पता लगाया जाता है।

आटोफोन—इससे अन्धे भी पुस्तक पढ़ सकते हैं।

कहा नहीं जा सकता कि इस बड़ी वैज्ञानिक उन्नति से संसार को सुख अधिक मिला है कि दुःख। जहाँ रेल, तार, विमान, रेडियो, दूरदर्शन, ग्रामोफोन, चलचित्र आदि के नाम मात्र से लोगों को प्रसन्नता होती है, वहाँ बम, तोपों, विषाक्त गैस, रोग कीटाणु, एटम (परमाणु) बम आदि का ध्यान आते ही लोग भयभीत हो जाते हैं। विज्ञान ने जहाँ मनुष्य-जीवन को सरस, मनोरंजक, काव्यमय, संगीतमय, रोचक, सुखी और सराहनीय बनाया है, वहाँ उसने मनुष्य-जीवन को आलसी और भौतिकता का प्रेमी बनाकर आत्मा-परमात्मा से परे हटा दिया है। जनसंहार करने के लिए नये-नये शक्तिशाली साधन भी पैदा कर दिये हैं। परिणाम पर ध्यान न देकर हम यदि केवल चमत्कार पर ही ध्यान दें तो निश्चय से यह कहा जा सकता है कि विज्ञान ने संसार को अपने आविष्कारों से आश्चर्य में डाल दिया है। सच तो यह है कि विज्ञान एक चाकू है, जिससे चाहो तो फल काट लो और चाहो, तो किसीकी हत्या कर लो। यह मनुष्य पर निर्भर है कि क्या वह विज्ञान को शान्तिपूर्ण कार्यों के लिए ही सीमित कर सकेगा?

मेरा प्रिय कवि

अनेक विशेषताओं से परिपूर्ण होते हुए भी सभी कवि सबके प्रिय नहीं हो सकते। यदि प्राचीन कवियों पर विचार किया जाये तो भक्ति की रुचि रखने वाले भक्त जन के लिए तुलसी या सूरदास जितने आदर योग्य हो सकते हैं उतने बिहारी नहीं। इसी प्रकार रसिक हृदय के लिए बिहारी जितने प्रशंसा के पात्र हो सकते हैं, उतने सूरदास या तुलसी नहीं। इसी प्रकार वर्तमान युग में भी अनेक कवि हैं। इन सभी कवियों के पृथक्-पृथक् काव्य-क्षेत्र हैं। इसीलिए रुचि के कारण सभी कवि विभिन्न पाठकों की प्रशंसा प्राप्त करते हैं।

मेरा प्रिय कवि कौन है—इस सम्बन्ध में जो कुछ मैं कहूँगा उससे सभी लोग सहमत नहीं हो सकते। एक साधारण छात्र होने के कारण मैं इस बात का दावा तो नहीं कर सकता कि मेरा प्रिय कवि सर्वश्रेष्ठ कवि है। क्योंकि काव्य की गहराई को समझना अभी मेरे बस की बात नही है। हाँ, अपनी रुचि के कारण मैं जिस कवि को सबसे अधिक पसन्द करता हूँ, वह हैं श्री मैथिलीशरण गुप्त। गुप्तजी की राष्ट्रीयता,

देश-भक्ति की भावना और भारतीय संस्कृति का अगाध प्रेम मुझे सदा उनके काव्य की ओर आकर्षित करते रहे हैं। जब से मैंने कविता को समझना सीखा है, तभी से गुप्तजी की सरल और स्फूर्तिमय रचनाएँ मेरे मन में एक विशेष प्रकार से उत्साह का संचार करती रही हैं। पुस्तकों के आधार पर उनके जीवन और काव्य के सम्बन्ध में मैं जो कुछ जान पाया हूँ, वह इस प्रकार है—

गुप्तजी का जन्म संवत् 1943 में चिरगाँव, झाँसी में हुआ। इनके पिता श्री रामचरण गुप्त परम वैष्णव थे। वे स्वयं एक अच्छे कवि भी थे। इस प्रकार पिता से ही कवित्व की प्रवृति प्राप्त करके आचार्य महावीरप्रसाद द्विवेदीजी से प्रोत्साहन प्राप्त करके गुप्तजी कविता के पथ पर अग्रसर हुए। गुप्तजी की शिक्षा किसी कालेज या यूनिवर्सिटी में नहीं हुई, परन्तु फिर भी स्वाध्याय तथा सरस्वती-प्रेम ने इनकी प्रतिभा को निखार ही दिया। गुप्तजी को आस्तिक भावना तथा राम भक्ति यदि घरेलू वातावरण में प्राप्त हुई तो उनमें राष्ट्रीय भावना राष्ट्रीय आन्दोलन के साथ समाज से उपलब्ध हुई।

गुप्तजी की कविता का विषय प्रायः भारतीय संस्कृति का गौरव और उसके द्वारा राष्ट्र का जागरण ही रहा है। 'भारत-भारती' इनकी सर्वप्रथम लोकप्रिय रचना है। इस पुस्तक का विषय सीधे-सादे शब्दों में भारत की भारती (पुकार) ही है। कवि ने इस पुस्तक को अतीत, वर्तमान और भविष्य तीन खण्डों में विभक्त करके पहले भारत का गौरव-गान किया और यह सिद्ध किया कि संसार में विद्या व कला-कौशल का प्रचार भारत से ही हुआ और भारत के आदिम-वासी आर्य ही हैं, वे कहीं बाहर से नहीं आये। कवि भारत के इस गान में अपना गौरव अनुभव करता हुआ पुकार उठता है—

हाँ वृद्ध भारतवर्ष ही संसार का सिरमौर है।
ऐसा पुरातन देश भी क्या विश्व में कोई और है?
भगवान की भवभूतियों का यह प्रथम भण्डार है।
विधि ने किया वर सृष्टि का पहले यहीं विस्तार है॥

इसी प्रकार अतीत भारत के गौरव का गान करके जब कवि अंग्रेजों की दासता में भारत की दशा की ओर दृष्टि उठाता है तो इसकी करुण दशा देखकर उसका रोम-रोम चीत्कार कर उठता है। परन्तु क्या भारत की दीन-हीन दशा को देखकर वह निराश हो गया? क्या वह इसके भविष्य की उज्ज्वलता को भाँप नहीं सका? नहीं, ऐसा नहीं। कवि ने एक अच्छे चिकित्सक की भाँति इसका निदान कर जान लिया कि इसका मूल रोग अविद्या और फूट है। इन दोषों के समाप्त होते ही यह फिर समुन्नत हो सकता है। कवि आत्मा की नित्यता और उन्नति अवनति के चक्र पर विश्वास रखता है। अतः वह समझता है कि जो गिरा है वह अवश्य उठेगा और भारत का भविष्य उज्ज्वल है ही। कवि का विश्वास है कि **"उत्थान जिसका है नहीं, उसका पतन ही क्या भला?"**

गुप्तजी ने इसके बाद इतिहास से खोजकर अनेक रत्न निकाले। उन्हें कवि ने अपने कवित्व का परिधान पहनाकर इस प्रकार से पाठकों के सामने रखा कि वे राष्ट्रीय चेतना, स्वदेश-गौरव तथा आस्तिक-भावना के प्रचारक सिद्ध हुए। इनमें 'जयद्रथ वध' वीरता के भावों से समन्वित तथा 'अनघ' गांधीवाद का बौद्ध जातक के आधार पर तैयार किया हुआ चित्र है। इसी प्रकार 'गुरुकुल', 'पंचवटी', 'नहुष', 'कुणाल गीत', 'काबा और कर्बला', 'द्वापर', 'यशोधरा', 'साकेत' आदि रचनायें गांधीवाद की पोषक, आस्तिकता को पनपनाने वाली, भारतीय गौरव की प्रतीक तथा राष्ट्र के यशोगान में सहायक हैं। 'रंग में भंग', 'शकुन्तला', 'किसान' इत्यादि कितनी ही इनकी अनूदित रचनायें भी लोकप्रिय हुईं।

गुप्तजी की सारी कृतियों में से यशोधरा और साकेत को काव्यत्व की दृष्टि से महत्त्वपूर्ण स्थान प्राप्त हुआ है। 'यशोधरा' में बुद्ध भगवान की जीवन-कथा है, जिसमें यशोधरा के जीवन के चित्रण द्वारा नारी की व्यथा का हृदयस्पर्शी चित्र प्रस्तुत किया गया है—

अबला जीवन हाय तुम्हारी यही कहानी।
आँचल में है दूध और आँखों में पानी॥

'साकेत' में हम लक्ष्मण-वधू उर्मिला की कहानी पढ़ते हैं। उर्मिला चिर-उपेक्षिता है, जिस पर न वाल्मीकि ने और न ही तुलसीदास ने कलम चलाई।

प्रबन्ध-काव्य की दृष्टि से साकेत एक सुगठित काव्य है। गुप्तजी इसे महाकाव्य का रूप देना चाहते थे, परन्तु महाकाव्य के पूर्ण आदर्श तो यह प्राप्त न कर सका, क्योंकि इसका क्षेत्र सीमित रहा और वह साकेत मात्र ही है। फिर भी इसमें प्रबन्ध-पटुता पर्याप्त है।

गुप्तजी की रचनाओं में से मुझे यशोधरा और भारत-भारती विशेष रूप से प्रिय लगते हैं। यशोधरा इसलिए कि उसमें नारी की वेदना और गौतम बुद्ध का शान्तिदायक सन्देश है। भारत-भारती में मुझे विशेष उत्साह मिलता है। गुप्तजी का अभिनन्दन करते हुए भारत के राष्ट्रपति ने भी ऊँचे स्वर में भारत-भारती के सम्बन्ध में इसी प्रकार के विचार प्रकट किये थे। ऊँचे स्वर से भारत-भारती का पाठ करते हुए मुझे ऐसा लगता है कि जैसे मेरा प्रिय कवि मेरे अन्तर में बैठा है।

उपन्यास सम्राट् मुंशी प्रेमचन्द

आधुनिक काल में, भारतीय भाषाओं में अनेक लेखकों ने नवयुग के परिवर्तन को दृष्टि में रखते हुए महत्त्वपूर्ण साहित्य का सृजन किया। उनमें मुझे सबसे अधिक प्रिय प्रेमचन्द की रचनायें लगती हैं। दूसरे शब्दों में प्रेमचन्द मेरे सर्वप्रिय लेखक हैं। मुंशी प्रेमचन्द का नाम प्रथम पंक्ति में गिना जा सकता है।

प्रेमचन्द का जन्म वाराणसी से चार मील दूर 'लमही' नामक गाँव में 31 जुलाई,

1880 को हुआ था। इनके पिता का नाम अजायबराय और माता का नाम आनन्दी देवी था। प्रेमचन्द का असली नाम धनपतराय था। परन्तु इनके चचा इन्हें नवाबराय कहकर पुकारा करते थे। बाद में जब ये साहित्यकार बन गये, तो इन्होंने अपना नाम प्रेमचन्द रख लिया।

इन्हें पाँच वर्ष की अवस्था में एक मौलवी के पास पढ़ने भेजा गया। उस समय इनका शरीर बहुत दुबला-पतला था। किन्तु पढ़ने-लिखने में ये तेज़ थे। इनका स्वभाव हँसी-ठठ्ठे का था।

जब यह आठ वर्ष के हुए तो इनकी माँ का देहान्त हो गया। इनके पिता ने दूसरा विवाह कर लिया। सौतेली माँ इन्हें स्नेह-दान न कर सकी, अतः इनका बाल्य-काल स्नेहहीन ही रहा।

पन्द्रह वर्ष की अवस्था में प्रेमचन्द का विवाह हो गया। उस समय ये वाराणसी में प्राइवेट रूप में पढ़ा करते थे। कुछ समय बाद इनके पिता की मृत्यु हो गयी और घर-गृहस्थी का बोझ इन पर आ पड़ा।

जिस लड़की से विवाह हुआ था, प्रेमचन्द की उससे पटती न थी। कुछ समय बाद वह मायके चली गयी। न वह आयी और न ये ही उसे लेने गये।

इसके बाद प्रेमचन्द ने शिवरानी देवी नामक एक बाल-विधवा से विवाह कर लिया। उन्होंने अध्ययन निरन्तर जारी रखा और अपने परिश्रम के बल पर बी० ए० पास कर लिया। पहले ये ट्यूशन करके निर्वाह करते थे। फिर ये एक विद्यालय में अध्यापक लग गए। धीरे-धीरे उन्नति करते हुए ये शिक्षा-विभाग में डिप्टी इन्सपेक्टर के पद तक जा पहुँचे।

सन् 1920 में इन्होंने नौकरी छोड़कर केवल पुस्तकें लिखने का काम शुरू किया। इसमें पहले इन्हें बड़ी कठिनाई हुई। बाद में इनका नाम सारे संसार में फैल गया और आय भी होने लगी।

प्रेमचन्द ने कुल मिलाकर 11 उपन्यास तथा 300 कहानियाँ और दो नाटक लिखे। इसके अतिरिक्त इन्होंने कुछ निबन्ध भी लिखे।

जिस समय प्रेमचन्द लेखन-कार्य में प्रवृत्त हुए, उस समय हिन्दी में रहस्य, रोमांच और तिलिस्म के ही उपन्यास ही लिखे जाते थे। सामाजिक समस्याओं की ओर किसीका भी ध्यान न गया था। प्रेमचन्द एक गम्भीर विचारक थे। वह साहित्य-कार के दायित्व को जानते थे। वह मानते थे कि समाज ही साहित्य का मुख्य विषय होता है।

समाज की समस्याओं को अपनी रचनाओं का विषय बनाने के कारण ही प्रेमचन्द को तीव्र वेग से ख्याति प्राप्त हुई है।

प्रेमचन्द ने अपने उपन्यासों तथा कहानियों में जन साधारण का यथार्थ—हू-बहू चित्र चित्रित किया। सामान्य जनता की आशा-आकांक्षा, उसके सुख-दुःख और राग-द्वेष का उन्होंने सर्वांगपूर्ण वर्णन प्रस्तुत किया। पात्रों की इतनी विविधता किसी

अन्य लेखक में हमें नहीं मिलती। प्रेमचन्द के कई उपन्यास जनता ने इतने पसन्द किये कि हिन्दी में वे उपन्यास-सम्राट् के नाम से विख्यात हो गये।

प्रेमचन्द ने अपनी रचनाओं में सामाजिक समस्याओं को उभारा, आदर्श की ओर संकेत किया और समाज को ऊँचा उठाने की प्रेरणा प्रदान की।

लेखनी के इस धनी का सन् 1936 में देहावसान हो गया।

प्रेमचन्द ने हिन्दी के कहानी-साहित्य को वह प्रौढ़ता, गरिमा तथा सार्थकता प्रदान की; जो बंकिम, रवीन्द्र और शरत् ने बंगला उपन्यासों को प्रदान की थी। इनकी रचनाओं का विषय विशाल, विस्तृत जनजीवन है। विशेषतः उत्तर भारत के किसान तथा मध्यवर्ग का चित्रण इन्होंने बहुत यथार्थ रूप में किया है। समाज की बहुमुखी समस्यायें इन्होंने कलात्मकता और यथार्थ के मिश्रित रूप में अत्यन्त प्रभावशाली ढंग से प्रस्तुत कीं।

जिस समय प्रेमचन्द ने साहित्य-रचना आरम्भ की थी, उस समय राष्ट्रीय वातावरण में क्रान्ति, एकता तथा स्वाधीनता आन्दोलन का जोर था। सामाजिक कुरीतियों पर खुलकर आक्रमण हो रहे थे। गाँवों में किसान-जमींदार संघर्ष छिड़ा हुआ था। ब्रिटिश साम्राज्य के विरोध की लहर चल रही थी। नारी अपने बन्धन को तोड़कर उठने की चेष्टा कर रही थी। अछूत हरिजन कहलाकर सामाजिक विषमता के विरुद्ध उठ रहे थे। ब्रिटिश शासन ने भारतीय जनता का शोषण करके इसे दीन-हीन बनाकर रख दिया था। इसी वातावरण में प्रेमचन्द की कला का विकास हुआ। प्रेमचन्द ने शोषित, दुर्बल, दीन-हीन जनता का पक्ष लेकर चारों ओर फैले हुए, लूट-खसोट, पाखंड, अन्याय, असमानता और अत्याचार का डटकर विरोध किया। प्रेमचन्द ने भारत की सामाजिक तथा राजनैतिक समस्याओं को कहानियों तथा उपन्यासों के माध्यम से खोलकर जनता के सामने रखा। विविध मानव चित्रों को लेकर उन्होंने भारत के प्रत्येक वर्ग तथा क्षेत्र का यथार्थ चित्र उपस्थित किया। परन्तु वे साहित्यकार की मर्यादा जानते थे; अतः उनका यथार्थवाद आदर्शोन्मुख है।

प्रेमचन्द के उपन्यास ये हैं—सेवासदन, प्रेमाश्रम, रंगभूमि, कायाकल्प, निर्मला, प्रतिज्ञा, गबन, कर्मभूमि और गोदान।

इसके अतिरिक्त इन्होंने 300 कहानियाँ लिखीं तथा दो नाटक भी हिन्दी पाठकों के लिए लिखे।

प्रेमचन्द की भाषा सहज, स्वाभाविक, सरल, मुहावरेदार तथा पात्रानुसार परिवर्तनशील है। अब तक भी हिन्दी गद्य साहित्य के क्षेत्र में प्रेमचन्द का स्थान सर्वोपरि है।

इन्होंने पहले उर्दू में लिखना शुरू किया और बाद में हिन्दी में।

सन् 1980 में साहित्य के प्रेमियों ने प्रेमचन्द जन्म शताब्दी मनाकर उन्हें हार्दिक श्रद्धांजलि अर्पित की।

श्री जयप्रकाश नारायण (लोकनायक)

श्री जयप्रकाश नारायण का जन्म विहार प्रदेश के 'सिताब दियारा' नामक गाँव में सन् 1902 की विजयादशमी के दिन हुआ था। उनके पिता का नाम श्री हरसूलाल तथा माता का नाम श्रीमती फूलरानी था।

बाल्यकाल से ही जयप्रकाश ने गम्भीर स्वभाव पाया था। वह बहुत कम बोलते थे और इनमें चंचलता नाम-मात्र को भी न थी। एक बार तो पिता ने क्रोध में आकर कहा था, "यह तो बूढ़ा बालक है।"

जयप्रकाश नारायणकी आरम्भिक शिक्षा गाँव में हुई। उनकी स्मरण-शक्ति तीव्र थी और बुद्धि सूक्ष्म। आरम्भिक शिक्षा के उपरान्त वह पटना में जाकर पढ़ने लगे।

जब वह कॉलिज में प्रविष्ट हुए, तो गांधीजी द्वारा चलाया आन्दोलन जोरों पर था। उसका इन पर बहुत प्रभाव पड़ा। यह खादी पहनने लगे और पढ़ना-लिखना छोड़कर सत्याग्रह-सैनिक बन गये।

सन् 1922 में उच्च शिक्षा प्राप्त करने के लिए यह अमरीका चले गये। धन की कमी के कारण इन्होंने वहाँ श्रमिकों में नाम लिखा लिया। दिनभर श्रम करके कमाते और सायंकालीन कक्षाओं में अध्ययन करते। इन्हीं दिनों इन्हें श्रमिकों के कष्टों, समस्याओं तथा अधिकारों पर विचार करने का अवसर प्राप्त हुआ। इन्होंने कार्ल मार्क्स की पुस्तकों को पढ़ा और उनका इन पर गहरा प्रभाव पड़ा। सात वर्ष के बाद इन्होंने 'ओहियो' विश्वविद्यालय से एम० ए० पास किया। सन् 1939 में स्वदेश लौट आये।

यहाँ देशभक्ति की भावना से प्रेरित होकर यह कांग्रेस में सम्मिलित हो गये। श्री जवाहरलाल नेहरू ने इन्हें पहले कांग्रेस के मजदूर संगठन का मन्त्री बनाया। बाद में ये कांग्रेस के मन्त्री बनाये गये।

गांधीजी ने 1931 में 'नमक-सत्याग्रह' चलाया। उन्हीं दिनों जयप्रकाश की माता का देहान्त हो गया। परन्तु वह फिर भी देश-कार्य में लगे रहे। उन दिनों वह 'कांग्रेस का मस्तिष्क' समझे जाते थे। जब देश के नेता बन्दी बना लिये गये, तब जयप्रकाश बाबू छिपकर कांग्रेस का आन्दोलन चलाते रहे। अन्त में आप भी पकड़े गये।

1933 में जयप्रकाश बाबू जेल से छूटकर आये। जेल में अन्य साथियों के साथ विचार-विमर्श करते हुए वह इस परिणाम पर पहुँचे थे कि देश का उद्धार समाजवाद से ही हो सकता है। अत: रिहाई के बाद इन्होंने 'कांग्रेस समाजवादी दल' की स्थापना की। अच्युत पटवर्धन, आचार्य नरेन्द्रदेव, राममनोहर लोहिया आदि इनके साथी थे। जयप्रकाश बाबू पहले इस दल के महामन्त्री और फिर प्रधान भी रहे।

सन् 1940 में गांधीजी ने व्यक्तिगत सत्याग्रह चलाया। तब जयप्रकाश बाबू भी बन्दी बनाये गये। परन्तु इनके जीवन का सबसे मुख्य कार्य था—1942 के

आन्दोलन का संचालन । वम्बई कांग्रेस में 'अंग्रेजो ! भारत छोड़ो' और 'भारतीयो ! करो या मरो' के नारे लगाये गये तथा प्रस्ताव पारित हुए । तब भी बड़े नेता गिरफ्तार कर लिये गए । आन्दोलन को चलाने के लिए जयप्रकाश बाबू छिपकर, देश में घूमते और क्रान्ति की आग फैलाते थे । अन्त में ये पकड़े गये । इन्हें हजारीबाग जेल में रखा गया । वहाँ ये बीमार हो गये । उसी हालत में अपने छः साथियों सहित, ये प्राण हथेली पर लेकर जेल से निकल भागे । फिर नैपाल में जाकर सारे भारत के आन्दोलन का संचालन करते रहे ।

कुछ समय बाद ये अमृतसर में गिरफ्तार कर लिये गये । तब इन्हें लाहौर के किले में रखा गया और अमानवीय यातनायें दी गयीं । 12 अप्रैल 1946 को इन्हें रिहा कर दिया गया ।

1947 में देश स्वतन्त्र हुआ । जयप्रकाश नारायण ने कांग्रेस छोड़ दी । समाजवादी दल कांग्रेस से अलग होकर काम करने लगा । जवाहरलालजी ने जयप्रकाश नारायण मन्त्री बनाने का प्रस्ताव किया, परन्तु इन्होंने इसे अस्वीकार कर दिया ।

इसके बाद वह राजनीति छोड़कर विनोवा भावे के सर्वोदय आन्दोलन में शामिल हो गये । ये विनोवाजी के दायें हाथ गिने जाने लगे । इन्होंने चम्बल के डाकुओं का हृदय-परिवर्तन किया । नागा लोगों को देशभक्ति की शिक्षा दी ।

1974 में जे० पी० के नेतृत्व में बिहार में आन्दोलन चलाया गया । इससे कांग्रेस सरकार काँप उठी । सारे देश में एमर्जेन्सी घोषित की गई । दिल्ली में जयप्रकाश नारायण गिरफ्तार किये गये । इन्हें चण्डीगढ़ में रखा गया । इनके दोनों गुर्दे खराब होने के कारण इन्हें रिहा किया गया ।

इन्होंने विरोधी दलों को एक करके जनता पार्टी की स्थापना की। सन् 1977 के चुनावों में कांग्रेस की करारी हार हुई । जनता पार्टी की इस जीत का श्रेय जयप्रकाश नारायण को ही था । इनके निर्देशों की अवहेलना करने के कारण ही जनता पार्टी का शासन अधिक देर न चल सका ।

जयप्रकाश नारायण का मत था कि सम्पूर्ण क्रान्ति किये विना देश की गरीबी दूर नहीं हो सकती ।

8 सितम्बर, 1979 को जयप्रकाश बाबू स्वर्ग सिधारे ।

विज्ञापन-कला

विज्ञापन का अर्थ है—इश्तिहार या एडवर्टाइजमेंट । इसके द्वारा मनुष्य अपनी योग्यता या वस्तु के गुण दूसरों पर प्रकट करके उसे अपनी ओर आकर्षित करता है । विज्ञापन शब्द वि + ज्ञापन से बना है, जिसका तात्पर्य है—विशेषरूप से सूचित करना —बतलाना—खास ढंग से दूसरों को अपनी सेवा या वस्तु की खबर देना । परन्तु

यहीं तक नहीं, विज्ञापन का वास्तविक उद्देश्य होता है—दूसरों को अपनी सेवा या वस्तु खरीदने के लिए प्रेरित करना, लुभाना, विवश कर देना ।

यह एक कला है और विज्ञापन तैयार करने वाले इस कला की विशेषज्ञता प्राप्त करने का प्रयत्न किया करते हैं । जो इस कला में माहिर (कुशल) हो जाते हैं, उन्हें काफी पैसा मिलता है और उनका सम्मान भी होता है ।

विज्ञापन के द्वारा मनुष्य अपनी सेवा या वस्तु के गुण दूसरों पर प्रकट करता है जिससे कि लोग उसे पसन्द कर सकें ।

विज्ञापन के पुराने रूप हैं – मुनादी करना, घोषणा करना, डौंडी पीटना आदि । कई स्थानों पर शंख, घड़ियाल, घंटी आदि बजाकर भी विज्ञापन किया जाता रहा है—विशेषतः धार्मिक उत्सवों, जलसों, मेलों और सभाओं के विषय में ।

लोगों को जब तक अपनी वस्तुओं के गुण न बतला दिये जायें, तब तक वे उनकी ओर आकृष्ट नहीं होते । यही कारण है कि आज के युग में विज्ञापन-कला का महत्त्व बहुत बढ़ गया है ।

यों तो मानव इतिहास के आरम्भ से ही इस कला का सूत्रपात हो गया था । लोग अपने कार्यों या विचारों के समर्थन के लिए गोष्ठियों या सभाओं का आयोजन किया करते थे, प्रचार के लिए भजन मंडलियाँ, कीर्तन मंडलियाँ आदि बनाई जाती थीं । परन्तु उनका क्षेत्र प्रायः धार्मिक, दार्शनिक या भक्ति सम्बन्धी ही अधिक होता था ।

परन्तु आज के युग में राजनीतिक क्षेत्र में विज्ञापन-कला का धुआँधार प्रचार देखा जाता है । चुनाव के दिनों में राजनीतिक दल तथा प्रत्याशी लाखों रुपये विज्ञापन-बाजी पर खर्च करते हैं । अपनी खूबियाँ और विपक्षी की कमियाँ बतलाने में कुछ कसर नहीं छोड़ी जाती । समाचार-पत्रों में बड़े-बड़े विज्ञापन छापे जाते हैं, दीवारें काली की जाती हैं, पत्रक (हैंडबिल) बाँटे जाते हैं और लाउडस्पीकर से भी अपने पक्ष में खुलकर प्रचार किया जाता है ।

वर्तमान विज्ञापन-कला विशुद्ध व्यावसायिक कला है । यह आधुनिक व्यवसाय का अनिवार्य अंग है । प्रतिद्वन्द्विता के इस युग में अच्छे विज्ञापनकर्ता की ही विजय होती है । विज्ञापन के लिए विभिन्न साधनों का उपयोग किया जाता है । जैसे – हैंड-बिल्स, दीवार पोस्टर, दीवार पर लिखाई, समाचारपत्र और पत्रिकायें, दुकानों पर तरह-तरह के बोर्ड, सड़कों के चौराहों पर बड़े-बड़े विज्ञापनपट्ट, रेडियो और दूरदर्शन पर प्रायोजित कार्यक्रमों का प्रसारण इत्यादि ।

जबसे मुद्रण (छपाई) का प्रचार-प्रसार बढ़ा, तभी से इश्तिहार या हैंडबिल्स का विज्ञापन के लिए प्रयोग आरम्भ हुआ । कागज और मुद्रण सुलभ होने से, विज्ञापन के इस माध्यम का उपयोग बहुत अधिक लोकप्रिय हुआ । मान लीजिए साड़ियों की दो-एक समान दुकानें एक ही बाजार में हैं । इनमें से 'क' तो इश्तिहार गली-मुहल्ले में बँटवाता है और 'ख' हाथ पर हाथ धरे बैठा रहता है, तो परिणाम यह होगा कि

'क' का नाम लोगों के मुँह पर चढ़ जायेगा, वह अधिक लोकप्रिय हो जायेगा और उसके माल की बिक्री बहुत बढ़ जाएगी।

इसके विपरीत, जो इश्तिहार नही बँटवाता, उसकी दुकान के नाम का किसी को पता नहीं चलेगा—उसका नाम किसीके मुँह पर नहीं चढ़ंगा—उसकी प्रसिद्धि नहीं होगी, परिणामतः उसकी बिक्री बहुत कम होगी।

बहुत से व्यापारी बड़े-बड़े विज्ञापन छपवाकर नगर की दीवारों पर चिपकवा देते हैं। बहुत से लोग तो दीवारों पर लाल, काले-पीले रोगनों से विज्ञापन लिखवा देते हैं। इससे आते-जाते लोगों की नजर उन पर पड़ती है और विज्ञापनकर्त्ता की सेवाओं या वस्तुओं से वे परिचित हो जाते हैं। फिर जब उन्हें आवश्यकता पड़ती है तो विज्ञापनकर्त्ता का नाम ही उनकी स्मृति में उभरता है। वे उसके यहाँ जाकर सेवा या माल प्राप्त करते हैं और मुँहमाँगा दाम देते हैं। लोकक्ति प्रसिद्ध है—'नाम कमावे दाम।'

नगरों के नाके, चौक या मोड़ पर बड़े-बड़े बोर्ड लगे होते हैं। उन पर नाना वस्तुओं के विज्ञापन लिखे रहते हैं। वे बोर्ड (विज्ञापनपट्ट) दूर से ही लोगों का ध्यान अपनी ओर आकर्षित कर लेते हैं। साड़ी हो या साबुन, दन्तमंजन हो या घड़ियाँ, पाउडर हो या क्रीम, रेडियो हो या टेलिविजन—सड़कों के मोड़ पर लगे बड़े-बड़े बोर्ड किसी वस्तु की प्रसिद्धि तथा बिक्री में अत्यधिक सहायक होते हैं।

रेडियो तथा दूरदर्शन भी अब विज्ञापन का माध्यम हो गए हैं। निश्चित राशि देकर, निश्चित समय के लिए कोई विज्ञापन 'बुक' करवा सकता है। ये प्रयोजित विज्ञापन अत्यधिक शक्तिशाली सिद्ध हुए हैं। इनमें खर्च अधिक पड़ता है, परन्तु बिक्री भी उतनी ही तेजी से होती है, क्योंकि इनके द्वारा लाखों लोगों का वस्तु के नाम, गुण, उत्पादनकर्ता आदि से परिचय हो जाता है। इस प्रकार विज्ञापित वस्तु अपनी कोटि की अन्य वस्तुओं को बहुत पीछे छोड़ जाती है।

आज के युग में विज्ञापन एक अनिवार्य आवश्यकता है। विज्ञापन-कला में कुशल व्यक्ति बहुत अधिक पारिश्रमिक तथा पुरस्कार पाते हैं। विज्ञापन-कला आम जनता की बहुत सहायक है, यदि इसमें असत्य का आश्रय न लिया गया हो। ऐसा न हो कि 'ऊँची दुकान फीका पकवान।'

दहेज प्रथा

संसार में प्रत्येक जाति और देश के अपने-अपने रीति-रिवाज हैं, जिसका उस जाति और देश के लोगों को पालन करना पड़ता है। उन रीति-रिवाजों का पालन अच्छी तरह करने से व्यक्ति की शोभा बढ़ती है और न करने या भलीभाँति न करने पर निन्दा होती है।

भारत में भी अनेक प्रकार के सामाजिक रीति-रिवाज प्रचलित हैं। ये रीति-रिवाज समय-समय पर समाज के विचारक नेताओं द्वारा प्रचलित किये जाते हैं। परन्तु

समय बीतते-बीतते उनमें कई प्रकार की बुराइयाँ आ जाती हैं। दहेज-प्रथा भी एक ऐसा ही रिवाज है।

भारत में वैदिक काल से लेकर आज तक कन्या को 'पराया धन' माना जाता रहा है। जब वह युवा होती है तो पिता किसी योग्य वर के हाथों में उसका 'दान' कर देता है। हर 'दान' के साथ कुछ 'दक्षिणा' भी होती है। अतः रिवाज यह चला कि पिता कन्या के साथ गाय, सुवर्ण, वस्त्र, धन आदि भी दे। यह इसलिए कि नये वर-वधू जो नया घर बसायेंगे, उसमें उनकी कुछ सहायता हो सके।

इस तरह दहेज की प्रथा चली। इस प्रथा में कन्या के पिता की 'इच्छा' और शक्ति या सामर्थ्य प्रधान थी। किन्तु समय बीतते-बीतते लड़के या उसके घर वालों का यह अधिकार हो गया कि वह 'ठहरावनी' करें, अर्थात् ठहरायें कि कन्या का पिता विवाह में क्या तो खर्च करेगा और कितना धन-माल लड़के वालों को 'दहेज' में देगा।

इस प्रकार दहेज की यह प्रथा कन्या वालों के लिए अभिशाप बन गयी। इसीके परिणामस्वरूप कई जगह तो कुछ समय ऐसा भी रहा कि लोग घर में लड़की को पैदा होते ही मार दिया करते थे। यद्यपि आज माता-पिताओं की मनःस्थिति परिवर्तित है और उतनी क्रूर नहीं है; किन्तु इतना अब भी अवश्य है कि जो खुशी घर में पुत्रजन्म पर होती है उसकी आधी-चौथाई भी पुत्री जन्म पर नहीं होती। पुत्री के जन्म को अब भी अवांछित ही माना जाता है और लोग उसे एक प्रकार की विवशता से ही स्वीकार करते हैं।

बेचारे कन्या के पिता—कन्या के जन्म काल से ही चिन्ताग्रस्त रहने लगे, अपना पेट काटकर पैसा जमा करने लगे, ताकि दहेज दे सकें। जब मेहनत से काम न चला, तो हर तरह की बेईमानी, रिश्वतखोरी, भ्रष्टाचार, मिलावट, काला बाजारी चोर बाजारी, जमाखोरी, तस्करी (स्मगलिंग) आदि सामाजिक-आर्थिक बुराइयाँ देश में खूब पनपने लगीं।

पूंजीपति, बड़े अधिकारी, मन्त्री और तस्कर लाखों रुपये दहेज देकर वाहवाही लूटने लगे और भोले-भाले, साधारण जन का जीना मुश्किल हो गया।

मुगल काल में दहेज-प्रथा दोगुनी हुई। अंग्रेजी युग में तो इस सुरसा के विस्तार का कोई अन्त ही न रहा। यद्यपि प्रायः प्रत्येक दम्पती के पुत्र और पुत्री दोनों ही संतति होती हैं। इस प्रकार प्रत्येक पुरुष लड़के वाला और लड़की वाला भी होता है। किन्तु जब उसकी पुत्री की शादी होती है तब उसकी जैसी मनःस्थिति होती है पुत्र की शादी के समय उससे बिलकुल विपरीत होती है। लड़की की शादी के समय लोग सोचते हैं कि हमें लड़का भी सब गुणों से सम्पन्न मिले और दहेज के नाम पर कुछ भी माँग न करें। इसके विपरीत, जब वे लड़के वाले के रूप में होते हैं तो यह चाहते हैं कि लड़की वाले से वह सब वसूल कर लें जो आज तक इसके पालन-पोषण, शिक्षा तथा रोजगार लगाने पर व्यय किया गया है। बल्कि कहीं-कहीं तो इससे भी

अधिक की माँग होती है।

परिणाम यह होता है कि लड़के वाला दहेज माँगता है, लड़की वाला तंग होता है। यदि किसीके कई लड़कियाँ हुईं तो उसका जीते-जी मरण है। बेचारा कर्ज उठाता है, जिसे उम्र भर उतारता रहता है। कई लोग मकान बेच देते हैं या रहन रख देते हैं।

कई भावुक लड़कियाँ माता-पिता को कष्ट से बचाने के लिए आत्महत्या कर लेती हैं। कई घर से भाग जाती हैं। कई सुन्दर, पढ़ी-लिखी बुद्धिमती और कार्य-कुशल होने पर भी दहेज के अभाव में कुँवारी रह जाती हैं। कई लड़कियाँ विवाह के बाद सताई जाती हैं कि मायके से धन लायें। न लाने पर उन्हें जला दिया जाता है। यदि फिर भी न मरें, तो जीवन-भर उनसे घृणा की जाती है या उन पर अत्याचार किये जाते हैं, उन्हें दीन-हीन और तुच्छ समझा जाता है।

अब समय आ गया है कि हम दहेज प्रथा रूपी राक्षस का अन्त कर दें। इसने हजारों घर बर्बाद किए हैं, लाखों लड़कियों को रुलाया है और करोड़ों लोगों को बेई-मान बनाया है। यदि दहेज-प्रथा मिट जाये, तो रिश्वतखोरी, मिलावट, कम तोलना, माल छिपाना, चोरबाजारी, डाका आदि पाप स्वयं मिट जायेंगे।

यदि नवयुवक-नवयुवतियाँ दहेज के बिना विवाह करने का संकल्प और प्रण कर लें, तो हमारा समाज इस राक्षसी प्रथा से तुरन्त छुटकारा पा सकता है।

अभ्यास

प्रश्न—निम्नलिखित विषयों में से किसी एक विषय पर 00-500 शब्दों का सारगर्भित निबन्ध लिखिए—

1. भारत के गाँव, चाँदनी रात में नौका-विहार, जीवन में त्यौहारों का स्थान, कृषि मेला, रेल दुर्घटनाएँ तथा सुरक्षा के साधन, भ्रष्टाचार रोकने के उपाय, सच्चरित्रता का महत्त्व, पुस्तकालय, समाचारपत्र और वर्तमान युग, विज्ञान और मनुष्य, विश्व के खेलों में भारत के स्तर को ऊँचा उठाने के उपाय, चलचित्रों का प्रभाव, पर्वतारोहण का शौक।
2. बाढ़ का आतंक, जीवन का लक्ष्य, शिक्षा और परीक्षा, भारतीय संस्कृति, नशाबन्दी और उसकी प्रतिक्रिया, किसी रेलयात्रा का वर्णन, राशन की दुकान पर मेरा अनुभव, विज्ञान : वरदान के साथ अभिशाप भी, स्वास्थ्य रक्षा, मेरा बचपन, किसान की दिनचर्या, दूरदर्शन पर क्रिकेट मैच, आदर्श पड़ोसी, गणतन्त्र दिवस, सान्ध्यकालीन सौन्दर्य।
3. दिल्ली के प्रगति मैदान में आयोजित कोई प्रदर्शनी, दिल्ली मुद्रिका बस से यात्रा, परीक्षा के वे कठिन दिन, टेलीफोन: सुविधा के साथ असुविधा भी; समय का सदुपयोग, दिल्ली के ऐतिहासिक स्थानों की सैर. रेडियो और

टेलीविजन से लाभ और हानियाँ, रेलगाड़ी की आत्मकथा, स्कूल में मेरा अन्तिम वर्ष कैसे बीता ? नई दिल्ली का कनॉट प्लेस, किसी पद-यात्रा का वर्णन, टी० वी० मनोरंजन के साथ शिक्षा भी, यदि मैं हाईस्कूल का प्रिंसिपल बन जाऊँ, होली का त्यौहार ।

4. हमारे त्यौहार, मेरा गाँव, यदि मैं पक्षी होता, बस की आत्मकथा, रेडियो से प्रसारित होने वाले विज्ञापन, यदि मैं किसान होता, किसी क्रिकेट मैच का वर्णन, मेरे जीवन का सबसे प्रिय अनुभव, छात्रजीवन, मेरी प्रिय पुस्तक, बेकारी की समस्या, विद्यार्थी और अनुशासन, लोकतंत्र और चुनाव, सड़क दुर्घटना, विद्यार्थी और राजनीति, नारी शिक्षा का महत्त्व, रेलवे का दृश्य ।

5. मेरा प्रिय नेता, बढ़ती हुई आबादी की समस्या, हमारे विद्यालय का वार्षिकोत्सव, अपने विद्यालय का पुस्तकालय, किसी समारोह का आँखों-देखा वर्णन । देश के प्रति नवयुवकों का कर्तव्य, राष्ट्रपिता महात्मा गांधी, रेल यात्रा का आनन्द, खेलों का जीवन में महत्त्व, वर्षा ऋतु, मेरे स्वप्नों का भारत, मैंने ग्रीष्मावकाश कैसे बिताया ? भारत की राजधानी, दीवाली, जेठ की दुपहरी, वह दुर्घटना जो भुलाए नहीं भूलती, लाठी की आत्मकथा, पुस्तकालय की उपयोगिता, हमारा प्यारा भारतवर्ष, एक फूल की आत्मकथा, सत्संगति, किसी प्राकृतिक दृश्य का वर्णन, निर्वाचन स्थल का आँखों देखा दृश्य, विद्यालयों में अनुशासन ।

6. विद्यालय का कोई उत्सव, स्वतन्त्र भारत में अंग्रेजी का मोह, प्लेटफार्म का दृश्य, यदि मैं पक्षी होता, फुटबाल मैच, घरेलू नौकर की आत्मकथा, सर्दी का मौसम, स्वालम्बन ही सबसे बड़ा धन है, करत-करत अभ्यास के जड़मति होत सुजान, अब पछताये होत क्या जब चिड़ियाँ चुग गईं खेत ।

अन्य छात्रोपयोगी पुस्तकें

आदर्श पत्र लेखन
साहित्यिक निबन्ध
नए निबन्ध
सरल निबन्ध
बाल निबन्ध
व्यावहारिक हिंदी व्याकरण
सरल हिंदी व्याकरण
व्याकरण-प्रवेश
संस्कृत व्याकरण सुप्रभातम्
संस्कृत निबन्ध सौरभम्